10. नारी आंदोलन	101
(Women's Movements)	
11. क्षेत्रीय आंदोलन	107
(Regional Movements)	
12. धार्मिक और साम्प्रदायिक आंदोलन	119
(Religious and Communal Movements)	
13. कृषिक आंदोलन	131
(Agrarian Movements)	
14. मजदूर आंदोलन	139
(Working Class Movement)	
15. मछुआरा आंदोलन	151
(Fisher Folks' Movement)	
16. पर्यावरण और पारिस्थितिकी आंदोलन	161
(Environmental and Ecological Movements)	
17. सामाजिक आंदोलन और लोकतंत्र: एक मूल्यांकन	169
(Social Movements and Democracy: An Assessment)	

प्रश्न पत्र

(1) दिसम्बर 2008 (हल सहित)	181
(2) जून 2009 (हल सहित)	183
(3) दिसम्बर 2009 (हल सहित)	186
(4) जून 2010 (हल सहित)	189

(5) दिसम्बर 2010 (हल सहित)	191
(6) जून 2011 (हल सहित)	193
(7) दिसम्बर 2011	197
(8) जून 2012 (हल सहित)	199
(9) दिसम्बर 2012	204
(10) जून 2013	206
(11) दिसम्बर 2013	207
(12) जून 2014	208
(13) दिसम्बर 2014	209
(14) जून 2015	210
(15) दिसम्बर 2015	211
(16) जून 2016 (हल सहित)	212
(17) दिसम्बर 2016	214
(18) जून 2017 (हल सहित)	215
(19) दिसम्बर 2017	217
(20) जून 2018 (हल सहित)	218
(21) दिसम्बर 2018	223
(22) जून 2019 (हल सहित)	224
(23) दिसम्बर 2019 (हल सहित)	230
(24) जून 2020 (हल सहित)	234
(25) फरवरी 2021 (हल सहित)	236

भारत में सामाजिक आन्दोलन और राजनीति

Social Movements and Politics in India

(एम.पी.एस.ई.–07)

राजनीतिक शास्त्र में स्नातकोत्तर उपाधि (एम.ए.) हेतु

For Master of Arts in Political Science [MA]

विशेष विश्वविद्यालयों के लिए महत्वपूर्ण अध्ययन सामग्री

इंदिरा गाँधी राष्ट्रीय मुक्त विश्वविद्यालय (इग्नू), के.एस.ओ.यू. (कर्नाटका), बिहार विश्वविद्यालय (मुजफ्फरपुर), नालंदा विश्वविद्यालय, सेंटर फॉर डिस्टेंस एंड ओपन लर्निंग, जामिया मिलिया इस्लामिया, वर्धमान महावीर मुक्त विश्वविद्यालय (कोटा), उत्तराखंड मुक्त विश्वविद्यालय, कुरुक्षेत्र विश्वविद्यालय, सेवा सदन कॉलेज ऑफ एजुकेशन (महाराष्ट्र), मिथिला विश्वविद्यालय, आंध्रा विश्वविद्यालय, अन्नामलाई विश्वविद्यालय, बैंगलोर विश्वविद्यालय, भारतीयर विश्वविद्यालय, भारतीदशन विश्वविद्यालय, हिमाचल प्रदेश विश्वविद्यालय, काकाटिया विश्वविद्यालय (आंध्र प्रदेश), के.ओ.यू. (राजस्थान), एम.पी.बी.ओ.यू. (एम.पी.), एम.डी.यू. (हरियाणा), पंजाब विश्वविद्यालय, तमिलनाडु मुक्त विश्वविद्यालय, श्री पद्मावती महिला विश्वविद्यालयम् (आंध्र प्रदेश), जम्मू विश्वविद्यालय, वाई.सी.एम.ओ.यू., राजस्थान विश्वविद्यालय, उत्तर प्रदेश राजर्षि टण्डन मुक्त विश्वविद्यालय, कल्याणी विश्वविद्यालय, बनारस हिंदू विश्वविद्यालय (बी.एच.यू.), और अन्य भारतीय विश्वविद्यालय।

इस पुस्तक का अंग्रेजी संस्करण भी उपलब्ध है।

English Edition of this Book is also available.

Closer to Nature — We use Recycled Paper

GPH BOOK®

गुल्लीबाबा पब्लिशिंग हाउस प्रा. लि.

आई.एस.ओ. 9001 एवं आई.एस.ओ. 14001 प्रमाणित कं.

Published by:
GullyBaba Publishing House Pvt. Ltd.

Regd. Office:	Branch Office:
2525/193, 1st Floor, Onkar Nagar-A, Tri Nagar, Delhi-110035 (From Kanhaiya Nagar Metro Station Towards Old Bus Stand) Ph. 011-27387998, 27384836, 27385249	1A/2A, 20, Hari Sadan, Ansari Road, Daryaganj, New Delhi-110002 Ph. 011-23289034 011-45794768

E-mail: hello@gullybaba.com, Website: GullyBaba.com

New Edition

Price:
Author: GullyBaba.Com Panel
ISBN: 978-93-81066-82-9
Copyright© with Publisher

All rights are reserved. No part of this publication may be reproduced or stored in a retrieval system or transmitted in any form or by any means; electronic, mechanical, photocopying, recording or otherwise, without the written permission of the copyright holder.
Disclaimer: This book is based on syllabus of IGNOU. This is only a sample. The book/author/publisher does not impose any guarantee or claim for full marks or to be pass in exam. You are advised only to understand the contents with the help of this book and answer in your words.
Gullybaba Publishing House Pvt. Ltd. is not connected to any university/board/institution in any way.
All disputes with respect to this publication shall be subject to the jurisdiction of the Courts, Tribunals and Forums of New Delhi, India only.

Free Home Delivery of GPH Books

You can get GPH books by VPP/COD/Speed Post/Courier.
You can order books by Email/SMS/WhatsApp/Call.
For more details, visit gullybaba.com/faq-books.html

Note : Selling this book on any online platform like Amazon, Flipkart, Shopclues, Rediff, etc. without prior written permission of the publisher is prohibited and hence any sales by the SELLER will be termed as ILLEGAL SALE of GPH Books which will attract strict legal action against the offender.

प्रस्तावना

'**भारत में सामाजिक आन्दोलन और राजनीति**' पुस्तक स्नातकोत्तर परीक्षा के एम.पी.एस.ई.–007 प्रश्न पत्र की तैयारी के लिए सारगर्भित एवं परीक्षोपयोगी प्रश्नोत्तर के रूप में लिखी गई है। इसके अध्ययन से न केवल अल्प समयावधि में छात्रों को अपना पाठ्यक्रम पूर्ण कर पाने में मदद मिल सकेगी बल्कि प्रश्नों के उत्तरों को हल करने में भी सरलता होगी। प्रश्नोत्तरों की भाषा शैली को क्लिष्ट न रखकर पाठ्यक्रम को शीर्षकों एवं उपशीर्षकों में विभक्त कर इस तरह से प्रस्तुत किया गया है कि विद्यार्थी बिना किसी शिक्षक की मदद के आत्मसात कर सकें। आगामी परीक्षा में सम्मिलित होने वाले विद्यार्थियों को इस पुस्तक के समग्र अध्ययन से अच्छे अंक लाने में न केवल मदद मिल सकेगी बल्कि शत–प्रतिशत प्रश्नोत्तरों को ग्रहण करने की सुविधा भी मिल सकेगी।

हमारी पुस्तक की सबसे बड़ी और महत्त्वपूर्ण विशेषता यही है कि इसके अंतर्गत आपको गत वर्षों के प्रश्न पत्र हल सहित दिए जाते हैं जो आपकी परीक्षा को न केवल सरल बनाते हैं बल्कि आपको परीक्षा में अच्छे अंक प्राप्त करने में भी सहायक होते हैं। प्रश्न पत्रों को आपके सामने बिल्कुल उसी प्रकार प्रस्तुत किया गया है जैसा आपके सामने परीक्षा केंद्र में प्रस्तुत होता है जो आपको अपने आप में एक अलग प्रकार का आत्मविश्वास बढ़ाने में सहायक होगा।

प्रस्तुत पुस्तक के पाठ्यक्रम में 17 अध्याय प्रस्तुत किए गए हैं। सामाजिक आंदोलन लोकतांत्रिक प्रक्रियाओं का एक अनिवार्य घटक है। सामाजिक आंदोलन अतीत और वर्तमान में सभी समाजों में सार्वत्रिक रूप से पाए जाते हैं। प्रस्तुत पुस्तक में सामाजिक आंदोलनों के अर्थ व महत्त्व, सामाजिक आंदोलनों के अध्ययनार्थ दृष्टिकोण, भारतीय समाज का लोकतंत्रीकरण और उसका बदलता स्वरूप, भूमण्डलीकरण, राज्य, बाजार एवं सामाजिक आंदोलन, दलित आंदोलन, पिछड़ा वर्ग आंदोलन, नृजातीय आंदोलन, नारी आंदोलन, क्षेत्रीय आंदोलन, धार्मिक और साम्प्रदायिक आंदोलन, कृषक आंदोलन, मजदूर आंदोलन, पर्यावरण और पारिस्थितिकी आंदोलन के बारे में विस्तृत रूप से चर्चा की गई है। यह सभी अध्याय भारत में सामाजिक आंदोलनों का एक संदर्भ प्रस्तुत करने का प्रयास करते हैं।

आगामी संस्करण में आपके सुझावों को यथास्थान साभार सम्मिलित किया जाएगा। अतः अपने सुझाव निःसंकोच हमें हमारी **Email : feedback@gullybaba.com** पर या सीधे प्रकाशन के पते पर लिखें और हमें अपने सुझावों से अनुग्रहीत करें।

प्रकाशन (GPH) अपने कार्यरत सहायकों व लेखकों का सहृदय से आभार प्रकट करता है, जिनके सहयोग और प्रयासों के कारण ही इस पुस्तक का प्रकाशन संभव हो पाया है।

आपकी सफलता की कामना के लिए,

–प्रकाशक

विषय-सूची

1. सामाजिक आंदोलन: अर्थ, महत्त्व और घटक 1
   (Social Movements: Meanings, Significance and Components)
2. सामाजिक आंदोलन के अध्ययनार्थ दृष्टिकोण: उदारवादी, गाँधीवादी और मार्क्सवादी 9
   (Approaches to Study Social Movements: Liberal, Gandhian and Marxian)
3. सामाजिक आंदोलनों का वर्गीकरण, नए सामाजिक आंदोलनों समेत 25
   (Classification of Social Movements Including New Social Movements)
4. भारतीय समाज का लोकतंत्रीकरण और बदलता स्वरूप 31
   (Democratisation and Changing Nature of Indian Society)
5. भूमंडलीकरण तथा सामाजिक आंदोलन 41
   (Globalization and Social Movements)
6. राज्य, बाजार और सामाजिक आंदोलन 53
   (State, Market and Social Movements)
7. दलित आंदोलन 63
   (Dalit Movement)
8. पिछड़ा-वर्ग आंदोलन 75
   (Backward Class Movement)
9. नृजातीय आंदोलन: जनजातियों के विशेष संदर्भ में 87
   (Ethnic Movements with Special Reference to Tribals)

1

सामाजिक आन्दोलनः अर्थ, महत्त्व और घटक
Social Movements: Meanings, Significance and Components

परिचय

जैसा कि सामाजिक आंदोलन अतीत और वर्तमान में सभी समाजों में सार्वत्रिक रूप से पाए जाते हैं। उनकी प्रकृति, कार्यक्षेत्र और बारम्बारता में अंतर होता है। राजनीति सामाजिक व्यवस्था का ही एक हिस्सा है। समाज में होने वाली गतिविधियों में राजनीति भी शामिल होती है। अतः समाज में होने वाले आंदोलनों से राजनीति भी प्रभावित होती है। राजनीतिक संरचनाओं के प्रारंभिक काल में सामाजिक आंदोलन, राज्य उसके प्रकार्यों, उत्तरदायित्वों के साथ–साथ उत्तरप्रदता और उसकी राजनीतिक सीमा को भी प्रभावित करते थे। आधुनिक युग में उन्होंने चर्च व सामंती सत्ता, विदेशी शासनों और सत्तावादी शासन–प्रणालियों को चुनौती देने में एक बहुत ही महत्त्वपूर्ण भूमिका निभाई है। अतः किसी भी देश की राजनीतिक व्यवस्था को समझना है तो उस देश की सामाजिक व्यवस्था और उस देश में होने वाली सामाजिक आंदोलन की समझ होना बहुत आवश्यक है। इस अध्याय में हम सामाजिक आंदोलनों की परिभाषा, राजनीतिक आंदोलनों से उनकी तुलना, साथ–साथ सामाजिक आंदोलनों के महत्त्व एवं घटकों का विस्तार से अध्ययन करेंगे।

प्रश्न 1. सामाजिक आंदोलनों को परिभाषित करें। ये राजनीतिक आंदोलनों से कैसे भिन्न हैं? [जून-2010, प्र. सं.-1]

उत्तर— सामाजिक आंदोलनों का अभिप्राय अलग-अलग संदर्भ में अलग-अलग लगाया जाता है जबकि सामाजिक आंदोलन को अक्सर अविवेकी रूप से प्रयोग किया जाता है। कभी-कभी इसका प्रयोग आधुनिकीकरण अथवा शहरीकरण जैसे किसी ऐतिहासिक रुझान को दर्शाने के लिए किया जाता है। यह शब्द समाज में 'परिवर्तन' लाने हेतु एक अथवा कई संगठनों द्वारा चलाई जा रही गतिविधियों की किसी शृंखला को इंगित करने के लिए भी प्रयोग किया जाता है; जैसे—स्कूल शुरू करने तथा विद्यार्थियों का नाम लिखे जाने हेतु सरकारी शिक्षा विभाग द्वारा चलाया गया शिक्षा आंदोलन। समाज के किसी घटक की सामूहिक कार्यवाही के लिए भी इसका प्रयोग किया जाता है। 'सामाजिक आंदोलन' फ्रेज राजनेताओं एवं सामाजिक सक्रियताओं के बीच बड़ा ही लोकप्रिय है; इसका प्रयोग वे अपनी राजनीतिक गतिविधियों के विषय में करते हैं।

चित्र 1.1 : सामाजिक आंदोलन

तथापि, 'सामाजिक आंदोलन' शब्द ने यूरोपीय भाषाओं में लोकप्रियता 19वीं शती-आरंभ में हासिल की। यह एक सामाजिक महापरिवर्तन का काल था। चर्च के प्राधिकारों और राजतंत्रों की निरंकुश सत्ता को चुनौती दी गई। लोग लोकतांत्रिक अधिकारों की माँग कर रहे थे और स्वतंत्रता एवं समानता हेतु अधिकार की माँग कर रहे थे। राजनेता और लेखकगण जो इस शब्द का प्रयोग करते थे, वे इसे शोषित वर्गों की मुक्ति और ऐसे बदलते संपत्ति संबंधों जो एक नए समाज के सर्जन से सम्बद्ध थे, से इसे जोड़ते थे उनका वैचारिक रुझान उनकी परिभाषा में प्रकट होता है। अतः 'सामाजिक आंदोलन' की कोई एक परिभाषा नहीं है। विद्वत्जन और सामाजिक कार्यकर्त्ता जन राजनीतिक प्रणाली और प्रत्याशित सामाजिक परिवर्तन के विषय में भिन्न-भिन्न वैचारिक मत रखते हैं और वे भी जो सामाजिक परिवर्तन का एक ही अर्थ लेते हैं, परिवर्तन लाने हेतु रणनीति एवं मार्ग विषयक अपने विचारों में प्रायः भिन्नता रखते हैं। परंतु सामाजिक आंदोलन संबंधी तमाम अवधारणाओं के बीच एक बात निश्चित है, यथा सामूहिक

कार्यवाही यह राजनीतिक कार्यवाही हेतु लोगों को लामबंद करने से संबंधित होता है। फिर भी, इस प्रकार की सामूहिक कार्यवाही सामाजिक आंदोलन का पर्याय नहीं है।

इन सामूहिक व्यवहारों को सामाजिक आंदोलन नहीं कहते हैं क्योंकि वे प्रायः आवेगशील ही होते हैं और सामाजिक परिवर्तन लाने पर अभिलक्षित नहीं होते। वे किसी स्थिति–विशेष के प्रति प्रतिक्रिया स्वरूप ही होते हैं। तथापि, सामाजिक परिवर्तन हेतु वृहत्तर कार्यसूची के एक कार्यक्रम के रूप में जब उनकी योजना बनाई जाती है – यथा, यथापूर्व स्थिति हेतु किसी समूह–विशेष की सत्ता को बनाए रखने अथवा चुनौती देने के लिए भी दंगा सामाजिक आंदोलन का हिस्सा बन जाता है। उदाहरण के लिए, वे लोग जो किसी समुदाय–विशेष के प्रभुत्व को स्थापित करना चाहते हैं, दंगों की योजना बनाते हैं ताकि दूसरे समुदाय के लिए असुरक्षा और उसके द्वारा 'सामुदायिक चेतना' को जन्म दे सकें। इस प्रकार के मामले में उपद्रव कोई आवेगशील एकाकी दृश्यघटना नहीं होता या फिर अनेक मामलों में सामाजिक आंदोलन उपद्रवों से ही उभरते हैं क्योंकि वे जन–भावना को बल प्रदान करने के लिए राजनीतिक गतिविधियों को जन्म देते हैं। 'सामाजिक परिवर्तन' लाने के लिए सामूहिक कार्यवाही सामाजिक आंदोलन की परिभाषा का एक महत्त्वपूर्ण आयाम है। वस्तुतः दूसरों द्वारा अनुभूत रूप में सामाजिक परिवर्तन कायम रखने अथवा उसे भंग न करने हेतु सामूहिक कार्यवाही भी सामाजिक आंदोलन है। यथापूर्व स्थिति हेतु इस प्रकार की सामूहिक कार्यवाही को **प्रति–आंदोलन (counter-movement)** कहा जा सकता है। इसके अलावा, सामाजिक परिवर्तन का कोई एक अर्थ नहीं है। यह बात समाज–शास्त्रीय साहित्य में प्रयुक्त सामाजिक आंदोलनों की निम्नलिखित प्रतिदर्श परिभाषाओं से सिद्ध होती है–

(1) पॉल विल्किन्सन–सामाजिक आंदोलन को इस रूप में परिभाषित करते हैं–"किसी भी दिशा में और किसी भी तरीके से, हिंसा, अवैधता, क्रांति अथवा 'कल्पनालोकी' समुदाय में निवर्तन को न छोड़ते हुए, परिवर्तन को प्रोत्साहित करने हेतु एक सुविचारित सामूहिक प्रयत्न। सामाजिक आंदोलन तदनुसार ऐतिहासिक आंदोलनों, प्रवृत्तियों अथवा रुझानों से स्पष्टतः भिन्न होते हैं। यह बात तथापि, ध्यातव्य है कि इस प्रकार की प्रवृत्तियाँ एवं रुझान तथा मानव व्यवहार में अचेतन अथवा अयुक्त कारकों का प्रभाव, सामाजिक आंदोलन की व्याख्या करने और स्पष्ट करने संबंधी समस्याओं को समझाने में निर्णायक महत्त्व वाले हो सकते हैं।"

(2) हरबर्ट ब्लूमर के अनुसार–"सामाजिक आंदोलनों को जीवन की एक नई व्यवस्था लागू करने हेतु सामूहिक उद्यमों के रूप में देखा जा सकता है। उनका प्रारंभ अशांति की स्थिति में पाया जाता है तथा वे अपनी प्रेरक शक्ति एक ओर जीवन के वर्तमान रूप से असंतुष्टि से, और दूसरी ओर जीने की एक नई योजना अथवा व्यवस्था हेतु इच्छाओं एवं आशाओं से व्युत्पन्न करते हैं।"

(3) दू मैक–ऐडम के अनुसार–सामाजिक आंदोलन "वर्जित समूहों की ओर से, समाज की संरचना में परिवर्तनों को प्रोत्साहित करने अथवा उन्हें रोकने हेतु वे संगठित प्रयास हैं

जिनमें राजनीतिक भागीदारी के गैर–संस्थागत रूपों का सहारा लिया जाना शामिल होता है।"

(4) सिडनी टैरो के अनुसार—सामाजिक आंदोलन "आभिजात्यों, प्रतिद्वंद्वियों एवं प्राधिकारियों के साथ निर्बाध अंतर्क्रिया में सामान्य प्रयोजनों एवं सामाजिक एकात्मकताओं पर आधारित चुनौतियाँ" हैं।

इन परिभाषाओं के तीन प्रमुख तत्त्वों पर इस प्रकार ध्यान दिया जा सकता है। ये हैं—(क) सामाजिक परिवर्तन, (ख) सामान्य प्रयोजन, (ग) सामूहिक कार्यवाही।

सही तरीके से, इसी कारण उत्पात अथवा विरोध–प्रदर्शन सामाजिक आंदोलन नहीं है। क्योंकि वे कदापि नहीं तो, प्रायः ही सामाजिक परिवर्तन लाने पर अभिलक्षित नहीं होते। वे उसकी कल्पना भी नहीं करते। वे तो एक स्थिति–विशेष के प्रति प्रतिक्रिया मात्र होते हैं। परंतु इसी के साथ ही, कभी नहीं तो अक्सर ही, सामाजिक आंदोलन समय के साथ–साथ विकसित होता है और वह ऐसे विरोध–प्रदर्शन अथवा उत्पात के साथ शुरू होता है जिसने संभवतः राजनीतिक परिवर्तन संबंधी विचार मनोगत भी नहीं किया होता। उदाहरण के लिए, जब गुजरात में इंजीनियरिंग कॉलेज के छात्रों ने मैस विधेयक के खिलाफ विरोध–प्रदर्शन किया, यह एक अपेक्षाकृत स्वतः स्फूर्त कार्यवाही था। परंतु उस विरोध–प्रदर्शन ने गुजरात में 1974 के नवनिर्माण आंदोलन की ओर अग्रसर किया। इसके अलावा, एक सामूहिक कार्यवाही–विशेष कुछ विद्वानों के अनुसार महज एक उत्पात हो सकता है और दूसरों के लिए एक आंदोलन, यह विश्लेषण के दृष्टिकोण पर निर्भर करता है।

सामाजिक आंदोलन तथा राजनीतिक आंदोलन—'सामाजिक' और 'राजनीतिक' आंदोलन एक–दूसरे के काफी निकट होते हैं। उन सामूहिक प्रयासों को छोड़कर जो कि मुख्य तौर पर और अब तक अलौकिक सत्ता के संबंध में वैयक्तिक परित्राण तक ही परिसीमित हैं तथा सामाजिक संरचना और भीतरी के साथ–साथ परस्पर सामुदायिक संबंध से ताल्लुक नहीं रखते, सब सामूहिक कार्यवाहियों को सामाजिक या राजनीतिक आंदोलनों से जोड़ा जाता है। परंतु वही आंदोलन जब सार्वजनिक जीवन को प्रभावित करते हुए सामाजिक संबंध के क्षेत्र में प्रवेश करता है तो वह राजनीतिक आंदोलन का लक्षण धारण कर लेता है। उदाहरण के लिए, संस्कृतिकरण हेतु समुदाय का सामूहिक संघर्ष हालाँकि सामाजिक आंदोलन है, वह वर्तमान सत्ता–संबंध को भी चुनौती देता है क्योंकि ऐसा समुदाय न सिर्फ ऊँची प्रस्थिति की अधिकार–माँग करता है बल्कि प्रभुत्व जमाने वालों से प्रतिस्पर्धा भी करता है। यहाँ पिछड़ी–जाति आंदोलन का उदाहरण सामने है। **रूडोल्फ हैबरली** (1951) का तर्क है कि सभी आंदोलनों के परिणाम राजनीतिक ही होते हैं, यदि उनके सदस्य राजनीतिक सत्ता हेतु संघर्ष न करें तो भी। तथापि आँद्रे गुंदर फ्रॉक व मार्ता फुंटेस (1987) जैसे कुछ विद्वान् सामाजिक तथा राजनीतिक आंदोलनों के बीच भेद करते हैं। उनके अनुसार, पूर्ववर्ती राज्य–सत्ता हेतु संघर्ष नहीं करता। सामाजिक आंदोलन 'राज्य–सत्ता की बजाय अधिक स्वतंत्रता के लिए प्रयास करते हैं,

सामाजिक एवं राजनीतिक सत्ता के बीच अंतर है और राजनीतिक सत्ता सिर्फ राज्य में ही स्थित होती है। इन लेखकों के अनुसार, सामाजिक आंदोलन का उद्देश्य सामाजिक बदलाव होता है। भागीदार जन सामाजिक न्याय पाने के लिए संगठित हो जाते हैं। यह अभिधारणा (thesis) संदिग्ध है। वस्तुतः समाज व राज्य और इसी कारण सामाजिक व राजनीतिक सत्ता समान नहीं हैं। परंतु समकालीन विश्व में सामाजिक सत्ता एवं राजनीतिक सत्ता के बीच अंतर करना वास्तविकता को छिपाना और राजनीतिक प्रक्रियाओं की जटिलताओं को अनदेखा करना ही है। राजनीति सिर्फ राजनीतिक दलों में ही अवस्थित नहीं होती। न्याय अथवा अन्याय के भाव से संबद्ध मुद्दों को लेकर चलने वाले आंदोलनों के राजनीतिक परिणाम होते हैं। सामाजिक परिवर्तन लाने पर अभिलक्षित, अभिभावी आधिपत्य एवं प्रभुत्व के संबंधों, जायदाद के संबंधों, सत्ता संबंधों पर सवाल करते, अनुभूत विरोधियों के विरुद्ध पहचान का संघर्ष, न्यायार्थ संघर्ष आदि में राजनीतिक सत्ता हथिया लेना अथवा उस पर प्रभाव डालना शामिल होता है। यद्यपि राजनीतिक सत्ता प्राप्त करना इन गतिविधियों की तात्कालिक कार्यसूची में नहीं भी हो सकती। इसी कारण, वर्तमान प्रसंग में 'सामाजिक' एवं 'राजनीतिक' आंदोलन के बीच अंतर नाममात्र ही है।

प्रश्न 2. राजनीति को समझने के लिए सामाजिक आंदोलनों के अध्ययनों की महत्ता पर प्रकाश डालिए? [दिसम्बर–2009, प्र. सं.–1]

उत्तर– राजनीति सामाजिक गतिविधियों का ही एक अंग माना जाता है। समाज में अनेक प्रकार की गतिविधियाँ अर्थात् सामाजिक, आर्थिक, राजनीतिक, सांस्कृतिक, भौगोलिक इत्यादि लगातार चलती रहती हैं। प्रत्येक गतिविधि किसी–न–किसी प्रकार से एक–दूसरे से प्रभावित होती रहती है। किसी भी खास क्षेत्र की गतिविधि को अगर समझना है, तो पूरी सामाजिक संरचना और उस संरचना में होने वाली गतिविधियों को नजदीकी से समझना आवश्यक होता है। सामाजिक आंदोलन समाज में होने वाले सामूहिक क्रियाकलापों या कार्यवाहियों को कहते हैं। इसमें मुख्यतः सत्ता या राज्य के विरुद्ध या राज्य में सुधार का उद्देश्य लेकर कार्यवाही की जाती हैं। सत्ता और राज्य दोनों राजनीति के आवश्यक विषय हैं।

सामाजिक आंदोलन दुनिया के प्रत्येक देश में संभवतः हर समय विद्यमान होते हैं। उनका रूप चाहे सामाजिक हो, सांस्कृतिक हो, धार्मिक हो, वे किसी–न–किसी प्रकार से शासक वर्ग के लिए चुनौती के रूप में होते हैं। कोई भी शासक जनता से यही अपेक्षा करता है कि वह पहले से चली आ रही स्थिति या परिस्थिति में ही अपने हितों को साकार करे, लेकिन समय के अनुसार उसमें सुधार की गुंजाइश हमेशा बनी ही रहती है। इस सुधार की अपेक्षा सरकार से जनता हमेशा रखती है, लेकिन जब जनभावनाओं का आदर और उनकी इच्छाओं की सामूहिक पूर्ति सरकार नहीं करती, तो वे सरकार पर दबाव डालने या उसे उखाड़ फेंकने के लिए तरह–तरह की गतिविधियों को संचालित करने लगते हैं। सामाजिक आंदोलन उन्हीं

गतिविधियों का नाम है। अतः सामाजिक आंदोलन से वर्तमान राजनीति और उसके अंतर्द्वन्द्व को नजदीक या अंदर से जानने में सफलता मिलती है।

सामाजिक आंदोलन के द्वारा राज्य के विभिन्न क्रियाकलापों, उसके दायित्वों, उसके आदर्शों व मूल्यों और उसके कार्य की सीमाओं को प्रभावित किया जाता है। ये आंदोलन किसी–न–किसी प्रकार से सत्ता प्राप्ति या सत्ता–विमुख करने से संबंधित होते हैं। ये आंदोलन सत्ता परिवर्तन के साथ–साथ राजनीतिक प्रणालियों को भी बदलने में महत्त्वपूर्ण भूमिका निभाते हैं। अतः सामाजिक आंदोलन अनिवार्य रूप से राजनीति से संबंधित होता है।

सामाजिक आंदोलनों के द्वारा न केवल व्यवस्था को बदलने का प्रयास किया जाता है, अपितु बाद की एक आदर्श सामाजिक और राजनीतिक व्यवस्था की रूपरेखा भी बनाई जाती है। इसके होने पर शासकों से नाराज जनसमूह के साथ–साथ भविष्य की राजनीतिक व्यवस्था को समर्थन मिलने वाले समूह का पता आसानी से हो जाता है। अतः प्रत्येक व्यक्ति किसी–न–किसी प्रकार से इन आंदोलनों से जुड़ जाता है। कुछ व्यक्ति आंदोलन के समर्थक होते हैं तथा कुछ विरोधी, कुछ लोग निष्क्रिय भी बने रहते हैं। राजनीतिक संगठनों व उनके चरित्रों को समझने के लिए जरूरी है कि उनके क्रियाकलापों व उनके राजनीतिक निर्णयों को गंभीरतापूर्वक देखा जाए। वास्तव में आंदोलन सरकार के क्रियाकलापों और निर्णय के विरुद्ध या समर्थन में होते हैं। अतः सामाजिक आंदोलनों द्वारा सरकार के सारे अंगों के साथ–साथ उसकी प्रकृति को भी समझने में आसानी होती है।

उदाहरण के लिए, अगर किसी देश के संवैधानिक मूल्यों व आदर्शों को समझना है, तो हमें उन आंदोलनों की जड़ में जाना होगा, जहाँ से इस प्रकार की संवैधानिक सरकार का जन्म हुआ है। अगर भारत के संविधान के मूल्यों व आदर्शों को समझना है, तो स्वतंत्रता आंदोलन के समय होने वाली गतिविधियों का गंभीरतापूर्वक अध्ययन करना पड़ेगा। साथ–साथ उस आंदोलन में शामिल समूहों, उन नेताओं व विचारकों के विचार भी जानने पड़ेंगे, जिन्होंने इस महान आंदोलन को खड़ा किया। सरकार किसी–न–किसी रूप में उन्हीं सिद्धांतों और व्यवहार पर चलती है, जिन आदर्शों के आस–पास उस सामाजिक आंदोलन का ताना–बाना बुना गया था। सामाजिक आंदोलनों के उद्देश्य ही इसी तरह बाद में सरकार और शासक वर्ग के उद्देश्य बन जाते हैं और जनता उनका समर्थन करती है। अतः सामाजिक आंदोलन राजनीति के अंग सरकार के बारे में सारी जानकारियों को उपलब्ध कराते हैं।

रूडोल्फ हैबरली जैसे विचारक का मत है कि सभी सामाजिक आंदोलनों का परिणाम राजनीतिक होता है, चाहे आंदोलन की गतिविधि सत्ता प्राप्ति के लिए न हो, क्योंकि उस आंदोलन में सरकार किसी–न–किसी रूप में शामिल हो जाती है, लेकिन आंद्रे ग्रुंडर फ्रांक और मार्ता फुंटेस जैसे विचारक इसे राजनीति से अलग करते हैं। उन दोनों का मानना है कि सामाजिक आंदोलन व्यापक स्वरूप के होते हैं और उनकी माँग राजनीतिक स्वतंत्रता से आगे भी जाती है। सामाजिक आंदोलन राज्य शक्ति से कुछ अधिक की अपेक्षा रखते हैं।

सामाजिक आन्दोलन: अर्थ, महत्त्व और घटक

स्पष्ट रूप से यह निष्कर्ष निकलता है कि सामाजिक आंदोलनों से राजनीति से संबंधित सारी जानकारियाँ हमें प्राप्त हो जाती हैं, लेकिन सामाजिक आंदोलनों का एकमात्र उद्देश्य राजनीति करना नहीं है, वे समाज की भलाई के उद्देश्य और अपने समूह के अधिकतम कल्याण से प्रेरित होते हैं। उनकी भूमिका व्यक्ति की अधिकतम स्वतंत्रता प्राप्ति में सहायक होती है।

प्रश्न 3. सामाजिक आंदोलनों के प्रमुख घटक कौन से हैं?

उत्तर— सामाजिक आंदोलन दुनिया के प्रत्येक देश में किसी न किसी रूप में देखने को मिलते रहते हैं। सामाजिक आंदोलन जनता की सामूहिक गतिविधि का नाम है, जिससे उनकी इच्छाओं व उद्देश्यों का प्रकटीकरण होता है। जनभावनाओं की राजनीति ही पूरे सामाजिक आंदोलन को समझने में मदद करती है। सामाजिक आंदोलन उद्देश्यहीन नहीं होते, उन्हें बिना विचारधारा के तर्कसंगत तरीके से पूरा नहीं किया जा सकता। इसमें कार्यक्रमों की एक व्यवस्थित कार्यवाही भी आवश्यक होती है। यह कार्यक्रम किसी-न-किसी नेता के नेतृत्व में होता है। कार्यक्रम को क्रियान्वित करने के लिए किसी-न-किसी प्रकार की सामूहिक एकता की जरूरत होती है, जिसे संगठन कहा जाता है। अतः सामाजिक आंदोलन के पाँच मुख्य घटक हैं—

(1) कार्यक्रम या कार्यवाही, जो सामूहिक हो,
(2) नेतृत्व,
(3) संगठन या सामूहिक एकता,
(4) उद्देश्य या लक्ष्य,
(5) विचारधारा।

ये सभी घटक एक-दूसरे से किसी-न-किसी रूप में जुड़े होते हैं। वे एक-दूसरे पर अंतर्निर्भर भी होते हैं। अतः स्वाभाविक है कि ये एक-दूसरे को प्रभावित भी करेंगे। उपर्युक्त घटकों में निम्न बातें आती हैं—

(1) कार्यक्रम या कार्यवाही, जो सामूहिक हो—विचारधारा के अनुरूप ही कार्यक्रम और आंदोलन की गतिविधियों के साधनों का निर्धारण होता है। मार्क्सवाद मार्क्स के विचार पर आधारित विचारधारा है तथा उसी विचारधारा के आधार पर उसके कार्यक्रम या क्रांति का निर्धारण हुआ, जिसमें हिंसात्मक क्रांति का सहारा लेकर रूस में साम्यवाद की स्थापना की गई। जबकि गाँधीवादी विचारधारा में सत्य और अहिंसा जैसे मार्गों को अपनाया गया।

(2) नेतृत्व—विचारधारा को लागू करने वाला कोई-न-कोई नेता अवश्य होना चाहिए। मार्क्सवाद लेनिन जैसे नेता के अभाव में सफल नहीं हो सकता था। माओ न होता तो चीन में साम्यवाद की स्थापना न होती। उसी तरह भारत में गाँधी, नेहरू, पटेल जैसे नेताओं के अभाव में भारत का स्वतंत्रता आंदोलन सफल नहीं हो सकता था।

(3) संगठन या सामूहिक एकता—नेता ऐसे लोगों की फौज तैयार करता है, जिसके हित उस आंदोलन से जुड़े हों। लोगों के सामूहिक उद्देश्य अगर न हों, तो लोगों में सामूहिक एकता या लामबंदी हो ही नहीं सकती। साथ-ही-साथ बिना संगठन या जनता के एक बड़े भाग को आंदोलन से बाहर करके आंदोलन के उद्देश्यों को प्राप्त नहीं किया जा सकता। संगठन भी कई प्रकार के निर्णयों से प्रभावित होता है।

(4) उद्देश्य या लक्ष्य—प्रत्येक सामाजिक आंदोलन का कोई-न-कोई सामाजिक और राजनीतिक लक्ष्य होता है। सामाजिक संगठन जो उद्देश्यविहीन हो, उसे भीड़ की संज्ञा दी जाती है। भीड़ का कार्य केवल हो-हल्ला मचाना और व्यवस्था को नुकसान पहुँचाना होता है। सामाजिक आंदोलन द्वारा देश के सामाजिक व राजनीतिक परिवेश में परिवर्तन लाने का प्रयास किया जाता है। इसके लिए अल्पकालीन और दीर्घकालीन लक्ष्य निर्धारित किए जाते हैं। अल्पकालीन लक्ष्यों को पहले निपटाकर फिर एक दीर्घकालीन लक्ष्य को पूरा करने का प्रयास किया जाता है। उदाहरणस्वरूप मार्क्स मानता था कि क्रांति के द्वारा पूँजीवादी व्यवस्था ध्वस्त करके समाजवादी व्यवस्था की स्थापना की जानी चाहिए। समाजवाद रूपी संक्रमण अवस्था में सर्वहारा बुर्जुआ वर्ग से बदला लेंगे। तत्पश्चात् एक साम्यवादी राज्य की स्थापना होगी, जो प्रत्येक प्रकार के शोषण से मुक्त होगी और राज्य फिर धीरे-धीरे लुप्त हो जाएगा।

(5) विचारधारा—सामाजिक आंदोलन में किसी-न-किसी एक विचारक या दार्शनिक की विचारधारा की जरूरत पड़ती है। यह किसी-न-किसी महान् विचारक की कल्पना होती है, क्योंकि कल्पना या विचार को ही सामाजिक आंदोलन के द्वारा किसी-न-किसी रूप में साकार करने का प्रयत्न किया जाता है। कभी-कभी विचारधारा के आधार पर ही क्रांति या आंदोलन की दिशा निर्धारित की जाती है और कभी-कभी क्रांति के दौरान ही विचारधारा स्थापित हो जाती है। उदाहरणस्वरूप सामाजिक आंदोलन के मार्क्सवादी आंदोलन में हिंसात्मक आंदोलन के कार्यक्रम पूर्व निर्धारित थे, जबकि भारत के स्वतंत्रता आंदोलन में गाँधीवाद जैसी विचारधारा का आगमन 1920 के बाद हुआ। बाद में वही विचारधारा आंदोलन का दिशा-निर्देशन भी करने लगती है, गाँधीवाद ने भारतीय स्वतंत्रता आंदोलन को अंतिम समय तक दिशा दी।

स्पष्ट तौर पर कहा जा सकता है कि सामाजिक आंदोलन के घटक, स्थिति व परिस्थिति के अनुसार बनते-बिगड़ते रहते हैं। इनके घटकों की प्रकृति व कार्य भी अलग-अलग देशों में अलग-अलग होते हैं। किसी सामाजिक आंदोलन में ये पाँचों घटक दिखाई भी देते हैं और कभी-कभी आंदोलन की प्रक्रिया में ही इनकी उत्पत्ति होती है। अतः निष्कर्षतः कहा जा सकता है कि सामाजिक आंदोलन के घटक सामाजिक आंदोलन की दशा व दिशा दोनों निर्धारित करते हैं।

●●●

2

सामाजिक आन्दोलन के अध्ययनार्थ दृष्टिकोण: उदारवादी, गाँधीवादी और मार्क्सवादी

Approaches to Study Social Movements: Liberal, Gandhian and Marxian

परिचय

सामाजिक आंदोलन को व्याख्यायित करने के अलग–अलग तरीके हैं। गाँधीवादी साधन व साध्य दोनों की पवित्रता में विश्वास करते हैं। अतः सामाजिक आंदोलन को संपूर्ण रूप से समझने के लिए इन दृष्टिकोणों का व्यापक ज्ञान जरूरी है। दृष्टिकोण अथवा सैद्धांतिक प्राधार हमें सामाजिक आंदोलनों को अधिक सार्थक रूप से समझने में मदद करते हैं। मार्क्सवादियों के अनुसार, सामाजिक आंदोलन एक विरोध–प्रदर्शन मात्र अथवा शिकायतों की अभिव्यक्ति नहीं है। यह इस अवधारणा पर आधारित है कि लोगों के कर्म उन लक्ष्यों द्वारा अभिप्रेरित होते हैं जो उनकी प्राथमिकताओं को अभिव्यक्त करते हैं। इस सिद्धांत के कुछ समर्थकों का कहना है कि वंचित वर्गों द्वारा क्रांतिकारी परिवर्तनों हेतु सामाजिक आंदोलन आवेग और संवेग से परे होते हैं। इस अध्याय में सामाजिक आंदोलन के अध्ययनार्थ उदारवादी, गाँधीवादी तथा मार्क्सवादी दृष्टिकोण का अध्ययन किया गया है।

प्रश्न 1. सामाजिक आंदोलनों के विश्लेषणार्थ मार्क्सवादी दृष्टिकोण में "वर्ग–संघर्ष" का क्या महत्त्व है?

अथवा

मुख्यधारा मार्क्सवादी दृष्टिकोण से "सबाल्टर्न स्टडीज" दृष्टिकोण किस प्रकार भिन्न है?

अथवा

सामाजिक आंदोलनों के अध्ययन के मार्क्सवादी दृष्टिकोण की चर्चा कीजिए?

[जून–2009, प्र. सं.–1][दिसम्बर–2010, प्र. सं.–1]

उत्तर— मार्क्सवादी दृष्टिकोण के समर्थक समाज में आमूल–चूल परिवर्तन चाहते हैं। विभिन्न सामाजिक आंदोलनों के विश्लेषणार्थ मार्क्सवादी दृष्टिकोण के अनुयायी विद्वान और वे जो मार्क्सवादी होने का दावा करते हुए सामाजिक आंदोलनों में शामिल हैं, मुख्य रूप से समाज में क्रांतिकारी परिवर्तन लाने में रुचि रखते हैं। मार्क्सवादी दृष्टिकोण के अनुसार, संघर्ष ही सामाजिक आंदोलनों की मूल जड़ है। समाज में विभिन्न प्रकार के संघर्ष होते हैं। कुछ संघर्ष व्यक्तिजनों के बीच वैयक्तिक सत्ता, काम करने के ढंग को लेकर, समुदायों के बीच – सामाजिक, नृजातीय, धार्मिक, क्षेत्रीय आदि एवं अन्य संघर्ष भौतिक हित व दूसरों पर किसी एक के प्रभुत्व को लेकर होते हैं। **अ–वर्ग (non-class)** संघर्ष की प्रकृति समाज–समाज में भिन्न–भिन्न होती है और इसको समझौता–वार्ताओं व संस्थागत तरीके से मिटाया जा सकता है। कभी–कभी, भले ही हमेशा नहीं, इस प्रकार का संघर्ष **'वर्ग'** आर्थिक विवाद के रूप में दिखाई पड़ता है यानी भिन्न–भिन्न समुदायों से संबंधित विभिन्न वर्गों का आर्थिक संघर्ष नृजातीय संघर्ष का रूप ले लेता है। **वर्ग संघर्ष** समाज की आर्थिक संरचना, उत्पादन व वितरण व्यवस्था में भीतर ही भीतर निर्मित, में पाया जाता है। यह वर्गों के बीच आधिपत्य और अधीनतास्वीकरण के अस्तित्व में होता है। वे लोग जिनके पास उत्पादन के साधन होते हैं सामाजिक व राजनैतिक व्यवस्था पर आधिपत्य रखते हैं। सभी प्रकार के वर्ग–समाज में उत्पादन का विशिष्ट रूप प्रभावी होता है, जो सामाजिक संबंधों के अन्य रूपों को प्रभावित करता है। **राल्फ मिलीबांड** का कहना है कि "वर्ग प्रभुत्व कभी भी विशुद्ध रूप से 'आर्थिक' अथवा विशुद्ध रूप ही 'सांस्कृतिक' नहीं हो सकता : वह हमेशा ही एक सशक्त और व्यापक 'राजनीतिक' अंश रखेगा, न कि किंचित मात्र, क्योंकि कानून एक सुस्पष्ट रूप है जो कि प्रभुत्व के सभी रूपों को अनुमोदन और वैधता प्रदान किए जाने में राजनीति रखती है। इस अर्थ में, 'राजनीति' उसका अनुमोदन करती है जो 'अनुमतिप्राप्त' है और इसी कारण अपने 'उत्पादन–संबंध' के भीतर और बाहर, भिन्न–भिन्न एवं संघर्षरत वर्गों के सदस्यों के बीच संबंधों की अनुमति देती है।"

वे लोग जिनके पास उत्पादन के साधन होते हैं और उन पर नियंत्रण रखते हैं, उत्पादनकर्त्ताओं से आधिशेष हड़प लेते हैं। वे अपना हित साधने के लिए आधिशेष का संचय

करते हैं और समाज पर अपना नियंत्रण बढ़ाते और स्थायी बनाते हैं। पूर्ववर्ती जन सामंती व्यवस्था में सामन्तिक अधिपति अथवा पूँजीवादी व्यवस्था में औद्योगिक बुर्जुआ वर्ग हो सकते हैं। धनी और श्रमिक वर्गों के बीच प्रतिरोधी हित उस वर्ग आधारित समाज में अंतर्निहित होते हैं जो विवादों को जन्म देता है। पूर्ववर्ती जन समाज में अपना आधिपत्य जमाने और शोषित वर्गों पर नियंत्रण जमाने के लिए राज्य व अन्य संस्थाओं, यथा धर्म, संस्कृति, शिक्षा, जन–संचार आदि के दमनकारी एवं प्रभावी बल का प्रयोग करते हैं। परवर्ती जन प्रतिरोध करते हैं, विरोध–प्रदर्शन करते हैं और आवसरिक रूप से विद्रोह अथवा धनी वर्गों के आधिपत्य के खिलाफ संगठित और सामूहिक कार्यवाही भी शुरू कर देते हैं। संक्षिप्ततः वर्ग–संघर्ष ही प्रतिरोध के लिए मुख्य प्रेरक शक्ति है। ऐसी ही सामूहिक कार्यवाहियाँ सामाजिक आंदोलनों का रूप ले लेती हैं।

यद्यपि मार्क्सवादियों के अनुसार, परस्पर विरोधी आर्थिक हितों के संरचनात्मक कारण मुख्य मुद्दे हैं, अनेक मार्क्सवादी विद्वान नृजातीय, धार्मिक एवं अन्य सांस्कृतिक कारकों पर ध्यान देने लगे हैं। उनमें से कुछ ने तो शोषित वर्गों की चेतना के स्वरूप का विश्लेषण भी शुरू कर दिया है। मार्क्सवादी विद्वानों के अनुसार, एक ही वर्ग के सदस्य अन्य वर्गों की तुलना में न सिर्फ साझा हित रखते हैं, बल्कि समाज में अपनी स्थिति के संबंध में एक आम चेतना भी रखते हैं कि उनके हित सर्वमान्य हैं। यह बात शासक वर्गों व राज्य के विरुद्ध उनकी सामूहिक कार्यवाही में मदद करती है।

वे निश्चयपूर्वक कहते हैं कि पूँजीवादी राज्य में संसदीय लोकतंत्र संपन्न लोगों के हितों की रक्षा करता है और श्रमिक वर्ग के शोषण में सहायक बनता है। अतः संपन्नों (haves) और विपन्नों (have-not) के बीच संघर्ष सांस्थानिक क्रियाविधि के माध्यम से हल नहीं किया जा सकता। साठ के दशक में **ए.आर. देसाई** ने दावा किया कि पूँजीवादी व्यवस्था में अल्पलाभांवितों के नागरिक एवं लोकतांत्रिक अधिकारों की लगातार अवहेलना की गई। राज्य बहुसंख्यक शोषित वर्गों की विशाल जनसंख्या को मौलिक मानवाधिकार उपलब्ध कराने में असफल रहा। ग्रामीण इलाकों में विपन्नों को भूमि, वन व जल आदि प्राकृतिक संसाधनों से अपनी आजीविका कमाने से वंचित कर दिया गया। लोग राज्य और प्रभावशाली वर्गों के जन–विरुद्ध कदमों का विरोध करते हैं। विभिन्न संगठित एवं असंगठित संघर्षों के माध्यम से ये गरीब अपने मौलिक अधिकारों की रक्षा किए जाने की माँग करते हैं। देसाई जी का दावा है कि संसदीय स्वरूप वाली सरकार, एक राजनीतिक संस्थागत युक्ति के रूप में, लोगों के निश्चित लोकतांत्रिक अधिकारों को सातत्य अथवा विस्तार प्रदान करने में नाकाफी सिद्ध हुए हैं।

वे उन नौकरशाही सर्वसत्तात्मक राजनीतिक शासन–प्रणालियों के खिलाफ भी जारी रहेंगे जहाँ पूँजी का शासन समाप्त हो गया है, परंतु जहाँ कुछ विशिष्ट ऐतिहासिक परिस्थितियों के कारण स्टालिनवादी नौकरशाही, आतंकवादी राजनीतिक शासन–प्रणालियों ने जन्म लिया है। लोगों के आंदोलन और विरोध–प्रदर्शन तब तक जारी रहेंगे जब तक कि निश्चित लोकतांत्रिक

अधिकारों के बोध और व्यवहार के लिए पर्याप्त राजनीतिक संस्थागत रूप नहीं खोज लिए जाते।

मार्क्सवादियों के अनुसार, सामाजिक आंदोलन एक विरोध-प्रदर्शन मात्र अथवा शिकायतों की अभिव्यक्ति नहीं है। शोषित वर्ग इस या उस संस्था को सुधारने में रुचि नहीं रखते हालाँकि वे अपनी शक्ति बढ़ाने के लिए वृद्धि-संबंधी अधिकारों के लिए लड़ते अवश्य हैं। उदाहरण के लिए, कामगार वर्ग अधिक वेतन, कार्य-नियमन, सामाजिक सुरक्षा तथा प्रबंधन में भागीदारी के लिए लड़ता है। इसके माध्यम से वे श्रमिकों के बीच भाईचारा बढ़ाते हैं और अपने संघर्षों को विस्तार प्रदान करते हैं। अंततोगत्वा उनका प्रयास होता है – प्रभावी राजनीतिक व्यवस्था को भंग करना, ताकि इस प्रक्रिया में उनके ये संघर्ष उत्पादन-साधनों के स्वामित्व में क्रांतिकारी परिवर्तनों की ओर बढ़ें और प्रभावी राज्य प्राधार को उखाड़ फेंके। शोषित वर्गों के संघर्ष हिंसात्मक भी हो सकते हैं और अहिंसात्मक भी, निर्भर करता है दमन हेतु राज्य व धनी वर्गों द्वारा अपनाए गए बल और साधनों पर। वे हिंसात्मक रास्ता अपनाए जाने के खिलाफ नहीं है परंतु इसका मतलब यह नहीं कि वे हमेशा ही हिंसात्मक साधन अपनाते हैं। उनके अनुसार साधन इतने महत्त्वपूर्ण नहीं जितने कि साध्य। वे प्राय: शोषित वर्गों के विरुद्ध राज्य और प्रबल वर्गों की हिंसा और दमन को उजागर करते हैं। ऐसी स्थिति में परवर्तियों के पास इस विधि की प्रतिकूलताओं का सामना करने के लिए कोई विकल्प ही नहीं बचता।

सैद्धांतिक और अध्ययन के ढंगों (methodological) के मुद्दों पर मार्क्सवादी विद्वानों के बीच एक भारी बहस छिड़ी है। हाल में ही मार्क्सवादी इतिहासकारों के एक दल – 'सबाल्टर्न स्टडीज' ग्रुप ने इतिहास का 'नीचे से अध्ययन' शुरू किया है। वे जनसाधारण के इतिहास की उपेक्षा किए जाने के लिए 'परंपरावादी' मार्क्सवादी इतिहासकारों की आलोचना करते हैं कि संगठन और मार्गदर्शन हेतु उन्नत वर्गों या अभिजात वर्ग पर ही अकेले निर्भर रहकर मानो ये 'उपाश्रित' ('सबाल्टर्न') वर्ग अपना कोई इतिहास ही नहीं बनाते। कहा जाता है कि परंपरावादी मार्क्सवादी विद्वानों ने सांस्कृतिक कारकों को गुप्त रूप से हानि पहुँचाई और वर्ग-चेतना के एक रेखीय विकास का अवलोकन किया। दूसरी ओर, अन्य मार्क्सवादी विद्वानों द्वारा **सबाल्टर्न स्टडीज** के इतिहासकारों की प्राधारात्मक कारकों (structural factors) की उपेक्षा किए जाने और 'चेतना' को संरचनात्मक प्रतिवादों से स्वतंत्र रूप में देखे जाने के लिए कड़ी आलोचना की जाती है। उन पर हिगेल के 'आदर्शवादी' अनुयायी होने का आरोप लगाया जाता है।

प्रश्न 2. सामाजिक आंदोलनों के गाँधीवादी दृष्टिकोण की चर्चा कीजिए।

[दिसम्बर–2008, प्र. सं.–1]

अथवा

सत्याग्रह पर एक नोट लिखिए।

[दिसम्बर–2009, प्र. सं.–5 (a)]

उत्तर— सामाजिक आंदोलन को समझने में गाँधी दृष्टिकोण गाँधीजी के विचारों और अर्थों से प्रभावित है। इस प्रकार भारतीय स्वतंत्रता आंदोलन के पुरोधा, महात्मा गाँधी का अपने जीवन के दौरान व स्वातंत्र्योत्तर भारत में, देश के सामाजिक आंदोलनों पर दूरगामी प्रभाव रहा है। यद्यपि गाँधीजी ने सामाजिक व्यवस्था, उसकी कार्यप्रणाली एवं विवाद–कारणों पर कोई योजनाबद्ध विश्लेषण प्रस्तुत नहीं किया, वह औद्योगिक क्रांति के तहत पश्चिमी देशों में विकसित 'आधुनिकता' के आलोचक रहे। वह पूँजीवादी आर्थिक व्यवस्था के खिलाफ थे। वह गरीब से गरीब लोगों के विषय में काफी चिंतित थे। समाज में विवाद, उनके अनुसार, समुदायों/वर्गों के बीच परस्पर विरोधी आर्थिक व सामाजिक हितों के कारण नहीं होता। यह हितों व समाज की भिन्न 'समझ', अच्छाई व बुराई विषयक भिन्न, नैतिक व आदर्श मूल्यों अथवा एक दूसरे के प्रति पूर्वाग्रहों को रखने के कारण होता है। अपने जीवनकाल में उन्होंने न सिर्फ अंग्रेजी शासन के खिलाफ बल्कि दक्षिण अफ्रीका में प्रजातीय भेदभाव, अस्पृश्यता और नारी के प्रति भेदभाव के खिलाफ भी संघर्षों का नेतृत्व किया।

चित्र 2.1 : सत्याग्रह

सामाजिक संघर्षों एवं विवाद निपटाने में "साधनों की शुद्धता" ही गाँधीवादी विचारधारा का केंद्रीय महत्त्व का विषय है। गाँधीजी के अनुसार, विवाद सुलझने में साधनों का उतना ही महत्त्व है जितना कि साध्यों अर्थात् परिणामों का। उसके लिए उन्होंने हमेशा अहिंसा यानी गैर–जबरदस्ती का समर्थन किया। हिंसा, उनके अनुसार, न सिर्फ गलत है वो एक भूल भी है। दरअसल, वह कभी भी अन्याय को समाप्त नहीं कर सकी है क्योंकि उसने प्रतिकूल प्रभाव और भय को ही भड़काया है जिसने कि दमन को हवा दी है। गाँधीजी के अनुसार, अनुचित साधनों से उचित परिणाम कभी नहीं मिल सकते। "साधनों की तुलना बीज से की जा सकती है, साध्य की पेड़ से", उन्होंने 1909 में लिखा, "और साधनों व साध्य के बीच बिल्कुल वही अपरिहार्य संबंध है जो कि बीज और पेड़ के बीच, जैसा हम बोते हैं ठीक वैसा ही हम काटते भी हैं।"

गाँधीवादी उन लोगों द्वारा प्रतिरोध की आवश्यकता के पक्ष में हैं जो अन्याय के शिकार हैं और उससे बचने के लिए कष्ट भोगते हैं। यह तितिक्षा अर्थात् प्रतिरोध की विधि है—सत्याग्रह, यथा सत्य (सच) और आग्रह (अनुरोध, दृढ़ता से कायम रहना)। बौंदुराँ ने इस दृष्टिकोण को "गाँधीवादी द्वंद्व" कहा है। सत्याग्रह एक द्वंद्वात्मक प्रक्रिया है जिसमें अहिंसात्मक कार्यवाही प्रतिपक्ष) एक सत्य-खोजपरक संघर्ष में वर्तमान सत्ता-प्राधारों (पक्ष) से जुड़ती है और एक अधिक निष्पक्ष एवं सत्यपरक संबंध (सपक्ष) की ओर प्रवृत्त करती है।

इस प्रणाली में पीड़ित जन अनुचित कानून और साथ ही, दमनकर्त्ता/विदेशी शासक/ जमींदार/उच्च जाति की कार्यवाही का विरोध करते हैं। यहाँ तक कि वे 'अनुचित' कानून को तोड़ते हैं और परिणामतः सत्ता द्वारा उन पर लगाए गए दंड को भोगते हैं। इस प्रकार का शांतिपूर्ण प्रतिरोध, गाँधीजी का विश्वास था, दमनकर्त्ताओं की आँखें खोल देगा और दमन के पीछे छिपी शत्रुता को कमजोर कर देगा, विरोधियों को आत्मसमर्पण करने हेतु धमकाने की बजाय वे यह देखने के लिए बाध्य होंगे कि सही क्या है और इससे उनके मानस एवं कर्म दोनों में परिवर्तन आएगा। यदि सत्याग्रह को एक व्यवहार्य राजनीतिक हथियार बनाना है तो गाँधीजी ने महसूस किया कि उसे अपने विरोधियों से संबंध रखने पर जोर देना होगा। "मैं अपील करने में विश्वास नहीं रखता", उन्होंने प्रतिद्वंद्वियों पर नैतिक दबाव बनाए जाने पर बल दिया।

गाँधीजी का मानना था, किसी विरोधी का विचार बदलने हेतु सत्याग्रह की आंतरिक शक्ति, उन लोगों के सहयोग पर शासकों की निर्भरता से आती है जिनके पास आज्ञापालन अथवा विरोध का विकल्प है। यद्यपि वह निरंतर कहते रहे कि सत्याग्रह विरोधियों के सामने सत्य को उजागर कर देगा और उनका दिल जीत लेगा, उन्होंने प्रायः इसकी चर्चा उन सामरिक संबंधों एवं नियोजित कार्यवाहियों में भी की जिनका उद्देश्य शत्रुओं के संपरिवर्तन हेतु इतना नहीं था, बल्कि लाभ न मिलने की स्थिति में अपने हितों को जोखिम में डालना था। इस प्रकार उन्होंने सत्याग्रह को उन लोगों के लिए 'एक यथार्थपरक विकल्प' बना दिया जो इस बात में अधिक रुचि रखते थे कि ऐसा क्या है जो परिवर्तन ला सकता है, न कि इसमें कि अंतरात्मा क्या उचित सिद्ध करती है।

सत्याग्रह पद्धति को प्रायः "निष्क्रिय विरोध" कहा जाता है। परंतु गाँधीजी ने इन दोनों के बीच अंतर बताया। 1920 में, उन्होंने कहा कि ये दोनों पर्याय नहीं है। निष्क्रिय विरोध आमतौर पर कमजोर लोगों द्वारा अपनाया जाता है और अहिंसा उनके सिद्धांतों एवं विश्वासों का विवरण नहीं है। कभी-कभी उसका संकीर्ण निहित स्वार्थ होता है जो विरोधी पक्ष तक पहुँचने में असफल रहता है। परंतु सत्याग्रह में ऐसा नहीं है, "निष्क्रिय विरोध में जरूरी नहीं कि हर परिस्थिति में सत्य का पूर्ण परिपालन शामिल हो ही। इसी कारण यह तीन तात्विक बातों में सत्याग्रह से भिन्न है : सत्याग्रह सबल का अस्त्र है; यह कुछ भी हो किसी भी स्थिति में हिंसा को स्वीकार नहीं करता और यह सदा ही सत्य पर अडिग रहता है।"

सामाजिक आन्दोलन के अध्ययनार्थ दृष्टिकोण: उदारवादी, गाँधीवादी और मार्क्सवादी

डैविड हार्डिमैन गाँधीजी के तरीके को "संवादात्मक विरोध" कहते हैं। गाँधीजी के अनुसार विरोधी शत्रु नहीं होता। "किसी विरोधी के प्रति दुर्भावना रखना अथवा उसे नुकसान पहुँचाने की मंशा से उसे अथवा उसके संबंधी कठोर शब्द कहना सत्याग्रह का उल्लंघन होगा। वह अनुनय एवं बातचीत के माध्यम से शत्रु के हृदय एवं तर्कणा को बदल दिए जाने में विश्वास रखते थे। परंतु विरोधियों पर दबाव डालने के लिए अन्य तरीकों का फैसला नहीं लेते थे।"

वेर ने विवाद हेतु गाँधीजी के दृष्टिकोण को एक स्वयं–सीमाकारी दृष्टिकोण की संज्ञा दी है। गाँधीजी ब्रिटिश भारत में अनेकों राजनीतिक एवं सामाजिक परिस्थितियों को चुनौती दे रहे थे, सर्वाधिक उल्लेखनीय रूप से औपनिवेशिक शासन, जातीय एवं धार्मिक भेदभाव तथा श्रमिकों व किसानों के शोषण को। उनको इन "प्रतिद्वंद्वियों" का साहस के साथ सामना करना था, परंतु उन्हें ऐसा उस समय के भारत में विद्यमान हिंसक महापरिवर्तन हेतु विशाल संभावना को बेलगाम किए वगैर करना था। उनकी नैतिक एवं राजनैतिक व्याख्याओं ने उन तरीकों में व्यवहार्य रूप तलाशा जिनको वे दायित्वों से भागने से रोकने में प्रयोग करते थे। मुद्दों के प्रचुरोद्भव को रोकने के लिए, उदाहरणार्थ, गाँधीजी इस बात के प्रति सावधान रहते थे कि प्रत्येक सत्याग्रह अभियान को एक ही स्पष्ट मुद्दे पर केंद्रित किया जाए जिसके इर्द–गिर्द सहमति बन सकती हो। इससे विवाद को सीमाबद्ध करने में मदद मिली। किसी अभियान के दौर अपने प्रतिद्वंद्वियों के साथ अच्छे व्यक्तिगत संबंधों को कायम रखने संबंधी उनकी आदत ने किसी मुद्दे पर असहमति को व्यक्तिगत विरोध तक पहुँचाने से रोका। अंतर्वैयक्तिक संपर्क के साथ–साथ संचार–माध्यमों में भी पूर्ण उन्मुक्तता संबंधी उनकी नीति ने इस आशंका एवं संदेह को कम किया कि गोपन एवं अकल्प्यता विवाद में पुरस्थापित हो जाते हैं।

गाँधीजी की सत्य और अहिंसा, साध्य और साधना की श्रेष्ठता तथा व्यक्ति की नैतिक पवित्रता में दृढ़ आस्था थी और अपने इन्हीं विश्वासों के आधार पर उन्होंने बुराई के प्रतिरोध के एक नवीन मार्ग का आविष्कार किया, जिसे सत्याग्रह का नाम दिया गया। सत्याग्रह की पद्धति गाँधीजी की राजनीति को विशेष और अपूर्व देन है। स्वयं **गाँधीजी** के शब्दों में, "अपने विरोधियों को दुःखी बनाने के बजाय, स्वयं अपने पर दुःख डालकर सत्य की विजय प्राप्त करना ही सत्याग्रह है।" सत्याग्रह शक्तिशाली और वीर मनुष्य का शस्त्र है। एक सत्याग्रही अपने प्रतिद्वंद्वी से आध्यात्मिक संबंध स्थापित कर लेता है। वह उसमें ऐसा विश्वास उत्पन्न कर देता है कि वह बिना अपने को नुकसान पहुँचाए उनको नुकसान नहीं पहुँचा सकता। **सत्याग्रह तो सत्य की विजय हेतु किए जाने वाले आध्यात्मिक और नैतिक संघर्ष का नाम है।** यद्यपि ये दोनों आक्रमण का सामना करने, संघर्षों को दूर करने तथा सामाजिक और राजनीतिक परिवर्तन लाने की पद्धतियाँ हैं, लेकिन फिर भी इनमें मूलभूत अंतर हैं, जिनका उल्लेख इन रूपों में किया जा सकता है—

(1) सत्याग्रह के अंतर्गत अहिंसा के सिद्धांत को नीति के रूप में नहीं, वरन् आदर्श के रूप में अपनाया जाता है। इस कारण सत्याग्रही किसी भी स्थिति में अहिंसा का त्याग और हिंसा

का प्रयोग नहीं कर सकता है। किंतु निष्क्रिय प्रतिरोध में अपनी निर्बलता के कारण नीति के रूप में अहिंसा का पालन किया जाता है, मौलिक सिद्धांत के रूप में नहीं।

(2) निष्क्रिय प्रतिरोध में शत्रु को परेशान करने की भावना पर बल दिया जाता है, किंतु सत्याग्रह में सत्याग्रही स्वयं ही अधिकतम कष्ट झेलता है। सत्याग्रह में शत्रु के प्रति दुर्भावना के लिए कोई स्थान नहीं होता है।

(3) निष्क्रिय प्रतिरोध निर्बल का शस्त्र है और सत्याग्रह वीरों का। सत्याग्रह करने के लिए निर्भयता, हिम्मत और मर्दानगी की जरूरत होती है। गाँधीजी के शब्दों में, "निर्बल कभी सत्याग्रही हो ही नहीं सकता है।" लेकिन निष्क्रिय प्रतिरोध का प्रयोग प्रायः निर्बल व्यक्ति ही किया करते हैं।

(4) निष्क्रिय प्रतिरोध द्वेष, घृणा और अविश्वास पर आधारित है, इस कारण इनका प्रयोग स्वजनों और रिश्तेदार के विरुद्ध नहीं किया जा सकता है; लेकिन सत्याग्रह प्रेममूलक है, वह विरोधी के प्रति प्रेम और उदारता की भावना पर आधारित है। इस कारण सत्याग्रह का प्रयोग निकटतम और प्रियतम व्यक्ति के प्रति भी किया जा सकता है।

(5) निष्क्रिय प्रतिरोध में रचनात्मक प्रवृत्ति या कार्यों के लिए कोई स्थान नहीं है और उसका कोई अपना विशिष्ट जीवन–दर्शन भी नहीं है, किंतु सत्याग्रह का अपना जीवन–दर्शन है और उसमें रचनात्मक कार्यक्रम को महत्त्वपूर्ण स्थान प्राप्त है। गाँधीजी ने अपने सत्याग्रह आंदोलन में खादी, ग्रामोद्योग अस्पृश्यता निवारण, प्रौढ़ शिक्षा, साक्षरता प्रसार, मद्यपान–निषेध, आदि रचनात्मक कार्यक्रमों को अपनाया था।

सत्याग्रही के गुण—गाँधीजी के अनुसार प्रत्येक व्यक्ति सत्याग्रह के सिद्धांत पर आचरण नहीं कर सकता, सत्याग्रही में कुछ विशेष गुण होने चाहिए। उनके अनुसार सत्याग्रही के लिए यह आवश्यक है कि वह सत्य पर चलने वाला हो, अनुशासन में रहने का अभ्यस्त हो तथा मनसा, वाचा, कर्मणा व अहिंसा में विश्वास रखने वाला हो। गाँधीजी ने **'हिन्द स्वराज्य'** में सत्याग्रही के लिए 11 व्रतों का पालन आवश्यक बताया है। ये व्रत निम्नलिखित हैं—अहिंसा, सत्य, अस्तेय, ब्रह्मचर्य, अपरिग्रह, शारीरिक श्रम, अस्वाद, निर्भयता, सभी धर्मों को समान दृष्टि से देखना, स्वदेशी तथा अस्पृश्यता निवारण।

सत्याग्रह के विभिन्न रूप—गाँधीजी के अनुसार सत्याग्रह का यह शस्त्र विभिन्न परिस्थितियों में अलग–अलग रूप ग्रहण कर सकता है। सत्याग्रह के प्रमुख रूप निम्नलिखित हैं—

(1) हिजरत या प्रवजन—सत्याग्रह का एक अन्य रूप हिजरत है, जिसका अर्थ है, स्थाई निवास स्थान का स्वैच्छिक परित्याग। ऐसे व्यक्ति जो अपने आपको पीड़ित अनुभव करते हों, आत्मसम्मान रखते हुए उस स्थान में नहीं रह सकते हों और अपनी रक्षा के लिए हिंसक शक्ति नहीं रखते हों, उनके द्वारा हिजरत का प्रयोग किया जा सकता है। सन् 1918 में बारडोली और सन् 1939 में बिट्ठलगढ़ और लिम्बडी की जनता को गाँधीजी के द्वारा हिजरत का सुझाव दिया गया।

(2) अनशन—सत्याग्रह का अन्य रूप अनशन है जिसका आजकल बड़ा गलत प्रयोग किया जाने लगा है। गाँधीजी इसे अत्यधिक उग्र अस्त्र समझते थे और उनका विचार था कि इसे अपनाने में अत्यधिक सावधानी बरती जानी चाहिए। अनशन केवल कुछ विशेष अवसरों पर आत्मशुद्धि या अत्याचारियों के हृदय-परिवर्तन के लिए ही किया जाना चाहिए। इसके अतिरिक्त, इस अस्त्र का प्रयोग हर किसी व्यक्ति द्वारा नहीं वरन् आध्यात्मिक बल-संपन्न व्यक्तियों के द्वारा ही किया जाना चाहिए, क्योंकि इसके सफल प्रयोग के लिए मानसिक शुद्धता, अनुशासन और नैतिक मूल्यों में आस्था की अत्यधिक आवश्यकता होती है।

(3) हड़ताल—सत्याग्रह का एक अन्य रूप हड़ताल है, किंतु हड़ताल के संबंध में गाँधीजी का विचार समाजवादियों और साम्यवादियों से भिन्न है। गाँधीजी वर्ग-संघर्ष की धारणा में विश्वास नहीं करते थे और उनके अनुसार हड़ताल आत्मशुद्धि के लिए किए जाने वाला एक स्वैच्छिक प्रयत्न है जिसका लक्ष्य स्वयं कष्ट सहन करते हुए विरोधी का हृदय-परिवर्तन करना है। गाँधीजी के अनुसार हड़ताल करने वाले व्यक्तियों की माँगे नितांत स्पष्ट और उचित होनी चाहिए।

(4) असहयोग आंदोलन—गाँधीजी का विचार था कि किसी भी शासन द्वारा जनता के सहयोग से ही शोषण और अत्याचार किया जा सकता है। ऐसी स्थिति में यदि जनता शासन के साथ सहयोग करने से इन्कार कर दे, तो शासन के द्वारा कार्य नहीं किया जा सकेगा। सन् 1919-20 में भारत में ब्रिटिश शासन का विरोध करने के लिए असहयोग आंदोलन के मार्ग को ही अपनाया गया था।

(5) सविनय अवज्ञा आंदोलन—सत्याग्रह का असहयोग से अधिक प्रभावपूर्ण रूप सविनय अवज्ञा है। गाँधीजी इसे पूर्ण प्रभावदायक और सैनिक विद्रोह का रक्तहीन विकल्प कहते थे। सविनय अवज्ञा का तात्पर्य अहिंसक और विनयपूर्ण तरीके से कानून की अवज्ञा करना है। कानूनों की यह अवज्ञा हिंसक रूप ग्रहण न कर ले, इसलिए उनका विचार था कि सविनय अवज्ञा का प्रयोग जनसाधारण द्वारा नहीं वरन् कुछ चुने हुए विशेष व्यक्तियों द्वारा किया जाना चाहिए और किन कानूनों का उल्लंघन किया जाए, यह बात सत्याग्रहियों द्वारा नहीं, वरन् नेता द्वारा ही निश्चित की जानी चाहिए। सन् 1931 में नमक आंदोलन के रूप में महात्मा जी द्वारा इसी शस्त्र का प्रयोग किया गया था।

गाँधीजी के द्वारा न केवल आंतरिक क्षेत्र में वरन् विदेशी आक्रमण की स्थिति में भी सत्याग्रह का सुझाव दिया गया है। हिटलर द्वारा इंग्लैंड पर आक्रमण किए जाने पर उन्होंने इंग्लैंड को यही परामर्श दिया था। इन परिस्थितियों में सत्याग्रह किस सीमा तक सफल हो सकता है, इस संबंध में अन्य विचारकों का उनसे काफी मतभेद है।

सत्याग्रह का मूल्यांकन—गाँधीजी के सत्याग्रह का यदि एक ओर कुछ व्यक्तियों के द्वारा बहुत अधिक गुणगान किया जाता है तो दूसरी ओर अनेक आधारों पर इसकी कटु आलोचना की जाती है। आलोचना के प्रमुख आधार निम्न प्रकार हैं—

(1) अंतर्राष्ट्रीय क्षेत्र में या आक्रमण के प्रतिरोध में सत्याग्रह का प्रयोग संभव नहीं—गाँधीजी द्वारा विदेशी आक्रमण की स्थिति में भी सत्याग्रह का सुझाव दिया गया था, किंतु सामान्य अनुभव के आधार पर यही कहा जा सका है कि ऐसी स्थिति में सत्याग्रह सफल नहीं हो सकता। कोई भी राष्ट्र अहिंसक साधनों पर निर्भर रहकर अपने नागरिकों की स्वतंत्रता और सुरक्षा खतरे में नहीं डाल सकता। वर्तमान समय में छोटे-बड़े देश अंतर्राष्ट्रीय राजनीति में एक-दूसरे के विरुद्ध जिस प्रकार का व्यवहार कर रहे हैं, उसे देखते हुए तो सत्याग्रह की सफलता बहुत ही अधिक संदिग्ध हो जाती है। आलोचकों के अनुसार हवाई हमले और परमाणु बम के इस युग में आक्रमण के प्रतिरोध हेतु सत्याग्रह की बात हास्यास्पद ही लगती है।

(2) अहिंसक साधनों से सामाजिक और आर्थिक परिवर्तन लाना अत्यधिक कठिन—साम्यवादी, अराजकतावादी तथा अन्य क्रांतिकारी विचारधारा वाले व्यक्ति गाँधीवादी विचारधारा की आलोचना करते हुए कहते हैं कि सत्याग्रह जैसे अहिंसक साधनों के आधार पर सामाजिक और आर्थिक स्थिति को पूर्णतया बदलने में सफलता प्राप्त नहीं की जा सकती।

(3) सत्याग्रह के नाम की दुरुपयोग होने की आशंका—सत्याग्रह के विरुद्ध एक आलोचना यह की जा सकती है कि वर्तमान समय में सत्याग्रह के नाम का बहुत अधिक दुरुपयोग किया जा रहा है। विविध पक्षों द्वारा अपने क्षुद्र स्वार्थों की पूर्ति हेतु जो आंदोलन किए जाते हैं, उनके द्वारा उन्हें भी सत्याग्रह कह दिया जाता है, जबकि वास्तव में वे सत्याग्रह न होकर दुराग्रह ही होते हैं।

(4) सत्याग्रह अहिंसा की धारणा के अनुकूल नहीं—आलोचक एक आदर्श के रूप में सत्याग्रह की आलोचना करते हुए कहते हैं कि सत्याग्रह का सिद्धांत अहिंसा की धारणा के अनुकूल नहीं है। सत्याग्रह का तात्पर्य न केवल हिंसा का निषेध, वरन् विरोधी के प्रति किसी प्रकार की दुर्भावना का भी अभाव है। अहिंसा का आशय है कि "मनसा, वाचा, कर्मणा किसी भी रूप में हिंसा का प्रयोग नहीं किया जाना चाहिए और विरोधी के मन को भी दुख नहीं पहुँचाया जाना चाहिए।" आलोचकों के अनुसार सत्याग्रह से उन व्यक्तियों को निश्चित रूप से मानसिक और अनेक बार शारीरिक कष्ट भी पहुँचता है जिनके विरुद्ध इनका व्यवहार किया जाता है। अतः आर्थर मूर इसे 'मानसिक हिंसा' (Mental Violence) कहते हैं। आलोचकों द्वारा सत्याग्रह के एक रूप 'उपवास' को 'आतंकवाद (Terrorism) और राजनीतिक दबाव (Political blackmail) की संज्ञा दी गई है।

(5) सत्याग्रह का प्रयोग सभी परिस्थितियों में संभव नहीं—आलोचकों के अनुसार प्रत्येक स्थिति में प्रत्येक जगह प्रत्येक प्रकार के लोगों के साथ सत्याग्रह का सफलतापूर्वक प्रयोग नहीं किया जा सकता। स्वतंत्र समाजों में, जहाँ विवेक, मानवता के प्रति आदर और न्याय विद्यमान हो, सत्याग्रह का भले ही सफलतापूर्वक प्रयोग किया जा सकता हो; परंतु निरंकुश शासकों और बौद्धिक तथा नैतिक दृष्टि से बहुत अधिक पिछड़े हुए लोगों के विरुद्ध

सत्याग्रह की सफलता में निश्चित रूप से संदेह किया जा सकता है। अनेक बार ऐसा देखा गया है कि शासक वर्ग के द्वारा दमनात्मक बल के आधार पर सत्याग्रह को कुचल दिया गया। विरोधी के अंतःकरण को जाग्रत करने का कार्य निश्चित रूप से बहुत अधिक कठिन है। **डॉ. बन्दुरां** के शब्दों में, "इस बात का सामान्यीकरण करना कि सत्याग्रह द्वारा कहीं भी और किसी भी प्रकार के लोग अन्यायी का हृदय परिवर्तन कर सकते हैं, आत्मनाशक है।"

प्रश्न 3. सामाजिक आंदोलन साहित्य में संसाधन संग्रहण सिद्धांत पर चर्चा करें।

उत्तर– सामाजिक आंदोलन साहित्य में संसाधन संग्रहण सिद्धांत इस धारणा पर आधारित है कि लोगों के पास सामाजिक आंदोलन के लिए सीमित विकल्प होते हैं। उन्हीं सीमित विकल्पों और तरीकों को जनता द्वारा अपनी कार्यसिद्धि के लिए प्रयोग में लाया जाता है। सामाजिक संग्रहण सिद्धांत इस बात में विश्वास करता है कि लोगों की प्राथमिकताएँ अलग–अलग होती हैं तथा सबसे जरूरी आवश्यकता की पूर्ति लोग पहले करना चाहते हैं। साथ–ही–साथ यह भी बात सत्य है कि सभी आवश्यकताओं की पूर्ति एक ही समय में नहीं की जा सकती, क्योंकि समाज के पास सभी आवश्यकताओं की पूर्ति करने के लिए आवश्यक संसाधन उपलब्ध नहीं होते। अतः एक निश्चित समय विशेष में अपनी समस्याओं के प्राथमिकतानुसार और संसाधनों की उपलब्धता का अंदाजा लगाकर ही किसी समूह को किसी आंदोलन की रूपरेखा बनाया जाना चाहिए।

यह सिद्धांत इस बात में विश्वास करता है कि बुद्धिमान व्यक्ति वह होता है, जो उपलब्ध सीमित विकल्पों के द्वारा अधिकतम सुख प्राप्ति का प्रयास करता है। संसाधन संग्रहण सिद्धांत नाम देने के पीछे यह मान्यता है कि किसी भी आंदोलन की सफलता व विफलता उस समय विशेष और आंदोलनकारियों के पास उपलब्ध संसाधनों पर निर्भर करती है। संसाधनों के द्वारा आंदोलन में अधिक लोगों को शामिल किया जा सकता है, क्योंकि इसके द्वारा इन बातों को समझाने में मदद मिलती है कि लोगों को आंदोलन में शामिल होने पर लोगों को लाभ होगा। किसी भी समूह व संगठन के आंदोलन की सफलता उपलब्ध संसाधनों के सक्षम होने पर आधारित होती है। संसाधन संग्रहण सिद्धांत का प्रयोग अधिकांशतः राजनीतिक सुधार के लिए किया जाता है, क्योंकि इसके द्वारा सरकारी नीति कार्यक्रम में फेरबदल की माँग प्रस्तुत की जाती है। अतः कुछ लोग इसे राजनीतिक आंदोलन की संज्ञा देते हैं तथा पूरे समाज पर ध्यान न देने के लिए इस सिद्धांत की आलोचना करते हैं।

संसाधन संग्रहण सिद्धांत में मुख्यतः निम्नलिखित बातें शामिल हैं–

(1) यह व्यावसायिक रूप से होने वाले आंदोलनों के प्रति सकारात्मक भाव रखता है। वह यह भी मानता है कि ग्रीन पीस जैसे आंदोलनों के द्वारा अधिक–से–अधिक लोगों को आंदोलन में शामिल किया जा सकता है तथा लोगों को अपनी प्राथमिकताओं के आधार पर लक्ष्यों को पाया जा सकता है।

(2) इस सिद्धांत के अनुसार व्यक्तियों के व्यक्तिगत रूप से किए जाने वाले आंदोलन वास्तव में उचित विकल्प संसाधन का प्रयोग सही तरीके से करते हैं। इस सिद्धांत के अनुसार नागरिक अधिकार और पर्यावरण संबंधी आंदोलन व्यक्तियों के उचित प्रयासों से ही सफल होते हैं, अतः ये आंदोलन गैर-कानूनी नहीं होते।

(3) शोषित वर्गों द्वारा अपनाए जाने वाले हिंसात्मक साधनों और विचारधारात्मक स्तर पर इसका समर्थन करने वाली विचारधाराओं का जन्म पुराने उपागम के विरोधस्वरूप ही हुआ। इस सिद्धांत के अनुसार वर्ग-संघर्ष व हिंसात्मक प्रतिरोध जैसे कार्यक्रम गैर-कानूनी होते हैं, अतः उन्हें राजनीतिक नहीं कहा जा सकता।

इस सिद्धांत का मानना है कि आंदोलन के नेता को पेशेवर रूप अख्तियार करने चाहिए और आंदोलन के लिए आवश्यक संसाधन (आर्थिक, नैतिक, सूचनात्मक) को सुलभ कराकर और इन संसाधनों का उचित दोहन कर अधिकतम लक्ष्यों की प्राप्ति करनी चाहिए। नेता के पास लोगों को एक साथ जोड़ने की कला के साथ-साथ आंदोलन की सफलता की आवश्यक रणनीति भी जाननी चाहिए।

राजेन्द्र सिंह ने इस सिद्धांत की जरूरी बातें निम्न रूप से प्रस्तुत की हैं—

(क) दोनों ही कार्यवाहियाँ सत्ता प्राप्ति के उद्देश्य से की जाती हैं।

(ख) लोगों द्वारा अपनी प्राथमिकता के आधार पर उचित कार्यक्रम बनाए जाते हैं।

(ग) सत्ता के अंतर्विरोध स्वतः ही सामने आ जाते हैं।

(घ) सामाजिक आंदोलन का संगठन उपलब्ध संसाधनों व परिस्थितियों पर निर्भर करता है।

(ङ) आंदोलन एक राजनीतिक कार्यवाही है और इसके द्वारा लोगों के राजनीतिक हित जरूर पूरे होने चाहिए।

(च) आंदोलन में जितना अधिक संसाधनों का उचित दोहन होगा, उसी अनुपात में आंदोलन भी सफल होगा।

(छ) इस सिद्धांत का जन्म लोगों की इकट्ठी कार्यवाही में होने वाले विवाद से हुआ।

(ज) इस सिद्धांत में गैर-कानूनी और कानूनी में कोई खास अंतर नहीं किया जाता।

सार रूप में हम कह सकते हैं कि कोई भी सामाजिक आंदोलन बिना संसाधनों और उसके उचित प्रयोग से ही सफल हो सकता है। यह सिद्धांत आंदोलन के लिए आवश्यक संसाधन पहले से ही जुटा लेने पर बल देता है तथा उपलब्ध धन-संपदा के आधार पर ही उचित कार्यक्रम बनाने की प्रेरणा देता है।

प्रश्न 4. गाँधीजी द्वारा दिए गए सामाजिक विचारों की चर्चा करें।

उत्तर— गाँधीजी द्वारा दिए गए सामाजिक विचारों की चर्चा निम्नलिखित प्रकार से की जा सकती है—

(1) सांप्रदायिक एकता—सामाजिक क्षेत्र में गाँधीजी का एक प्रमुख आदर्श भारत के सभी संप्रदायों (हिन्दू, मुस्लिम, सिक्ख, ईसाई और पारसी) को एकता के सूत्र मे आबद्ध करना था। उन्होंने सांप्रदायिक एकता विशेषकर हिन्दू–मुस्लिम एकता पर जोर दिया और वे मि. जिन्ना के **'द्वि राष्ट्र सिद्धांत'** को मानने के लिए कभी तैयार नहीं हुए। गाँधीजी का कहना था कि धर्म को राष्ट्रीयता का आधार नहीं माना जा सकता। उन्होंने अंत तक भारत के विभाजन का विरोध किया और जब भारत का विभाजन हो ही गया, तो उन्होंने हिन्दू–मुस्लिम दंगों को रोकने की भरसक चेष्टा की। वे सभी धर्मों को समान समझते थे और उन्होंने सांप्रदायिक एकता बनाए रखने के लिए ही अपने प्राणों की आहुति दे दी।

(2) स्त्री–सुधार—राजा राममोहन राय के बाद स्त्री–सुधार की दिशा में उल्लेखनीय कार्य करने वाले व्यक्ति महात्मा गाँधी ही थे। उनका कथन था कि स्त्रियाँ किसी भी दृष्टि से पुरुषों से हीन नहीं होतीं और कमजोर कहना उसके प्रति अन्याय और उसका अपमान है। उनका कथन था कि यदि सत्य, अहिंसा, सहिष्णुता और नैतिकता, आदि जीवन के सर्वोच्च गुणों की दृष्टि से विचार किया जाए तो स्त्रियाँ पुरुषों से भी श्रेष्ठ हैं।

गाँधीजी ने पर्दा–प्रथा, बाल–विवाह और देवदासी प्रथा, आदि स्त्री जीवन से संबंधित बुराइयों का डटकर विरोध किया और इस बात का प्रतिपादन किया कि स्त्रियों को कानून तथा व्यवहार में पुरुषों के समान ही अधिकार प्राप्त होने चाहिए, किंतु गाँधीजी इस बात के पक्ष में नहीं थे कि स्त्रियाँ आर्थिक दृष्टि से स्वतंत्र होने का प्रयत्न करें और घर के बाहर पुरुषों से प्रतियोगिता करें। उनका विचार था कि स्त्रियों का एकमात्र और पूर्ण कार्यक्षेत्र घर ही है।

(3) बुनियादी शिक्षा—शिक्षा के क्षेत्र में भी गाँधीजी का महत्त्वपूर्ण योगदान है। उनका विचार था कि शिक्षा का उद्देश्य शरीर, मस्तिष्क और आत्मा का समन्वित विकास है और इस दृष्टि से वे अंग्रेजों द्वारा भारत में स्थापित शिक्षा पद्धति को बहुत अधिक दोषपूर्ण मानते थे। उनका कथन था कि यह शिक्षा पद्धति युवकों का शारीरिक, बौद्धिक या आत्मिक किसी प्रकार का विकास करने में असमर्थ है। शिक्षा का माध्यम विदेशी भाषा होने के कारण विद्यार्थियों का और अहित होता है।

देश की आवश्यकताओं को दृष्टि में रखते हुए उनके द्वारा एक नवीन शिक्षा प्रणाली का सुझाव दिया गया जो **'बुनियादी शिक्षा'** के नाम से प्रसिद्ध है। इस शिक्षा प्रणाली की विशेषताएँ निम्न प्रकार हैं—

(क) शिक्षा के अंतर्गत प्रत्येक विद्यार्थी को मूल रूप में कोई–न–कोई दस्तकारी सिखाई जानी चाहिए और सब विषयों की शिक्षा उस दस्तकारी के द्वारा दी जानी चाहिए जिसे 'सहसंबंध का सिद्धांत' (Theory of Correlation) कहते हैं।

(ख) शिक्षा का माध्यम मातृभाषा हो।

(ग) शिक्षा स्वावलम्बी हो अर्थात् विद्यार्थी जिस दस्तकारी के आधार पर शिक्षा प्राप्त करते हैं, उस दस्तकारी से विद्यार्थी जीवन में और इसके बाद भी अपना भरण–पोषण कर सकें।

गाँधीजी के द्वारा शिक्षा में चरित्र–निर्माण पर बहुत अधिक बल दिया गया था।

(4) वर्ण–व्यवस्था–वर्ण–व्यवस्था को सामान्यतया हिन्दू सामाजिक जीवन का एक दोष समझा जाता है और अनेक व्यक्तियों ने इस बात का प्रतिपादन किया है कि इसका पूर्णतया उन्मूलन कर दिया जाना चाहिए। दूसरी ओर स्वामी दयानन्द जैसे कुछ सुधारक इस बात का प्रतिपादन करते हैं कि वर्ण–व्यवस्था को बनाए रखा जाना चाहिए, किंतु उसका आधार जन्म न होकर कर्म होना चाहिए। गाँधीजी की विचारधारा इससे भिन्न है। वे वर्ण–व्यवस्था को बनाए रखने के समर्थक हैं और उनका विचार है कि इसका आधार जन्म ही होना चाहिए, कर्म नहीं। उनका कहना था कि वर्ण–व्यवस्था एक वैज्ञानिक व्यवस्था है और वंशानुक्रम का नियम एक शाश्वत् नियम है। मनुष्यों के द्वारा अपना पैतृक कार्य छोड़ देने पर भारी अव्यवस्था फैल जाएगी।

चित्र 2.2 : भारत में भिन्न–भिन्न जातियाँ

इस प्रकार गाँधीजी जन्म के आधार पर वर्ण–व्यवस्था के समर्थक थे, किंतु इसके साथ ही उनका विचार था कि सामाजिक महत्त्व की दृष्टि से सभी कार्य समान हैं और किसी कार्य को या उसके करने वाले को छोटा नहीं समझा जाना चाहिए। एक सफाई कर्मचारी के कार्य का उतना ही महत्त्व है जितना कि एक वैज्ञानिक के कार्य का हो सकता है। अतः राजनीतिक, आर्थिक और सामाजिक जीवन में सभी को समान अधिकार प्राप्त होने चाहिए।

(5) अस्पृश्यता का अंत–अस्पृश्यता भारतीय समाज का एक गंभीर दोष रहा है। मध्य तथा आधुनिक युगों में नानक, कबीर, राजा राममोहन राय, स्वामी दयानन्द और स्वामी विवेकानन्द ने इसका विरोध किया, किंतु वे इसके मूल आधार को नहीं हिला सके। गाँधीजी ने अस्पृश्यता के अंत का बीड़ा उठाया और इसमें उन्हें सफलता भी मिली।

गाँधीजी अस्पृश्यता को भारतीय समाज के लिए एक कलंक मानते थे और उनका कथन था कि यह ऐसा घातक रोग है, जो समस्त समाज को नष्ट कर देगा। वे अछूतों को समान सामाजिक, राजनीतिक और आर्थिक अधिकार दिलाने के पक्ष में तो थे ही, उनके द्वारा सबसे अधिक जोर इस बात पर दिया गया कि अछूतों को भी सर्वण हिन्दुओं के समान मंदिर प्रवेश और पूजा–आराधना का अधिकार मिलना चाहिए। उनका विचार था कि इससे अछूतों में

सामाजिक आन्दोलन के अध्ययनार्थ दृष्टिकोण: उदारवादी, गाँधीवादी और मार्क्सवादी

आत्मसम्मान की भावना जाग्रत होगी और उनके प्रति सवर्ण हिन्दुओं का दृष्टिकोण बदलेगा। गाँधीजी ने सवर्ण हिन्दुओं और अछूतों के बीच विवाह–संबंध तथा गोद लेने के संबंध स्थापित करने पर बल दिया। अछूतों को **'हरिजन'** का सम्मानप्रद नाम गाँधीजी ने ही प्रदान किया था और हरिजनों की स्थिति में सुधार के लिए उन्होंने जितने प्रयत्न किए, संभवतया उतने अन्य किसी भी व्यक्ति ने नहीं किए हैं।

Feedback is the breakfast of Champions.
Ken Blanchard

You can Help other students.
"Inform any error or mistake in this book."

We and Universe
will reward you for Your Kind act.

Email at : feedback@gullybaba.com
or
WhatsApp on 9350849407

3

सामाजिक आन्दोलनों का वर्गीकरण, नए सामाजिक आन्दोलनों समेत

Classification of Social Movements Including New Social Movements

परिचय

सामाजिक आंदोलन के वर्गीकरण विभिन्न विद्वानों द्वारा अपनाए गए उपागमों पर आधारित हैं, उनमें सार्वभौमिकता नहीं पाई जाती। वर्गीकरण तथ्यों/आँकड़ों को चुनने और क्रमबद्ध करने का एक तरीका है। यह किसी के अवलोकनों को अर्थ प्रदान करने का भी एक तरीका है। किसी भी सामाजिक दृश्यघटना, प्रक्रिया अथवा जनसमूह को वर्गीकृत करने का कोई एक तरीका विशेष नहीं होता। वर्गीकरण विश्लेषण के लिए एक उपकरण है। यह सैद्धांतिक दृष्टिकोण से गहरे रूप से जुड़ा होता है अतः सामाजिक आंदोलनों का वर्गीकरण विद्वानों के अनुसार भिन्न–भिन्न होता है जो कि उसके विश्लेषण के दृष्टिकोण पर निर्भर होता है। इस अध्याय में हम इन आंदोलनों के कुछ ऐसे रूपों की व्याख्या करेंगे जो कि विभिन्न विद्वानों द्वारा प्रयोग किए जाते हैं और इस प्रकार की वैज्ञानिक वर्गीकरण प्रक्रिया हेतु उसके मूल में स्थित तर्क–आधारों की भी। साथ ही सामाजिक आंदोलनों का वर्गीकरण तथा उसके लिए निर्धारित उपागमों का अध्ययन करेंगे।

प्रश्न 1. सुधार और विद्रोह तथा क्रांतिकारी आंदोलन के बीच भेद पर चर्चा कीजिए?

उत्तर— सामान्यतया वे लोग जो मार्क्सवादी उपागम अपनाते हैं, सामाजिक आंदोलनों को समाज में क्रांतिकारी परिवर्तन की संभावनाओं के दृष्टिकोण से देखना चाहते हैं। वे इन आंदोलनों को न केवल भागीदारों एवं नेताओं की विचारधारा तथा तत्काल एवं दीर्घावधि उद्देश्यों, अपितु सामाजिक आंदोलनों से विद्वत्जनों की निजी अपेक्षाओं के संदर्भ में भी अभिलक्षित करते हैं। इस दृष्टिकोण में आंदोलनों को इस आधार पर वर्गीकृत किया जाता है कि वे क्या हासिल करते हैं अथवा करने वाले हैं और राजनीतिक व्यवस्था के विरुद्ध सामूहिक कार्यवाही के उद्देश्यों के आधार पर भी। इस सैद्धांतिक परिप्रेक्ष्य के अनुसार सामाजिक आंदोलन तीन प्रकार के होते हैं—विद्रोह अथवा राजद्रोह, सुधार तथा क्रांति। विद्रोह अथवा राजद्रोह राजनीतिक व्यवस्था अथवा शासन प्रणाली का विरोध करता है और सत्ता – सरकार अथवा शासनकारी अभिजात वर्ग/शासकों में परिवर्तन हेतु प्रयास भी कर सकता है। परंतु वह न तो राजनीतिक व्यवस्था को बदल डालने का सवाल उठाता है, न ही ऐसी कोई मंशा रखता है। संक्षेप में, यह आंदोलन व्यवस्था की बजाय शासन–प्रणाली के विरुद्ध होता है। विद्रोह राजनीतिक सत्ता को एक चुनौती के रूप में होता है जो कि सरकार को उखाड़ फेंकने पर अभिलक्षित होता है। जबकि राजद्रोह को व्यवस्था को बदल डालने हेतु राज्य–सत्ता को हथिया लेने संबंधी किसी भी मंशा के वगैर विद्यमान सत्ता पर आक्रमण कहा जा सकता है।

ऐसा सामाजिक आंदोलन जो व्यवस्था में कुछ निश्चित परिवर्तन लाने पर ही अभिलक्षित होता है, न कि व्यवस्था को पूरी तरह बदल डालने पर, सुधारवादी आंदोलन कहलाता है। इस प्रकार के आंदोलन राजनीतिक संस्थाओं की प्रकार्यात्मक पर संदेह करते हैं और सरकार पर दबाव डालते हैं कि वह अपने प्राधार और प्रक्रियाओं में कुछ निश्चित परिवर्तन लाएँ। ऐसा करते समय वे पूरी की पूरी व्यवस्था पर सवाल नहीं करते, न ही वे किसी राजनीतिक संस्था को वृहत्तर राजनीतिक प्राधार के साथ जोड़ते हैं। दूसरे शब्दों में, वे किसी संस्था अथवा व्यवस्था के एक भाग–विशेष को सुधारने पर ही ध्यान केंद्रित करते हैं। उदाहरण के लिए, वह आंदोलन जो मुख्य रूप से चुनाव–नियमों एवं प्रक्रियाओं को बदले जाने पर अभिलक्षित होता है, चुनावों को समाज में आर्थिक प्राधार और सत्ता–संबंध के साथ नहीं जोड़ता। इस अर्थ में वह सुधारवादी आंदोलन होता है या फिर, विभिन्न समाज–सुधार आंदोलन कुछ रीति–रिवाजों को सुधारने का प्रयास करते हैं; जैसे—बाल–विवाह अथवा दहेज प्रथा, पशु–बलि जैसी मान्यताएँ, अस्पृश्यता अथवा सामाजिक व्यवस्थाएँ, जैसे—सामाजिक पद स्थिति एवं गतिशीलता में अधिश्रेणिक व्यवस्था, बजाय इसके कि असमानता के सिद्धांतों के इर्द–गिर्द प्रदूषण एवं शुद्धता पर आधारित समग्र सामाजिक व्यवस्था में अविश्वास प्रकट किया जाए। जब नारी–आंदोलन संसद में महिलाओं के लिए आरक्षण हेतु संघर्ष करते हैं तो यह सुधारवादी आंदोलन होता है जो कि प्रतिनिधि प्रणाली को बदलने पर अभिलक्षित होता है। कोई सुधार

अपने आप में राजनीतिक व्यवस्था को चुनौती नहीं दिया करता। वह व्यवस्था के विभिन्न भागों के बीच संबंधों को बदल डालने हेतु प्रयास करता है ताकि उसे अधिक प्रभावी, उत्तरकारी और कारगर बनाया जा सके।

क्रांति में समाज का एक अथवा अनेक वर्ग न सिर्फ स्थापित सरकार व शासन-प्रणाली को बल्कि उसे कायम रखने वाले सामाजिक-आर्थिक ढाँचे को भी उखाड़ फेंकने के लिए एक संगठित संघर्ष छेड़ते हैं और उस ढाँचे के स्थान पर एक वैकल्पिक सामाजिक व्यवस्था ले आते हैं। उदाहरण के लिए, नक्सलवादी आंदोलन न सिर्फ सरकार-विशेष को चुनौती देता है बल्कि उस राज्य को उखाड़ फेंकने पर भी अभिलक्षित होता है जो सामंती/अर्ध-सामंती हो। साथ ही, नक्सलवादी जन साम्यवादी राज्य स्थापित किए जाने की इच्छा भी रखते हैं या फिर दलित आंदोलन उस सामाजिक व्यवस्था को बदल डालने पर अभिलक्षित है जो जाति-व्यवस्था पर आधारित है और ये लोग समतावादी सामाजिक व्यवस्था बनाए जाने की इच्छा रखते हैं। इसी प्रकार जब नारी-आंदोलन समाज में पितृसत्ता को चुनौती देता है और उसके उन्मूलन का प्रयास करता है तो वह एक क्रांतिकारी आंदोलन बन जाता है।

सामाजिक आंदोलनों की प्रवृत्ति एक दूसरे पर अधिव्याप्त होती है। अनेक आंदोलनों में समय के साथ परिवर्तन आ जाता है। कुछ प्रतीयमानतः सुधारवादी आंदोलन क्रांतिकारी रूप ले लेते हैं और कुछ जो क्रांतिकारी मुद्दों को लेकर शुरू होते हैं सुधारवादी भी बन जाते हैं। सभी सामाजिक आंदोलन जरूरी नहीं कि व्यवस्था को कायम रखने अथवा कायांतरित करने के लिहाज से स्पष्ट उद्देश्यों को लेकर ही शुरू हों। वे अक्सर नेताओं, भागीदारों और विचारधारा के माध्यम से प्रक्रिया में रूपायित हो जाते हैं।

प्रश्न 2. नए सामाजिक आंदोलनों के अर्थ और लक्षणों की चर्चा कीजिए।
[दिसम्बर-2008, प्र. सं.-2]

उत्तर— पुराने सामाजिक आंदोलनों से नए सामाजिक आंदोलन भिन्न प्रकृति रखते हैं। पुराने सामाजिक आंदोलन किसी-न-किसी प्रकार से सत्ता प्राप्ति, सत्ता आलोचना तथा सत्ता के नए विचार से प्रेरित रहे हैं। पुराने सामाजिक आंदोलन का स्वरूप वर्गीय होता है और वे किसी-न-किसी रूप में वर्गीय तुष्टीकरण के सिद्धांतों पर आंदोलन की रूपरेखा निर्धारित करते हैं। नए सामाजिक आंदोलनों का उद्भव यूरोप में 60 के दशक से माना जाता है, लेकिन पुराने समय में इनका रूप हमेशा देखने को मिलता है। नए और पुराने सामाजिक आंदोलनों का भेद समय आधारित न होकर मुद्दों पर आधारित है। पुराने सामाजिक आंदोलन का संबंध किसी-न-किसी रूप में राज्य सत्ता से संबंधित रहा है, लेकिन नए सामाजिक आंदोलन राज्य और बाजारवादी व्यवस्था को नागरिक समाज का दुश्मन मानते हुए नागरिक समाज को बेहतर बनाने की प्रेरणा से कार्य करते हैं। नए सामाजिक आंदोलनों की कार्यप्रणाली पुराने सामाजिक आंदोलनों से भिन्न है और वर्गीय हित की जगह वैयक्तिक हित, उनकी

नैतिकता तथा उनकी अलग पहचान कायम रखने के उद्देश्य से किए जाते हैं। संक्षेप में नए सामाजिक आंदोलनों के निम्न अभिलक्षण हैं—

(1) नए सामाजिक आंदोलन को समाज में नैतिकता का साम्राज्य फैलाने के उद्देश्य से क्रियान्वित किया जाता है। ये समाज में व्यक्तियों के नैतिक संगठन को महत्त्व देते हैं।

(2) नए सामाजिक आंदोलन अपने सामाजिक समूहों को आंदोलन में जोड़कर और उनकी भागीदारी को समाज में बढ़ाकर सामाजिक व्यवस्था में सामाजिक न्याय लाने की कोशिश करते हैं।

(3) ये आंदोलन सामाजिक नैतिक न्याय की न केवल बात करते हैं, बल्कि एक बेहतर समाज के लिए सामाजिक नैतिक न्याय का परिरक्षण भी करना चाहते हैं।

(4) नए सामाजिक आंदोलनों का गठन एकवर्गीय भी हो सकता है और बहुवर्गीय भी।

(5) नए सामाजिक आंदोलन समाज को विचारधारात्मक भिन्नता के आधार पर नहीं बाँटते, न ही वे वर्ग–संघर्ष या क्रांति के माध्यम से समाज में आमूल–चूल परिवर्तन लाने के हिमायती होते हैं।

(6) नए सामाजिक वर्गों का उद्देश्य धार्मिक, सांस्कृतिक, नैतिक, जनजातीय, लिंगीय कुछ भी हो सकता है, लेकिन ये केवल उनकी विशिष्ट पहचान और उनके स्वायत्तता से ही संबंधित होते हैं।

(7) वर्तमान समय में सार्थक रहे सामाजिक आंदोलन में कृषक आंदोलन को नए आंदोलन का दर्जा इसलिए दिया जाता है, क्योंकि इस आंदोलन में गरीब किसान, मध्यमवर्गीय किसान और उच्च्व किसान सभी शामिल होते हैं।

(8) नए सामाजिक आंदोलन यह भी मानते हैं कि समकालीन समय में नागरिक समाज की प्रासंगिकता धूमिल हुई है।

(9) नए सामाजिक आंदोलन नागरिक समाज को पीछे ले जाने में राज्य की शक्तियों और बाजारवादी शक्तियों को संयुक्त रूप से जिम्मेदार मानते हैं।

(10) अतः सामाजिक आंदोलन राज्य की शक्तियों और बाजारवादी शक्तियों को पीछे करने के उद्देश्य से नागरिक समाज की शक्ति को बढ़ाने की प्रेरणा से अपने कार्यक्रम की रूपरेखा निर्धारित करते हैं।

(11) नए सामाजिक आंदोलन इस बात में विश्वास करते हैं कि नागरिक समाज में उत्तरोत्तर रूप से गिरावट आई है। इसी कारण सामाजिक और नैतिक रूप से व्यक्तियों का पतन हुआ है।

(12) अतः सामाजिक दृष्टि से समूहों की नैतिकता को बढ़ाने के लिए ये नागरिक समाज की सुदृढ़ता को जरूरी समझते हैं।

(13) अगर समाज को राज्य की पीड़ित करने वाली शक्ति और बाजार की शोषणात्मक प्रकृति से मुक्ति पानी है तो इनका विरोध करके और नागरिकों को नैतिकता का पाठ पढ़ाकर ही उसे सुधारने पर नए सामाजिक आंदोलन जोर देते हैं।

सामाजिक आन्दोलनों का वर्गीकरण, नए सामाजिक आन्दोलनों समेत   29

(14) नए सामाजिक आंदोलन राज्य का सामाजिक गतिविधियों पर नियंत्रण का विरोध करते हैं तथा समुदाय और समाज की स्वयं सुरक्षा करने की प्रेरणा देते हैं।

(15) नए सामाजिक आंदोलन भूमि, वेतन और अन्य सामाजिक मुद्दों की जगह अपने आंदोलन से जुड़े लोगों की पहचान व्यक्तिगत और सामुदायिक रूप में पेश करते हुए उनकी स्वायत्तता के लिए संघर्ष करते हैं।

(16) इन आंदोलनों का उद्देश्य सबकी भलाई करना होता है, न कि किसी खास वर्ग का। उदाहरण के लिए पर्यावरण आंदोलन सब लोगों से संबंधित होता है।

(17) सामाजिक आंदोलनों का स्वरूप वास्तव में लोकतांत्रिक होता है और कुछ लोग इसे राज्य सत्ता की प्राप्ति से प्रेरित होना भी बताते हैं।

(18) जॉ कोहन जैसे विचारक का मानना है कि नए सामाजिक आंदोलन राज्य और आर्थिक व्यवस्था से संबंधित न होकर समाज से ही संबंधित होते हुए सामाजिक समस्याओं पर ही अपना मुख्य ध्यान केंद्रित करते हैं।

(19) नए सामाजिक आंदोलन अपनी कार्यप्रणालियों को पुराने सामाजिक आंदोलन की तरह राज्य की सत्तात्मक प्रकृति को ध्यान में रखते हुए निर्धारित नहीं करते। ये आंदोलन व्यक्ति की अपनी अलग पहचान और उस पहचान की स्वायत्तता को कायम रखने के उद्देश्य से किए जाते हैं।

(20) आंद्रे गुंडर फ्रांक और मार्ता फुंतेस का मत है कि नए सामाजिक आंदोलन नैतिक आंदोलन होते हैं।

अतः नए सामाजिक आंदोलन राजनीतिक और आर्थिक परिदृश्य से अलग रहकर सामाजिक समष्टिगत और व्यक्तियों की अलग पहचान, उनकी विविधता और उनकी स्वायत्तता बनाए रखने की प्रेरणा से कार्य करते हैं। अतः नए सामाजिक आंदोलन को आत्मसुधार की प्रक्रिया कहा जा सकता है जो आगे जाकर पूरे सामाजिक सुधार में बदल जाती है।

प्रश्न 3. तिलक के बहिष्कार पर एक नोट लिखिए?

उत्तर— बहिष्कार : एक राजनीतिक शस्त्र (निष्क्रिय प्रतिरोध)—तिलक के बहिष्कार का आशय केवल 'विदेशी माल का बहिष्कार' नहीं था, वे तो इसे **'ब्रिटिश शासन के बहिष्कार'** के रूप में अपनाना चाहते थे, जिसमें शासन की नौकरियों, उपाधियों, सार्वजनिक समारोहों और अदालतों का बहिष्कार तथा लगान और अन्य कर अदा न करने की बात सम्मिलित थी। यह तो ऐसी स्थिति थी, जिसे 'निष्क्रिय प्रतिरोध' (Passive Resistance) का नाम देना उचित होगा। यह तो ब्रिटिश शासन के विरुद्ध असहयोग आंदोलन की रूपरेखा थी, लगभग वैसा ही आंदोलन जैसा महात्मा गाँधी ने 1920-21 के वर्षों में ब्रिटिश सरकार के विरुद्ध चलाया था।

चित्र 3.1 : बाल गंगाधर तिलक

बहिष्कार आंदोलन की शक्ति की व्याख्या करते हुए पूना के एक भाषण में तिलक ने जनता से कहा था, "तुम्हें जानना चाहिए कि तुम उस शक्ति का एक महान तत्त्व हो, जिससे भारत में प्रशासन चलाया जाता है। ब्रिटिश शासन रूपी यह शक्तिशाली यंत्र तुम्हारी सहायता के बिना नहीं चलाया जा सकता। अपनी इस दलित और उपेक्षित अवस्था में भी तुम्हें अपनी शक्ति की चेतना होनी चाहिए कि यदि तुम चाहो तो प्रशासन को असंभव बना दो।" तिलक ने एक अन्य भाषण में कहा, "यदि तुम में सक्रिय प्रतिरोध की शक्ति नहीं है तो क्या तुम में आत्म–त्याग और आत्म–संयम की भी इतनी शक्ति नहीं है कि तुम अपने ही ऊपर शासन करने में विदेशी सरकार की सहायता न करो। यही बहिष्कार है और यही हमारे कहने का आशय है कि बहिष्कार एक राजनीतिक शस्त्र है। हम कर वसूल करने और शांति स्थापित करने में सहायता नहीं करेंगे। हम न्याय प्रशासन के संचालन में उनको मदद नहीं देंगे।" वास्तव में तिलक ने लोगों को बहिष्कार का मार्ग और इसका राजनीतिक स्वरूप दिखलाकर स्वराज्य का मार्ग प्रशस्त किया।

●●●

4

भारतीय समाज का लोकतंत्रीकरण और बदलता स्वरूप

Democratisation and Changing Nature of Indian Society

परिचय

जैसा कि भारतीय समाज के राजनीतिक लोकतंत्रीकरण ने भारत की अनेक सामाजिक विषमताओं का अंत करने में मदद पहुँचाई है। जब भारत ने स्वतंत्र रूप में अपनी यात्रा आरंभ की, एक लोकतांत्रिक गणतंत्र होने संबंधी हमारे दावे के बावजूद, राजनीतिक भागीदारी सामाजिक एवं आर्थिक असमानताओं द्वारा विरुद्ध रही, तिस पर भी, राष्ट्रीय, राज्यीय एवं स्थानीय स्तरों पर आवधिक चुनावों ने समाज के परंपरागत रूप से दबे एवं वंचित वर्गों की सशक्त भागीदारी को प्रोत्साहित किया। समाज के निचले तबके के लोगों में नई राजनीतिक चेतना लाकर इसने उन वर्गों से गरीबी, निरक्षरता, बेकारी, रोग जैसी बुराइयों का अंत करने में सहायता की है। सामाजिक परिवर्तन के साथ अनेक आर्थिक, सामाजिक, धार्मिक आंदोलन भारत से जुड़े हुए हैं। उदाहरणस्वरूप मूल्यवृद्धि, बाबरी मस्जिद घटना, आरक्षण आंदोलन, क्षेत्रीय आंदोलन, जनजातीय आंदोलन, नक्सलवादी आंदोलन आदि। इस अध्याय में हम भारतीय समाज का लोकतंत्रीकरण तथा वे स्वरूप परिवर्तन जो उसमें हुए हैं उनका अध्ययन करेंगे।

प्रश्न 1. भारत की स्वतंत्रता के उपलक्ष्य में सामाजिक परिवर्तन के विचार का विश्लेषण करें। [जून-2010, प्र. सं.-2]

उत्तर— स्वतंत्रता के पश्चात् भारतीय संविधान सभा ने एक पूर्ण प्रभुत्व संपन्न एवं लोकतांत्रिक राज्य बनाने में महत्त्वपूर्ण योगदान दिया है। 1950 में लागू किए गए संविधान के द्वारा भारत में लोकतंत्रात्मक गणराज्य का बीजारोपण किया गया था। तब से अब तक संविधान ने भारत में लोकतंत्र की जड़ें मजबूत करने में महत्त्वपूर्ण भूमिका निभाई है।

संविधान सभा के अनेक सदस्यों का यह दृष्टिकोण था कि उदारवादी लोकतंत्र के मूल्य और संस्थाएँ भारतीय परंपरा से जुड़े सामाजिक ताने-बाने का कायापलट कर देंगी। **आस्टिन** का विचार था कि संविधान सभा के सदस्यों ने उदारवादी लोकतंत्र का वैस्टमिंस्टर मॉडल चुना था। व्यक्तिगत पसंद, स्वीकृति, स्वतंत्रता एवं समानता आदि विचारों पर आधारित लोकतंत्र के एक उदारवादी प्रतिमान को रीति-रिवाजों, आरोपित पदस्थिति, पदानुक्रम तथा असमानता पर आधारित जीवन के प्राचीन परंपरावादी प्राधार के एक मुक्तिकारी विकल्प के रूप में देखा गया। आस्टिन के अनुसार, ऐसा औपनिवेशिक काल के दौरान इन संस्थाओं की कार्यवाही के साथ रही हमारी सुविज्ञता के कारण ही है। भारतीय संविधान की प्रस्तावना में यह वचन दिया गया कि देश के सभी नागरिकों के लिए न्याय – सामाजिक, आर्थिक एवं राजनीतिक – सुनिश्चित किया जाएगा। इस प्रस्तावना में स्वतंत्रता, समानता एवं भाईचारे के मुकाबले न्याय की संकल्पना को प्राथमिकता दी गई और राजनीतिक न्याय के मुकाबले सामाजिक एवं आर्थिक न्याय को ऊपर रखा गया। इसके शब्दों का क्रम यह दर्शाता है कि सामाजिक एवं आर्थिक न्यायों को भारतीय संविधान का मौलिक प्रतिमान माना गया। भारतीय संविधान के निर्माताओं द्वारा अभिकल्पित लोकतांत्रिक समाज एक न्यायसंगत समाज के निर्माण पर जोर देता है।

उदारवादी लोकतंत्र सिर्फ उन देशों में पाया जाता था जिनकी अर्थव्यवस्था प्रधान रूप से पूँजीवादी थी। इन समाजों में जो कुछ हुआ उसे **'उदारवाद का लोकतंत्रीकरण'** तथा **'लोकतंत्र का उदारीकरण'** कहा जा सकता है। संविधान सभा के सदस्यगण भारतीय समाज के कायान्तरण हेतु संविधान द्वारा प्रदत्त लोकतांत्रिक संस्थाओं की अंतःशक्ति के प्रति आशावान थे। सर्वपल्ली राधाकृष्णन ने दृढ़तापूर्वक कहा कि आधुनिक संसदीय लोकतंत्र भारतीय समाज की संरचनाओं में एक बुनियादी बदलाव लाएगा। **के.एम. पणिकर** ने 1955 में प्रकाशित अपनी पुस्तक *'हिन्दू सोसाइटी ऐट क्रॉस रोड'* में अपने विचार व्यक्त करते हुए कहा कि सार्वभौम वयस्क मताधिकार पर आधारित संसदीय लोकतंत्र ने विशेषाधिकारों और असमानताओं पर आधारित सामाजिक संस्थाओं के विध्वंस हेतु आम जनता को डाइनामाइट के साथ प्रस्तुत किया। नागरिक स्वतंत्रताओं के पदार्पण ने मूक जनता को वाग्-वरदान दे दिया। सार्वभौम वयस्क मताधिकार ने मताधिकार प्रयोग के अधिकार को गरीबों और अशिक्षितों तक पहुँचा दिया। डब्ल्यू.एच. मोरी-जोन ने गरीबी उन्मूलन और असमानताओं को घटाए जाने

हेतु एक सशक्त सरकार की आवश्यकता से इन्कार किया। उन्होंने बताया कि अलाभांवितों की श्रेणियों की ओर से मजबूत दबाव बनाने के लिए उदारवादी लोकतंत्र को पर्याप्त विस्तार देने के बाद ही पश्चिमी यूरोप में गरीबी का सबसे महत्त्वपूर्ण ह्रास हुआ। उसका दृढ़ विश्वास था कि लोकतंत्र को अलाभांवितों द्वारा सुस्थापित विशेषाधिकारों एवं चंद लोगों की सत्ता के विरुद्ध एक हथियार के रूप में इस्तेमाल किया जा सकता है।

स्वतंत्रता प्राप्ति के समय भारतीय राज्य की बागडोर एक आभिजात्य राजनीतिक वर्ग के हाथ में थी जो कि मुख्य रूप से उच्च जाति के पुरुषों से मिलकर बना था। उनमें ऐसे शहरी अंग्रेजी पढ़े–लिखे ब्राह्मणों का प्रकर्ष भी था जो धर्मनिरपेक्ष दृष्टिकोण रखते थे। कांग्रेस पार्टी के हाथ में सरकार ब्रिटिश शासन का उत्तर भाग ही था क्योंकि अंग्रेजों की ही तरह उसने भी सामाजिक व्यवस्था को परिवर्तित नहीं बल्कि रूपांतरित करने का ही प्रयास किया। अल्प–लाभांवित वर्गों के आर्थिक, सामाजिक एवं शैक्षिक उत्थान को संभव बनाने के लिए भारतीय संसद और कांग्रेस पार्टी द्वारा किए गए प्रयास आमतौर पर प्रतीकात्मक ही रहे। कांग्रेस पार्टी ने विशेषाधिकार प्राप्त लोगों के लिए एक समझौताकारी दृष्टिकोण अपनाया और राजनीतिक कार्यवाही के लिए समाज के अपेक्षाकृत गरीब वर्गों को संगठित करने में कोई ज्यादा रुचि नहीं दिखाई।

बिहार और उत्तर प्रदेश में पिछड़े वर्ग (यह एक वृहद् वर्ग है जिसमें मध्यवर्गी किसानों के साथ–साथ गरीब कृषक वर्ग भी आते हैं) उच्च जातियों के प्रभुत्व वाली कांग्रेस पार्टी के विरोध में 'साठ के दशक से एक महत्त्वपूर्ण राजनीतिक बल के रूप में उभरने शुरू हुए। इन राज्यों में भूमि–सुधार केवल आंशिक रूप से ही सफल रहे। तथापि, उन्होंने उच्च जाति के जमींदारों के अधिकारों को गुप्त रूप से क्षति पहुँचाई और पिछड़ी जातियों को लाभ। मझली पिछड़ी जाति के मध्यम व संपन्न किसान – यादव, जाट, कुर्मी, गूजर आदि भी हरित क्रांति, समुदाय विकास कार्यक्रमों, पंचायती राज एवं सहकारियों से लाभांवित हुए। इस नव–अर्जित आर्थिक शक्ति ने इसे राजनीतिक सर्वोच्यता में बदल डालने के लिए बेचैन कर दिया। इसकी अभिव्यक्ति 20वीं सदी के छठे दशक में कई किसानों की पार्टियों के गठन के रूप में हुई। इस अवधि में भारतीय लोकतंत्र के लोकतांत्रिक आधार में विस्तार देखा गया। ज्यों ही राजनीतिक प्रतिस्पर्धा तेज हुई कांग्रेस पार्टी के एक–दलीय प्रभुत्व का एक विकल्प उभरता दिखाई दिया शुरुआत में इस दल ने अपनी पहचान समाजवादियों और समय–समय पर चौधरी चरण सिंह द्वारा शुरू किए विभिन्न राजनैतिक गुटों के साथ बनाई। इन राज्यों में विधानमंडलों में सीटें जीतकर और सरकारी नौकरियों में आरक्षण हेतु दावे ठोंक कर उच्च जातियों का आधिपत्य समाप्त कर स्वयं आने हेतु संघर्ष छेड़े गए। इसी प्रकार का प्रतिमान देश के अनेक दूसरे राज्यों में भी देखा गया; यथा—महाराष्ट्र में मराठा, गुजरात में पटेल, कर्नाटक में वोकलिग्ग व लिंगायत तथा आंध्र प्रदेश में रेड्डी व काम्मा।

प्रश्न 2. इस तर्क की कि 'जन आंदोलन लोकतंत्र और परिवर्तन के प्रतिबिम्ब हैं', विस्तार से व्याख्या करें। [दिसम्बर–2010, प्र. सं.–2]

उत्तर— जनआंदोलन और सामाजिक परिवर्तन के मध्य एक अटूट संबंध है। बिना जनआंदोलन के तो समाज में परिवर्तन आना एक मिथ्या मात्र है। किसी भी परिवर्तन के लिए आंदोलन ईंधन का कार्य करते हैं, लेकिन कई बार यह भी देखा गया है कि सामाजिक परिवर्तन के परिणामस्वरूप कोई जनआंदोलन खड़ा हो जाता है। दूसरे शब्दों में जनआंदोलन और सामाजिक परिवर्तन को एक—दूसरे का पर्याय कहें तो गलत भी नहीं होगा।

स्वतंत्रता पूर्व के संदर्भ में देखें तो ज्ञात होता है कि इस समय के महत्त्वपूर्ण जनआंदोलनों के पीछे समाज सुधार कार्यक्रमों का योगदान है। यदि बंगाल विभाजन के समय उपजे स्वदेशी व बंगभंग आंदोलन के संदर्भ में देखें तो इन आंदोलनों की सफलता के पीछे भी पूर्व में किए गए समाज सुधार के कार्यों का महत्त्वपूर्ण स्थान है। इन सुधार कार्यक्रमों के द्वारा समाज में व्याप्त जातीय व धार्मिक खाई को पाटने में मदद मिली। 1905 के इस आंदोलन में महिलाओं द्वारा बढ़—चढ़कर भाग लेना भी यह दर्शाता है कि यह पूर्व में चलाए गए नारी मुक्ति कार्यक्रमों का ही प्रतिफल है।

इसी प्रकार जाति—प्रथा के विरोध में जो जनआंदोलन चलाए गए, उनका उद्देश्य भी सामाजिक परिवर्तन ही था। इन आंदोलनों के माध्यम से लोगों को यह समझाने का प्रयास किया गया कि मनुष्य—मनुष्य के मध्य किसी प्रकार का कोई भेद नहीं है। यह मात्र आडम्बर है कि उच्च जातियाँ निम्न जातियों से श्रेष्ठ हैं। जाति किसी भी योग्यता को मापने का पैमाना नहीं हो सकती। इस प्रकार जनआंदोलनों ने लोगों को अपने अधिकारों के प्रति सजग एवं जागरूक बनाया।

इसी प्रकार सती—प्रथा, बालविवाह व नर—बलि के विरुद्ध जो सामाजिक सुधार आंदोलन चलाए गए, उन्होंने भी इन कुप्रभावों को रोकने में महत्त्वपूर्ण योगदान दिया। इसके परिणामस्वरूप जो परिवर्तन आए वे आज हमारे सामने हैं। पूर्व में जब स्त्री के विधवा होने पर उसको सती होने के लिए प्रेरित किया जाता था वहीं आज ऐसा नहीं है वरन् स्त्री चाहे तो अपना दूसरा विवाह कर सकती है या स्वतंत्र रूप से अपनी आजीविका चला सकती है। पहले सती समाज द्वारा प्रेरित था अब समाज द्वारा निषिध।

स्वतंत्रता प्राप्ति के पश्चात् जो आंदोलन चलाए गए, उनमें सबसे पहले विनोबा भावे जी द्वारा चलाया गया भू—दान आंदोलन है, हालाँकि यह एक विस्तृत जनआंदोलन का स्वरूप न हो सका, लेकिन अपने लक्ष्य एवं कार्यक्षेत्र की दृष्टि से यह एक स्वस्फूर्त जनआंदोलन था। इस आंदोलन के माध्यम से संसाधनों के असमान वितरण पर प्रहार किया गया। जिस प्रकार कृषि भूमि का कुछ हाथों में ही संकेंद्रण था वह भविष्य में किसी सामाजिक संघर्ष को जन्म देने के लिए पर्याप्त था। अतः विनोबा भावे जी ने जमींदारों से अतिरिक्त भूमि भूमिहीन लोगों में वितरण करने का आह्वान किया। इसी समय भूमि हदबंधी कानून भी बना।

लेकिन स्वतंत्रता प्राप्ति के बाद जिस जनआंदोलन ने प्रभावित किया वह सत्तर के दशक का "जे.पी. आंदोलन" था। इस आंदोलन को इसके नेतृत्वकर्त्ता जय प्रकाश नारायण के नाम

पर **"जे.पी. मूवमेंट"** नाम दिया गया। यह आंदोलन जनता के मध्य उपजी घोर निराशा का परिणाम था। जनसंख्या का एक बहुत बड़ा वर्ग जिसकी स्थिति में आजादी मिलने के बाद कोई बदलाव नहीं आया था, उसे इंदिरा गाँधी द्वारा सामाजिक-आर्थिक बदलाव करने का भरोसा दिया गया। इसी को आगे रखकर इंदिरा गाँधी चुनाव में उतरीं और नारा दिया 'इंदिरा लाओ-गरीबी हटाओ।' इस दिशा में बीमा एवं बैंकिंग क्षेत्र का राष्ट्रीयकरण भी किया गया। ग्रामीण गरीबों एवं कामगारों को लेकर कई योजनाएँ बनाई गईं, लेकिन जब इन योजनाओं का लाभ लोगों तक नहीं पहुँचा तो उनके अंदर घोर निराशा व्याप्त हो गई। रही-सही कसर मानसून की लगातार असफलता, मूल्यवृद्धि, औद्योगिक मंदी और बढ़ी बेरोजगारी ने पूरी कर दी। स्थान-स्थान पर धरने, प्रदर्शन व उपद्रव होने लगे। इसी आक्रोश को स्वर देने का काम किया जे.पी. आंदोलन ने। जिसने बाद में इंदिरा गाँधी को सत्ता से बेदखल कर दिया।

इसके बाद 80 के दशक के अंत में (सन् 1989) एक बार फिर समाज में हलचल हुई। इस बार मुद्दा था "आरक्षण"। यही वह मुद्दा था जिसने न केवल भारतीय समाज को ही प्रभावित किया वरन् भारतीय राजनीति के समीकरण भी बदल कर रख दिए। इस आंदोलन की जड़ भी 70 के दशक में मौजूद है। जब जनता पार्टी सरकार द्वारा पिछड़ी जातियों को आरक्षण दिए जाने का उच्च जातियों द्वारा विरोध किया गया तो इसने पिछड़ी, अनुसूचित जाति व गरीब किसानों तथा मजदूरों की सामान्य जातियों के विरुद्ध लामबद्ध कर दिया। परिणाम एक बार फिर वही कि जनता ने कांग्रेस को सत्ता से बेदखल कर जनता दल को गद्दी पर बैठाया। जनता सरकार ने भी लोगों को निराश न करते हुए आरक्षण लागू कर चुनाव पूर्व किए वादों को निभाया। यह जनआंदोलन के माध्यम से राजनीतिक ताकत द्वारा सामाजिक परिवर्तन भी व्यापक प्रभावशाली एवं दूरगामी सिद्ध हुआ। इसने एक बार फिर दिखा दिया कि किस प्रकार जनआंदोलन समाज को प्रभावित एवं परिवर्तित करता है। हालाँकि इस आंदोलन से समाज में तनाव एवं लोगों के मध्य कुछ समय के लिए दूरी बढ़ी, लेकिन दूसरे वर्ग ने यह समझा कि समाज का जो हिस्सा पिछड़ गया है, उसे भी विकास की दौड़ में दौड़ने के लिए यदि उसकी आबादी के अनुपात में कुछ विशेष लाभ दिया जाता है तो वह अनुचित भी नहीं है। यही कारण है कि आज शिक्षा के प्रचार व प्रसार से स्थिति बदली है। राजनीति व सेवा के क्षेत्र में पिछड़ी व अनुसूचित जाति तथा जनजाति के आने से उनके सामाजिक, राजनीतिक व आर्थिक स्तर से बदलाव आया है।

स्पष्ट रूप से यह कहा जा सकता है कि जनआंदोलन एवं सामाजिक परिवर्तन एक-दूसरे के पूरक हैं। स्वतंत्रता पूर्व जहाँ जनआंदोलनों का लक्ष्य स्वावलम्बन के साथ नागरिक स्वतंत्रता अर्थात् राजनीतिक स्वतंत्रता प्राप्त करना था वहीं स्वतंत्रता प्राप्ति के आंदोलनों का मुख्य लक्ष्य राजनीतिक शक्ति द्वारा सामाजिक एवं आर्थिक स्वतंत्रता प्राप्त करना है। यदि परिणामों के आधार पर भी जनआंदोलनों एवं उनसे होने वाले परिवर्तन की बात की जाए तो कहा जा सकता है कि ऐसा प्रत्येक आंदोलन जो जनभागीदारी से चलता है उससे देर-सवेर परिवर्तन की एक धारा अवश्य ही निकलती है।

प्रश्न 3. राज्य, लोकतंत्र और परिवर्तन के अंतः संबंधों का मूल्यांकन कीजिए।
[दिसम्बर-2008, प्र. सं.-3]

उत्तर— भारत में सामाजिक परिवर्तन में अधिकारियों की भूमिका हमेशा से संदेहास्पद रही है, क्योंकि उनमें से अधिकांशतः उच्च वर्गों से आते हैं। उत्तर भारत में, खासकर उत्तर प्रदेश व बिहार राज्यों में सरकारी तंत्र, पुलिस, खंड विकास अधिकारी, ग्राम स्तरीय कर्मचारीगण तथा स्थानीय पंचायती राज संस्थाओं के नेतागण ग्रामीण संपन्न वर्ग के पक्ष से पूर्वाग्रह ग्रस्त रहे। **घनश्याम शाह** के अनुसार, वहाँ ग्रामीण संपन्न वर्ग अधिकारी वर्ग के बीच भ्रातृभाव पाया जाता था। ऐसा इसलिए था कि अधिकारी वर्ग का अधिकांश भाग समाज के उसी भाग से आता था। राजनीतिक दलों का नेतृत्व भी समाज के उसी भाग के हाथों में था। राष्ट्रीय संसद और राज्य विधानसभाओं में अधिकतर सांसद और विधायक वे ही भेजते थे। पंचायत नेतृत्व भी समाज के उसी भाग से आने वाले लोगों के हाथ में हुआ करता था। इन सब बातों ने समाज के ग्रामीण विकास हेतु मिलने वाले धन को सुसंपन्न वर्ग के द्वारा अपनी ओर मोड़ लेने को प्रवृत्त किया क्योंकि उच्च जाति के प्रभुत्व वाली राजनीतिक व्यवस्था, अधिकारी-वर्ग और पंचायती राज संस्था ने गरीबों की जरूरतों के प्रति आवश्यक रुचि और वचनबद्धता नहीं दर्शाई। पूरी की पूरी तस्वीर अब बदल गई लगती है।

(1) जाति—अन्य पिछड़े वर्ग आंदोलन व दलित आंदोलन के उदय ने उच्च जाति प्रभुत्व को चुनौती दी है। राष्ट्रीय संसद और राज्य विधानसभाओं का रंग-ढंग सभी वर्गों से सांसदों व विधायकों के आने के साथ ही बदला है। आरक्षण नीति लागू करने की माँग समाज के इन वर्गों से आने वाले बेरोजगार युवकों के हितार्थ कुछ नौकरियों मात्र के लिए ही नहीं थी बल्कि उनके द्वारा सरकारी धन की सुपुर्दगी में निभाई जाने वाली निर्णायक भूमिका हेतु भी थी। जब मायावती मुख्यमंत्री बनीं तो उन्होंने मुख्य सचिव, मुख्यमंत्री का निजी सचिव जैसे मुख्य पदों पर आसीन उच्च जाति के अधिकारियों के स्थान पर अनुसूचित जाति के अधिकारियों को बैठा दिया। यही बात बिहार में लालू यादव के सत्ता में आते ही हुई, जहाँ उच्च जाति के अधिकारियों के स्थान पर अन्य-पिछड़े वर्गों से ताल्लुक रखने वाले अधिकारियों को लाया गया। 73वें संशोधन द्वारा दिया गया अनुसूचित जातियों, अनुसूचित जनजातियों एवं महिलाओं के लिए पंचायती राज संस्थाओं में सीटों का आरक्षण उन संगठनों के खिलाफ एक प्राचीर के रूप में कायम कर सकता है, जिनका छलयोजन केवल ग्रामीण संपन्न लोगों के लाभार्थ ही किया जाता है।

अपने मुख्यमंत्रित्व काल में मायावती द्वारा शुरू किए गए महत्त्वपूर्ण कार्यक्रमों में एक थी-अम्बेडकर ग्राम विकास योजना, जो कि 30 प्रतिशत दलित जनसंख्या वाले 15,000 अम्बेडकर गाँवों को विकास निधि प्रदान करती थी। परंतु दलित एवं पिछड़ा वर्ग की अधिकार-माँग प्रस्थिति एवं प्रतिष्ठा पर अधिक ध्यान दे रही है और आर्थिक असमानताओं पर कम। ज्योतिबा फुले, पेरियार/ई.वी. रामास्वामी नायकर, अम्बेडकर व साहू महाराज जैसे

गैर-ब्राह्मण नेताओं की मूर्तियाँ लगवाना और हर एक गाँव व कस्बे में अम्बेडकर की प्रतिमाओं की स्थापना का उद्देश्य उच्च जाति के आधिपत्य से लड़ना और दलितों की प्रस्थिति को ऊँचा उठाना ही था। बिहार में राष्ट्रीय जनता दल (रा. ज. द.) सरकार ने इसी तर्ज पर अनेक विश्वविद्यालयों का नाम बदल कर गैर-उच्च जाति के नेताओं के नाम पर रख दिया। परंतु ये नेतागण संरचनात्मक असमानता की समस्याओं से अपने आपको जोड़ने में विफल रहे हैं। भूमि-सुधार उनकी कार्यसूची में ही नहीं है। वे अपने आप को कमजोर वर्ग के आर्थिक एवं इतर-आर्थिक शोषण से भी जोड़ पाने में नाकामयाब रहे हैं। (रा. ज. द.) सरकार का अब तक का रिकार्ड तो इस संबंध में और भी बुरा रहा है। वह नक्सलवादी आंदोलन को पूरी तरह से कानून एवं व्यवस्था की समस्या मानती रही है। यह बात आंध्र प्रदेश में पीपल्स वॉर ग्रुप के नेतृत्व वाले आंदोलन के प्रति तेलुगु देशम्-पार्टी सरकार के दृष्टिकोण के विषय में भी सत्य है।

तमिलनाडु में द्रविड़ मुन्नेत्र कड़गम द्वारा अपनाई जाने वाली समंजनकारी राजनीति ने ज्यादा खलबली नहीं मचाई, हालाँकि आरक्षण का स्तर 68 प्रतिशत तक बढ़ा जिसमें अनुसूचित जातियों हेतु 15 प्रतिशत शामिल है। वहाँ की सरकार ने सरकारी नौकरियों में निम्न जातियों से आने वाले लोगों को अवसर प्रदान किए। सरकारी नौकरियों से बहिष्कृत उच्च जातियों के पास रूठने के लिए कोई कारण ही नहीं था क्योंकि उन्हें निजीकृत रूप से स्थापित इंजीनियरिंग एवं मेडिकल कॉलेज चलाने के लिए प्रोत्साहित किया गया। इन संस्थाओं को छात्रों से वसूल की जाने वाली कैपिटेशन फीस (प्रतिव्यक्ति शुल्क) से चलाया जाता था और ये राज्यीय विश्वविद्यालयों से संबद्ध होती थीं। समाज के कमजोर वर्ग हेतु समाज-कल्याण उपायों के साथ जोड़कर इस रणनीति ने भूमि-संपन्न उच्च जातियों अथवा व्यापारी वर्गों के हित पर कोई भी खतरा उत्पन्न किए वगैर सरकार हेतु समर्थन मजबूत किया। केरल समस्त जनता की ओर अभिलक्षित जन-जातियों से लाभांवित हुआ है इस राज्य में जीवन-प्रत्याशा, साक्षरता और सर्वोपरि दलितों के गौरव में आम सुधार देखा गया है। ऐसा मुख्य रूप से राज्य की सामान्य कल्याणकारी नीतियों के कारण हुआ है। कुल मिलाकर दक्षिण भारत में पिछड़ी जातियों हेतु आरक्षण और समाज-कल्याण कार्यक्रमों पर व्यय ने समंजनकारी नीतियों को कायम रखा क्योंकि वहाँ अल्पसंख्यक अलाभांवित जातियों को राजनीति में आने और सरकारी नौकरियाँ प्राप्त करने के अवसर प्रदान कर शहरी मध्यवर्ग में शामिल होने की पेशकश की गई थी।

(2) लिंगभेद—स्वतंत्रता के पश्चात् के समय से ही महिलाओं की सामाजिक प्रस्थिति में नाटकीय परिवर्तन आते रहे हैं। संविधान में महिलाओं को संपूर्ण समानता देने का वायदा किया गया। पुरुषों की ही भाँति महिलाओं को भी वोट देने का अधिकार मिला। स्वतंत्र भारत के कानून-मंत्री भीमराव अम्बेडकर ने एक विधेयक प्रस्तुत किया जिसमें विवाह-योग्य आयु को बढ़ाया गया, एक-विवाह प्रथा का समर्थन किया गया, महिलाओं को तलाक, भरण-भत्ता एवं उत्तराधिकार का अधिकार दिया गया और दहेज को स्त्रीधन अर्थात् नारी संपत्ति के रूप में

माना गया था। इस विधेयक की समाज के रूढ़िवादी वर्ग से कड़ी आलोचना का सामना करना पड़ा था। इसी की वजह से विधेयक को स्थगित करना पड़ा। अन्तोगत्वा इस विधेयक के मुख्य भाग चार भिन्न–भिन्न अधिनियमों में पारित हुए—हिन्दू विवाह अधिनियम, हिन्दू उत्तराधिकार अधिनियम, हिन्दू अल्पसंख्यक एवं अभिभावकता अधिनियम और हिन्दू दत्तक एवं भरण–भत्ता अधिनियम। हिन्दू महिलाओं के कानूनी अधिकारों का विस्तार पर्याप्त तो नहीं था परंतु एक साहसिक कदम जरूर था। इसको इन्हीं कानूनी अधिकारों को अन्य धार्मिक समुदायों से संबंध रखने वाली महिलाओं को दिए जाते समय सरकार द्वारा सामना किए जाने वाले कड़े विरोध से आँका जा सकता है। 1985 में सर्वोच्च न्यायालय ने एक तलाकशुदा मुस्लिम महिला शहबानो को एक अल्पवृत्ति प्रदान की तो मुस्लिम समुदाय के बीच रूढ़िवादियों ने मुस्लिम पर्सनल लॉ में हस्तक्षेप के नाम पर इतनी तीव्र उत्तेजना पैदा की कि राजीव गाँधी सरकार ढीली पड़ गई और सर्वोच्च न्यायालय के फैसले को अस्वीकार करने के लिए संसद में एक विधेयक प्रस्तुत कर दिया। कुछ कानूनी अधिकारों का प्रयोग किया गया है जबकि कुछ अभी कागजों पर ही हैं। वोट देने के अधिकार को ग्रामीण इलाकों तक में गंभीरता से लिया गया है। बहुधा वे 'किसको वोट देना है' विषय पर अपने पतियों से पूछे वगैर ही स्वतंत्र निर्णय लेती हैं। 73वें तथा 74वें संविधान संशोधन अधिनियमों ने महिलाओं के लिए शहरी व स्थानीय दोनों ही स्थानीय स्व–शासन संस्थाओं में 33 प्रतिशत सीटों के आरक्षण की व्यवस्था दी है। इसने हमारे राजनीतिक एवं सामाजिक जीवन में लिंगभेद पूर्वाग्रह को दूर करने में एक महत्त्वपूर्ण भूमिका निभाई है। परंतु संसद में सीटें आरक्षित करने के वायदे अभी निभाए नहीं गए हैं। केरल ने महिलाओं के बीच 86 प्रतिशत वयस्क साक्षरता दर प्राप्त कर ली है। केरल के बाद हिमाचल प्रदेश और तमिलनाडु ने नारी साक्षरता में उल्लेखनीय सफलता हासिल की है। 12–14 आयु–वर्ग की ग्रामीण लड़कियों की जनसंख्या जो कभी स्कूल ही नहीं गईं, पूरे भारत में 50 प्रतिशत है, उत्तर प्रदेश, मध्य प्रदेश व बिहार में यह दो–तिहाई है और राजस्थान में 82 प्रतिशत तक है।

प्रश्न 4. राय और लोकतंत्र पर एक नोट लिखिए।

उत्तर— राय मनुष्य को नैतिक इकाई के रूप में स्वीकार करते हैं और इस बात का प्रतिपादन करते हैं कि इस नैतिक मनुष्य का विकास स्वतंत्रता के आधार पर ही संभव है। इसके अतिरिक्त राय के चिंतन के सबसे अधिक महत्त्वपूर्ण अंग मौलिक मानववाद के लक्ष्यों की पूर्ति सहज रूप में लोकतांत्रिक व्यवस्था के अंतर्गत ही संभव है। राय ने मार्क्सवाद की आलोचना करते हुए यह कहा था कि "सोवियत रूस में मार्क्सवाद को जिस रूप में अपनाया गया है, उसमें वह सर्वाधिकारवादी व्यवस्था में परिणत हो गया है।" इन आधारों पर राय से आशा की जा सकती थी कि उनके द्वारा **'उदारवादी लोकतंत्र'** का समर्थन किया जाएगा। सिद्धांत रूप में वे लोकतंत्र को सर्वाधिकारवाद की तुलना में निश्चित रूप से श्रेष्ठ व्यवस्था

मानते हैं, लेकिन उनका कहना है कि वर्तमान समय की लोकतांत्रिक व्यवस्था दूषित है और इसने हमारे मन–मस्तिष्क में लोकतंत्र के प्रति आस्था को आघात पहुँचाया है। वे इस उदारवादी लोकतंत्र को समाप्त करने की बात तो नहीं कहते, लेकिन लोकतंत्र के स्वरूप में भारी परिवर्तन की आवश्यकता बतलाते हैं। उनके द्वारा लोकतांत्रिक व्यवस्था की जो रूपरेखा प्रस्तुत की गई है, उसे वे '**संगठित लोकतंत्र**' का नाम देते हैं। लोकतंत्र के स्वरूप में परिवर्तन के लिए वे निम्न सुझाव देते हैं और उनके ये सुझाव ही संगठित लोकतंत्र की रूपरेखा हैं—

(1) जन समितियों के माध्यम से समस्त कार्यों का सम्पादन—राय ने अनुभव किया कि वर्तमान समय की लोकतांत्रिक व्यवस्था में राजनीति सत्ता केंद्रित हो गई है और उदारवादी लोकतंत्र में जिस चुनाव पद्धति का प्रचलन है, उसमें योग्य व्यक्तियों के चुने जाने की कोई गुंजाइश नहीं है। वे जनता के बौद्धिक और नैतिक स्तर को ऊँचा उठाने की आवश्यकता अनुभव करते हैं और आज की लोकतांत्रिक व्यवस्था के दोषों का निवारण करने के लिए 'संगठित लोकतंत्र' का आदर्श प्रस्तुत करते हैं, जिसका सबसे प्रमुख तत्त्व है, '**जन समितियों के माध्यम से समस्त कार्यों का सम्पादन।**'

राजनीतिक दलों के बढ़ते हुए दुष्प्रभावों ने समस्त शासन की विचार–शक्ति को कुण्ठित कर दिया है। '**विधि का शासन**' मात्र एक औपचारिक घोषणा बनकर रह गई है, इसलिए वह स्थानीय व्यक्तियों की जन समितियों के द्वारा वर्तमान प्रजातंत्र को संगठित करना चाहते हैं। उनके 'संगठित प्रजातंत्र' में जन समितियों के सार्वजनिक कार्यों में अधिकाधिक भाग लेने की प्रेरणा और व्यवस्था है। "ये जन समितियाँ संगठित लोकतंत्र के प्रभावशाली यंत्र और केंद्र के रूप में कार्य करेंगी। ये जन समितियाँ विवेकशाली व्यक्तियों के सहयोग से स्थानीय, प्रांतीय और केंद्र की सामाजिक संस्थाओं की इकाई के रूप में कार्य करेंगी।"

राय सार्वजनिक कार्यों के प्रबंध में जनता के लिए अधिक महत्त्वपूर्ण भूमिका की आवश्यकता पर बल देते हैं और कहते हैं कि जन समितियों पर आधारित व्यवस्था में जनता को अधिक महत्त्वपूर्ण भूमिका प्राप्त होगी।

(2) विकेंद्रित सत्ता पर बल—राय वर्तमान समय की लोकतांत्रिक व्यवस्थाओं में बढ़ती हुई केंद्रीकरण की प्रवृत्ति को आर्थिक और राजनीतिक दृष्टि से उचित नहीं मानते। उन्होंने वर्तमान लोकतंत्र में केंद्रित सत्ता के स्वरूप को मानवीय विकास के मार्ग की भारी बाधा घोषित किया है। वे समाज के मूलभूत पुनर्गठन की आवश्यकता बतलाते हुए विकेंद्रीकरण पर बल देते हैं और कहते हैं कि सत्ता के विकेंद्रीकरण को अपनाने पर राजनीति के स्थान पर लोक नीति की प्रतिष्ठा संभव हो सकेगी।

(3) दलविहीन लोकतंत्र की स्थापना पर बल—राय आज के लोकतंत्र का सर्वप्रमुख दोष राजनीतिक दलों की वर्तमान व्यवस्था को मानते हैं। राजनीतिक दलों ने वर्तमान लोकतंत्र को अपने बाहुपाश में इस प्रकार से जकड़ लिया है कि लोकतंत्र मात्र एक '**दलीय यंत्र**' बनकर रह गया है। दलों ने व्यक्ति की प्रेरणा शक्ति और निर्णय शक्ति दोनों को ही कुण्ठित

कर दिया है और व्यक्ति के स्वतंत्र अस्तित्व की कल्पना असंभव हो गई है। राजनीतिक दलों का उद्देश्य शासन-सत्ता के लिए छीना-झपटी करना ही रह गया है, उन्हें जनता के वास्तविक हितों की कोई परवाह नहीं होती। राजनीतिक दल अपनी स्वार्थ साधना के लिए नैतिकता और न्याय की बलि चढ़ा देते हैं। राय ने कहा है कि यदि नैतिक उत्थान करना है, तो वर्तमान दल-पद्धति को समाप्त करना ही होगा। विश्व के नैतिक पतन का एक मूल कारण यह वर्तमान दल पद्धति है। अतः **राय** के अनुसार, **"यदि हमें लोकतंत्रवाद की रक्षा करनी है तो उसे 'दलरहित' बनाना होगा अर्थात् एक 'दलविहीन' लोकतंत्र की स्थापना करनी होगी।"** यह दलविहीन लोकतंत्र आत्मनिर्भर समितियों के सक्रिय योगदान पर आधारित होगा।

इस प्रकार राय का **'संगठित लोकतंत्र'** प्रत्यक्ष तथा **विकेंद्रित लोकतंत्र** था, जिसमें राय ने राजनीतिक दलों के लिए कोई स्थान नहीं रखा था। राय ने बताया कि छोटे-छोटे सहकारी संगठनों के द्वारा आधुनिक राज्यों में यह प्रत्यक्ष लोकतंत्र स्थापित किया जा सकता है। इस व्यवस्था में शक्ति जनता के हाथों में रहेगी और जनता ही शासन कार्य में भाग लेकर इसका नियंत्रण करेगी।

'संगठित लोकतंत्र' के प्रतिपादन में राय ने मतदाताओं के शिक्षित होने की अनिवार्यता पर बल दिया है, ताकि वे भाषण कला में निपुण नेताओं के बहकावे में नहीं आ सकें। वे नैतिक तथा बौद्धिक दृष्टि से ईमानदार तथा पक्षपातरहित लोगों को ही शासन का नेतृत्व सौंपने के पक्ष में थे। चूँकि प्रारंभ में कुशल तथा गुणी शासकों का चयन होना कठिन है, इसलिए उन्होंने प्रारंभिक स्थिति में शासकों के निर्वाचन के स्थान पर मनोनयन का प्रावधान भी प्रस्तुत किया है।

राय की 'संगठित लोकतंत्र' की योजना और विनोबा, जयप्रकाश नारायण, आदि सर्वोदयी विचारकों की विचारधारा में बहुत कुछ समानता है। सर्वोदयी विचारक भी राजनीति को समाज के सभी रोगों का मूल कारण मानते हुए राजनीति के स्थान पर लोकनीति को प्रतिष्ठित करना चाहते हैं, राजनीतिक-आर्थिक सत्ता का विकेंद्रीकरण करना चाहते हैं तथा गाँवों को स्वशासी और आत्मनिर्भर इकाइयाँ बनाना चाहते हैं। राय की लोकतांत्रिक व्यवस्था का चित्र भी ऐसा ही है। राय और सर्वोदयी विचारक, दोनों ही राजनीतिक दलों की व्यवस्था को समाप्त करने पर बल देते हैं। राय और सर्वोदयी विचारकों की योजना में मुख्य अंतर यही है कि राय स्वायत्तशासित ग्राम गणराज्य के स्थान पर जन समितियों को प्रतिष्ठित करना चाहते हैं।

5

भूमण्डलीकरण तथा सामाजिक आन्दोलन
Globalization and Social Movements

परिचय

भूमण्डलीकरण विश्व को एक गाँव की तरह समझता है। विश्व भर के अर्थशास्त्रियों, राजनीतिज्ञों, उद्योगपतियों द्वारा इस शब्द का प्रयोग अब प्रचुर मात्रा में किया जाता है। इसका प्रयोग लगभग समाज के हर क्षेत्र या प्रत्येक गतिविधि के घरेलू क्षेत्र से निकलकर वैश्विक क्षेत्र में प्रवेश की इच्छा को दर्शाने के लिए किया जाता है। भूमण्डलीकरण के आलोचक इसे एक ऐसी प्रक्रिया के रूप में देखते हैं जो धन और शक्ति संबंधी विषमताओं को बढ़ा सकती है। उनका मत है कि आर्थिक उदारीकरण दरअसल सभी विकासशील क्षेत्रों में संपन्नों और विपन्नों के बीच खाई को और चौड़ा कर रहा है। भूमण्डलीकरण की अवधारणा इस बात पर विश्वास करती है कि विश्व के लगभग सभी क्षेत्रों में वास्तविक, सामाजिक, आर्थिक, राजनीतिक और सांस्कृतिक बदलाव करके विश्व को अधिक सुंदर बनाया जा सकता है। वैश्वीकरण ने संचार क्रांति में अधिकांश सामाजिक आंदोलन को वैश्विक रूप प्रदान किया है तथा भारत में होने वाले सामाजिक आंदोलनों को दुनिया भर के लोगों का समर्थन भी मिलता है। कुल मिलाकर वैश्वीकरण ने सामाजिक आंदोलन को स्थानीय और राष्ट्रीय से वैश्वीकरण बनाने में मदद की है। इस अध्याय में हम भूमण्डलीकरण तथा सामाजिक आंदोलनों के बीच संबंध का अध्ययन करेंगे।

प्रश्न 1. भूमण्डलीकरण का अर्थ बताइए तथा सामाजिक आंदोलनों पर भूमण्डलीकरण के प्रभावों का परीक्षण कीजिए। [दिसम्बर–2008, प्र. सं.–4]

अथवा

भारतीय किसानों के ऊपर भूमण्डलीकरण के प्रभावों का आलोचनात्मक विश्लेषण कीजिए। [दिसम्बर–2009, प्र. सं.–2]

उत्तर– भूमण्डलीकरण का अर्थ–भूमण्डलीकरण का एक महत्त्वपूर्ण पहलू है– राज्य–प्रधान केंद्रीकृत एवं नियोजित आर्थिक विकास के स्थान पर बाजार–प्रधान उदारीकृत एवं भूमण्डलीकृत आर्थिक विकास। राज्य के साथ लोगों में अविश्वास प्रतीत होता है तथा उसे सभी बुराइयों के स्रोत के रूप में देखा जाता है, दूसरी ओर बाजार को सभी आर्थिक बुराइयों के रामबाण के रूप में प्रस्तुत किया जाता है। **द्रेज** एवं **सेन** का मत है कि बाजार का विस्तारण उन साधनों में एक है जो मानवीय क्षमताओं को बढ़ाने में मदद कर सकते हैं और भारत में विशेष क्षेत्री अभाव को दूर करने की आवश्यकता पड़ने पर वह अवसर को अनदेखा करने के लिए जिम्मेदार नहीं होगा। राज्य के प्रभाव एवं भूमिका में कमी आई है। भारत में भी राज्य–केंद्रित विकास दृष्टिकोण की तीखी आलोचना होने लगी है। विकास परियोजनाओं में राज्य और उसके अधिकारीतंत्र को सौंपी गई मुख्य भूमिका ने आम जनता और स्थानीय लोगों की समस्याएँ हल करने में उनकी भागीदारी को बाधित किया है। सूचना प्रौद्योगिकी के विस्तार के साथ–साथ अंतर्राष्ट्रीय पूँजी प्रवृत्ति भी राष्ट्र–राज्यों की सीमाओं एवं संप्रभुता के निर्मूल होने में परिणत हुई है। कदम खींचते राज्य द्वारा पैदा यह अभिशून्य भूमण्डलीकरण और सामाजिक आंदोलनों के बीच संवाद को आवश्यक बनाता है। सामाजिक आंदोलन एक संदेश स्पष्ट रूप से देने में सफल हुए हैं कि उनकी भागीदार का समर्थन न करने वाला कोई भी विकास प्रतिमान उन्हें स्वीकार्य नहीं होगा। भारत में भूमण्डलीकरण के विषय में शुरुआती संदेह और आशंकाएँ धुँधली पड़ गई लगती हैं। आज भूमण्डलीकरण के पक्ष में अधिक सर्वसम्मति दिखाई पड़ती है। **प्रणव वर्धन** के अनुसार यह सर्वसम्मति अटल और अनुत्क्रमणीय है। एक तिरस्कृत, अंतर्मुखी अर्थव्यवस्था आज के समय में कोई विकल्प प्रतीत नहीं होती। अपने बीच सहयोग एवं संचार–तंत्र के साथ सशक्त सामाजिक आंदोलन स्थानीय, राष्ट्रीय एवं वैश्विक स्तर पर इस उद्देश्य को लेकर एक लंबे रास्ते जा सकते हैं।

भूमण्डलीकरण के प्रभाव–वैश्वीकरण के समर्थकों का विचार है कि इसके द्वारा विश्व के समस्त देशों का विकास किया जा सकता है। अस्सी के दशक तक बहुत से विकासशील देश अंतर्मुखी विकास रणनीतियों का अनुपालन करते थे, राज्य के स्वामित्व वाले उद्योगों पर अत्यधिक विश्वास करते थे और उनकी अर्थव्यवस्थाएँ उच्च रूप से संरक्षित और नियंत्रित थीं। भारतीय अर्थव्यवस्था इस व्यापक प्रतिमान की कोई अपवाद नहीं थी। नब्बे के दशक में देखा गया कि इन देशों ने निजीकरण, उदारीकरण और विनियमन का मार्ग अपना लिया। भारत भी इन देशों में एक था। अंतर्राष्ट्रीय एवं राष्ट्रीय दोनों ही कारकों के संयोजन ने एक

नीति अपनाए जाने हेतु भारत के फैसले को प्रभावित किया जिसे 'नई आर्थिक नीति' के नाम से जाना गया। भारत के सामने विदेशी मुद्रा कोष पर्याप्त नहीं था। देश के पास इस संकट से उबरने के लिए ऋण माँगने, विश्व बैंक तथा अंतर्राष्ट्रीय मुद्रा कोष के पास जाने के सिवा कोई चारा न था। इन ऋणों को प्राप्त करने के लिए देश को स्थिरीकरण एवं संरचनात्मक समंजन कार्यक्रम के पैकेज पर राजी होना पड़ा। इस पैकेज ने भारत में आर्थिक उदारीकरण की प्रक्रिया को काफी जरूरी सहारा प्रदान किया। इसने सरकार के भीतर सुधारोन्मुखी अधिकारीतंत्र को अवसर प्रदान किया कि वे अपने दिल में लंबे समय से संजोयी कार्यसूची को क्रियान्वित करें। आसन्न वित्तीय शक्तिपात ने सरकारी स्तर पर सुधार हेतु संकल्प को मजबूत कर दिया। सुधारों वाली नीति के प्रति वैचारिक विरोध इस दौर में बेहद कमजोर दिखाई दिया। इंग्लैंड में मार्गरेट थैचर और अमेरिका में रोनाल्ड रीगन ने जो आर्थिक नीति घोषित की उसे 'राज्य को पीछे धकेलना' (रॉलिंग बैक ऑफ द स्टेट) कहा जाने लगा। एक तरीके से इसने कल्याणकारी राज्य वाले कीन्सवादी आर्थिक प्रतिमान की ह्यसोन्मुखी लोकप्रियता को व्यक्त किया। पूर्व सोवियत संघ के विघटन के रूप में समाजवादी प्रतिमान का पतन और उसके उत्तरवर्ती राज्यों द्वारा विकास का पूँजीवादी मार्ग अपनाए जाने तथा उसके कभी उपाश्रित रहे पूर्वी यूरोपीय राज्यों ने व्यापक राज्य नियंत्रण वाली विचारधारा हेतु वैचारिक अवलम्ब को निष्प्रभावी बना दिया। सुधारोपरांत काल में चीन की आर्थिक सफलता गाथा ने भी उदारीकरण हेतु भारत के संकल्प को मजबूत किया प्रतीत होता है।

चित्र 5.1 : भूमण्डलीकरण

जाँ द्रेज एवं **अमर्त्य सेन** का मत है कि इस दौर में सरकारी नीति अत्यधिक रूप से उत्पादन–विरोधी नियंत्रणों को हटाने से संबद्ध दिखाई पड़ती है। राज्य पहले भी सरकारी

गतिविधियों की उपेक्षा करता रहा है और अब भी ऐसा कर ही रहा है। **जोया हसन** का मत है कि आर्थिक उदारीकरण भौतिक अर्थ में इतर-विशेषाधिकारप्राप्त वर्ग के हितों को नुकसान पहुँचा सकता है; अतः वर्गों, जातियों, समुदायों, लिंगभेदों एवं क्षेत्रों के बीच अभाव एवं अन्याय की दरारों से पार पाने के लिए कल्पनातीत रणनीतियों की आवश्यकता है। कल्याणकारी लक्ष्यों हेतु राज्य की ओर से वचनबद्धता का अभाव और उपान्तिक वर्गों की दशा के प्रति असंवेदनशीलता देखी गई है। भूमण्डलीकरण-उपरांत दौर में राज्य की सामाजिक प्रतिबद्धता को फिर से अनुस्थापित करने एवं याद दिलाने हेतु सशक्त सामाजिक आंदोलन की आवश्यकता है।

भूमण्डलीकरण का भारतीय किसानों पर प्रभाव—भूमण्डलीकरण का भारतीय किसानों पर गंभीर प्रभाव पड़ा है। कुछ मामलों में भारतीय किसानों को लाभ हुआ, जबकि कुछ मामलों में भूमण्डलीकरण के कारण परेशानी का भी सामना करना पड़ा है। भूमण्डलीकरण के कारण 1991 के बाद भारत में चले आ रहे किसान नीतियों में व्यापक परिवर्तन करना पड़ा। किसानों की समस्या को लेकर विश्व व्यापार संगठन के सम्मेलनों में विकसित देशों और भारत समेत दुनिया के विकासशील देशों में व अविकसित देशों के मध्य अपने-अपने सदस्य देशों के कृषक हितों के लिए तनाव भी देखा गया और वर्तमान में भी वह तनाव देखने को मिलता है। भारत के किसान और कृषक नीतियों के समर्थक यह मानते हैं कि विश्व व्यापार संगठन के कृषि संबंधित नियम-कानून विकसित देशों के कृषकों को सुरक्षा प्रदान करते हैं, जबकि भारत के किसानों की दुर्दशा इससे बढ़ती जा रही है। भारत के किसान और विकसित देशों के किसानों की समस्याएँ भी अलग-अलग हैं। अतः अलग-अलग नीतियाँ बनाई जाएँ तो वह भारतीय किसानों के लिए ज्यादा हितकारी हैं।

सबसे कठिन समस्या किसानों को उर्वरकों और बीजों पर भारत सरकार द्वारा दी जाने वाली सब्सिडी को लेकर है। भारत सहित दुनिया के अधिकांश विकासशील व गरीब देश अपने किसानों की हालत को समझते हुए उर्वरकों और बीजों पर भारी सब्सिडी देते रहे हैं तथा भविष्य में देने की माँग करते आ रहे हैं। विकसित देश हमेशा से इसका विश्व व्यापार के सम्मेलनों में विरोध करते आ रहे हैं, जबकि वास्तव में विकसित देश अपने संपन्न किसानों को भारी सब्सिडी देते हैं। अतः यह कानून भारतीय किसानों के पक्ष में नहीं दिखता।

दूसरी समस्या पेटेन्ट को लेकर है। पेटेन्ट में यह कानून है कि किसान स्वतः संरक्षित बीजों का पेटेन्ट कराएँ तथा उन्हीं बीजों का प्रयोग करें। जबकि अमेरिका सहित दुनिया के अनेक विकसित देश भारत में उपजाए जाने वाले अनाजों का पेटेन्ट करा लेते हैं। जैसे-बासमती चावल का पेटेन्ट, हल्दी व नीम का पेटेन्ट आदि। साथ-ही-साथ अगर कोई बहुराष्ट्रीय कंपनी बीजों का पेटेन्ट करा लेती है तो प्रत्येक साल अपनी नई फसलों के लिए महँगा बीज खरीदना पड़ता है, जबकि पहले किसान पुराने बीज का ही प्रयोग कर लेते थे। साथ-ही-साथ घरेलू खाद्यान्न मूल्यों में लगातार वृद्धि होती जा रही है जिससे गरीबों को अनेक समस्याओं का

सामना करना पड़ता है। अतः कृषि क्षेत्र में डब्ल्यू.टी.ओ. की विषमताओं को लेकर किसान संगठनों व गैर सरकारी संगठनों द्वारा आंदोलन भी चलाए गए हैं।

लेकिन भारतीय किसानों को कुछ मामलों में भूमण्डलीकरण ने लाभ भी पहुँचाया है। संपन्न किसानों को इससे लाभ हुआ है, क्योंकि चीनी, चावल, खाद्य प्रसंस्करण, फूल खेती एवं बागवानी जैसे क्षेत्रों में भारी निवेश हुआ है। इस प्रकार किसानों को बहुधंधी बनाने में वैश्वीकरण ने मदद प्रदान की है। अब फूड प्रोसेसिंग और प्रोसेसिंग के द्वारा किसान अपने उत्पादों को लंबे समय तक बाजार में रख सकते हैं। कुल मिलाकर वैश्वीकरण ने किसानों की आमदनी बढ़ाने में सहायता की है, लेकिन भारत के संदर्भ में कटु सत्य यह है कि इन सबका लाभ बड़े किसानों या संपन्न किसानों को मिला है, जबकि वैश्वीकरण की मार से छोटे–मझोले किसानों को भारी नुकसान हुआ है। अतः भारत सरकार को छोटे–मझोले किसानों पर ध्यान रखने की जरूरत है।

प्रश्न 2. भारत में भूमण्डलीकरण एवं सामाजिक आंदोलनों का विस्तार से वर्णन कीजिए।

अथवा

भूमण्डलीकरण और मजदूर वर्ग आंदोलन के मध्य संबंध की चर्चा कीजिए।

[जून–2009, प्र.सं.–2]

अथवा

भारत में नारियों पर विश्वीकरण के प्रभाव की चर्चा करें।

[दिसम्बर–2010, प्र.सं.–3]

उत्तर– कृषक वर्ग पर वैश्वीकरण के प्रभाव–भूमण्डलीकरण के कारण भारत में पहले से चल रहे किसान नीतियों में व्यापक परिवर्तन करना पड़ा। भूमण्डलीकरण के भारतीय कृषि के लिए गंभीर परिणाम हो सकते हैं। भारत ने 1994 में मैराकस में शुल्क दर एवं व्यापार विषयक व्यापक सहमति (गैट) समझौते पर हस्ताक्षर किया और विश्व व्यापार संगठन (WTO) का अंग बन गया। गैट (GATT) समझौते के हिस्से के रूप में भारत समेत विकासशील देश इस बाध्यता के अधीन हैं कि आर्थिक परिदानों में कटौती लागू करें और उसे किसानों के मान उत्पादन के 10 प्रतिशत तक ही रखें। परंतु परिदानों में कटौती किसान समर्थक-वर्ग के कड़े विरोध के कारण व्यवहार्य नहीं लगती। भारत ने तीसरी दुनिया के अन्य देशों के साथ मिलकर उक्त संगठन पर भेदभावपूर्ण व्यवहार करने का आरोप लगाया है, क्योंकि विकसित देश परिदान देना खुद तो जारी रखे हुए हैं और विकासशील देशों पर लगातार दबाव डाल रहे हैं कि परिदान घटाएँ। किसानों के हित को प्रभावित करती गैट–संबंधी एक अन्य समस्या – कृषि में एकस्व अधिकार (पेटेंटिंग) का लागू होना। पेटेंटिंग के कारण एक किसान को स्वतः अनुमति नहीं है कि उन संरक्षित किस्मों के बीजों को प्रयोग करे जो उसने

अगली की बुवाई के लिए बचाए हों। उसे अपने द्वारा बचाए गए बीजों के प्रयोग हेतु हर्जाना भरना होगा या फिर प्रजनक की अनुमति लेनी होगी। चूँकि अधिकांश **पादप प्रजनक** बहुराष्ट्रीय निगम ही हैं और उनका मुख्य ध्येय लाभ कमाना है, किसानों के पास एकमात्र विकल्प बचता है कि बीजों को फिर से खरीदें। कर्नाटक में किसानों ने बहुराष्ट्रीय बीज कंपनी–कार–गिल सीड्स के फार्म पर हमला कर इस समझौते के खिलाफ अपना विरोध दर्ज किया। बीज कंपनियों के खिलाफ किसानों के विरोध–प्रदर्शन में गैर–सरकारी संगठन भी उनके साथ शामिल हो गए हैं।

कृषि–क्षेत्र को उदार बनाना और अधिक विवादास्पद लगता है। इस भय का एक मजबूत आधार है। खाद्यान्न के अंतर्राष्ट्रीय मूल्य घरेलू मूल्यों से कहीं अधिक हैं। खाद्यान्न मूल्यों में कोई भी बढ़ोतरी गरीबों की कमर तोड़कर रख देगी। ऐसा करना तात्कालिक सरकार को अत्यधिक अलोकप्रिय बना देगा और शासक दल के चुनावी भविष्य को गंभीर रूप से खतरे में डाल देगा। देश के पश्चिमी भाग में किसानों के एक प्रमुख नेता – शरद जोशी ने नए विकास का स्वागत किया है। वह उदारीकरण के दौर में किसानों के लिए अवसरों को अनुभव करते हैं। साथ ही, उत्तर में महेन्द्र सिंह टिकैत और दक्षिण में नांजुंडास्वामी कृषि क्षेत्र पर उदारीकरण के नकारात्मक परिणामों के प्रति आशंकित हैं। कृषि–क्षेत्र में आर्थिक सुधारों का कोई गंभीर विरोध नहीं हुआ है क्योंकि संपन्न किसानों को चीनी, चावल मिलों, खाद्य प्रसंस्करण, पुष्प कृषि एवं बागवानी जैसे कृषि–आधारित उद्योगों में नए निवेश अवसर मिल रहे हैं। नब्बे के दशक में भारत ने ताजे व प्रसंस्करित दोनों ही प्रकार के फलों एवं सब्जियों का निर्यात बढ़ाया। चूँकि चीन उक्त संगठन में शामिल हो गया है और भूमण्डलीकरण के साथ अपने संबंध गहरे कर रहा है, भारत के लिए सबसे बड़ा खतरा यह है कि वह उससे पिछड़ सकता है। इसका अर्थ होगा – भूमण्डलीकरण द्वारा प्रदान किए गए अवसरों को खो देना। कुछ लोगों का कहना है कि किसान आंदोलनों को भूमण्डलीकरण का विरोध नहीं करना चाहिए। यद्यपि यह सदा हितकारी होगा कि भूमण्डलीकरण के नकारी परिणामों के प्रति सावधान रहे; साथ ही भारतीय किसानों को यह भी सुनिश्चित करना चाहिए कि भूमण्डलीकरण द्वारा प्रदान किए गए अवसरों से उन्हें लाभ अवश्य पहुँचे।

श्रमिक वर्ग–भूमण्डलीकरण का भारतीय अकुशल, अशिक्षित, विशाल श्रमिकों पर भारी कहर बरपाया जाता था और इसी कारण श्रमिक आंदोलन के सामने कठोर चुनौतियाँ रखी गईं। भूमण्डलीकरण की कार्यसूची का एक अहम् भाग भारत में सार्वजनिक क्षेत्र की इकाइयों का निजीकरण करना रहा है, जिसका अर्थ है–बीमार एवं घाटे में चल रहे सार्वजनिक उद्योगों को बंद करना। कर्मचारियों के सामने छँटनी (retrenchment) का संभावित संकट आन खड़ा हुआ है। स्वैच्छिक सेवानिवृत्ति योजनाओं (वी.आर.एस) के उदाहरण सामने आते रहे हैं। कर्मचारियों का नैमित्तिकरण एवं अनुबंधीकरण भूमण्डलीकरण के अन्य अनुलग्नक रहे हैं। नियमित कर्मचारियों के स्थान पर अनुबंधित एवं अस्थायी श्रमिक रखने की प्रथा व्याप्त हो

भूमण्डलीकरण तथा सामाजिक आन्दोलन

चुकी है। कई लोगों का कहना है कि आर्थिक सुधारोपरांत काल एक रोजगार-रहित विकास का काल रहा है। स्थिरीकरण एवं संरचनात्मक समंजन कार्यक्रम के हिस्से के रूप में अनेक रिक्तियाँ घट गई हैं। अस्सी के दशक के मुकाबले नब्बे के दशक में संगठित क्षेत्र में कुल रोजगार वृद्धि दर में उल्लेखनीय गिरावट आई है। नई आर्थिक नीति के हिस्से के रूप में लघुकरण की नीति शुरू हो चुकी है। इसका अर्थ है—लागत घटाने हेतु उपरिव्ययों को कम करना।

औद्योगिक विवाद अधिनियम, 1947 छँटनी अथवा संवृत्ति (closure) का काम हाथ में लेने के उद्देश्य से कर्मचारियों पर तर्कसंगत प्रतिबंध लगाता है। उक्त अधिनियम यह शर्त रखता है कि छँटनी अथवा संवृत्ति के मामले में यूनियन को पहले से नोटिस देना होगा। ऐसी स्थिति में यूनियन और प्रबंधन को कर्मचारियों के रोजगार को बचाने हेतु तरीके और साधन अभिकल्प करने होते हैं। यह स्पष्ट है कि रोजगार सुरक्षा से संबंधित श्रमिक कानून आर्थिक युक्तियुक्तता के आधार पर बदले जा रहे हैं। पहले से ही यथावत् सुव्यवस्थित ढंग से पूर्ण विकसित सामाजिक सुरक्षा प्रणाली विद्यमान होने के कारण विकसित देशों में कर्मचारियों की संख्या घटाना (downsizing) अपेक्षाकृत कम तकलीफदेह है। यह बात दुर्भाग्यवश भारत जैसे विकासशील देशों के मामले में नहीं है। तथापि 1992 के आरंभ में बेरोजगार कर दिए श्रमिक बल को सामाजिक सुरक्षा जाल प्रदान करने के लिए एक राष्ट्रीय नवीकरण कोष बनाया गया था। उदारीकरण ने भी निजी क्षेत्र पर सरकारी नियंत्रण में ढील देने का मंतव्य रखा था जिसके परिणामस्वरूप पूँजी की तुलना में श्रम की सौदाकारी शक्ति घट गई है। राज्य विद्युत् बोर्डों, भारतीय पर्यटन विकास निगम के होटलों, राष्ट्रीयकृत बैंकों आदि में कर्मचारियों के हितों की रक्षा हेतु श्रमिक संघों द्वारा हड़तालें की गई हैं। नई आर्थिक नीति ने श्रमिक-वर्ग आंदोलन की कमजोरियों को उजागर किया है। श्रमिक-विरोधी सुधार नीतियों का प्रत्युत्तर प्रभावशाली नहीं हो सकता है क्योंकि श्रमिक संघ एक आपसी फूटवाला घर है। कुछ विद्वानों का मत है कि श्रमिक-वर्ग आंदोलन को निजीकरण का विरोध नहीं करना चाहिए, उन्हें श्रमिकों के हित-संरक्षण पर ध्यान देना चाहिए। आशुतोष वार्ष्णेय के दृष्टिकोण में वृहत्तर निजीकरण कार्यक्रमों को शुरू किया जाना अपेक्षाकृत आसान होगा यदि उसे वृहद स्तरीय छँटनी से अलग कर दिया जाए।

मध्यम वर्ग पर भूमण्डलीकरण का प्रभाव—नौकरी के मोर्चे पर यह समूची कथा इतनी निराशाजनक नहीं है क्योंकि भूमण्डलीकरण ने तमाम लोगों के लिए ढेरों अवसर भी प्रदान किए हैं। यह बात खासकर उन लोगों के विषय में सत्य है जिसके पास सुविख्यात आई.आई. टी. और आई.आई.एम. संस्थाओं की डिग्रियाँ हैं और जिनकी भारत और विश्व भर में भारी माँग है। इस प्रकार की अग्रणी संस्थाओं से छात्र अश्रुतपूर्व वेतन-पैकेट के साथ निकलते हैं। भारत आई.आई.टी. से स्नातकों के अतिरिक्त हर वर्ष 70,000 से भी अधिक कम्प्यूटर व्यवसायी मथ निकालता है। 1998-99 में भारतीय सॉफ्टवेयर उद्योग ने लगभग 1,60,000

व्यवसायियों को रोजगार दिया। इस संस्थान ने विश्वव्यापी ख्याति प्राप्त की है। यह कमाल भारत की अत्यंत कुशल तकनीकी जनशक्ति को ऊँचा उठा कर किया गया है। भारत सूचना प्रौद्योगिकी के क्षेत्र में विश्व में एक शक्तिशाली खिलाड़ी के रूप में उभरा है। सूचना प्रौद्योगिकी में भारत की उन्नति ने अनेक अमेरिकी और यूरोपीय कंपनियों को आकर्षित किया है कि अपने पार्श्व-कार्यालयी कारोबार बंगलौर, चेन्नई, पुणे व गुड़गाँव आदि में स्थापित करें। विदेशी कंपनियों के पार्श्व-कार्यालयी कार्यकलापों का स्थानांतरण अनेक कारणों से प्रभावित हुआ, जैसे—सस्ते श्रमिकों की प्रचुर आपूर्ति, सस्ता उपग्रह संचार तथा इंटरनेट की सुविधा। जबकि इस विकास ने भारत में अत्यधिक रोजगार अवसर पैदा किए हैं, विदेशी कंपनियों द्वारा इसे एक लागत-कटौती व्यवस्था के रूप में प्रयोग किया गया है। इन पार्श्व-कार्यालयी कार्यकलापों में बिल बनाने से लेकर वेतन-चिट्ठा सँभालने, वायुयान आरक्षण से लेकर ग्राहक-शिकायत प्रश्नोत्तरी तक के काम शामिल हैं। इन दोनों ही तरह की नौकरियों ने, चाहे सुप्रसिद्ध सूचना प्रौद्योगिकी क्षेत्र में हों, चाहे किसी कॉल सैन्टर में, उच्च मध्यवर्ग तथा शहरी पृष्ठभूमि से आने वाले छात्रों को ये नौकरियाँ मिलने की अधिक गुंजाइश होती है। सरकार की आरक्षण नीति सामाजिक न्याय की धारणा कायम रखने में लगी रही है। यह पाया गया कि आरक्षण के बिना अलाभांवित वर्ग से आने वाले लोग नौकरियाँ पाने में असमर्थ हैं। अभी तक निजी कंपनियों और बहुराष्ट्रीय निगम आरक्षण संबंधी को नियम नहीं मानते हैं। अलाभांवित वर्गों के कुछ प्रतिनिधि उदारीकरण को ऐसी कपटपूर्ण युक्ति के रूप में देखते हैं जो समाज के आलाभांवित स्तर को आरक्षण लाभ से वंचित करती है। कुछ लोगों का मत है कि निजी क्षेत्र में भी आरक्षण की माँग करने के अलावा अलाभांवित वर्ग के इस आंदोलन को सरकार पर इस बात के लिए दबाव डालना चाहिए कि वह सरकार-नियंत्रित संस्थाओं में शिक्षा की गुणवत्ता सुधारे। कारण, अलाभांवित वर्गों से लोगों के पास समाज के संपन्न वर्गों के लिए खुले आभिजात्य स्कूलों में ऊँचे दामों पर दी जाने वाली उत्कृष्ट शिक्षा प्रदान करने के साधन नहीं होते। अतः नई आर्थिक नीति के पदार्पण ने जनता के एक बड़े हिस्से को हाशिये पर धकेल दिया है, क्योंकि भूमण्डलीकरण द्वारा प्रस्तुत अवसरों से लाभ उठाने के लिए उनके पास आवश्यक कौशल नहीं है। भूमण्डलीकरण प्रक्रिया द्वारा प्रस्तुत अधिदान में उपान्तिक वर्ग को साझेदार बनाने के लिए उन्हें इस प्रकार के कौशलों को प्रदान किए जाने में भारी निवेश की आवश्यकता है कि वे समाज के विशेषाधिकारप्राप्त वर्ग से आने वाले उच्चाकांक्षियों से पिछड़ें न। **द्रेज** एवं **सेन** का मत है कि इस पद्धति में पीछे छोड़ दिए गए लोगों के लिए बुनियादी शिक्षा, स्वास्थ्य रक्षा एवं सामाजिक सुरक्षा के विस्तार किए जाने हेतु ध्यानपूर्वक माँग करने की दिशा में राजनीतिक सक्रियतावाद को सही रास्ते पर लाने के लिए यहाँ विशाल संभावना है।

महिलाओं पर भूमण्डलीकरण के प्रभाव—वैश्वीकरण के दौर में महिलाओं की स्थिति भी भारत में मिली-जुली थी। एक तरफ सूचना के परंपरागत साधनों ने इसे देवी के रूप में प्रस्तुत किया है। भारत की पहचान एक नारी के रूप में थी, उसका हनन नारी सशक्तीकरण

के रूप में किया जा रहा है। भूमण्डलीकरण को लाभ के लिए उत्पादन हेतु कटिबद्ध एक विचारधारा के रूप में देखा जा सकता है, जो कि महिलाओं, बस्तियों तथा उपांतिक समूहों व समुदायों की सापेक्ष अथवा निरपेक्ष वंचना की ओर प्रवृत्त करता है। प्रतिस्पर्धा और बाजार की तात्कालिक आवश्यकताओं की नीतियाँ लागू करने के लिए प्रयोग किया जाता है, जिसका उद्देश्य होता है जनसाधारण तथा भूमण्डल की कीमत पर लाभ कमाना। **एंजेला माइल्स** का मत है कि दुनिया भर में नारीवादी जन इस लाभ–आधारित बाजार व्यवस्था को अस्वीकार करने लगे हैं जो कि पूरी धरती के माल के निजी स्वामित्व हेतु बाध्य करती है और उन्हीं चीजों को मूल्यवान मानती है जो खरीदी जा सकती हैं और बाजार में लाभार्थ बेची जा सकती हैं। यह बाजार प्रकृति और नारी के काम को मूल्य नहीं देता। विकसित देशों में नारीवादी जन घरों में उनके द्वारा उत्पादित माल और सेवाओं के मूल्य को मान्यता दिए जाने के लिए लड़ रहे हैं। वे ऐसे कार्यों में पुरुषों की समान भागीदारी के लिए भी लड़ रहे हैं। उनकी माँग यह भी है कि बच्चों की देखभाल, स्वास्थ्य एवं शिक्षा–सेवाओं के रूप में महिलाओं द्वारा प्रदत्त सामाजिक समर्थन का मूल्य पहचाना जाए। उत्तरी व दक्षिणी दोनों देशों में सर्वनाशी विकास प्रक्रिया के चलते वे भरण–पोषण के पारंपरिक प्रतिमान एवं क्षमताओं को कायम रखने के लिए संघर्षरत हैं। भूमण्डलीकरण उसकी वाणिज्यीकरण हेतु वचनबद्धता, आधुनिकीकरण, निर्यातोन्मुखी विकास, निजी क्षेत्र पर बढ़ते विश्वास आदि की दृश्यघटना ने भारत में भी महिलाओं के आंदोलन पर प्रतिकूल प्रभाव डाला है। भूमण्डलीकरण के युग में संगठित क्षेत्र में महिलाओं के रोजगार में तेजी से गिरावट आई है। अनौपचारिक क्षेत्र के विस्तार ने महिलाओं को आरक्षित सेना की श्रेणी में ला खड़ा किया है। वे गरीबों की पंक्ति में आ गई हैं। गरीबी का यह बढ़ता स्त्रीकरण एक गहन चिंता का विषय है। वर्तमान में भी भारत में लगभग दो हजार साल पहले स्थापित पितृसत्तात्मक प्रतिमान अभी तक प्रचलन में हैं। संचार माध्यम और शिक्षा–प्रणाली आज की नारी को जन्मदायिनी और सती–सावित्री पत्नी के आदर्शों वाली स्त्री के रूप में पेश किया जाना जारी है। समाज में महिलाओं की गौण स्थिति सरसरी तौर पर इन बातों से संबलित होती है – लड़कियों के लिंग अनुपात में गिरावट, नारी–विरुद्ध सभी प्रकार की बढ़ती घरेलू हिंसा, दहेज–मृत्युओं में तेजी से उछाल और बढ़ते बलात्कार के मामले। **द्रेज** व **सेन** का कहना है कि अनेक भिन्न–भिन्न रूपों में दारूण लिंग भेद असमानताओं की स्थिति का बना रहना भारतीय अर्थव्यवस्था का एक सर्वाधिक ध्यानाकर्षक पहलू है और यह सत्ता, निर्णयन् एवं कल्याण में विषमताओं को जन्म देता है। उनका मत है कि भारतीय समाज में महिलाओं का अधीनतास्वीकरण व्याप्त वंचना को घटाने में उनकी प्रभाविता को कम करने की प्रवृत्ति रखता है। बुनियादी शिक्षा और आर्थिक स्वतंत्रता के रूप में महिलाओं का उद्धार अनेक सकारात्मक प्रभाव ला सकता है। केरल इस संबंध में एक ज्वलंत उदाहरण है। नारी–उद्धार का बच्चों की देखभाल पर सीधा प्रभाव पड़ता है और जनन दर पर सुस्पष्ट नियंत्रण लगता है। सामाजिक, राजनीतिक एवं आर्थिक जीवन में भागीदारी से महिलाओं की अस्तित्व समाप्ति

समग्र समाज को क्षति पहुँचाती है, न कि सिर्फ महिला वर्ग को। महिलाएँ बहुधा बुनियादी सामाजिक परिवर्तन हेतु माँग करने और काम करने में सक्रिय रही हैं। आमतौर पर सामाजिक आंदोलनों और खासतौर पर नारी आंदोलन को सरकार पर पर्याप्त दबाव डालना चाहिए ताकि नारी-उद्धार हेतु उचित नीतियाँ बनाई जा सकें और लागू की जा सकें।

प्रश्न 3. अगस्त क्रांति एवं शासन का दमन पर चर्चा कीजिए।

उत्तर— अगस्त क्रांति एवं शासन का दमन—कांग्रेस द्वारा संचालित पिछले दो आंदोलनों में कांग्रेस द्वारा आंदोलन प्रारंभ किए जाने के बाद ही ब्रिटिश सरकार ने दमन-चक्र प्रारंभ किया था, लेकिन इस बार आंदोलन और दमन-चक्र का क्रम विपरीत हो गया। गाँधीजी ने 'भारत छोड़ो प्रस्ताव' पारित करते हुए कहा था कि आंदोलन प्रारंभ करने से पूर्व वे एक बार वायसराय महोदय से बातचीत करेंगे लेकिन सरकार ने गाँधीजी को इस प्रकार की बातचीत का अवसर ही नहीं दिया। 9 अगस्त को प्रातः काल ही महात्मा गाँधी तथा कांग्रेस के अन्य नेता गिरफ्तार कर लिए गए। गाँधीजी तथा श्रीमती सरोजनी नायडू को पूना के आगाखां महल में बंदी बनाया गया और कांग्रेस कार्यसमिति के अन्य सदस्यों को अहमदनगर दुर्ग में बंदी बनाया गया। इसके उपरांत एक-दो दिन में ही प्रांतीय नेताओं को भी कारागार में डाल दिया गया। महात्मा गाँधी और कांग्रेस के दूसरे नेताओं को बंदी बनाने से पूर्व 8 अगस्त की रात्रि को शासन द्वारा एक विज्ञप्ति प्रसारित की गई, जिसमें कांग्रेस द्वारा अपनाए जाने वाले कार्यक्रम का उल्लेख था। शासन ने इस विज्ञप्ति को समाचार-पत्रों में प्रकाशित करते हुए कहा कि इस कार्यक्रम के कारण ही नेताओं को गिरफ्तार करने की आवश्यकता हुई। इस विज्ञप्ति के अनुसार रेल की पटरियों को तोड़ा जाना, टेलीफोन व टेलीग्राम के तारों को तोड़ा जाना कार्यक्रम का अंग था।

शासन द्वारा भारतीय नेताओं को कारावास में डाल दिए जाने से जनता आवाक्-सी रह गई। जनता शासन की नीति से ऊब तो पहले ही चुकी थी, मार्ग-निर्देशन के अभाव में जनता के इस विरोध ने व्यापक जन-विद्रोह का रूप धारण कर लिया, जनता ने सरकार की नीति का विरोध करने के अभिप्राय से जुलूस निकाले, सभाएँ कीं तथा हड़तालों का आयोजन किया। सरकार ने प्रदर्शनकर्त्ताओं के साथ कठोर व्यवहार किया और कहीं-कहीं तो गोलियों का प्रयोग भी किया गया। सरकार के दमन-चक्र के कारण शांतिपूर्ण ढंग से विरोध व्यक्त करने के सभी साधन बंद हो गए। जनता ने बाध्य होकर हिंसात्मक कार्य करने प्रारंभ किए। संचार साधन भंग कर दिए गए और रेलवे व पुलिस स्टेशन जला दिए गए। जमशेदपुर, मुंबई व अहमदाबाद के मजदूरों ने हड़तालें कीं और लगभग एक सप्ताह के लिए मुंबई, अहमदाबाद, दिल्ली, चेन्नई, बंगलौर व अमृतसर में सार्वजनिक जीवन बिल्कुल ठप्प हो गया। कई स्थानों पर ब्रिटिश शासन का बिल्कुल अंत हो गया और वहाँ समानांतर सरकारें स्थापित हो गईं। संयुक्त प्रांत में बलिया तथा बस्ती जिले में, मुंबई में सतारा में, बंगाल के मिदनापुर जिले में और

बिहार के अन्य भागों में ऐसा ही हुआ। उस समय की स्थिति को देखकर ऐसा प्रतीत होता था कि ब्रिटिश शासन का भारत से शीघ्र अंत हो जाएगा।" 1942 के भारत छोड़ो आंदोलन ने कितना उग्र रूप धारण कर लिया था इसका कुछ अनुमान उन आँकड़ों के द्वारा लगाया जा सकता है जो फरवरी 1943 में भारत सरकार के युद्ध सदस्य सर रैजीनाल्ड मैक्सवेल ने केंद्रीय विधानसभा में प्रस्तुत किए थे। इन आँकड़ों के अनुसार 1942 के आंदोलन में पुलिस और सेना द्वारा 538 बार गोलियाँ चलाई गईं जिसके परिणामस्वरूप 940 व्यक्ति मारे गए और 1,360 घायल हुए। 60,229 व्यक्तियों को गिरफ्तार किया गया। 220 के लगभग रेलवे स्टेशन नष्ट कर दिए गए, 550 के लगभग डाकखानों पर हमला हुआ जिनमें से 50 बिल्कुल जला डाले गए और 200 को भारी नुकसान पहुँचा। 3,500 स्थानों पर तार और टेलीफोन की लाइनों को काटा गया। 70 थाने और अन्य 85 सरकारी भवनों को जलाकर धराशायी कर दिया गया।"

शासन द्वारा सर्वत्र आंदोलन का बहुत अधिक कठोरतापूर्वक दमन किया गया। **माइकेल ब्रेचर** के शब्दों में, "संक्षेप में, सर्वत्र सरकारी दमन बहुत अधिक कठोर था। 1857 के बाद भारत में ब्रिटिश राज्य के विरुद्ध सबसे बड़े विद्रोह का सामना करने के लिए पुलिस राज्य स्थापित किया गया।" इस प्रकार के अमानवीय दमन ने खुले विद्रोह को दबाने में सफलता प्राप्त की, लेकिन आंदोलन भूमिगत हो गया और जयप्रकाश नारायण, डॉ. राम मनोहर लोहिया, अरूणा आसफअली और अच्युत पटवर्धन जैसे समाजवादी नेताओं द्वारा इसका संचालन किया जाने लगा।

'गुल्लीबाबा' नाम क्यों?

'गुल्लीबाबा' दो महत्त्वपूर्ण शब्दों के मेल से बना है – 'गुल्ली' तथा 'बाबा'। 'गुल्ली' शब्द प्राचीन भारतीय खेल गुल्ली-डंडा से आया है। यह खेल 'एकाग्रता' तथा 'फिटनेस' का एक अच्छा प्रतीक है। 'बाबा' शब्द 'आदर' और 'सम्मान' को बताता है।

'एकाग्रता', 'फिटनेस' और 'दूसरों के प्रति सम्मान' जीवन में सफलता की ऊँचाइयों को छूने के लिए आवश्यक हैं। अतः शिक्षा के क्षेत्र में अच्छी उपलब्धि प्राप्त कराने तथा सबको आदर और सम्मान देने के लिए ही 'गुल्लीबाबा' नाम रखा गया है।

और अधिक जानकारी के लिए देखें:

GullyBaba.com/why-name-gullybaba.html

6

राज्य, बाजार और सामाजिक आन्दोलन
State, Market and Social Movements

परिचय

समाज एवं अर्थव्यवस्था में आ रहे परिवर्तन ने विभिन्न देशों में सामूहिक कार्यवाही के आधार पर कार्य करने वाले सामाजिक समूहों की संख्या में इजाफा किया है। उनका उदय भूमण्डलीकरण के इस नए समय में राज्य एवं बाजार की परिवर्तित होती हुई स्थितियों के साथ हुआ है। इस घटना क्रम ने राज्य बाजार और सामाजिक आंदोलनों के बीच संबंधों के विषय शैक्षिक एवं राजनैतिक क्षेत्र में बहस को भी बढ़ावा दिया है। इन्होंने राज्य और समाज की प्रकृति एवं भूमिकाओं में एक परिवर्तन विषयक बहस को भी जन्म दिया है। राज्य, बाजार और सामाजिक आंदोलनों के बीच संबंध शिक्षा संबंधी बातचीत में बहुचर्चित मुद्दों में गिने जाते हैं। भारतीय राज्य की प्रकृति, स्वायत्तता एवं क्षमता को समझने के लिए दो दृष्टिकोण अपनाए गए हैं। पहला, मार्क्सवादी और दूसरा गैर–मार्क्सवादी। शिक्षाविद् तथा साम्यवादी दल मार्क्सवादी दृष्टिकोण का प्रतिनिधित्व करते हैं तथा विकासवादी, आधुनिकतावादी गैर–मार्क्सवादी दृष्टिकोण का समर्थन करते हैं। मार्क्सवादियों ने भारतीय राज्य को दूसरे वर्ग संरचना के आधार पर समझने का प्रयास किया है जबकि गैर–मार्क्सवादी राज्य की सक्षमता पर सवाल उठाते हैं। मार्क्सवादी नियोजित अर्थव्यवस्था तथा राज्य की प्रभावी भूमिका की प्रशंसा करते हैं। प्रस्तुत अध्याय में हम जनसमुदायों की सामूहिक कार्यवाहियों तथा सामाजिक आंदोलनों का अध्ययन करेंगे।

प्रश्न 1. स्वतंत्रता पश्चात् भारत में राज्य की प्रकृति का वर्णन करें?

[जून–2010, प्र. सं.–4]

उत्तर— बाजार एवं सामाजिक आंदोलनों से राज्य में संबंध को समझने के लिए स्वातंत्र्योत्तर भारत को दो चरणों में बाँटा जा सकता है। वे हैं— 'नब्बे के दशक' और 'नब्बे के दशकोत्तर के चरण', उदारीकरण के वर्तमान स्वरूप से पहले का दौर और उसका सम्पाती दौर। इस प्रकार का सीमांकन उनके बीच संबंध को समझने में मददगार होगा, खासकर इसलिए कि राज्य और बाजार की तुलनात्मक कमजोरी, शक्ति, प्रासंगिकता अथवा अप्रासंगिकता विषयक मुद्दा उदारीकरण के नए दौर के आगमन के साथ ही अधिक प्रभावशाली हो गया है, यथा 'सत्तर के दशक से।' नब्बे के दशक–पूर्व चरण को और भी उपविभाजित किया जा सकता है, यथा विकास के 'पचास के दशक' एवं साठ के दशक–मध्य वाले नेहरू–महालैनोबिज मॉडल द्वारा पहचानप्राप्त राज्य के प्रभुत्व अथवा स्वायत्तता वाले युग और 'साठ के दशकांत एवं अस्सी के दशक के बीच का दौर।' स्वतंत्रता–पश्चात् प्रथम दो दशकों के दौरान राज्य को स्वातंत्र्योत्तर विकास प्रतिमान में एक प्रमुख स्थान दिया गया। राष्ट्रीय और अंतर्राष्ट्रीय परिस्थितियाँ जो उस समय विद्यमान थीं, ने ही राज्य को ऐसी स्थिति से समझौता करने को मजबूर कर दिया। देश का भारत और पाकिस्तान में विभाजन, तदोपरांत सांप्रदायिक दंगे, विभाजन–उपरांत शरणार्थियों का अंतर्वाह, भारतीय संघ में 565 राजसी राज्यों का विलय, विश्व का दो वैचारिक रूप से भिन्न गुटों में बँट जाना – अमेरिका और रूस, जिन्हें शीतयुद्ध में लिप्त माना जाता था, आदि ही वो परिस्थितियाँ थीं जिन्होंने राष्ट्रीय नेतृत्व को प्रेरित किया कि ऐसा विकास प्रतिमान अपनाया जाए कि जिसमें राज्य को एक प्रमुख स्थान मिले। तत्कालीन प्रधानमंत्री जवाहरलाल नेहरू और विकास–अर्थशास्त्री पी.सी. महालैनोबिस की पहलकारी पर आधारित यह प्रतिमान जो राज्य को प्रमुखता देता था, विकास का नेहरू–महालैनोबिस मॉडल कहलाया। इसने विविध क्षेत्रीय, आर्थिक, सांस्कृतिक व धार्मिक समूहों की एकता को दर्शाते हुए भारत को एक सशक्त **"राष्ट्र–राज्य"** बनाने का प्रयास किया। बाजार से अपेक्षा की गई कि अपने अस्तित्व के लिए वह राज्य पर निर्भर करे, उसे नियम–पाबंदियों के अधीन होना पड़ा और लाइसेंसों के माध्यम से राज्य की अनुमति अनिवार्य हो गई। इस मॉडल ने कल्पना की कि वह देश को समग्र विकास की ओर ले जाएगा, सामाजिक मतभेदों – जाति, धर्म, भाषा, प्रजाति, क्षेत्र और आर्थिक विषमता पर आधारित भेदभाव और पदानुक्रम को समाप्त करेगा (आर्थिक विकास का संवर्धन करेगा, गरीबी हटाएगा, आदि)। समष्टि अर्थशास्त्र में इसने कृषि अथवा ग्रामीण क्षेत्र की बजाय उद्योग को प्राथमिकता दी। तथापि, राज्य ने अनेक ऐसे कदम उठाए जिन्होंने विभिन्न वर्गों एवं समूहों को प्रभावित किया, इन समूहों ने आने वाले दशकों में सामूहिक कार्यवाहियों में भाग लिया। विभिन्न राज्यों में सरकार द्वारा ग्रामीण क्षेत्रों में भूमि–सुधार – जमींदारी प्रथा का उन्मूलन और किसानों को जमीन का मालिक बनाना, कृषि विस्तार योजनाएँ, सामुदायिक विकास कार्यक्रम आदि अनेक

कल्याणकारी कदम उठाए गए। यद्यपि ये योजनाएँ पूरी तरह सफल नहीं रहीं, उन्होंने विभिन्न रूप से उनकी दशाओं को सुधारा जरूर। ग्रामीण अर्थव्यवस्था में राज्य का सबसे सशक्त और प्रभावशाली हस्तक्षेप 'साठ के दशक में देश के चुनिंदा क्षेत्रों में हरित क्रांति, एच.वाई.वी. (बीजों की उच्च-उत्पादन किस्में), उर्वरकों व निवेशों, बीजों, मशीनीकरण आदि के माध्यम से रहा।

'साठ के दशकांत से लेकर' अस्सी के दशक की अवधि में सरकारी तंत्र का निःसंस्थानीकरण तथा वैयक्तिकरण देखा गया, विशेषतः इंदिरा गाँधी के शासनकाल में। कुछ रुकावट के साथ यह दौर अस्सी के दशक तक चला। इसमें शामिल रहे—आपातकाल की अवधि, केंद्र में चार से भी अधिक वर्षों तक विभिन्न गैर-कांग्रेस राजनीतिक संगठनों द्वारा शासन, यथा—जनता पार्टी, जनता दल सरकार और चरण सिंह व चंद्रशेखर के नेतृत्व वाली सरकारें। राज्य संस्था का पतन जो इंदिरा गाँधी के शासन काल में शुरू हुआ बाद के शासन कालों में भी जारी रहा।

नब्बे के दशक से उदारीकरण के दौर में, राज्य प्राधिकार में गिरावट देखी गई जो कि 1991 में नरसिम्हा राव सरकार द्वारा शुरू किए गए सैप (संरचनात्मक समंजन कार्यक्रम – SAP) के लागू होने के बाद आई। इस दौर की पहचान रही—बाजार शक्तियों, नागरिक समाज संगठनों का समांतर उदय जिन्होंने राज्य के एकाधिकार को क्षति पहुँचाई है।

प्रश्न 2. भारतीय राज्य पर टिप्पणियों की चर्चा कीजिए।

[दिसम्बर-2008, प्र. सं.-7]

उत्तर— भारतीय राज्य की प्रकृति, स्वायत्तता एवं क्षमता को समझने के लिए दो दृष्टिकोण अपनाए गए हैं—मार्क्सवादी और गैर-मार्क्सवादी। परवर्ती को फिर से उपविभाजित किया जा सकता है, यथा—विकास/आधुनिकीकरण/व्यवस्थित और नव-उदारवादी पहलू। मार्क्सवादी पहलू शिक्षाशास्त्रियों और विभिन्न साम्यवादी दलों द्वारा अपनाया जाता है। गैर-मार्क्सवादी पहलू में आते हैं—विकासवादी/आधुनिकतावादी/व्यवहारवादी, यथा रजनी कोठारी व मोरिस जॉन्स, एल.आई. रुडोल्फ व एस.एच. रुडोल्फ तथा नव-उदारवादी, यथा पी.एन. भगवती, श्रीनिवासन, पदमा देसाई, वी.के. रामास्वामी व बी.आर. शिनॉय। विकासवादी शिक्षाशास्त्री राज्य के स्थान पर राजनीतिक व्यवस्था शब्द प्रयोग करते हैं। वैसे अपनी बाद की पुस्तकों में रजनी कोठारी ने राज्य का ही प्रयोग किया, न कि राजनीतिक व्यवस्था का। जबकि मार्क्सवादी भारतीय राज्य को एक धनी वर्गों यथा जमींदार वर्ग, बुर्जुआ वर्ग/सामंती वर्ग एवं विदेशी बहुराष्ट्रीय कंपनियों का प्रतिनिधि मानते हैं, नव-उदारवादी जन इसे अक्षम पाते हैं। मार्क्सवादियों का जोर इसके वर्ग अभिलक्षण को समझने पर है। नव-उदारवादी राज्य को अक्षम/नौकरशाही परस्त/शासनोन्मुखी पाते हैं जो पूर्व-1991 चरण (वर्तमान उदारीकरण का दौर) में विकास और प्रगति के लिए अहितकर रहा। भारतीय राज्य संबंधी उनकी आलोचना उसके दो अभिलक्षणों पर ध्यान केंद्रित करती है – विकास नियोजन एवं राज्य हस्तक्षेप। राज्य के नवोदारवादी आलोचकों के अनुसार, भारतीय राज्य स्वातंत्र्योत्तर काल में

अपने अस्तित्व के रहते न तो विकास लाने में समर्थ रहा है और न ही गरीबी हटाने में। पूर्व–उदारीकरण अवस्था (पूर्व–1991) को भगवती जैसे नवोदारवादियों द्वारा 'धीमी विकास दर व प्रतिव्यक्ति आय' के रूप में देखा गया और भारत की अपनी निजी आकांक्षाओं के संबंध में उसके 'कमजोर कार्यनिष्पादन' के रूप में। नव–उदारवादियों ने भारत के कार्यनिष्पादन को पूर्व एशियाई देशों के कार्यनिष्पादन के मुकाबले निकृष्ट आँका। उनका कहना है कि भारत का कार्यनिष्पादन पूर्व चरण के मुकाबले उदारीकरण–उपरांत काल में सुधरा। ऐसा एक तो उस सुस्पष्ट भूमिका के कारण हुआ है जो कि बाजार निभाने आया है, दूसरे राज्य के प्रभुत्व में कमी के कारण। तथापि, उनमें से कुछ का मानना है कि राज्य हस्तक्षेप परंपरागत कृषि कायापलट में सफल रहा है। परंतु साठ व सत्तर के दशकों में भारतीय उद्योग में स्थिरता रही। मार्क्सवादी विद्वान नियोजन, राज्य हस्तक्षेप और पूर्व–उदारीकरण काल में राज्य के निराशाजनक कार्यनिष्पादन संबंधी नव–उदारवादी आलोचना को विश्वासोत्पादक नहीं मानते हैं। वे नव–उदारवादियों के तर्कों का हर दृष्टिकोण से खंडन करते हैं। मार्क्सवादी पहलू के प्रतिनिधि हैं—टी.जे. बायर्स, प्रभात पटनायक आदि। **दीपक नय्यर** का कहना है कि भगवती जैसे नवोदारवादियों के तर्क के विपरीत, उदारवादी चरण से पूर्व, यानी सत्तर के दशकोत्तर और अस्सी के दशक में उद्योग का पुनरुथान हुआ। मार्क्सवादी, तथापि नियोजित अर्थव्यवस्था और नेहरू–महालैनोबिस मॉडल की आलोचना करने के लिए अपने ही तर्क देते हैं। नव–उदारवादियों से भिन्न, वे नियोजन और राज्य हस्तक्षेप के योगदान को अनदेखा नहीं करते, वे नियोजन और हस्तक्षेपवादी राज्य को पूर्ण रूप से खारिज नहीं करते जो कि "एक अप्रशमित आर्थिक विपत्ति" ("an unmitigated economic disaster") के लिए जिम्मेदार है। उदारीकरण गरीबी को कम नहीं कर पाया है, बल्कि उसने इसे बढ़ाया ही है। **टी.जे. बायर्स** के अनुसार नवोदारवादियों से भिन्न जो पूर्व–1991 युग में जनसाधारण की आर्थिक दशाओं में कोई सुधार नहीं पाते, कहते हैं कि एक ऐसा भी काल था जिसमें आर्थिक विकास और गरीबी की घटनाएँ देखी गईं, यथा सत्तर का दशक–मध्य और अस्सी का दशक। उदारीकरण के दौर में विकास नियोजन को उनके द्वारा अब भी प्रासंगिक माना जाता है।

तथापि, स्थूल रूप से गैर–मार्क्सवादी पहलू अपनाते हुए, **एल.आई. रुडोल्फ** और **एस. एच. रुडोल्फ** अपनी पुस्तक *इन परस्युट ऑफ लक्ष्मी : द पॅलिटिकॅल इकॉन्मी ऑफ दि इण्डियन स्टेट* में भारतीय राज्य को भारतीय राजनीति के संदर्भ में दर्शाते हैं। उनका तर्क है कि भारत में राजनीति कोई वर्ग–राजनीति (class politics) नहीं है; यह केंद्रवादी राजनीति (centrist politics) है। राज्य निजी पूँजी और संगठित क्षेत्र के बीच तीसरे कारक के रूप में स्वीकृत किया जाता है। चूँकि संगठित श्रमिक असंगठित श्रमिकों की तुलना में श्रमिक जनसंख्या का बहुत छोटा अनुपात ही बनाते हैं, भारत में वर्ग–राजनीति का अभाव है। यही केंद्रवादी राजनीति है। एक तीसरे कारक के रूप में, राज्य श्रमिक और पूँजी के बीच एक स्वायत्त निकाय के रूप में समझौता करता है। रुडोल्फ–रुडोल्फ यह भी दर्शाते हैं कि भारतीय

राज्य ने "समाजवादी राज्य" के रूप में सार्वजनिक क्षेत्र और राज्य नियोजन के अनुशीलन में "समाजवाद" का आह्वान किया। बायर्स इसे "खोखला राजनीतिक शब्दाडम्बर" की संज्ञा देते हैं। रुडोल्फ–रुडोल्फ के अनुसार, राज्य दो प्रकार की राजनीति से जुड़ा है – माँग राजनीति (demand politics) और आदेश राजनीति (command politics)। पूर्ववर्ती में, माँग समूहों को नेतृत्व, विचारधारा और सामूहिक कल्याण की अभिव्यक्ति की आवश्यकता पड़ती है ताकि वे सामूहिक कार्यवाही में भाग ले सकें। इन्हीं सामूहिक कार्यवाहियों को सामाजिक आंदोलन कहा है। दूसरी ओर, आदेश राजनीति में, राज्य एक तीसरे कारण के रूप में "न सिर्फ व्यवस्था, न्याय व सुरक्षा प्रदान करता है, सामाजिक हित और लाभों में वृद्धि करता है और सामाजिक व्यय घटाता व हटाता है, अपितु नानाविध कूटनीतिक अखाड़ों एवं ऐतिहासिक प्रसंगों में स्वयं–निर्धारक बनाने के लिए यथेष्ठ संसाधनों को सीधे–सीधे प्रयोग करने की स्थिति में भी होता है।"

उन विद्वानों ने जिन्होंने विकास/आधुनिकीकरण दृष्टिकोण अपनाया, विभिन्न देशों, खासकर अनौपनिवेशीकृत/विकासशील/तीसरी दुनिया के देशों की राज्य–व्यवस्था के अध्ययनार्थ राज्य की अवधारणा का प्रयोग नहीं किया। उन्होंने विद्यमान व्यवस्था की संस्थाओं एवं प्रक्रियाओं को समझने का प्रयास किया। इन विद्वानों का मुख्य तर्क यह था कि राजनीतिक व्यवस्था के विभिन्न घटक एक दूसरे के साथ संघर्ष एवं समंजन करते हैं और इस प्रक्रिया में उक्त व्यवस्था लचीली बनी रहती है और स्वयं को कायम रखती है। राजनीतिक आभिजात्यों को राजनीति में परिसीमित करने और तदनुसार आम जनता की उपेक्षा करने के लिए इस प्रकार की आलोचना की गई है। इसके अलावा, इसने राजनीति को उसकी ऐतिहासिक विरासत और साम्राज्यवादी ताकतों से जोड़ने के प्रयास नहीं किए।

प्रश्न 3. राज्य, बाजार और सामाजिक आंदोलनों का एक–दूसरे से संबंध आप कैसे स्थापित करते हैं? स्पष्ट करें।

उत्तर– स्वतंत्रता के बाद पहले 20 सालों तक राज्य समस्त जनकल्याण संबंधी कार्यों में प्रमुख भूमिका में था। विकास के नेहरू–महालैनोबिस मॉडल ने भी राजा की सशक्त भूमिका पर बल देते हुए देश के सर्वांगीण विकास का लक्ष्य अपने सामने रखा। राज्य को प्रमुख भूमिका में बनाए रखने में बहुत सारे राष्ट्रीय एवं अंतर्राष्ट्रीय कारण थे।

बाजार अपनी सारी गतिविधियों के लिए राज्य पर निर्भर था। कायदे–कानूनों के दायरे में रहकर कार्य करने की थोड़ी–बहुत स्वतंत्रता बाजार को प्राप्त थी। कुल मिलाकर बाजार व्यवस्था राज्य व्यवस्था की अपेक्षा कमजोर स्थिति में थी। नीति–निर्माण तथा नीति प्रतिपादन में बाजार की कोई हिस्सेदारी नहीं थी।

भारत जब आजाद हुआ, तब भारत को आजादी के साथ–साथ ढेर सारी समस्याएँ भी विरासत में मिली। इन समस्याओं में कुछ तो बाहरी थीं और बहुत सारी आंतरिक स्थिति से

संबंधित थीं। इन समस्याओं के समाधान की जिम्मेदारी राज्य को उठानी थी। आजादी के साथ ही देश का बँटवारा हुआ। इस विभाजन के उपरांत बहुत सारे शरणार्थियों का भारत आना, हिन्दू–मुस्लिम दंगे, भारतीय राजवाड़ों का विलय तथा घोर गरीबी तथा अशिक्षा जैसी समस्याओं से राज्य को सफलतापूर्वक निबटना था।

विकास और समस्याओं के समाधान का जो रास्ता अपनाया गया उसे सफलता जरूर मिली, लेकिन राज्य जन आकांक्षाओं और आवश्यकताओं पर खरा नहीं उतर पा रहा था। इन हालातों ने व्यापक रूप से जन असंतोष को बढ़ावा दिया।

विद्वानों और राजनीतिज्ञों के एक वर्ग ने राज्य की सक्षमता पर सवाल उठाना शुरू कर दिया। इनका तर्क था कि राज्य अकेले इतने सारे कामों को सफलतापूर्वक करने में सक्षम नहीं है। राज्य के एक सशक्त विकल्प के रूप में बाजार को समर्थन दिया गया। बाजार व्यवस्था को जगह देने के लिए व्यापक रूप से आर्थिक सुधार लागू किए गए। अब बाजार ने वह सब कुछ करने की जिम्मेदारी उठाई जिसे करने में राज्य पूरी तरह सफल नहीं हो सका।

अब राज्य पहले के मुकाबले ज्यादा कमजोर हुआ तथा बाजार राज्य के मुकाबले ज्यादा अच्छी स्थिति में आ गया। जनकल्याण कार्यों के कर्त्ताधर्ता के रूप में राज्य की भूमिका सीमित होने लगी। शीत युद्ध के बाद तथा खासतौर से समाजवादी खेमे के पतन के बाद बड़े पैमाने पर बुद्धिजीवियों, गैर–सरकारी संगठनों तथा स्वैच्छिक संगठनों का उदय हुआ जिसने राज्य की प्रमुख भूमिका वाली स्थिति को और चोट पहुँचाई। धीरे–धीरे जनकल्याणकर्त्ता के रूप में इन संगठनों का महत्त्व विश्व–स्तर पर बढ़ने लगा। राज्य के अलावा अब बाजार तथा गैर–सरकारी एवं स्वैच्छिक संगठन भी जनकल्याण से संबंधित कार्यों के कर्त्ताधर्त्ता बन गए। सामाजिक आंदोलनों के उदय के संबंध में विद्वानों में बहुत मतभेद हैं। विद्वानों के एक वर्ग का मानना है कि सामाजिक आंदोलनों की शुरुआत भूमण्डलीकरण के बाद सामने आए पहचान आंदोलनों के साथ हुई। इस तर्क में दम नहीं है, क्योंकि भूमण्डलीकरण की शुरुआत से पहले भी सामूहिक कार्यवाही वाले आंदोलन हमें देखने को मिलते हैं। इस तरह से यह बात सच नहीं है कि भूमण्डलीकरण के बाद सामाजिक आंदोलनों का उदय हुआ। हाँ इतना अवश्य है कि भूमण्डलीकरण के बाद इन आंदोलनकारी संगठनों में वृद्धि हुई है।

संविधान के प्रारंभ के बाद से ही विकास एवं राष्ट्र–निर्माण आदि पर जनता ने सवालिया निशान लगाने शुरू कर दिए। व्यापक रूप से प्रजातीय, भाषाई, जातीय और वर्गीय आंदोलन उठ खड़े हुए। आम जनता की आकांक्षाओं और आवश्यकताओं को पूरा कर पाने में राज्य सफल न हो सका। राज्य की संस्थाओं में जनता को प्रतिनिधित्व नहीं मिल सका। राज्य द्वारा जन आकांक्षाओं को पूरा न कर पाने के बाद बाजार ने वह सब कुछ करने की जिम्मेदारी ली जिसे राज्य नहीं कर सका, पर बाजार भी जनआकांक्षाओं पर खरा न उतर सका तथा वह सब कुछ देने में असफल रहा जो देने का उसने वादा किया था। परिणामस्वरूप जनता में धीरे–धीरे असंतोष की भावना घर करने लगी। भ्रष्टाचार तथा राजनीतिक संस्थाओं के

व्यक्तिगत दुरुपयोग ने स्थिति को सामाजिक आंदोलनों के और भी अनुकूल माहौल उपलब्ध कराया। गुजरात में नव–निर्माण आंदोलन तथा जय प्रकाश नारायण के संपूर्ण क्रांति जैसे जनआंदोलन सामने आए। विपक्षी तथा गैर कांग्रेसी दलों ने इन जनआंदोलनों को संगठित किया और आगे बढ़ाया। 60 के दशक तक जनआंदोलनों का संघटन राजनैतिक दलों द्वारा किया जाता था। सत्तर के दशक में इन जनआंदोलनों को संचालित करने में सामाजिक समूहों गैर–पार्टी अथवा अराजनैतिक दलों की प्रमुख भूमिका रही।

गेल अमवेट ने इन आंदोलनों को नए सामाजिक आंदोलन कहा, क्योंकि पहले के आंदोलनों और इन आंदोलनों में बहुत अंतर था। नए आंदोलनों में कुछ ऐसी विशेषताएँ थीं जो पुराने आंदोलनों से इनको अलग करती थीं। नए आंदोलनों द्वारा उठाए गए मुद्दे राज्य और बाजार दोनों से संबंधित थे, जबकि पुराने आंदोलनों द्वारा उठाए गए मुद्दे खासतौर से राज्य से संबंधित हुआ करते थे, क्योंकि राज्य से ही इन सामाजिक समूहों की उपेक्षा करके इनको जनआंदोलनों के रास्ते पर धकेलने का दोषी था। चूँकि बाजार भी जन आकांक्षाओं पर खरा नहीं उतर सका, इसलिए नए सामाजिक आंदोलनों के मुद्दे बाजार से संबंधित थे। बाजार से संबंधित माँगों में मुख्य रूप से कृषि उपज का लाभकारी मूल्य तथा सस्ती कृषि लागत जैसे मुद्दे शामिल थे।

टाम ब्रॉस जैसे विद्वानों का मानना है कि इन माँगों को पहले भी उठाया जाता रहा है इनमें कुछ भी नया नहीं है। शीतल पेय बनाने वाली बहुराष्ट्रीय कंपनियों द्वारा जल जैसे बहुमूल्य प्राकृतिक संसाधन के चोरी के खिलाफ राजस्थान तथा केरल में आंदोलन उठ खड़े हुए। बाजारवादी नीतियों के कार्य रूप देने के सिलसिले में सार्वजनिक क्षेत्र के उपक्रमों का बड़े पैमाने पर निजीकरण किया गया। जिसके कारण वे उपक्रम निजी हाथों में चले गए तथा उन उपक्रमों में काम करने वाले लाखों श्रमिक बेरोजगार हो गए। बहुत सारे उपक्रमों में प्रत्यक्ष विदेशी निवेश बढ़ाने के लिए सरकार ने अपनी हिस्सेदारी को बेच दिया, जिससे बड़े पैमाने पर कर्मचारियों की छँटनी हुई। इन सब कारणों ने श्रमिकों तथा सरकारी कर्मचारियों के बीच असंतोष को जन्म दिया। ये असंतोष आगे चलकर जनआंदोलन में बदल गए।

भूमण्डलीकरण के बाद निजीकरण द्वारा सार्वजनिक उपक्रम में सरकारी नौकरियों में कमी कर दी गई। इसके प्रति दलित संगठनों ने चिंता व्यक्त की, क्योंकि उन आरक्षित सीटों की संख्या कम हो गई जो दलितों के लिए आरक्षित थीं। इससे संविधान द्वारा प्रस्तावित सामाजिक न्याय के उद्देश्य को चोट पहुँची। दलितों ने तर्क दिया कि चूँकि सरकारी क्षेत्र में आरक्षित सीटों की संख्या कम हो गई है, इसलिए हमें निजी क्षेत्र में भी आरक्षण मिलना चाहिए। दलित संगठनों की इन माँगों का औद्योगिक संगठनों ने विरोध किया। इन आंदोलनों के साथ ही औद्योगीकरण के परिणामस्वरूप पर्यावरण को हो रहे नुकसान की चिंता करने वाले पर्यावरणवादी आंदोलन भी सामने आए।

इस प्रकार हम देखते हैं कि राज्य की अक्षमता ने बाजार को तथा राज्य एवं बाजार दोनों की सम्मिलित असफलता ने सामाजिक आंदोलनों के लिए अनुकूल वातावरण पैदा किया। इन तीनों ही कारकों के क्रिया–प्रतिक्रिया के द्वारा राज्य व्यवस्था निरंतर गतिशील बनी हुई है। राज्य और बाजार दोनों अपने–अपने क्षेत्रों में विकास कार्यों में लगे हुए हैं तथा साथ ही ये आंदोलन राज्य और बाजार का ध्यान उपेक्षित वर्ग की दशाओं की तरफ मोड़ने में सफल रहे।

प्रश्न 4. विश्वीकरण के दौर में बाजार की बदलती हुई स्थिति का वर्णन करें।
[दिसम्बर–2010, प्र. सं.–4]

उत्तर– भारत में स्वतंत्रता प्राप्ति के बाद बाजार की स्थिति सदा एक समान नहीं थी। अपने प्रारंभिक समय से लेकर अब तक बाजार की शक्ति एवं सामर्थ्य में क्रांतिकारी परिवर्तन आते जा रहे थे। उदारीकरण के शुरू होने से पहले के समय में राज्य सर्वशक्तिमान था। नियम–कानून के निर्माण में राज्य की प्रमुख भूमिका थी। बाजार की स्थिति राज्य के मुकाबले दूसरे दर्जे की थी। बाजार अपने क्रियाकलाप के लिए लाइसेंस एवं इंस्पेक्टर राज जैसे आधारों पर निर्भर था। सामाजिक कल्याण के लिए उठाए गए कदमों में भी बाजार की भूमिका नहीं के बराबर थी। बाजार की अपनी कमजोर स्थिति तो थी ही, साथ–ही–साथ उसके सामने अनेक बाधाएँ भी थीं जैसे–भ्रष्टाचार, पारदर्शिता का अभाव, अफसरों की लेट–लतीफी आदि जिससे बाजार स्वतंत्रतापूर्वक कार्य नहीं कर सकता था।

राजनीतिज्ञों के एक वर्ग ने सभी क्षेत्रों में राज्य की प्रमुख भूमिका को चुनौती दी तथा राज्य के एक सक्षम विकल्प के रूप में बाजार व्यवस्था की वकालत की। उस समय पूरी दुनिया में यह आम धारणा बन गई थी कि बाजार व्यवस्था राज्य की अपेक्षा लोगों के जीवन–स्तर को ऊँचा उठाकर विकास करने में ज्यादा सक्षम और समर्थ है। बाजारवादी नीतियों का प्रसार करने में अंतर्राष्ट्रीय मुद्रा कोष और विश्व बैंक जैसी संस्थाओं की भूमिका बहुत महत्त्वपूर्ण थी। नव उदारवादी नीतियों का तर्क यह था कि बाजारवादी रास्ते पर चलकर विकासशील देश अपनी समस्याओं का समाधान अच्छे तरीके से कर सकेंगे।

इन नीतियों के समर्थकों का कहना था कि यदि विकासशील देशों में राज्य अपनी भूमिका को सीमित कर ले अथवा अपने कार्यक्षेत्र का विस्तार कम कर ले तो आर्थिक सुधारों को बढ़ावा मिल सकता है। इन्हीं आर्थिक सुधारों को हम भूमण्डलीकरण अथवा संरचनात्मक समायोजन के नाम से जानते हैं। इन सुधारों के द्वारा बाजार को बढ़ावा दिया गया जो विकासशील देशों में सफल रहा।

विकासशील देश अनेक आंतरिक समस्याओं से जूझ रहे थे। शासन का संकट तो था ही, हिंसा, भ्रष्टाचार, पारदर्शिता का अभाव तथा वित्तीय स्थिरता और असुरक्षा की समस्या भी बड़ी विकट थी। ये सारी समस्याएँ भारत के साथ भी संबंधित थीं। 1980 के दशक में भारतीय अर्थव्यवस्था संकट में आ गई। यह संकट भुगतान शेष के असंतुलन के कारण सामने आई।

इस समस्या का समाधान अंतर्राष्ट्रीय ऋणदाता संस्थाओं से ऋण लेकर ही किया जा सकता था, परंतु इसके साथ समस्या यह थी कि ये संस्थाएँ ऋण देने के बदले अपनी कुछ शर्तें मानने के लिए दबाव दे रही थीं। इन शर्तों को मानने के बाद ही ये ऋण देने के लिए तैयार होती। परिणामस्वरूप अर्थव्यवस्था को संकट से निकालने के लिए संस्थाओं की शर्तों को मानकर संरचनात्मक सुधारों को लागू करना पड़ा जिसे उदारीकरण, निजीकरण तथा भूमण्डलीकरण का नाम दिया गया।

1991 में पी.वी. नरसिम्हा राव की सरकार ने इन सुधारों को लागू किया तथा केंद्र तथा राज्य सरकारों ने इन नीतियों को व्यापक रूप से लागू किया। संरचनात्मक सुधारों के माध्यम से बाजारवादी नीतियों को आगे बढ़ाया गया। बाजार को जगह देने के लिए अर्थव्यवस्था के विभिन्न क्षेत्रों में व्यापक परिवर्तन किए गए। इन परिवर्तनों में अर्थव्यवस्था को अंतर्राष्ट्रीय व्यापार के लिए खुला छोड़ना, शुल्क एवं गैर–शुल्क बाधाओं को कम करना, लाइसेंस और इंस्पेक्टर राज को खत्म करना, निजी पूँजी को आगे बढ़ाकर सार्वजनिक क्षेत्र को हतोत्साहित करना तथा विदेशी पूँजी और बहुराष्ट्रीय कंपनियों को भारत में प्रवेश देने के लिए बाधाओं को दूर करना शामिल था।

इन सुधारों के बाद बाजार की शक्ति का विस्तार हुआ तथा बाजार ने अनेक कल्याणकारी कार्यों को पूरा करने की जिम्मेदारी अपने हाथ में ली। शिक्षा, स्वास्थ्य, आधारभूत ढाँचा तैयार करना आदि जैसे अनेक काम ऐसे थे जिन्हें बाजार को करना था।

बाजार शक्ति के समर्थकों का कहना है कि बाजार को विकास संबंधी कार्यों में सशक्त भूमिका देनी चाहिए, वहीं कुछ अन्य लोग इस बात पर बल देते हैं कि बाजार को अन्य संस्थाओं के साथ तालमेल बैठाकर कार्य करना चाहिए।

जिस तरह राज्य की सफलता एवं विफलता की चर्चा दो हिस्सों में बँटी हुई है उसी तरह बाजार का भी समर्थन और आलोचना हुई है। वामपंथी, स्वदेशी संगठन, पर्यावरणवादी और दलितों के संगठनों ने बाजार की कड़ी आलोचना की है।

स्वतंत्रता के बाद से लेकर 1990 तक राज्य प्रमुख भूमिका में था, लेकिन 90 के दशक के बाद राज्य के मुकाबले बाजार को प्रमुखता मिली। वर्तमान समय तक राज्य और बाजार दोनों की स्थितियों में काफी परिवर्तन आ चुका है। 1990 के बाद समाजवादी खेमे के पतन तथा बुद्धिजीवी नागरिक संगठनों, स्वैच्छिक संगठनों के सामने आने के बाद राज्य के कल्याणकारी भूमिका में कमी आई।

इन संगठनों का महत्त्व व्यापक रूप से बढ़ा है। राज्य एवं बाजार एक साथ एवं अलग–अलग भी जनकल्याणकारी कार्यों को पूरा करने में लगे हुए हैं। राज्य की प्रमुखता तथा बाजार की प्रमुखता जैसी बातों को पीछे रखकर अब राज्य और बाजार के तालमेल वाली भूमिका पर ज्यादा महत्त्व दिया जा रहा है। यह तर्क दिया जा रहा है कि राज्य और बाजार दोनों एक दूसरे के कार्यों में कम–से–कम हस्तक्षेप करें और अपनी–अपनी जिम्मेदारियों को प्रभावी तरीके से पूरा करें।

राज्य एवं बाजार दोनों की स्थितियों तथा संबंधों पर चर्चा के बाद हम इस निष्कर्ष पर पहुँचते हैं कि दोनों की स्थिति तथा संबंध सदा एक समान नहीं रहे। इनके आगे बढ़ने का रास्ता बड़ा उतार-चढ़ाव भरा है। एक समय था जब राज्य ही सर्वेसर्वा था और सारे कल्याणकारी कार्यों को पूरा करने की जिम्मेदारी राज्य पर ही थी। दूसरे दौर में आर्थिक सुधारों के बाद राज्य की अपेक्षा बाजार को सशक्त भूमिका और बड़ा कार्यक्षेत्र मिला। इसी समय नागरिक सामाजिक संगठन भी जनकल्याणकारी कार्यों में बढ़-चढ़कर भाग लेने लगा। वर्तमान स्थिति में जनहित के कार्यों को पूरा करने की जिम्मेदारी राज्य और बाजार संयुक्त रूप से तथा अलग-अलग भी निभा रहे हैं।

7

दलित आन्दोलन
Dalit Movement

परिचय

दलित आंदोलन का विकास इधर कुछ वर्षों में अत्यधिक तेजी से हुआ है। इस विकास का मुख्य कारण दलितों की चुनावी प्रक्रिया में राजनीतिक व सामाजिक भागीदारी रही है। दलित आंदोलन को हवा मुख्य रूप से बहुजन समाज पार्टी ने दी है। बहुजन समाज पार्टी के द्वारा दलितों को संगठित करना तथा उनके अधिकार की रक्षा करना आदि कार्यों को किया जा रहा है। दलित शब्द की उत्पत्ति मराठी शब्द से हुई है, जिसका अर्थ होता है 'धरती' या टूटे हुए 'खंड'। इस शब्द को महाराष्ट्र में 'दलित पैन्थर्स' द्वारा प्रयोग में लाया गया। समकालीन भारत में दलितों की लामबंदी और आंदोलनों का एक संक्षिप्त सर्वेक्षण यह दर्शाता है कि यद्यपि अखिल भारतीय स्तर पर दलितों का संगठन कार्य स्वतंत्रता से पूर्व ही अम्बेडकर के प्रयासों के साथ शुरू हो चुका था, जो कि गाँधी व कांग्रेस से मतभेद रखते थे, परंतु 1984 में बसपा के गठन पश्चात् उसके संगठन प्रयासों के साथ उसे गति मिली। इस अध्याय में आज के भारत में देश के अंदर दलित संगठन, अधिकार माँग एवं आंदोलन पर ध्यान केंद्रित किया गया है। यह अध्याय दलित–वर्ग का अर्थ और स्वतंत्रता पूर्व एवं पश्चात् काल में उनकी लामबंदी के विषय से संबंधित है।

प्रश्न 1. "दलित" का अर्थ स्पष्ट करें और उपनिवेश पूर्व काल में दलितों की लामबंदी पर चर्चा करें।

अथवा

स्वतंत्रोत्तर भारत में दलित राजनीतिक लामबंदी की प्रकृति का परीक्षण करें।

[जून–2009, प्र.सं.–3]

उत्तर– 'दलित' शब्द की परिभाषा के संबंध में विद्वानों में मतभेद है। दलित कविता संकलन 'दर्द के दस्तावेज' के संपादक **डॉ. एन. सिंह** की मान्यता है कि "दलित का अर्थ है–जिसका दलन, शोषण और उत्पीड़न किया गया हो। सामाजिक, आर्थिक और मानसिक धरातल पर संपूर्ण दलित साहित्य ऐसे ही उत्पीड़ित और शोषित लोगों की बेहतरी के लिए लिखा गया साहित्य है।" **डॉ भगवान दास कहार** की मान्यता है कि 'दलित' शब्द का प्रयोग मानवतावादी दृष्टिकोण से किया जाना चाहिए। उनके मतानुसार "दलित या शोषित वर्ग से तात्पर्य है एक ऐसे वर्ग, समूह या जातिविशेष का व्यक्ति अथवा वह जाति जिसके धन, संपत्ति, माल, अधिकार एवं श्रम आदि का हरण किसी अन्य सत्ता–शक्ति संपन्न वर्ग या जाति के द्वारा किया जाता हो।" यहाँ यह उल्लेखनीय है कि ब्रिटिश शासनकाल के दौरान आज का दलित वर्ग स्वयं को 'दलित' कहलाना पसंद नहीं करता था। डॉ. अम्बेडकर ने 1931 के गोलमेज सम्मेलन (Round Table Conference) के लिए तैयार किए गए प्रतिवेदन में कहा था कि "दलित वर्गों के लोगों को इस नाम पर सख्त आपत्ति है। इसलिए नए संविधान में हमें दलित वर्गों के बजाय गैरसवर्ण हिन्दू या 'प्रोटेस्टेंट हिन्दू' या 'शास्त्रबाह्य हिन्दू' जैसा कोई नाम दिया जाए।" दलित वर्गों की इस आपत्ति को ध्यान में रखते हुए ही गाँधीजी ने 'हरिजन' शब्द का उपयोग किया, जिसे गिने–चुने गाँधी विरोधियों के अलावा पूरे समाज ने तुरंत अपना लिया। दलित या हरिजन वर्ग की व्याख्या की कसौटी 'अस्पृश्यता' (छुआछूत) को माना गया और डॉ. अम्बेडकर इस समस्या का संबंध सिर्फ हिन्दू समाज से जोड़ते थे। "अंग्रेज समझते थे कि 'अस्पृश्यता' के आधार पर जो भी विभाजन रेखा खींची जाएगी वह कृत्रिम और विवादास्पद होगी। इसलिए उन्होंने 1936 में 'अनुसूचित जातियाँ' जैसा विचित्र नाम देकर एक ढीली–ढाली विभाजन रेखा खींच दी, जिसे सूची में परिवर्तन के द्वारा आगे–पीछे खिसकाया जा सके।" जो समाज पहले 'दलित' कहलाना पसंद नहीं करता था, आज उसी को आग्रहपूर्वक इसी नाम से संबोधित किया जा रहा है और विडम्बना यह है कि अम्बेडकरवादी विचार ही उनकी एकमात्र प्रेरणा है।

दलित मुख्य रूप से केवल अनुसूचित जातियों का संदर्भ प्रस्तुत करते हैं, यथा वे जातियाँ जो हिन्दू वर्ण व्यवस्था में वर्ण–व्यवस्था से बाहर थीं और उन्हें 'अवर्ण' अथवा अस्पृश्य अतिशूद्रों के रूप में जाना जाता था। उन्हें अशुद्ध माना जाता था और जाति पदानुक्रम में रखा जाता था जिसने असमानता को जिंदा रखा। कुछ ऐसे भी हैं जो अनुसूचित जातियों, अनुसूचित जनजातियों, अन्य–पिछड़े वर्गों तथा अन्य धर्मान्तरित अल्पसंख्यकों तक को इस वर्ग में

शामिल करते हैं। दलित भारत की जनसंख्या के 15 प्रतिशत हैं और आर्थिक एवं सामाजिक रूप में भारतीय समाज के निम्नतर श्रेणियों से ताल्लुक रखते हैं। 1991 की जनगणना के अनुसार उनकी संख्या 13.8 करोड़ थी, यथा कुल संख्या 15.8 प्रतिशत। 2001 की जनगणना के अनुसार वे 1,666 करोड़ से भी अधिक, यथा समग्र जनसंख्या के लगभग 16.2 प्रतिशत हैं। वे पूरे देश भर में फैले हैं, तथापि उत्तर प्रदेश, पंजाब, बिहार, पश्चिम बंगाल, तमिलनाडु, आंध्र प्रदेश, राजस्थान, उड़ीसा व महाराष्ट्र जैसे कुछ राज्यों में वे अधिक संघनित हैं। उनकी आबादी तमाम संसदीय एवं विधानसभा चुनाव क्षेत्रों में फैली हुई है, परंतु समस्त देशों में ये निर्वाचकगण के लगभग एक–तिहाई हैं।

दलित न सिर्फ निम्न–जाति श्रेणी से भी ताल्लुक रखते हैं बल्कि वे भारतीय समाज के निम्न–वर्ग श्रेणी से भी ताल्लुक रखते हैं। ग्रामीण अर्थव्यवस्था में वे मुख्य रूप से गरीब किसान, बँटाई–मजदूर तथा कृषि–श्रमिक होते हैं। शहरी अर्थव्यवस्था में वे मूल रूप से श्रमजीवी जनसंख्या के अधिकांश का निर्माण करते हैं। अनेक अध्ययन दर्शाते हैं कि समग्र देश में दलितों की दशा गत वर्षों में कोई महत्त्वपूर्ण रूप से नहीं बदली, भारत में राज्य ने यद्यपि गरीबोन्मुख नीतियों का परिपालन किया था, जो कि गरीबों की दशा सुधारने पर अभिलक्षित थीं जिनमें एक बड़ा भाग दलित ही थे। **मेण्डलसोन** एवं **विक्जियानी** का कहना है कि "स्वतंत्र्योत्तर शासन–प्रणाली समाज शोषित वर्ग के लोगों के पक्ष में संसाधनों के योजनाबद्ध पुनर्वितरण को लागू करने में विफल रही है और वह गरीबों को बुनियादी जरूरतों (स्वास्थ्य शिक्षा एवं सामान्य कल्याण) की आपूर्ति संबंधी किसी सुसंगत, यद्यपि इतर–क्रांतिक रणनीति के परिपालन में भी विफल रही है।"

रक्षात्मक भेदभाव नीति के परिणामस्वरूप दलितों के बीच एक अभिजात वर्ग (मुख्य रूप से मध्य वर्ग) का उदय हुआ है और ये आभिजात्य ही हैं जो सरकारी नीतियों के मुख्य लाभग्राही हैं। जैसा कि **डी.एल. शेठ** ने लिखा है कि मध्य वर्ग जिसमें मुख्यतः उच्च जातियाँ ही आती थीं, अब निम्न जातियों अथवा दलितों का एक छोटा वर्ग भी आता है। इन परिवर्तनों के परिणामस्वरूप समस्त दलित जनसंख्या को अब मोटे तौर से दो भागों में बाँट सकते हैं—वह वर्ग जिसमें लोग अभी तक वैसे ही हैं; जैसे पहले और एक छोटा, संकुचित वर्ग जिसमें लोग अधिकांश दलित जनसंख्या की अपेक्षा अधिक खुशहाल हैं। इसको तथापि एक सकारात्मक परिवर्तन माना जा सकता है क्योंकि दलितों के बीच वो यही वर्ग है जिसमें शामिल लोग आज के भारत में अपने संगठन और अधिकार–माँग के लिए मुख्य रूप से उत्तरदायी हैं। एक अन्य परिवर्तन भी देखा जा सकता है और जो कि उस जातीय भेदभाव का दुराग्रही रूप है जिसको सदियों तक अपनाया जाता रहा किंतु वर्तमान भारत में व्यवहृत नहीं है।

दलितों की राजनीतिक लामबंदी

(1) स्वतंत्रतापूर्व काल—दलित हित के बारे में डॉ. भीमराव अम्बेडकर ने दलित हित की अभिव्यक्ति शुरू की। अम्बेडकर से पहले भारत के कुछ राज्यों में उनकी दशा में सुधार

लाने के लिए प्रयास होते रहे थे, उदाहरण के लिए, महाराष्ट्र में फुले द्वारा। परंतु यह राजनीतिक उद्देश्यों से दलितों की लामबंदी के बजाय सुधार की ओर प्रयास अधिक था। कहा जाता है कि दलित मुद्दों से जुड़े अनेक महत्त्वपूर्ण प्रश्नों पर कांग्रेस के साथ अम्बेडकर के मतभेद पैदा हो गए थे और 1919 से, स्वतंत्रतापूर्ण काल में साढ़े तीन दशक से भी अधिक, दलितों के कमोबेश वही एकमात्र प्रवक्ता एवं सर्वश्रेष्ठ अधिवक्ता रहे। यद्यपि कांग्रेस अस्पृश्यता निवारण की आवश्यकता पर बल देती थी, फिर भी उसने 1917 तक दलित वर्गों के हितों की रक्षा के लिए किसी भी माँग अथवा कार्यक्रम को अभिव्यक्ति प्रदान नहीं की। इसके विपरीत तीस के दशक में फुले और अम्बेडकर द्वारा दलितों को लामबंद किया गया कि जब तक जाति व्यवस्था समाप्त नहीं हो जाती, अस्पृश्यता की सामाजिक बुराई दूर नहीं हो सकती और यह तभी संभव है जब दलित-वर्ग सत्ता हासिल कर लेगा। अतः 1942 में अम्बेडकर ने अखिल भारतीय अनुसूचित जाति संघ (AISCF) की स्थापना की। इससे पूर्व भी उन्होंने कई संगठन बनाए थे जिनमें सबसे महत्त्वपूर्ण था – भारतीय लेबर पार्टी। यह दल इस अर्थ में एक भिन्न प्रकार का संगठन था कि इसका उद्देश्य और प्रयास भारतीय समाज के एक वृहत्तर भाग को संगठित करना था, न कि अनन्य रूप से दलितों को ही। उन्होंने इस संगठन का प्रयोग अधिक व्यापक श्रोता वर्ग से अपील करने के लिए किया, यथा उद्योग-कर्मी एवं कृषि-मजदूर। **डंकन** का कहना है कि उन्होंने इसका निर्माण संभवतः इसलिए किया कि वह स्वीकार करते थे कि अनुसूचित जाति से भी अधिक व्यापक समर्थनाधार आवश्यक है; अतः वह एक और वर्ग जैसी रणनीति में लग गए।

(2) स्वतंत्र्योत्तर काल—अखिल भारतीय अनुसूचित जाति संघ (AISCF) की स्थापना देश में दलितों की लामबंदी के इतिहास में एक बहुत महत्त्वपूर्ण घटना है, हालाँकि वह अधिक सफल नहीं रही और उसे 1946 के चुनावों में और फिर 1951 के चुनावों में हार का सामना करना पड़ा। इन उत्क्रमणों ने अम्बेडकर को यह विश्वास दिला दिया कि एक पृथक् राजनीतिक दल की आवश्यकता है जिसके पास एक अधिक व्यापक चुनावी रणनीति हो। 1956 में उनकी मृत्यु के बाद उक्त संघ को भंग कर दिया गया और 1957 में भारतीय रिपब्लिकन पार्टी (आर.पी.आई.) की स्थापना की गई। इस पार्टी ने जो इस तरह की पहली पार्टी थी, संविधान के मौलिक प्रावधानों को स्वीकार किया और अपने उद्देश्य की प्राप्ति के लिए संसदीय लोकतंत्र का माध्यम अपनाने की सौगंध ली। इसने लगभग दो दशकों तक कार्य किया और महाराष्ट्र राज्य में, कुछ हद तक उत्तर प्रदेश राज्य में भी, अपना आधार बनाने में सफल रही, तथापि परवर्ती में आर.पी.आई. चुनावी लिहाज से महाराष्ट्र की अपेक्षा अधिक सफल रही। यह पार्टी कुछ बड़े आंदोलनों को शुरू करने में सक्षम थी, उदाहरण के लिए, 1959 व 1964-65 में भूमि वितरण हेतु आंदोलन। आई.पी.आई. की राजनीति की छुट-पुट प्रकृति ही संभवतः मुख्य कारण था कि यह पार्टी अपना आधार कायम नहीं रख सकी और हमेशा उसे उस वक्त अपना समर्थनाधार खो जाने की समस्या का सामना करना पड़ता जब आंदोलन समाप्त होता।

साठ के दशक–मध्य तक उसने महाराष्ट्र और उत्तर प्रदेश राज्यों में अपने आपको स्थापित कर लिया। यही वो राज्य थे जिनमें उनकी सशक्त विद्यमानता थी। शीघ्र ही, बहरहाल, वह व्यापक रूप में कमजोर पड़ गई, कारण कांग्रेस के साथ जा मिले के मुद्दे पर आंतरिक मतभेद। पार्टी के भीतर नेताओं का एक वर्ग व्यवहारिक था और कांग्रेस के साथ हाथ मिलाने का इच्छुक था जबकि दूसरों का मत था कि कांग्रेस में शामिल होने से देश में अनुसूचित–जातियों के आंदोलन कमजोर पड़ जाएँगे। इस मुद्दे पर कुछ नेता पार्टी से टूटकर अलग हो गए और कांग्रेस में शामिल हो गए। पार्टी अनेक गुटों में बँट गई और वर्तमान में ये विभिन्न महाराष्ट्र की राजनीति में एक उपान्तिक भूमिका का निर्वाह करते हैं।

अम्बेडकर के उदात्त आदर्शों को कायम रखने और दलित युवाओं की आकांक्षाओं को पूरा करने संबंधी आर.पी.आई. की असफलता ने 1972 में बंबई में उन्हें 'दलित पैन्थर्स' के निर्माण की ओर प्रवृत्त किया। 'दलित पैन्थर्स' ने अपनी प्रेरणा अम्बेडकर और मार्क्स से प्राप्त की। उन्होंने अम्बेडकर के आदर्शों की रक्षा में विफल रहने और दुराग्रही दरारों व चुनावी विफलताओं के लिए आर.पी.आई. नेताओं की आलोचना की। उन्होंने अपने आपको आर.पी. आई. के विकल्प रूप में प्रस्तुत करने का प्रयास किया और शीघ्र ही दलित युवाओं व छात्रों का ध्यान आकृष्ट करने में सफल हुए। हालाँकि शुरुआत में उसे महाराष्ट्र राज्य में जीत का सुखद एहसास हुआ, फिर जल्द ही यह आंदोलन (संगठन) भी उन्हीं समस्याओं का शिकार हो गया जो आर.पी.आई. के सामने आई थीं। अनेक मुद्दों पर नेताओं के बीच आंतरिक विवादों के कारण, अपनी शुरुआत के कुछ ही वर्षों में यह आंदोलन ढेर हो गया।

दलित राजनीतिक दल, अम्बेडकर द्वारा गठित संघ समेत, अपने राजनीतिक उद्देश्यों में सफल नहीं हो सके या फिर आंशिक रूप से ही सफल रहे इसके पीछे अनेक कारण हैं। **डंकन** ने इन संघों के साथ तीन समस्याओं की पहचान की है, जो कि इस प्रकार हैं—**प्रथम,** इन दलों व संघ ने हमेशा 'जाति–विशेष' के समूहों के समर्थन पर ही भरोसा किया, न कि समस्त दलित–वर्ग पर' इन संगठनों ने मुख्य रूप से महाराष्ट्र में महारों और उत्तर भारत, खासकर उत्तर प्रदेश में चमारों (जाटवों) पर भरोसा किया। यही जातियाँ थीं जिन्होंने उक्त संगठनों की रीढ़ का निर्माण किया। परिणामतः अन्य दलित जातियों ने उपेक्षा महसूस की और संदेह किया कि ये दल उसी जाति–समूह की पार्टी स्वरूप है न कि उनकी अपनी पार्टी स्वरूप। **दूसरे,** डंकन के अनुसार, इस संगठन हेतु एक मुद्दा था – चुनावों के दौरान अपनी रणनीति के रूप मे अन्य राजनीतिक दलों का समर्थन करें अथवा नहीं? अम्बेडकर के इस संबंध में कोई स्पष्ट दिशा–निर्देश नहीं थे। अम्बेडकर से किसी स्पष्ट मार्गदर्शन के अभाव में, पार्टी नेतृत्व वैचारिक एवं रणनीतिक संघर्षों में ही फँसा रहा। जब कभी भी सवाल उठा, कुछ लोग कांग्रेस व अन्य दलों को समर्थन देने के पक्ष में खड़े हो जाते, जबकि दूसरों को यह लगता था कि कांग्रेस को समर्थन देना पार्टी के उद्देश्य एवं लक्ष्यों के तनूकरण की ओर प्रवृत्त करेगा। अकेले इसी प्रश्न पर आई.पी.आई. समेत अनेक दल विभाजित हो गए और इससे समस्त देश में यह आंदोलन

कमजोर पड़ गया। **तीसरे,** इन राजनीतिक दलों ने कोई आधुनिक संगठनात्मक प्राधार तैयार नहीं किया जिसको कि सुचारू बनाया जा सकता अथवा अंतर्दलीय संघर्षों को कम करने और संसक्ति लाने में मदद करने के उद्देश्य से प्रयोग किया जा सकता। इन सब बातों ने अम्बेडकरवादी दलों के पतन में शीघ्रता ला दी, जिनमें स्वयं अम्बेडकर द्वारा गठित पार्टियाँ भी थीं। अम्बेडकरवादी पार्टियाँ कांग्रेस पार्टी के वोट–बैंकों अथवा समर्थन आधार की काट करने में सक्षम नहीं थीं, जो कि एक बहुत महत्त्वपूर्ण बात थी। चूँकि यह एक भारतीय जनता के सभी वर्गों की राजनीतिक पार्टी थी, अतः निम्न–जाति जनसंख्या पार्टी के कार्यक्रमों और नीतियों को अपने लिए सुखद महसूस नहीं करते थे। कांग्रेस की कल्याणकारी नीतियों में सामान्य तौर पर देश में रहने वाले दलितों और विशेष रूप से उत्तर प्रदेश व महाराष्ट्र में रहने वाले दलितों से समर्थन माँगा गया था। हाल के वर्षों में दलित दलों का प्रसार तभी हुआ है जब कांग्रेस पार्टी उल्लेखनीय रूप से अवनत हो चुकी है और देश में अन्य राजनीतिक शक्तियों के लिए रिक्तता पैदा की है। अतः इस बात में कोई आश्चर्य नहीं कि बसपा ऐसे राज्य (उत्तर प्रदेश) में पनपी है जहाँ कांग्रेस का पतन भारत के किसी भी अन्य राज्य की अपेक्षा कहीं तेज गति से और संपूर्ण है।

प्रश्न 2. बहुजन समाज पार्टी के विकास, विचारधारा एवं सामाजिक आधार का आलोचनात्मक मूल्यांकन करें।

उत्तर– विकास–बहुजन समाज की स्थापना 14 अप्रैल 1984 को कांशीराम के द्वारा की गई थी। इस पार्टी का अधिकार मुख्य रूप से 'वामसेफ' में पाया जाता है–जोकि एक पिछड़ा एवं अल्पसंख्यक केंद्र–सरकार कर्मचारी संघ है। बैकवॉर्ड एण्ड माइनॉर्टी सेंट्रल एम्पालॉइज फेडरेशन (वामसेफ) का गठन 1978 में कांशीराम के द्वारा किया गया था। इसका गठन पंजाब में हुआ था, कालांतर में इसका विस्तार उत्तर प्रदेश में कर दिया गया। शुरू में वामसेफ ने आर.पी.आई. के क्रियाकलापों का समर्थन किया और अन्य पार्टियों के नेताओं का भरोसा जीतने का प्रयत्न किया। वामसेफ की दलितों को संगठित करने मे महत्त्वपूर्ण भूमिका रही। इसका उद्देश्य दलितों को एकजुट करना था।

बहुजन समाज पार्टी के गठन से पूर्व ही 1981 में दलित शोषित संघर्ष समाज समिति 'डी.एस–4' का गठन हो चुका था। कांशीराम ने दलित शोषित संघर्ष समाज समिति के माध्यम से दलितों को संगठित किया था। इसके पश्चात् उन्होंने बसपा के माध्यम से दलितों को संगठित करने का प्रयास किया। कांशीराम के प्रयास और मायावती के परिश्रम की बदौलत ही बसपा ने अपने विकास की प्रथम मंजिल उत्तर प्रदेश की सत्ता को प्राप्त करके पाया है।

विचारधारा एवं सामाजिक आधार का आलोचनात्मक मूल्यांकन–बसपा की विचारधारा को समझना काफी मुश्किल काम है, क्योंकि इसकी विचारधारा अस्पष्ट है और यह समय–समय पर बदलती रहती है। बसपा की मुख्य विचारधारा है जाति व्यवस्था को समाप्त करना, लेकिन

दलित आन्दोलन

यह पार्टी अपने को दलितों की पार्टी बताती है। इसके विचार से इसमें सिर्फ और सिर्फ दलित ही शामिल हो सकते हैं, लेकिन इधर के चुनावों में बसपा ने सवर्णों को भी शामिल किया है। यह प्रक्रिया बसपा के विचारधारा के ठीक विपरीत है। बहुजन समाज पार्टी के विचारधारा में आर्थिक मुद्दों का अभाव है। इस पार्टी का उद्देश्य ब्राह्मणवादी व्यवस्था का अंत करना तथा दलितों के लिए राजनीतिक सत्ता स्थापित करना है।

चित्र 7.1 : बहुजन समाज पार्टी

आज उत्तर प्रदेश में बसपा का शासन है। इसके मंत्रिमंडल में ब्राह्मणों का प्रभुत्व है। यहाँ पर भी यह पार्टी अपनी विचारधारा से दूर जाती प्रतीत हो रही है। **गेल ओमवेट** के अनुसार बसपा की विचारधारा में सबसे अधिक अनिश्चितता आर्थिक विषयों पर है। गेल ओमवेट का मानना है कि इस पार्टी के स्पष्ट सिद्धांत नहीं हैं। इस पार्टी के विचारों में भिन्नता के कारण ही हम देखते हैं कि इसके लगभग सभी आंदोलन जातिगत ही रहे हैं और वह आर्थिक विषयों के आस–पास नहीं है। बहुजन समाज पार्टी की विचारधारा मुख्य रूप से कांशीराम, फुले और पेरियार के विचारों से मेल खाती है। ये सभी ब्राह्मणवादी सामाजिक व्यवस्था के विरोधी रहे हैं।

कांशीराम के अनुसार आर्यों ने इस ब्राह्मणवादी सामाजिक व्यवस्था का निर्माण किया और यह व्यवस्था अन्यायपूर्ण है जिसको समाप्त करना है और यह तभी समाप्त होगा जब दलित सत्ता को प्राप्त कर लेंगे।

बसपा की विचारधारा में दलितों के कल्याण के लिए कार्यक्रम हैं, लेकिन देश की संपूर्ण जनता के लिए उसके पास कोई आर्थिक, सामाजिक, राजनीतिक कार्यक्रम नहीं है।

बसपा के सामाजिक आधार की चर्चा के अनुसार बहुजन समाज पार्टी एक सीमित सामाजिक आधार वाली पार्टी है। बसपा मुख्य रूप से अभी उत्तर भारत में ही पनपी एवं पसरी है। यह पार्टी दक्षिण भारत में अपनी जड़ों को मजबूत नहीं कर पाई है। बसपा चूँकि 85 प्रतिशत जनसंख्या की नेतृत्व करने की बात करती है, लेकिन अभी भी उत्तर भारत में हरिजनों एवं जाटवों की ही पार्टी है। बसपा पार्टी की रीढ़ मुख्य रूप से चमारों पर टिकी हुई है।

चूँकि उत्तर प्रदेश में चमार ही राजनीतिक दृष्टि से जातियों में सबसे आगे हैं। यही वह जाति है जिसने सरकार की नीतियों का लाभ उठाया है, इसलिए इसको बसपा की रीढ़ कहा जाता है। बसपा ने उत्तर प्रदेश में अन्य पार्टियों से भी गठजोड़ किया है, लेकिन यह क्रिया विफल रही। उत्तर प्रदेश में बसपा की मुख्य विरोधी पार्टियाँ हैं–समाजवादी पार्टी, भारतीय जनता पार्टी और कांग्रेस, लेकिन बसपा ने 2007 के चुनाव में अपने सामाजिक आधार को बढ़ाया तथा सत्ता को प्राप्त करने में भी कामयाब रही।

चूँकि बसपा पहले चमारों एवं जाटवों की ही राजनीति करती थी, इसलिए उसका आधार भी सीमित था। लेकिन 2007 के चुनाव में उसने ब्राह्मणों को भी अपनी पार्टी में शामिल कर लिया जिसके कारण उसके सामाजिक आधार में अचानक बढ़ोतरी हुई है।

इधर के वर्षों में बसपा ने अपने सामाजिक आधार को बढ़ाने के लिए तथा ब्राह्मणों को लुभाने के लिए कई कार्यक्रम चलाए हैं। बसपा अखिल भारतीय स्तर पर ब्राह्मणों को अपने पार्टी में शामिल कर रही है। इसके लिए जगह–जगह पर ब्राह्मण सम्मेलन का आयोजन भी किया जा रहा है। इससे स्पष्ट होता है कि बसपा का सामाजिक आधार बढ़ा है। बसपा को उत्तर प्रदेश विधानसभा चुनाव में जहाँ 1989 में 13 सीटें, 1993 में 66 सीटें, 1990 में भी 66 सीटें प्राप्त हुईं, वहीं 2007 के चुनाव में पूर्ण बहुमत में आ गई। इस आधार पर हम कह सकते हैं कि आज के समय में बहुजन समाज पार्टी के सामाजिक आधार में बढ़ोतरी हुई है।

प्रश्न 3. बसपा की क्या सीमाबद्धताएँ हैं? चर्चा करें।

उत्तर– बहुजन समाज पार्टी की राजनीतिक समस्याएँ काफी गंभीर है। यह समस्या R.P.I. तथा A.I.S.C.F. समेत दलितवादी संगठनों के सामने रही है। बहुजन समाज पार्टी एक नेता आधारित पार्टी है। उसके समक्ष खड़ी काफी गंभीर समस्याओं में एक है–विचारधारा संबंधी समस्या। यह लगता है कि बसपा के पास देश में रहने वाले दलितों के लिए तो कार्यक्रम है परंतु गरीबों के विशाल जनसमूह के लिए नहीं है, फिर भी वह बहुमत वर्ग अथवा बहुजन का प्रतिनिधित्व करने का दावा करती है। दूसरे, उसके वैचारिक कार्यक्रम में कोई आर्थिक कार्यक्रम शामिल नहीं है जो कि उसने सुलभ कराने का प्रयास किया हो। किसी आर्थिक पैकेज अथवा सूचीपत्र के अभाव में बसपा विचारधारा बहुत सीमित, सामाजिक न्याय तक ही सीमित अथवा प्रतिबंधित लगती है। इसी वजह से, जब कभी भी उत्तर प्रदेश राज्य में बसपा ने सत्ता प्राप्त की उसके लिए यह मुश्किल हो गया कि वह आर्थिक नीतियों को कैसे लागू अथवा निर्देशित करे। इस प्रकार बसपा की विचारधारा एक अनन्य विचारधारा बन गई है।

बसपा के साथ दूसरी समस्या जिस पर जगपाल सिंह व अन्य ने ध्यान दिया है, वो यह है कि यह पार्टी एक नेता–केंद्रित पार्टी है। यद्यपि इसके पास बहुत से नेता और कार्यकर्त्ता हैं, फिर भी हर अर्थ में यह अपने सुप्रॅमो (पार्टी प्रमुख) कांशीराम और कुछ हद तक मायावती के

नेतृत्व वाली पार्टी है हालाँकि हाल के दिनों में कांशीराम को एक तरफ बैठा दिया गया है। अनेक महत्त्वपूर्ण अवसरों पर इन दो महत्त्वपूर्ण नेताओं ने ही पूरी पार्टी को दर किनार कर अकेले फैसले लिए हैं। यह एक समस्या है, जैसा कि अम्बेडकर की मृत्यु के बाद बनी अम्बेडकरवादी पार्टियों के साथ एक आम समस्या। आर.पी.आई. व अन्य अम्बेडकरवादी पार्टियों के सामने भी इसी प्रकार की समस्याएँ आईं। यहाँ तक कि स्वयं अम्बेडकर का भी सुझाव किसी सशक्त संगठन अथवा किसी संगठित आंदोलन की ओर नहीं रहा। अम्बेडकर के जीवनी–लेखक ने लिखा है कि अम्बेडकर ने अपनी पार्टी को आधुनिक पद्धति से संगठित करने का प्रयास नहीं किया। वैयक्तिक संगठन में उन्हें कतई रुचि नहीं थी। संगठनों के कोई नियमित वार्षिक सम्मेलन अथवा आम सभाएँ नहीं होती थीं जिससे वह जुड़े हों। जहाँ और जब भी वह बैठे वही सम्मलेन स्थल और निर्णयन् समय हो गया।

अम्बेडकर से किसी स्पष्ट मार्गदर्शन के अभाव में सभी अम्बेडकरवादी राजनैतिक पार्टियों के सामने एक ही तरह की समस्याएँ होती थीं, बसपा भी इस संबंध में कोई अपवाद नहीं है।

बसपा के साथ एक अधिक गंभीर समस्या है—उसका सीमित सामाजिक आधार। बहुजन समाज के सभी दावों, कि बसपा भारतीय समाज की जनसंख्या के 85 प्रतिशत का प्रतिनिधित्व करेगी, के बावजूद सत्य यह है कि उत्तर भारत में वह अब भी एक चमारों/जाटवों की पार्टी है। चमार बसपा समर्थन की रीढ़ का निर्माण करते हैं। जैसा कि उत्तर प्रदेश में चमार अथवा जाटव ही राज्य में जातियों में राजनीतिक दृष्टि से सर्वाधिक जागरूक थे। यह जाति ही है जो केंद्रीय एवं राज्य सरकारों की आरक्षण नीति से लाभांवित हुई और यही वो श्रेणी है जो बसपा की रीढ़ का निर्माण करती है। यह बाल्मिकियों अथवा पासियों के हित का प्रतिनिधित्व करती है जो कि दलितों में सबसे गरीब है। परंतु यह दलितों के बीच अभिजात वर्ग का प्रतिनिधित्व करती है। उत्तर प्रदेश में उसने उम्मीद की थी कि उसका आकर्षण बढ़ेगा, यहाँ तक कि उसने एक सर्वमोहना (catchall) राजनीतिक दल बनने का भी प्रयास किया परंतु इस कोशिश में बुरी तरह से विफल रही। पार्टी के लिए उत्तर प्रदेश में प्रमुख प्रतिस्पर्धी हैं—समाजवादी पार्टी, भाजपा और कांग्रेस। इस प्रकार की स्थिति में यह बड़ा ही असंभव लगता है कि बसपा अपना मत अंश और सुधार सकेगी, हालाँकि सीटों के लिहाज से उसे कुछ और सीटें मिल सकती हैं, जैसा कि 2002 के चुनावों के दौरान एक विखण्डित दलीय प्रणाली में देखा गया जहाँ मुकाबला बड़ा ही बहुस्पर्धी होता है। उसका सामाजिक आधार विस्तार और भी असंभव है क्योंकि राज्य में बसपा सरकारों ने अपना जाति पूर्वाग्रह चमारों के पक्ष में ही दर्शाया है जिसने अन्य जातियों व अल्पसंख्यक समुदायों को उससे विमुख कर दिया। इसके अलावा, उत्तर प्रदेश से परे अन्य राज्यों में, खासकर पश्चिम, दक्षिणी राज्यों तथा पूर्व में, बसपा की कोई महत्त्वपूर्ण विद्यमानता नहीं है।

चौथे, चूँकि बसपा की मुख्य कार्यावली में सत्ता हथियाना ही है, इसने पार्टी को उत्तर प्रदेश में सत्ता पाने के लिए चलन से भिन्न रणनीतियाँ अपनाने की ओर प्रवृत्त किया। उसने

ऐसी पार्टियों से भी गठजोड़ किया जिनसे उसका रत्तीभर भी वैचारिक और कार्यपरक नाता नहीं था। उदाहरण के लिए, उसके तीन विभिन्न अवसरों पर भाजपा से गठजोड़, जिसमें 2002 के चुनावों के दौरान किया गया गठजोड़ भी शामिल है, ने पार्टी के आशान्वित उद्देश्य एवं प्रयोजन के विषय में काफी संदेह पैदा किए हैं। इसके दो भिन्न प्रकार के प्रभाव हुए। राजनीति के गलियारों में और निर्वाचक वर्ग की आँखों में बसपा की विश्वसनीयता गिर गई है। अक्सर ही उसे अवसरवादी पार्टी कहा गया जो अजनबी ताकतों से गठजोड़ करने को तैयार रहती है। इस प्रकार के अवसरवाद और उद्देश्य–अभाव ने गैर–दलितों के बड़े हिस्से के बीच विश्वसनीयता को क्षति पहुँचाई है; ये गैर–दलित बसपा द्वारा बहुजन की श्रेणी में रखे गए हैं। इन सीमाबद्धताओं के साथ बसपा को समुदाय के इन वर्गों के बीच अपना सामाजिक आधार बढ़ाना अत्यंत मुश्किल हो जाएगा। परंतु इन सीमाबद्धताओं के बावजूद हाल के वर्षों में खासकर नब्बे के दशक में, बसपा की प्रगति प्रभावशाली रही है।

प्रश्न 4. बहुजन समाज पार्टी के सर्वोच्च नेता कांशीराम के कार्यों का वर्णन कीजिए।

उत्तर– बहुजन समाज पार्टी के सर्वोच्च नेता कांशीराम–हरिजनों के शोषण और उनके दमन का अंत करने के लिए गाँधीजी ने यह चाहा कि गैर–हरिजनों के हृदय में दलितों के प्रति करुणा का भाव जगे। अम्बेडकर हरिजनों की शिक्षा और उससे उत्पन्न जागृति व संघर्ष–भावना पर ज्यादा जोर देते थे। विधानमंडल और सरकारी नौकरियों में हरिजनों के लिए आरक्षण व्यवस्था के जरिए वे उन्हें राजनीतिक व प्रशासनिक व्यवस्था में भागीदार बनाना चाहते थे। गाँधीजी और अम्बेडकर के प्रयास असफल रहे, ऐसा कहने का साहस हम नहीं करेंगे। लेकिन रिपब्लिकन पार्टी के बिखराव से दलित आंदोलन को एक जबर्दस्त झटका लगा। कांशीराम ने इसका लाभ उठाया और 1981 में उन्होंने दलित–शोषित समाज संघर्ष समिति (डी.एस.–4) बनाई। उन्होंने सारे भारत की साइकिल यात्रा शुरू की और उत्तर प्रदेश में शराब विरोधी आंदोलन भी चलाया। 1984 में बहुजन समाज पार्टी का गठन किया गया और उसी वर्ष लोकसभा चुनावों में इस पार्टी ने सारे भारत में दस लाख से ज्यादा वोटें बटोरी। बाद में पंजाब, मध्य प्रदेश और उत्तर प्रदेश में पार्टी को उल्लेखनीय सफलता मिली, जिसके कारण इन प्रदेशों में बसपा को राज्य स्तर की पार्टी के रूप में मान्यता मिल गई। कांशीराम ने 1987 में यह कहा कि भारत का दलित वर्ग सामाजिक, आर्थिक और शैक्षिक क्षेत्रों में असमानता का शिकार है। सभी राजनीतिक दल इस असमानता का पोषण करते हैं और इसे बनाए रखने के पक्षधर हैं। बहुजन समाज पार्टी का संदेश "जनता के लिए एक गहरी अपील है, क्योंकि हम इस व्यवस्था को नष्ट करने की बात कर रहे हैं।" बहुजन समाज पार्टी के अनुसार मनुस्मृति एक ऐसी पुस्तक है जिसमें जन्म के आधार पर विशेषाधिकार तथा सत्ता व ज्ञान के स्रोतों पर एक वर्ग विशेष के वर्चस्व की बात कही गई है। मनुवादी विचारधारा में ऊँची

जातियों द्वारा निचली जातियों के स्थायी रूप से सामाजिक तथा आर्थिक शोषण की व्यवस्था है। इसलिए मनुवाद और ब्राह्मणवाद का विरोध आवश्यक हो जाता है।

कांशीराम की राजनीति का उद्देश्य दलितों को इस रूप में शिखर पर लाना है कि सत्ता संचालन में उनकी भागीदारी अपरिहार्य हो जाए। सत्ता के लिए जोड़-तोड़, तालमेल और जातीय समीकरण बैठाने पड़ेंगे, जिसका कांशीराम ने समर्थन किया है। "कब मुलायम सिंह के साथ मिलकर चुनाव लड़ना है, कब उन्हें धता बताकर भाजपा के समर्थन से अपनी सरकार बना लेनी है, कब पंजाब में अकाली दल से चुनावी तालमेल करना है, कब भाजपा को सांप्रदायिक कहना है और कब नहीं कहना है, कब कांग्रेस के साथ गठबंधन करना है, यह तमाम रणनीति कांशीराम की रही है और इस रणनीति का उन्होंने समय-समय पर बहुत ही बुद्धिमता से उपयोग किया है।" 1997 में बसपा को राष्ट्रीय पार्टी के रूप में मान्यता मिल गई। 1998 में वाजपेयी सरकार के पतन के बाद **कांशीराम** ने यह कहा, "यदि जल्दी-जल्दी चुनाव हों तो हम तेजी से आगे बढ़ सकते हैं। मैं पिछले 10 वर्षों से कमजोर सरकारों के लिए संघर्ष कर रहा हूँ।" 1999 में बसपा के सांसदों की संख्या बढ़कर 14 हो गई।

 # WE'D LOVE IT IF YOU'D LIKE US!
/gphbooks

We're now on Facebook!
Like our page to stay on top of the useful, greatest headlines & exciting rewards.

Our other awesome Social Handles:

gphbooks	9350849407	gphbooks	gphbook
For awesome & Informative videos for IGNOU students	Order now through WhatsApp	We are in pictures	Words you get empowered by

8

पिछड़ा-वर्ग आन्दोलन
Backward Class Movement

परिचय

प्रस्तुत अध्याय में गत तीन दशकों में जीवन के विभिन्न क्षेत्रों में पिछड़ी जातियों का उद्‌गमन देखा गया है। यह चुनावी राजनीति में अधिक शानदार रहा है। यह जाति देश में एक राजनीतिक शक्ति बनकर उभरी है। पिछड़ी जातियों पर राष्ट्र का ध्यान 1990 में मुख्य रूप से गया, जब जनता दल के द्वारा मण्डल आयोग लागू कर दिया गया। पिछड़ी जातियों की राजनीतिक शक्ति दक्षिण भारत में अधिक है। पिछड़ी जाति को हम समाजशास्त्रीय दृष्टिकोण से देखते हैं तो पाते हैं कि पिछड़ी जातियाँ ही हैं जो अनुसूचित जाति से ऊपर और उच्च जातियों से नीचे के क्रम में रहती हैं, अर्थात् इन जातियों के अंतर्गत मध्यम वर्गीय जातियों को रख सकते हैं। जैसे खेतीहर जातियाँ, कारीगर जातियाँ और सेवक जातियाँ। पिछड़ी जाति ही हैं जो अनुसूचित जाति से ऊपर तथा उच्च जातियों से नीचे के क्रम में रहती हैं, इन्हें ओ.बी. सी. भी कहा जाता है। पिछड़ी जातियों का आंदोलन पहले दक्षिण भारत, तत्पश्चात् उत्तर भारत में शुरू हुआ। पिछड़ी जातियों के लिए काका कालेलकर और मण्डल आयोग का गठन हुआ। इस अध्याय में हम भारत में पिछड़े वर्गों की सामूहिक कार्यवाहियों से जुड़े विभिन्न पहलुओं के विषय में अध्ययन करेंगे।

प्रश्न 1. पिछड़े वर्ग क्या है? उनके उद्गमन पर सरकारी नीतियों के प्रभाव पर चर्चा करें।

उत्तर— पिछड़ी जाति को हम समाजशास्त्रीय दृष्टिकोण से देखते हैं तो पाते हैं कि पिछली जातियाँ ही हैं जो अनुसूचित जाति से और उच्च जातियों के नीचे के क्रम में रहती हैं अर्थात् इन जातियों के अंतर्गत मध्यम, वर्गीय जातियों को रख सकते हैं जैसे—खेतीहर जातियाँ, कारीगर जातियाँ और सेवक जातियाँ। परंपरागत सामाजिक एवं आर्थिक प्राधारों में, जबकि खेतीहर जातियाँ और शिल्पकार/कारीगर जातियाँ समाज को सेवाएँ प्रदान करती थीं। अन्य–पिछड़ा वर्ग (ओ.बी.सी.) के नाम से पिछड़ी जातियाँ उन पिछड़े वर्गों से अलग हैं जिनमें दलित/अनुसूचित जातियाँ और अनुसूचित जनजातियाँ शामिल हैं। प्रमुख मध्यवर्ती अन्य–पिछड़े वर्ग हैं—उत्तर प्रदेश, बिहार व राजस्थान जैसे उत्तर भारतीय राज्यों में और उनमें से कुछ हरियाणा व मध्य प्रदेश में भी यादव, कुर्मी, कोएरी, गुज्जर व जाट, आंध्र प्रदेश, कर्नाटक व तमिलनाडु जैसे दक्षिण भारतीय राज्यों में काप्पू, काम्मा, रेड्डी, वोकलिग्गा, लिंगायत, मुद्लियर तथा गुजरात व महाराष्ट्र जैसे पश्चिम भारतीय राज्यों में पटेल, कोली, क्षत्रिय व मराठा। वे उच्च अथवा प्रबल पिछड़े वगो' से संबंध रखते हैं। सेवक जातियाँ व कारीगर/शिल्पकार जिनमें प्रमुख जातियाँ हैं—बढ़ई, लुहार, नाई, भिश्ती, आदि लगभग सभी राज्यों में घटती–बढ़ती संख्या में पाए जाते हैं। इनको कुछ राज्यों में सर्वाधिक पिछड़ी जातियाँ (एम.बी.सी.) भी कहते हैं। इनके संबंधों पर जजमानी प्रथा का नियंत्रण था। इस प्रथा में सेवक एवं कारीगर वर्ग को प्रबल अथवा श्रेष्ठ जातियों का सरपरस्त माना जाता था। परवर्ती में उच्च जातियाँ और मध्यवर्ती खेतीहर दोनों ही जातियाँ शामिल थीं।

अन्य–पिछड़े वर्गों में, दरअसल विषमजातीय जाति–समूह आते हैं जिनकी सामाजिक व आर्थिक दशाओं तथा राजनीतिक भागीदारी में अंतर पाए जाते हैं। यहाँ तक कि ऐसे अन्य–पिछड़े वर्ग जिनमें सामाजिक पदानुक्रम में उनके स्थान के लिहाज से साझा अभिलक्षण पाए जाते हैं, वे भी अपने कृषिक इतिहास पर निर्भर करते हुए एक दूसरे से भिन्न होते हैं। जहाँ तक कि कृषिक प्राधार में उनकी स्थिति का संबंध था सभी मध्यवर्ती जातियाँ जिन्हें अब अन्य–पिछड़े वर्गों के रूप से जाना जाता है, निकृष्ट समूह से ताल्लुक नहीं रखती थीं। उदाहरण के लिए, उत्तर प्रदेश के अधिकांश भाग, पंजाब जिसमें वर्तमान हरियाणा का क्षेत्र शामिल है और राजस्थान के भरतपुर क्षेत्र में जाट स्वतंत्रता के पूर्व काल में भी एक प्रबल समुदाय थे। न्यायिक एवं सामाजिक मामलों को देखने के लिए उनकी अपनी परंपरागत जाति–परिषदे होती थीं जिनका मुखिया वंशागत सरदार अथवा चौधरी होता था। वे जमीन की खेती में लगे स्वतंत्र कृषक–स्वामी थे, उनके ऊपर कोई जमींदार नहीं होता था और वे सरकार को लगान अपने ही प्रतिनिधियों के माध्यम से पहुँचाया करते थे। चूँकि वे अपने व राज्य के बीच किसी भी जमींदार से मुक्त थे, उन्हें अन्य ग्राम समुदायों में प्रभावशाली स्थान प्राप्त था। परंतु अधिकांश अन्य मध्यवर्ती जातियाँ स्वतंत्र कृषक–स्वामी नहीं थीं। वे उन

जमींदारों की असामी या पहरेदार हुआ करती थीं, जो अनेक उदाहरणों में दूरवासी थे। परवर्ती द्वारा उनका शोषण अनेक तरीकों से किया जाता था। ये मध्यवर्ती जातियाँ जमींदारों के शोषण के अधीन थीं, यथा सेवक और कारीगर जातियाँ। इस प्रकार, विभिन्न जातियों से संबंध रखने के बावजूद ये मध्यवर्ती जातियाँ दस्तकार एवं सेवक जातियाँ – कुछ साझा सांस्कृतिक एवं आर्थिक अभिलक्षण रखती थीं। यही कारण है कि अन्य–पिछड़े वर्ग वे जातियाँ हैं जो शैक्षिक और सामाजिक रूप से पिछड़ी हुई हैं, जरूरी नहीं कि वे आर्थिक एवं राजनीतिक रूप से भी पिछड़ी हों।

किसी अन्य–पिछड़ा वर्ग के रूप में वर्गीकृत अथवा स्वीकृत किया जाना एक राजनीतिक मुद्दा है। किसी समुदाय को एक अन्य–पिछड़ा वर्ग के रूप में पहचान प्राप्त करने के लिए पर्याप्त राजनीतिक जोड़–तोड़ और पैबंदबाजी करनी पड़ती है। अन्य–पिछड़े वर्गों के रूप में पहचान प्राप्त करने के लिए इन जातियों द्वारा माँग के अनेक उदाहरण मौजूद हैं। 1999 में राजस्थान सरकार और 2000 में उत्तर प्रदेश सरकार ने जाटों को भी अन्य–पिछड़े वर्गों की सूची में शामिल कर लिया।

सरकार की नीतियों के परिणामस्वरूप देहात में स्वातंत्र्योत्तर काल में ये पिछड़ी जातियाँ एक सशक्त सामाजिक, आर्थिक एवं राजनीतिक गुट के रूप में उभरीं। परंतु उनके बीच अंतर्जात विभेद कायम ही रहे। जबकि मध्यवर्ती जातियाँ ग्राम समाज के मामलों पर नियंत्रण करने लगीं, दस्तकार और सेवाई जातियाँ उपान्तिक समूहों की पंक्ति में शामिल हो गईं, यथा वेतनभोगी मजदूर, उपांतिक एवं गरीब किसान आदि। यद्यपि उच्च पिछड़ी अथवा मध्यवर्ती जातियाँ भी आर्थिक एवं शैक्षिक पात्रताओं के लिहाज से विशिष्टीकरण के अधीन हैं, राजनीतिक लिहाज से ये भेद धुँधले पड़ जाते हैं।

देश में पिछड़े वर्गों के उदय विषयक सरकारी नीतियों के प्रभाव पर चर्चा भी आवश्यक है। उन पर प्रभाव डालने वाली प्रमुख नीतियों में शामिल थीं—भूमि–सुधार जिनमें शामिल थे—जमींदारी प्रथा का उन्मूलन, भू–संपत्तियों के आकार का सीमानिर्धारण, भू–संपत्तियों का समेकन और देश के चुनिंदा इलाकों में हरित क्रांति तथा निम्न पिछड़े वर्गों के कुशल–मंगल हेतु कल्याण–योजनाएँ। सरकारी नीतियों के अलावा उन परिवर्तनों ने भी उन्हें प्रभावित किया जो समाज के भीतर होते ही रहते थे, यथा जनसंख्या वृद्धि, जजमानी प्रथा का टूट जाना, आदि।

गाँव की जमीन पर नियंत्रण के साथ–साथ अपनी संख्यात्मक शक्ति की वजह से उन्होंने ग्राम वोट–बैंकों पर भी नियंत्रण जमा लिया। सभी उच्च पिछड़े वर्ग इस परिवर्तन के ही संबद्ध उदाहरण हैं, यथा—जाट, यादव, कुर्मी, गुज्जर, काप्पू, काम्मा, रेड्डी, लिंगायत, वोकलिग्गा, पटेल, कोली, मराठा, आदि।

यह उल्लेखनीय है कि तमाम सरकारी नीतियों के बीच एक हरित क्रांति ही थी जिसका ग्रामीण आर्थिक, सामाजिक एवं राजनीतिक जीवन पर सबसे आश्चर्यजनक प्रभाव पड़ा। इससे

प्रभावित होने वाले अधिकतर लोग उच्च पिछड़े वर्गों से ही संबंध रखते थे। इसने न केवल संबंधों के परंपरागत प्रतिमानों को गड़बड़ा दिया। इसकी पहचान थी—मशीनीकरण, कृषि में मानव श्रम का विस्थापन, बाजार अर्थव्यवस्था का विकास और कृषि का वाणिज्यीकरण। यहाँ तक कि पूँजीवादी का भी पिछड़े वर्गों पर भेददर्शी प्रभाव पड़ा। जबकि उच्च पिछड़े वर्ग मुख्य रूप से विपणन हेतु उत्पादन करते थे और स्थूलत: स्वयं-कृषक ही बने रहे, निम्न पिछड़े वर्गों से संबंध रखने वाले लोग कृषि अथवा गैर-कृषि क्षेत्रों में वेतनभोगी मजदूरों की कतार में आ गए या फिर शहरों की ओर पलायन ही कर गए।

यह तथ्य कि अन्य-पिछड़े वर्ग विभिन्न आर्थिक श्रेणियों और मझली जातियों से संबंध रखते हैं और काश्तकार एवं सेवाई जातियों से भी, ने ऐसे मुद्दों को उठाया है जो आर्थिक भी हैं और जाति-आधारित भी। उदाहरण के लिए, सामाजिक मुद्दों को जमींदारी प्रथा के उन्मूलन और भूमि-सुधारों के प्रथम चरण के क्रियान्वयन से पूर्व भू-संपत्ति में उन्हें स्वामित्व अधिकार दिए जाने की माँग संबंधी मुद्दों से जोड़ दिया गया। फिर इसके स्थान पर ऐसे मुद्दे आ गए जो मुख्यत: हरित क्रांति के बाद सामने आए थे, यथा—पिछड़े वर्गों हेतु राजनीतिक संस्थाओं एवं सरकारी नौकरियों में आरक्षण के मुद्दे के साथ-साथ फसलों के लाभजनक मूल्य, आर्थिक सहायता प्राप्त निवेश तथा बेहतर आधारभूत ढाँचा।

एक अन्य कारक जो पिछड़े वर्गों की समाजार्थिक दशाओं में परिवर्तन से जुड़ा है, वो है अन्य-पिछड़े वर्गों के बीच एक मध्यवर्ग का उदय। शिक्षा-नीतियों की असफलता के बावजूद ऐसे शिक्षित व्यक्तियों का एक समूह जो उनके प्रवक्ता बन गए थे, पिछड़े वर्गों के बीच उठ खड़ा हुआ। तथापि, यह समूह इतना बड़ा नहीं था जितना कि उच्च जातियों के बीच ऐसा समूह था।

प्रश्न 2. स्वतंत्रोत्तर भारत में पिछड़े वर्गों के आंदोलनों की प्रकृति का मूल्यांकन कीजिए। [दिसम्बर-2009, प्र. सं.-3]

अथवा

चुनावी राजनीति में पिछड़े वर्गों की लाभबंदी के प्रारूप का मूल्यांकन कीजिए। [जून-2009, प्र. सं.-6][दिसम्बर-2008, प्र. सं.-8]

उत्तर— उत्तर भारत से पहले दक्षिण भारत में पिछड़े एकजुट हो गए थे। इस कारण दक्षिण भारत में पिछड़ों की स्थिति में बदलाव काफी पहले हुआ। दक्षिण भारत में उन्होंने एकजुट होकर नौकरी में आरक्षण प्राप्त कर लिया तथा उन्होंने सामाजिक आंदोलन में भी भाग लेना प्रारंभ कर दिया।

दक्षिण भारत में पिछड़ा वर्ग आंदोलन मुख्य रूप से ब्राह्मणवादी व्यवस्था के खिलाफ हुआ। नृजातीकरण के द्वारा दक्षिण भारत में पिछड़ा-वर्ग ने ब्राह्मणवादी व्यवस्था पर सवाल खड़ा किया और दलितों को आगे लाने का प्रयत्न करने लगे। दक्षिण भारत में पिछड़े द्वारा

उच्च जातियों के रस्मों तथा प्रथाओं को अपनाने का प्रयत्न किया गया जिसके कारण उनकी दशाओं में सुधार होने लगा था।

उत्तर भारत में आर्य समाज नामक संगठन द्वारा पिछड़ों को आंदोलित करने का कार्य किया गया। आर्य समाज के द्वारा पिछड़ों की दशा को उत्तर भारत में सुधारने का श्रेय जाता है।

आर्य समाज के द्वारा बताया गया कि व्यक्ति का निर्धारण जन्म से नहीं, कर्म से होता है।

क्रिस्तोफ जैफरलो ने अपनी पुस्तक *इण्डियाज–साइलण्ट रिवलूशन : द राइज ऑफ द लो कास्ट्स इन नार्थ इण्डियन पॉलिटिक्स* के माध्यम से बताया कि नृजातीकरण और संस्कृतिकरण के कारण ही दक्षिण भारत में पिछड़ा वर्ग पहले सक्रिय हो गया, जबकि उत्तर भारत में उनका उदय देर से हुआ।

दक्षिण भारत में संस्कृतिकरण के खिलाफ पिछड़ों का आंदोलन हुआ। इस प्रकार दक्षिण भारत में पिछड़ों द्वारा नौकरी को सरकारी संस्थाओं में पा लिया गया, वह भी आरक्षण के द्वारा। उसके पश्चात् उन्होंने ब्राह्मणवादी प्रभुत्व को भी बदल डाला।

दक्षिण भारत में अन्य पिछड़ों को आरक्षण साठ के दशक में ही दे दिया गया। 1921 में दक्षिण भारत में आरक्षण प्रक्रिया की शुरुआत हो चुकी थी। मैसूर के राजा द्वारा ब्राह्मणवादी व्यवस्था को समाप्त करने के लिए सरकारी नौकरी में पिछड़ों को आरक्षण देने का फैसला किया गया।

स्वातंत्र्योत्तर काल से ही पिछड़ा–वर्ग समुदाय द्वारा सरकार पर लगातार दबाव डाला जा रहा था जिसके कारण दक्षिण भारत के राज्यों ने पिछड़ा वर्ग आयोग का गठन किया था। जिससे पिछड़ों को लाभ मिला तथा उनकी दशाओं में सुधार भी हुआ।

उत्तर भारत में पिछड़ा–वर्ग की स्थिति में सुधार देर से प्रारंभ हुआ, क्योंकि इस क्षेत्र में पिछड़ा–वर्ग संस्कृतिकरण की ओर आगे बढ़ रहे थे। इधर दक्षिण भारत के विपरीत पिछड़ों द्वारा अपना आधार उच्च जातियों में खोजा जाने लगा तथा ये लोग उच्च जातियों की रस्मों–रिवाजों को अपनाने लगे।

विद्वानों ने उत्तर और दक्षिण के विभेद को निम्नलिखित प्रकार से बतलाया है–

दक्षिण भारत में ब्राह्मणों की संख्या अधिक थी, इसलिए उनका निम्न जातियों पर एकाधिकार हो गया था।

जबकि उत्तर भारत में उच्च जातियों के अंतर्गत केवल ब्राह्मण ही नहीं आते थे बल्कि राजपूत, वैश्य अथवा कायस्थ भी आते हैं, इसलिए निम्न जातियों पर इनका अधिकार अलग–अलग बँट गया था।

उत्तर भारत में आर्य समाज द्वारा ब्राह्मणवादी व्यवस्था को चुनौती दी गई या कह सकते हैं कि ब्राह्मणवादी व्यवस्था को सुधारने का प्रयास किया। आर्य समाज के द्वारा पिछड़े वर्ग की जातियों को बताया गया कि वे उच्च जातियों से अपना मेल–जोल बढ़ाएँ तथा जनेऊ धारण कर अपने आपको सभ्य बनाएँ। आर्य समाज को पुनः वापस लाया गया जिन्होंने हिन्दू धर्म का त्याग कर दिया था।

उत्तर भारत में पिछड़े वर्ग के लिए आरक्षण की व्यवस्था सत्तर के दशक में की गई। दक्षिण भारत में ब्राह्मणवादी व्यवस्था के खिलाफ आंदोलन पेरियार के अगुआई में हुआ। इस आंदोलन का आधार था कि भारत के मूल निवासी ब्राह्मण नहीं बल्कि द्रविड़ हैं। इस आंदोलन के द्वारा वे ब्राह्मणों का प्रभुत्व राजनीतिक, सामाजिक, आर्थिक तथा शिक्षा में समाप्त करना चाहते थे।

आत्मसम्मान आंदोलन के अंतर्गत उन्होंने बर्गाश्रम व्यवस्था की निंदा, विवाह आदि संस्कारों में ब्राह्मणों का बहिष्कार तथा मनुस्मृति को जलाना आदि कार्यों को किया। एम.सी. राजा को 1916 में आदि द्रविड़ महासभा का अध्यक्ष बनाया गया तथा 1928 में उन्होंने अखिल भारतीय दलित वर्ग सम्मेलन की अध्यक्षता की। वे द्रविड़ विचारक थे। उत्तर भारत में पिछड़ों की सुधार की प्रक्रिया देर से शुरू हुई थी। यहाँ तक कि पश्चिम भारत में भी पिछड़ों को उत्तर भारत से पहले ही एकजुट किया जा चुका था। ज्योतिबा फुले ने 1973 में सत्य शोधक समाज का गठन बंबई में किया। इनका उद्देश्य दलित एवं पिछड़ा वर्ग को एकजुट करना था। सत्य शोधक समाज भी पिछड़ों तथा दलितों को एक करने में सफल रहा। **फुले** का कहना था कि वे जो उच्च जाति हैं, बाहर से आई हैं जिनको आर्य कहा जाता है, यहाँ के मूल निवासी तो अछूत, दलित और पिछड़े हैं। फुले के अनुसार उच्च जातियों ने निम्न जातियों को अधीन कर उन पर अपना अधिकार कायम कर लिया।

उत्तर भारत के अन्य पिछड़े वर्ग में सुधार दक्षिण भारत की तुलना में देर से हुआ, क्योंकि दक्षिण भारत में पिछड़े वर्ग को आरक्षण आदि सुविधाएँ बहुत पहले मिल गई थीं, जबकि उत्तर भारत में सरकारी सुविधाएँ कुछ अंतराल के बाद पहुँचीं।

दक्षिण भारत के लोग अपनी अधिकारों की माँग हेतु तथा ब्राह्मणवादी व्यवस्था के खिलाफ काफी पहले एकजुट हो गए थे जबकि उत्तर भारत में यह प्रक्रिया देर से प्रारंभ हुई, इसलिए उत्तर भारत के पिछड़ों की स्थिति में सुधार देर से हुआ।

चुनावी लामबंदी अखिल भारतीय स्तर पर पिछड़े–वर्ग को नेताओं ने चुनावी एकजुटता तथा समर्थन से जोड़ दिया है। पिछड़ा–वर्ग की भागीदारी राज्य विधान सभाओं तथा संसदों में देखी जा रही है जो उनके राजनीतिक शक्ति का एक उदाहरण है। स्वातंत्र्योत्तर काल में पिछड़ा वर्ग को राजनीतिक भागीदार बनाने का प्रयास राजनीतिक संगठनों तथा राजनेताओं द्वारा किया जाता रहा है। उत्तर भारत में अखिल भारतीय स्तर पर पिछड़ों को राजनीति में जोड़ने का कार्य मुख्य रूप से चौधरी चरण सिंह, कर्पूरी ठाकुर आदि नेताओं द्वारा किया गया। राजनीतिक दल जिसने पिछड़ों को संगठित किया उनमें समाजवादी पार्टी तथा राष्ट्रीय जनता दल का नाम मुख्य है।

चौधरी चरण सिंह ने एक योजना के तहत उत्तर प्रदेश और बिहार में पिछड़ा–वर्ग में अपना राजनीतिक आधार बना लिया था। चौधरी चरण सिंह के द्वारा जाति मुद्दे के अनेक सम्मेलनों में भाग लिया गया। इन सब कारणों के फलस्वरूप चौधरी चरण सिंह पिछड़ों के

नेता बनकर भारतीय मानस पटल पर उभरे। चौधरी चरण सिंह तथा कर्पूरी ठाकुर की मृत्यु के पश्चात् पिछड़ों का नेतृत्व मुलायम सिंह यादव, लालू प्रसाद यादव तथा नीतीश कुमार के हाथों में है। इसी कड़ी में बहुजन समाज पार्टी का भी नाम आता है। इसका गठन 1984 में हुआ। इसके गठन में दलितों तथा पिछड़ों की एकजुटता को एक नया मंच मिला है अर्थात् पिछड़ों को एकजुट करने का काम अब बसपा के द्वारा किया जा रहा है।

मुलायम सिंह यादव उत्तर प्रदेश में तथा लालू प्रसाद यादव व नीतीश कुमार बिहार में सक्रिय हैं। बिहार में तीस के दशक में यादव, कुर्मी और कोएरी जातियों ने एक संघ का निर्माण किया था जिसे **'त्रिवेणी संघ'** के नाम से जाना जाता है। इनके द्वारा इस संघ का निर्माण ब्राह्मण, भूमिहार और राजपूतों के एकाधिकार को खत्म कर चुनावी राजनीति में स्वयं हिस्सा लिया जा सके, के लिए किया गया। आज के समय में गठबंधन समाप्त हो गया है, क्योंकि आज यादव और कुर्मी अलग–अलग धड़ों में विभाजित हो चुके हैं।

संजय कुमार अपने लेख में लिखते हैं कि 1995 का चुनाव जो बिहार में हुआ, उसमें पिछड़ी जाति एक चुनावी शक्ति के रूप में उभरी। इस चुनाव में यादवों ने जनता दल का समर्थन किया तथा कुर्मी और कोरियों ने समता पार्टी को अपना समर्थन दिया। इससे स्पष्ट होता है कि बिहार में पिछड़ा–वर्ग में विभाजन हो गया है। फिर भी बिहार की राजनीति में पिछड़ा वर्ग को एक चुनावी शक्ति के रूप में देखा जाता है। यहाँ यह स्पष्ट कर देना आवश्यक है कि पिछड़ों में भी अब राजनीतिक प्रतियोगिता बढ़ गई है। गुजरात में पिछड़ों का समर्थन भारतीय जनता पार्टी के साथ है।

इस प्रकार हम कह सकते हैं कि उत्तर भारत में पिछड़ों का उदय सामाजिक रूप से सत्तर के दशक में हुआ, लेकिन अब उनकी एकजुटता प्रमुखता से चुनावी राजनीति के तहत होती है। पिछड़ों को राजनीतिक रूप से संगठित करने का काम चौधरी चरण सिंह के द्वारा ही मुख्य रूप से किया गया। चौधरी चरण सिंह 1953 में बधोई पिछड़ा–वर्ग सम्मेलन में सम्मिलित हुए थे। उनके द्वारा जमींदारी प्रथा को खत्म करने के लिए कांग्रेस पार्टी पर दबाव बनाया गया था। इस प्रकार चौधरी चरण सिंह के द्वारा किए गए कार्यों ने उनको पिछड़े वर्ग का सर्वमान्य नेता बना दिया। इस कारण उन पर आरोप भी लगा कि वे पिछड़ों की राजनीति करते हैं जिसके कारण उच्च्य जातियाँ कांग्रेस से अलग हट रही हैं।

आगे चलकर इन्हीं सब आरोपों के कारण चौधरी चरण सिंह ने कांग्रेस पार्टी को छोड़ दिया। चौधरी चरण सिंह द्वारा 1967 में कांग्रेस छोड़ने के बाद संयुक्त विधायक दल की मदद से सरकार बना ली। उनके द्वारा 29 से 63 प्रतिशत तक पिछड़ों को मंत्रिमंडल में जगह दी गई। इस प्रकार उन्होंने 1974 में भारतीय लोक दल नामक पार्टी बनाई। बिहार में कर्पूरी ठाकुर और हरियाणा में देवीलाल के सहयोग से चौधरी चरण सिंह उत्तर भारत में पिछड़ों के नेता बने। सत्तर के दशक में अनेक सरकारी नीतियों का आगमन हुआ जिससे फायदा

लेकर उत्तर प्रदेश और बिहार में अनेक नेता उभरे। मुलायम सिंह यादव, लालू यादव और नीतीश कुमार आदि नेता शामिल हैं।

यहाँ ध्यान देने योग्य बात यह है कि भिन्न-भिन्न पार्टियों द्वारा उच्च पिछड़ा-वर्ग को भी एकजुट करने का प्रयास किया गया। निम्न पिछड़ा-वर्ग इस संगठन में हाशिए पर ही रहा। सर्वाधिक पिछड़ा-वर्ग दस्तकार और सेवाई जातियों को कहा जाता है, इनको सशक्तिकरण का फायदा नहीं मिला। इन कारणों को देखते हुए कांग्रेस द्वारा 1975 में उत्तर प्रदेश में सर्वाधिक पिछड़ा आयोग का गठन किया गया जिसे छेदीलाल साथी के नाम पर (साथी आयोग) भी कहा जाता है।

आगे चलकर भाजपा सरकार द्वारा 2001 में सामाजिक न्याय मंच का गठन किया गया ताकि सर्वाधिक पिछड़ों के लिए भी कोई प्रावधान प्रदेश स्तर पर किया जाए। डॉ. राम मनोहर लोहिया द्वारा पिछड़ों को एकजुट करने का कार्य किया गया है। लोहिया ने पिछड़ों, दलितों एवं अल्पसंख्यकों के लिए सरकारी नौकरी में 60 प्रतिशत आरक्षण की माँग की थी। इस तरह आज भी पिछड़े वर्ग को राजनीतिक मुद्दा बनाकर देश में उठाया जा रहा है।

आरक्षण राजनीति—अखिल भारतीय स्तर पर आरक्षण एक राष्ट्रीय चर्चा का विषय बना हुआ है। आरक्षण देने की सिफारिश 1990 में की गई। केंद्र सरकार की नौकरी में पिछड़ों को 27 प्रतिशत आरक्षण देने की व्यवस्था की गई है।

पिछड़े वर्ग को समाज में आगे लाने के लिए संविधान सभा में पंजाब राव देशमुख द्वारा आरक्षण की माँग उठाई गई थी। पंजाब राव देशमुख द्वारा 1950 में 'अखिल भारतीय पिछड़ा वर्ग संघ' की नींव रखी गई।

पिछड़े वर्ग के नेताओं की माँग पर ही मंडल आयोग का गठन किया तथा उनके द्वारा प्रस्तुत रिपोर्ट को स्वीकार भी किया गया। मंडल आयोग के लागू हो जाने पर अनेक जातियों द्वारा पिछड़े वर्ग में शामिल होने का प्रयास किया जा रहा है।

यह प्रयास इसलिए किया जा रहा है ताकि सरकारी नौकरी में आरक्षण का लाभ लिया जा सके। मंडल आयोग की सिफारिश में 1990 में जनता दल की सरकार द्वारा लागू किया गया जिसके नेता विश्वनाथ प्रताप सिंह थे। मंडल आयोग ने भारतीय राजनीति को एक नया आयाम दिया है। 1990 में मंडल आयोग का गठन पिछड़े वर्गों के नेताओं के दबाव में ही किया गया था। पिछड़े वर्ग के कल्याण हेतु सर्वप्रथम माँग पंजाब राव देशमुख द्वारा संविधान सभा में उठाई गई तत्पश्चात् भीम राव अम्बेडकर ने अनुसूचित जातियों के लिए भी आरक्षण की माँग उठाई। उच्च जातियों के एकाधिकार को समाप्त करने के लिए डॉ. राम मनोहर लोहिया ने पिछड़ों, दलितों एवं अल्पसंख्यकों के लिए 60 प्रतिशत आरक्षण की माँग उठाई थी। पिछड़े वर्ग को आरक्षण दिलाने के लिए 26 जनवरी 1950 को **'अखिल भारतीय पिछड़ा-वर्ग संघ'** (AIBCF) का गठन पंजाब राव देशमुख ने किया था। आगे चलकर इस संघ में मतभेद हो गया, क्योंकि इस संस्था से एक धड़ कांग्रेस के नीतियों में विश्वास रखता था तो दूसरा धड़ लोहिया के नीतियों में आस्था रखता था।

इस तरह टूटे हुए संघ ने अपना नाम बदलकर राष्ट्रीय पिछड़ा वर्ग संघ (NBCF) रखा। इसमें अखिल भारतीय पिछड़ा वर्ग संघ का नेतृत्व पंजाब राव देशमुख ने किया तथा राष्ट्रीय पिछड़ा वर्ग संघ का नेतृत्व आर.एल. चांदपुरी ने किया। जब चांदपुरी की मृत्यु हो गई तब चौधरी ब्रह्मप्रकाश को इसका नेता बनाया गया।

इसके बावजूद भी अनेक संगठन कई राज्यों में कई स्तरों पर बने। पिछड़े वर्ग के नेताओं के माँग के कारण ही मंडल आयोग प्रथम पिछड़ा आयोग की रिपोर्ट तथा काका कालेकर आयोग की रिपोर्ट को स्वीकार किया गया है।

पिछड़े वर्ग को आगे बढ़ाने के लिए कुछ संविधान में भी प्रावधान किया गया है। संविधान में सामाजिक एवं शैक्षणिक रूप में पिछड़े हुए वर्गों के लिए सरकार को विशेष प्रावधान करने एवं सरकारी नौकरियों में आरक्षण देने का अधिकार दिया गया है। इस प्रकार मंडल आयोग के रूप में पिछड़ा वर्ग आयोग का 1979 में गठन किया गया जिसने 31 दिसम्बर, 1980 को अपना प्रतिवेदन प्रस्तुत किया।

इस तरह जनता पार्टी के द्वारा 1990 में पिछड़े वर्गों को 27 प्रतिशत आरक्षण देने की घोषणा कर दी गई। वी.पी. सिंह ने पिछड़ा वर्ग को आरक्षण प्रदान करके उसके आधार पर राजनीति चलाई। मंडल आयोग ने भारतीय राजनीति को अत्यधिक प्रभावित किया है। कुछ नेताओं का अस्तित्व केवल उन्हीं पिछड़ा वर्ग की राजनीति से जुड़ा है।

प्रश्न 3. वर्तमान युग के प्रमुख जनजातीय आंदोलन पर नोट लिखिए?

उत्तर– भारत के संविधान में अनुसूचित जनजातियों के उत्थान की दृष्टि से कई तरह की व्यवस्थाएँ की गई हैं। सरकारी नौकरियों, विधानसभाओं और लोकसभा में उनके लिए स्थान आरक्षित हैं। 1990 के एक संविधान–संशोधन अधिनियम द्वारा 12 मार्च, 1992 को राष्ट्रीय अनुसूचित जाति व जनजाति आयोग का गठन किया गया। आयोग का कार्य इन जातियों की सुरक्षा के लिए की गई व्यवस्थाओं की पूरी तरह जाँच करना है। अनुसूचित जनजाति वाले सभी राज्यों ने जनजातीय सलाहकार परिषदे (Tribal Advisory Councils) गठित की हैं, जिनका उद्देश्य जनजातीय कल्याण से संबंधित मामलों में सहायता देना है। आंध्र प्रदेश, असम, बिहार, मध्य प्रदेश, उड़ीसा, पश्चिम बंगाल और मणिपुर आदि राज्यों में 13 जनजातीय अनुसंधान संस्थान (Tribal Research Institutes) स्थापित किए गए हैं। इन संस्थानों का उपयोग जनजातीय साहित्य प्रकाशित करने और जनजातीय प्रथाओं व कानूनों को संहिताबद्ध करने के लिए किया जाता है। जनजातीय लोगों द्वारा तैयार की गई वस्तुओं (विशेषकर शहद, रस्सियाँ, सन, जूट, लकड़ी और पत्तों से बनाए गए पदार्थों) को बाजार में बिक्री के लिए पहुँचाने के उद्देश्य से जनजातीय सहकारी विपणन विकास परिसंघ (Tribal Cooperative Marketing Development Federation of India–TRIFED) की स्थापना की गई है। परंतु आदिवासी क्षेत्र आज भी अन्य प्रदेशों की अपेक्षा बहुत पिछड़े हुए हैं। वनों पर

आदिवासियों के परंपरागत अधिकार समाप्त हो गए हैं और उनकी जमीनें महाजनों के चंगुल में हैं। वहाँ अधिकांश आदिवासी वनश्रमिक बनने को मजबूर हो गए हैं। बंधुआ मजदूरी और सूदखोरी के कारण ये लोग आर्थिक शोषण की स्थिति में रह रहे हैं। ठेकेदारी प्रथा ने वनवासियों के सांस्कृतिक मूल्यों को भ्रष्ट किया है।

वर्तमान समय के कुछ प्रमुख आदिवासी आंदोलनों की चर्चा इस प्रकार है–

(1) झारखंड आंदोलन (Jharkhand Movement)–आजादी के बाद बिहार के आदिवासियों ने झारखंड राज्य की माँग की। इस माँग को लेकर उन्होंने जोरदार आंदोलन चलाया, जो हिंसक हो चला था। 1989 में झारखंड मुक्ति मोर्चा ने छह दिवसीय बंद और आर्थिक नाकेबंदी की घोषणा की, पर बंद और नाकेबंदी के आह्वान के बावजूद सामान्य कामकाज जारी रहा। झारखंड के नेताओं को यह आश्वासन दिया गया कि दक्षिण बिहार के संथाल और छोटा नागपुर के लिए एक 'स्वायत्तशासी परिषद्' (Autonomous Council) की स्थापना की जाएगी। दो करोड़ 75 लाख की आबादी वाले इस क्षेत्र की परिषद् में 164 सदस्य होंगे, जिनमें से 90 का चुनाव होगा और शेष सदस्य राज्यपाल द्वारा मनोनीत किए जाएँगे। स्वायत्त परिषद् को कई प्रकार के प्रशासनिक व विकासात्मक अधिकार होगें और उसे कुछ सीमित विधायी अधिकार भी प्रदान किए जाएँगे। स्वायत्त परिषद् के गठन से पहले एक अंतरिम परिषद् की स्थापना की जानी थी, जो 1995 में स्थापित कर दी गई। इसके अध्यक्ष और उपाध्यक्ष क्रमशः शिबू सोरेन और सूरज मंडल हैं। झारखंड मुक्ति मोर्चा सांसद रिश्वत कांड में शिबू सोरेन और सूरज मंडल की गिरफ्तारी से झारखंड स्वायत्त परिषद् के गठन का मामला खटाई में पड़ गया।

चित्र 8.1 : झारखंड आंदोलन

राष्ट्रीय जनतांत्रिक गठबंधन ने अपने चुनाव घोषणापत्र में 'वनांचल' (झारखंड) राज्य के गठन का आश्वासन दिया था। राष्ट्रपति ने बिहार राज्य पुनर्गठन विधेयक राज्य–सरकार के विचार जानने के लिए उसके पास भेज दिया था। बिहार विधानसभा ने 27 अप्रैल, 2000 को अपनी सहमति की मोहर लगा दी। 17 मई, 2000 को यह विधेयक लोकसभा में पेश

किया गया। प्रस्तावित राज्य का नाम 'झारखंड' होगा, जो दक्षिण बिहार के 18 जिलों को मिलाकर बनेगा।

(2) त्रिपुरा में उग्रवादी आंदोलन (Extremist Movement in Tripura)—त्रिपुरा वामपंथियों का गढ़ रहा है और वहाँ आज भी वाममोर्चा सत्ता में है। कांग्रेस का यह आरोप है कि मार्क्सवादी नेता जनजाति नेताओं से मिलकर राज्य में आतंकवाद को प्रश्रय दे रहे हैं। त्रिपुरा में अर्द्धसैनिक बलों पर उग्रवादियों के हमले लगातार तेज होते जा रहे हैं। वहाँ का प्रशासन निकम्मा और भ्रष्ट है। विकास की गति बेहद धीमी है। मई 2000 के आदिवासी स्वायत्त जिला परिषद् के चुनावों में वाममोर्चे को भारी हार का सामना करना पड़ा। उग्रवाद की लहर सिर्फ बंदूकों की ताकत से नहीं मिट सकती। जरूरत इस बात की है कि वहाँ के युवा वर्ग को, जो दिशाहीन हो गया है, उत्पादक कार्यों में लगाया जाए।

संक्षेप में, असली समस्या यह है कि आदिवासी समाज की शोषण से रक्षा कैसे की जाए? जलापूर्ति, विद्युत तथा आवास जैसी अनिवार्य सेवाओं की दृष्टि से भी आदिवासी क्षेत्रों का विकास असंतोषजनक है। यह भी पाया गया है कि ठेकेदार आदिवासी क्षेत्रों में स्वीकृत सीमा से भी अधिक वृक्षों की कटाई करते हैं। वनों की कटाई का आदिवासी क्षेत्रों की अर्थव्यवस्था और वहाँ के पर्यावरण पर व्यापक प्रभाव पड़ता है। पर्वतीय क्षेत्रों में हिम परतें कम होती जा रही हैं, क्योंकि हरित क्षेत्र धीरे-धीरे लुप्त होता जा रहा है। इससे इन क्षेत्रों में रहने वाले लोगों की व्यथा बढ़ती जा रही है। ठेकेदारों ने वनवासियों के परंपरागत सांस्कृतिक मूल्यों को भी भ्रष्ट किया है। आदिवासी क्षेत्रों में मूल्यों (values) का संकट पैदा हो गया है, जिससे समाजशास्त्री भी चिंतित हैं। अपनी अनन्त आवश्यकताओं की पूर्ति के लिए नगरों में रहने वाले लोग 'हरियाली के कोष' को रिक्त करने में लगे हैं और जनजातीय क्षेत्रों के जन-जीवन में हस्तक्षेप कर रहे हैं।

FOR GOOD MARKS, BEST READ GPH BOOK

GULLYBABA PUBLISHING HOUSE (P) LTD.
Project Reports, Synopsis, Assignments Guidance Available
9312235086, 9350849407, 27387998, 27384836

9

नृजातीय आन्दोलनः जनजातियों के विशेष संदर्भ में
Ethnic Movements with Special Reference to Tribals

परिचय

प्राचीन समय से ही भारत विभिन्न धर्मों, सम्प्रदायों, संस्कृतियों, प्रजातियों, जातियों और जनजातियों का देश रहा है। इन सभी ने भारत के सामाजिक, सांस्कृतिक स्वरूप देने में महत्त्वपूर्ण भूमिका निभाई है। नृजातीय एक तुलनात्मक शब्द भी है, एक नृजातीय समूह स्वयं को ऐसे दूसरे समूह से अलग सिद्ध करता है जो कि कुछ ऐसे सहजगुण भी रखता है जो उससे भिन्न हों। नृजातीय आंदोलन नृजातीय समूहों की सांस्कृतिक पहचानों एवं उनके अन्य हितों की रक्षा एवं संरक्षण से संबद्ध होते हैं: एक अन्य संकल्पना जो कि नृजातीयता से जुड़ी है, वो है राष्ट्रीय अथवा राष्ट्र। पहचान–चिह्न वास्तविक या काल्पनिक के आधार पर ऐसे लोगों की लामबंदी जो सामूहिक कार्यवाही में भाषा, धर्म, संस्कृति, रीतिरिवाजों, प्रजाति आदि में भागीदार हों नृजातीय लामबंदी कहलाती है। नृजातीय लामबंदी आत्मनिर्णयन आंदोलनों के रूप में अपनी अभिव्यक्ति पाते हैं, यथा स्वायत्तता आंदोलन संबंध–विच्छेद, विप्लव अथवा नृजातीय संघर्ष। प्रस्तुत अध्याय में जनजातियों के विशेष संदर्भ के साथ भारत में नृजातीय आंदोलनों पर चर्चा करने का प्रयास किया गया है। इस अध्याय में नृजातीय आंदोलन का अर्थ, अध्ययनार्थ दृष्टिकोण, अवलोकन, आंदोलनों का अध्ययन किया गया है।

प्रश्न 1. नृजातीय आंदोलन क्या है? स्वतंत्रता उपरांत अवधि में भारत में नृजातीय आंदोलनों की एक वृहद दृष्टि इंगित करें।

[दिसम्बर–2008, प्र. सं.–9][दिसम्बर–2010, प्र. सं.–6]

उत्तर— नृजातीय आंदोलन को समझने से पहले हमे नृजातीयता को समझना होगा, क्योंकि यह आंदोलन नृजातियों से संबंधित है। इन चिह्नों में शामिल हैं—संस्कृति, प्रजाति, भाषा, धर्म, रीति–रिवाज, इतिहास, आर्थिक अनुभव आदि। इस प्रकार के सहजगुणों को आपस में बाँटने हेतु किसी जन–समूह के लिए एक अन्य वांछनीयता यह है कि वे कुछ माँगों को मनवाने के लिए किसी सामूहिक कार्यवाही में संगठित हो जाएँ। उन चिह्नों व सहजगुणों की संख्या जो एक नृजातीय समूह का आधार बनाते हैं, उस नृजातीय समूह अथवा उसके नेताओं द्वारा इन कारकों के विकल्प पर निर्भर करती है। परंतु किसी नृजातीय समूह के घटक सहजगुणों की संख्या के संबंध में विद्वानों के बीच मतभेद हैं। भारत में विद्वत्जन आमतौर पर उस लामबंदी को नृजातीय मानते हैं जो एक से अधिक सहजगुणों पर आधारित होता है, यथा—भाषा, धर्म, संस्कृति, इतिहास, अर्थव्यवस्था आदि। उदाहरण के लिए, भाषा–आधारित लामबंदी को भाषाई लामबंद के रूप में लिया जाता है और इस प्रकार लामबंदी किए गए समूहों को भाषाई समूह माना जाता है। इसी प्रकार, जाति–आधारित लामबंदी को दलित, पिछड़े अथवा किसी अन्य लामबंदी के रूप में लिया जाता है। भारत में धर्म–आधारित लामबंदी को दलित, पिछड़े अथवा किसी अन्य लामबंदी के रूप में लिया जाता है। भारत में धर्म–आधारित लामबंदी को सांप्रदायिक लामबंदी कहा जाता है। परंतु वे विद्वान जो अमेरिकी व यूरोपीय परंपराओं का अनुसरण करते हैं, एक ही सहजगुण – भाषा, धर्म, जाति आदि पर आधारित लामबंदी तक को नृजातीय लामबंदी की श्रेणी में रखते हैं। सांप्रदायिक और नृजातीय लामबंदी में भी भेद नहीं करते। उदाहरण के लिए, पॉल.आर. ब्रास नृजातीय और सांप्रदायिक लामबंद को अदल–बदल कर प्रयोग करते हैं। दूसरी ओर, **दीपांकर गुप्ता** अपनी पुस्तक द *कॉन्टैक्स्ट ऑफ ऍथनिसिटि : द सिख आइडेण्टिटि इन ए कॅम्पैरिटिव पर्सपैक्टिव* में संप्रदायवाद और नृजातीय के बीच भेद करते हैं। उनका तर्क है कि नृजातीय लामबंदी राष्ट्र–राज्य – राज्यक्षेत्र व संप्रभुता से जुड़ा होता है और सांप्रदायिक संगठन में राष्ट्र–राज्य शामिल ही नहीं होता। वह विवाद में सरकार और दो या अधिक संप्रदायों तक ही सीमित रहता है, जिनमें से एक यह आरोप लगाता है कि सरकार दूसरे को प्राथमिकता देने में उसके विरुद्ध भेदभाव बरतती है। विवाद विषय रोजगार, समुदायों के विशिष्ट अधिकार, आदि हो सकते हैं। उनके अनुसार, नृजातीय संगठन में राष्ट्र–राज्य के प्रतीक विचार हेतु एक नृजातीय समूह की निष्ठा पर संदेह किया जाता है। सांप्रदायिक संगठन के मामले में ऐसा नहीं होता। साथ ही, समूह–पहचानें स्थायी नहीं होतीं। समय व स्थान के बदलते संदर्भ में एक नृजातीय पहचान सांप्रदायिक रूप ले सकती है और यह बात विपरीततः भी सत्य है। तथापि, विद्वत्जनों के बीच सामान्य प्रवृत्ति समुदायों के बहु–लक्षण संगठन को नृजातीय मानने की पाई जाती है।

नृजातीयता एक तुलनात्मक शब्द भी है। एक नृजातीय समूह स्वयं को ऐसे दूसरे समूह से अलग सिद्ध करता है जो कि कुछ ऐसे सहजगुण भी रखता है जो उससे भिन्न हों। उसे लगता है कि उसे अन्य नृजातीय समूहों और उनसे जुड़ी संस्थाओं व प्रक्रियाओं के काल्पनिक अथवा वास्तविक खतरों से अपनी पहचान और हितों की रक्षा करनी ही पड़ेगी। नृजातीय आंदोलन नृजातीय समूहों की सांस्कृतिक पहचानों एवं उनके अन्य हितों की रक्षा एवं संरक्षण से संबद्ध होते हैं—एक अन्य संकल्पना जो कि नृजातीयता से जुड़ी है, वो है—राष्ट्रीय अथवा राष्ट्र। यद्यपि कुछ विद्वत्जन नृजातीयता, राष्ट्रीयताओं अथवा राष्ट्रों तक के बीच भेद करते हैं, प्रायः वे अदल–बदल कर प्रयोग की जाती हैं। यदि विद्वानों का एक वर्ग किसी एकाधिक पहचान चिह्न को नृजातीय संगठन के रूप में आधारित मानता है, अन्य ऐसे भी हैं जो इन्हें राष्ट्रों अथवा राष्ट्रीयताओं के संगठन के रूप में पुकारते हैं।

देश के लगभग सभी बड़े क्षेत्रों में नृजातीय आंदोलन होते रहते हैं। वे क्षेत्रीय स्वायत्तता हेतु पृथक् राज्यों के निर्माण हेतु आंदोलनों का रूप ले लेते हैं, संबंध–विच्छेद अथवा विप्लव हेतु माँग करते हैं। नृजातीय आंदोलनों की इन अभिव्यक्तियों को "स्वायत्तता के आंदोलन" भी कहा जाता है। कई मामलों में नृजातीय आंदोलन सभी अथवा कुछ पहचानचिह्नों – जनजाति, जाति, भाषा, धर्म, आदि पर आधारित नृजातीय विभाजन की तर्ज पर विवादों अथवा उपद्रवों को भी बढ़ावा देते हैं। स्वायत्ता मॉडल आंदोलन वस्तुतः उस राष्ट्र–राज्य निर्माण मॉडल पर सवाल उठाते हैं जिसे स्वतंत्र भारत द्वारा लागू किया गया था। नेहरूवादी अथवा महालैनोबिस नामक इस प्रतिमान में यह कल्पना की गई कि विकास अथवा आधुनिकीकरण के रास्ते में आरोप्य कारकों – भाषा, जाति, जनजाति, धर्म आदि के आधार पर बनी पहचानें विलुप्त हो जाएँगी और विकास धर्मनिरपेक्ष पद्धति पर आगे बढ़ेगा। परंतु इससे काफी पहले ही कि इस मॉडल का प्रभाव महसूस किया जा सकता, सभी मुख्य विचारों – भाषा, धर्म एवं राष्ट्रीयता के विषय में इस पर सवाल उठाए गए। यद्यपि ये आंदोलन भाषा अथवा संस्कृति जैसे एकल पहचानचिह्न पर आधारित माँग को लेकर शुरू हुए, उन्हें उन लोगों का भी समर्थन मिला जो किसी क्षेत्र विशेष में एक से अधिक सहजगुणों के सहभागी थे।

तमिलनाडु में ई.वी. रामास्वामी नायकर की विरासत को अपनाकर स्वतंत्रता–पश्चात् दो दशकों में नृजातीय आंदोलन ने तीन मुद्दों को आधार बनाया—भाषा, द्रविड़ संस्कृति और धर्म। आंदोलन के नेताओं का तर्क था कि उत्तर–भारतीय हिन्दी भाषा, ब्राह्मणवादी हिन्दू–धर्म और आर्य–संस्कृति द्रविड़ पहचान के विकास के प्रतिकूल हैं। इसी कारण, तमिल नृजातीय आंदोलन ने हिन्दी भाषा थोपे जाने और भारत से संबंध–विच्छेद की माँग की थी। बहरहाल, साठ के दशकांत तक तमिल राष्ट्रीयता/नृजातीय समूह द्वारा संबंध–विच्छेद हेतु माँग छोड़ दी गई। इसने फिर राज्य–स्वायत्तता हेतु आंदोलन का रूप ले लिया; यथा राज्यों को अधिक स्वायत्तता दिए जाने में संघीय संबंधों का पुनर्गठन। यद्यपि भारत में द्रविड़ अधिकार–माँग साठ के दशक से हल्की पड़ गई है, हिन्दी भाषा थोपे जाने के विरुद्ध विचार अभी तक वहाँ संगठन

के महत्त्वपूर्ण कारक हैं। उनके द्वारा जन्म दिए गए आंदोलनों एवं हिंसा के ही आलोक में सालिग एस. हैरीसन को प्रेरणा मिली कि वह पचास–साठ के दशकों को "सबसे खतरनाक दशक" की संज्ञा दें।

भारत सरकार उक्त राज्य के भाषाई पुनर्गठन हेतु माँग पर पुनर्विचार करने हेतु प्रारंभतः अनिच्छुक ही थी। परंतु एक गाँधीवादी पी. श्रीनिवासुलु की मृत्यु उपरांत उसे इस माँग पर फिर से विचार करना ही पड़ा, जो कि एक भाषाई आंध्र प्रदेश राज्य की माँग करते हुए भूख–हड़ताल से मरे।

पंजाब में नृजातीय आंदोलन को दो भागों में विभाजित किया था—पचास व साठ के दशक तथा अस्सी का दशक। यह तीन प्रकार के मुद्दों पर आधारित था—(1) क्षेत्रीय, (2) धार्मिक, (3) आर्थिक। प्रथम चरण में अकाली दल की अगुवाई में पंजाब के नेताओं ने तर्क दिया कि चूँकि सिक्ख जन पृथक् धर्म का पालन करते हैं और भिन्न भाषा बोलते हैं, उन्हें एक अलग राज्य मिलना चाहिए। कुछ अवसरों पर वह राज्य में हिन्दुओं और सिक्खों के बीच सांप्रदायिक विभाजन में व्यक्त हुआ, जो नृजातीय/सांप्रदायिक विवाद में परिणत हुआ। उन्होंने अपने लिए एक पृथक् पंजाब राज्य की माँग करते हुए पचास व साठ के दशकों में एक पंजाबी सूबा आंदोलन छेड़ दिया। बलदेव राज नायर के अनुसार पंजाबी सूबा आंदोलन में निम्न बातें शामिल थीं—संवैधानिक उपाय, जैसे ज्ञापन देना, रैलियाँ करना, मार्च करना; कांग्रेस संगठन में घुसना ताकि एक पृथक् राज्य के समर्थन में पार्टी पर प्रभाव बना सकें और आंदोलनात्मक उपाय जिनमें शामिल थे—तीर्थ–स्थलों को कूच करना, धमकी देना व बल–प्रयोग। पंजाबी सूबा आंदोलन के परिणामस्वरूप, 1 नवम्बर 1966 को पंजाब एक अलग राज्य बना दिया गया। पॉल.आर. ब्रास के अनुसार, पचास व साठ के दशकों में नृजातीय विवादों अथवा संगठन की ओर केंद्र सरकार का रुख एक अलिखित कूट से प्रकट होता था – धार्मिक आधारों पर राज्यों के निर्माण हेतु माँगों के प्रति विरुचि; भाषाई, क्षेत्रीय अथवा अन्य सांस्कृतिक रूप से परिभाषित समूहों की माँगों को कोई रियायत नहीं जब तक कि उस विवाद में शामिल दोनों ही समूहों से उठने वाली माँग का समर्थन न हो। उनके मत में, एक पृथक् पंजाब राज्य बनाए जाने हेतु माँग केवल तभी मानी गई जब उसी राज्य की हिन्दी–भाषी जनता हेतु पृथक् हरियाणा राज्य बनाए जाने हेतु माँग भी विद्यमान थी।

पंजाब में नृजातीय आंदोलन अस्सी के दशक में फिर उठा। इसने एक राष्ट्र–राज्य के रूप में भारत की संप्रभुता को चुनौती दी। उसने एक संप्रभु खालिस्तान राज्य स्थापित करने का प्रयास किया, जो कि सिक्ख धर्म के सिद्धातों पर आधारित होना था। खालिस्तान आंदोलन और उससे जुड़े मुद्दों का आमतौर पर लोगों के और शिक्षा संबंधी वार्तालाप में "पंजाब संकट/समस्या" के रूप में उल्लेख किया गया। यह आंदोलन हिंसक हो गया और आम, शैक्षिक एक राजनैतिक बातचीत में आतंकवाद के साथ पहचाना जाने लगा। खालिस्तान आंदोलन के पक्षधरों का कहना था कि भारत में सिक्खों के साथ, जो कि अल्पसंख्यक धर्म के

अनुयायी हैं, भेदभाव किया गया है, बावजूद इसके कि भारतीय अर्थव्यवस्था और सेना में उनका काफी योगदान रहा है।

'अस्सी के दशक में खालिस्तान आंदोलन अथवा आतंकवाद देश में उस राजनीतिक घटनाक्रम का एक परिणाम रहा जो इससे पहले घट चुका था।' सत्तर के दशक में पंजाब में कांग्रेस के आधिपत्य को अकाली दल ने चुनौती दी। इस चुनौती से निबटने के लिए कांग्रेस ने पंजाब में 1980 के विधानसभा चुनावों में सिक्ख धार्मिक नेता संत जरनैल सिंह भिण्डरांवाले की मदद ली। भिण्डरांवाले की सेवाओं के उपयोग का देश व राज्य के लिए अपना ही सांस्कृतिक एवं राजनीतिक निहितार्थ था। इसने भिण्डरांवाले को प्रोत्साहित किया कि वह स्वतंत्र रूप से अपना अधिकार जमाए और खालिस्तान आंदोलन का नेतृत्व अपने हाथ में ले ले। न सिर्फ बड़ी संख्या में सिक्ख युवक ही इस आंदोलन के प्रति आकर्षित हुए, बल्कि आंदोलन को विदेशी ताकतों का भी सहारा मिला। सरकार ने 'ऑपरेशन ब्लू स्टार' से जवाब दिया–आतंकवादियों को पकड़ने के लिए सशस्त्र बलों को भेजा, जो कि संत भिण्डरांवाले समेत अमृतसर में 'स्वर्ण मंदिर' में छुपे हुए थे। इसने अंततोगत्वा इंदिरा गाँधी की हत्या की ओर प्रवृत्त किया। यह खालिस्तान आंदोलन पंजाब में हिन्दुओं व सिक्खों के बीच नृजातीय विभाजन में भी परिणत हुआ।

विद्वानों ने पंजाब में सत्तर व अस्सी के दशकों के नृजातीय आंदोलन को समाजार्थिक एवं राजनीतिक कारकों के रूप में स्पष्ट किया है। वे जो इसे सामाजिक–आर्थिक के रूप में स्पष्ट करते हैं, मार्क्सवादी पहलू अपनाते हैं। उनका तर्क है कि "पंजाब समस्या" हरित क्रांति के बाद में पैदा हुई; युवाओं के बीच बढ़ती बेरोजगारी तथा उपभोक्तावादी संस्कृति की बढ़वार जिसने सिक्ख पहचान खोने का एहसास बढ़ाया, आदि ने पंजाब में आतंकवाद बढ़ाने में योगदान दिया।

जम्मू–कश्मीर में नृजातीय आंदोलन के आधार हैं–(1) भाषा, (2) धर्म, (3) भौगोलिक स्थिति। राज्य की अवाम का एक वर्ग का कहना है कि चूँकि भाषा, धर्म और भूगोल के लिहाज से राज्य की नृजातीय संरचना देश में प्रबल नृजातीय समूहों से भिन्न है, इस भूभाग को भिन्न तरीके से लिया जाना चाहिए। उनमें से कुछ ने स्वयं को भारतीय संघ का सदस्य भी नहीं माना है। परिणामतः उन्होंने भारत से संबंध–विच्छेद की माँग की है; कुछ ने पाकिस्तान के साथ मिल जाने की वकालत की है, कुछ ने इस क्षेत्र हेतु एक पृथक् संप्रभु राज्य की माँग की है और कुछ ने दो कश्मीरों – एक पाकिस्तान वाला और दूसरा भारत वाला को मिलाकर एक ही राज्य बना देने की बात कही है। इस पहलू के समर्थकों ने विप्लव शुरू कर दिया है जिसमें हिंसा तथा जान–माल की हानि भी शामिल है। उन्हें विदेशी ताकतों का समर्थन प्राप्त है, खासकर पाकिस्तान का। राज्य में जन–नेतृत्व भी राष्ट्र–राज्य के साथ राज्य–विशेष के संबंध को लेकर विभक्त हो चुका है। जम्मू–कश्मीर के शासक हरि सिंह ने शुरू–शुरू में राज्य को भारतीय संघ में स्वीकार किए जाने का विरोध किया था। परंतु उसे पाकिस्तानी बलों के आक्रमण की सूरत

में इस बात के लिए सहमत होना ही पड़ा। शेख अब्दुल्ला ने राज्य को भारतीय संघ में मिला लिए जाने का समर्थन किया था। परंतु आगे चलकर वह इस मुद्दे पर डाँवाडोल हो गए। उन्होंने जनमत मोर्चा जिसके कारण उन्हें बनाया, केंद्र सरकार द्वारा उनको 1953 से 1964 तक कारावास में रखा गया। बलराज पुरी के अनुसार जम्मू-कश्मीर में विप्लव हेतु कारणों में शामिल हैं—केंद्र सरकार का रुख, राज्य में विपक्ष का अभाव, केंद्र व राज्य नेतृत्व द्वारा लोकतंत्र का पटरी से उतारा जाना, बेरोजगारी एवं अन्य जन-समस्याओं का बढ़ना, शीतयुद्ध तथा पाकिस्तान। यहाँ तक कि जम्मू-कश्मीर के भीतर भी लद्दाख व जम्मू में छोटे-छोटे समूहों द्वारा नृजातीय आंदोलन चल रहे हैं, जो जम्मू-कश्मीर राज्य के भीतर स्वायत्तता की माँग कर रहे हैं।

प्रश्न 2. उत्तर-पूर्व भारत में नृजातीय आंदोलनों के चरित्र पर चर्चा कीजिए।
[दिसम्बर-2009, प्र. सं.-6]

अथवा

नागाओं के विशेष संदर्भ में नृजातीय आंदोलनों की चर्चा करें।
[जून-2010, प्र. सं.-6]

अथवा

असम के बोडो आंदोलनों तथा मेघालय के आदिवासी पर एक लेख लिखिए।
[जून-2009, प्र. सं.-10 (a)][जून-2010, प्र. सं.-5 (b)]

उत्तर— भारत में सबसे अधिक जनजातियों का निवास स्थान उत्तर-पूर्व में हैं इसलिए उत्तर-पूर्व में जनजातियों की एकजुटता के कारण अनेक राष्ट्रीय आंदोलन हैं। वे विभिन्न धर्म अपनाते हैं, खासकर ईसाई धर्म, बौद्ध धर्म, हिन्दू धर्म तथा देशी धार्मिक (indigenous religious)। उनको फिर से मैदानी व पहाड़ी जनजातियों में बाँटा जा सकता है। उत्तर-पूर्व भारत के लगभग सभी राज्यों में नृजातीय आंदोलन किसी न किसी रूप में दिखाई दिए हैं।

जैसा कि उत्तर-पूर्व भारत के नृजातीय मुद्दे भौगोलिक कारकों, उसके क्षेत्रीय आयामों से संबंध रखते हैं। यद्यपि अपनी-अपनी सांस्कृतिक रीतियों के अनुसार उत्तर-पूर्व भारत की विभिन्न जनजातियों के बीच भेद हैं, अपनी भौगोलिक अवस्थिति के कारण सभी के अभाव संबंधी अनुभव समान ही हैं। उत्तर-पूर्व पर बहुत कुछ लिखा जा चुका है जिसमें इस क्षेत्र की नृजातीय समस्याओं को स्पष्ट करने का प्रयास दिखाई पड़ता है और नृजातीय पहचानों के बनने के क्षेत्र में आंदोलनों के आधार पर बातचीत में दरार भी प्रकट होती है। उत्तर-पूर्वी क्षेत्र की समस्याएँ—विप्लव, स्वायत्तता आंदोलन, नृजातीय संघर्ष, उपद्रव, आदि मुख्य रूप से दो दृष्टिकोणों द्वारा स्पष्ट की जाती हैं—प्रथम आधुनिकीकरण/विकास/ **"राष्ट्र-राज्य निर्माण दृष्टिकोण"** और दूसरा, **"संघ-निर्माण दृष्टिकोण।"** प्रथम दृष्टिकोण के अनुयायियों का मुख्य रूप से तर्क यह है कि उत्तर-पूर्व की समस्याएँ "राष्ट्र-राज्य निर्माण" संबंधी मुद्दों से जुड़ी

हैं; मध्य वर्गों के बीच विवाद, खासतौर पर इस क्षेत्र की जनजातियों के बीच, जो कि परंपरागत नेतृत्व के साथ आधुनिकीकरण/विकास/अवस्थान्तर गमन (लोकतंत्र) के परिणामस्वरूप उभर कर आया है; इस समूह की बढ़ती आकांक्षाओं को पूरा करने में व्यवस्था की अक्षमता। इस पहलू के मुख्य पक्षधर हैं—एस.के. चौबे, वी.पी. सिंह, बी.जी. वर्गीज तथा मायरन वीनर। इनमें से अधिकांश लेखकगण इस क्षेत्र के नहीं हैं।

दूसरा दृष्टिकोण वस्तुतः पहले दृष्टिकोण की समीक्षा है और इन विद्वानों की लिखित रचनाओं में उपलब्ध है जो इस क्षेत्र के ही हैं। इस पहलू के प्रमुख अनुयायी हैं—संजीव बरुआ, उड्पन शर्मा, संजय हजारिका, सजल नाग तथा एम.पी. बेजबरुआ। उनका तर्क है कि उत्तर–पूर्व भारत की समस्याएँ इसलिए पैदा हुईं कि राष्ट्रीय नेतृत्व ने "राष्ट्र–निर्माण" हेतु अपने अन्वेषण में इस क्षेत्र की जनता वाले पहलू को अनदेखा किया। "राष्ट्र–राज्य" बनाने के लिए केंद्र सरकार ने उत्तर–पूर्व की ओर "सौतेला" रूप अपनाया; "उपान्त" व छोटी राष्ट्रीयताओं की उपेक्षा की; उनकी ओर अक्खड़ रवैया अपनाया और इस क्षेत्र में मानवाधिकारों के उल्लंघन की ओर उदासीन रही है। उनका तर्क है कि "राष्ट्र–राज्य" निर्माण दृष्टिकोण के स्थान पर एक "संघ–निर्माण" दृष्टिकोण होना चाहिए।

नागा जनजाति—नागाओं का आंदोलन देश में नृजातीय आंदोलन में इतिहास में सबसे प्राचीन माना जाता है। नागाओं का आंदोलन जिसका प्रायः नागा विद्रोह के रूप में उल्लेख किया जाता है, नागाओं द्वारा नागा राष्ट्रीय आंदोलन कहा जाता है। देश में नृजातीयता अथवा राष्ट्रीयता के सवाल से जुड़ा सबसे पुराना आंदोलन यही है। यह आंदोलन नागालैंड में राष्ट्रीयता/नृजातीयता नृजातीय आंदोलन से जुड़े सभी आयाम रखता था, यथा—स्वायत्तता हेतु माँग, भारत में संबंध–विच्छेद तथा नृजातीय संघर्ष। नागाओं का मानना है कि एक राष्ट्र/नृजातीय समूह के रूप में वे भारत में अन्य नृजातीय समूहों अथवा राष्ट्रीयताओं/राष्ट्रों से भिन्न हैं। उन्होंने हमेशा अपनी विशिष्ट संस्कृति, रीति–रिवाजों एवं इतिहास के साथ संप्रभुता का सुख भोगा है। उनमें से एक तबके का मानना है कि वे भारत का हिस्सा कभी नहीं रहे हैं और वे अपनी पहचान कायम रखना पसंद करेंगे, भारतीय संघ में शामिल होने से उन्हें अपनी संप्रभुता से समझौता करना पड़ा है। वे नागालैंड के भारतीय संघ में विलय होने को मान्यता नहीं देते और इसे बलपूर्वक शासन के तहत मानते हैं। यही कारण है कि अनेक नागाओं ने उत्तर–पूर्व भारत के अभिप्राय से भारतीय संविधान की छठी अनुसूची को नहीं माना और 1952 में कराए गए प्रथम आम चुनाव में भाग ही नहीं लिया।

नागा अभिजात–वर्ग जिसमें ईसाई शिक्षा–संस्थाओं में शिक्षित लोग आते थे और कुछ पास के गाँवों के मुखियाओं ने 1918 में मिलकर **'नागा क्लब'** बनाया ताकि नागा पहाड़ियों के लोगों की सामाजिक एवं प्रशासनिक समस्याओं को उठाया जा सके। 1929 में सायमन आयोग को दिए गए एक ज्ञापन में नागा क्लब ने गुहार की, कि नागाओं को प्रशासनिक सुधारों से बाहर ही रखा जाए, जिससे उम्मीद थी कि नागाओं को ब्रिटिश प्रशासन के सीधे नियंत्रण में

रखने की सिफारिश करेगा और अधिकार में भी रखेगा। नागा पहाड़ी जिला के उपायुक्त की पहल पर, 1945 में जिला जनजाति परिषद्, विशिष्ट नागा परिषदों का एक संगठन बनाया गया। इसी वर्ष जिला जनजाति परिषद् का नाम बदलकर नागा राष्ट्रीय परिषद् (NNC) कर दिया गया। यह परिषद् 27–29 जून 1947 को भारत सरकार के प्रतिनिधि, असम के राज्यपाल, सर अकबर हैदरी के साथ नौ–सूत्री कार्यक्रम विषयक एक समझौते पर पहुँची। इस समझौते के मुख्य प्रावधान थे–अन्य हस्तांतरण से जनजातीय भूमि की रक्षा, प्रशासनिक स्वायत्तता की सर्जना तथा इस समझौते को लागू करने हेतु भारत सरकार को विशेष दायित्व सौंपना। दृढ़तापूर्वक कहते हुए कि नागाजन भारत से एक भिन्न राष्ट्र हैं, उन्होंने हॉन्किन सरकार अथवा नागालैंड जन सर्वसत्ताक गणतंत्र बनाने की घोषणा कर दी। इसका परिणाम हुआ–भारतीय सेना और नागाओं के बीच हिंसा का खुला प्रयोग। तदोपरांत जुलाई 1960 में भारत के प्रधानमंत्री जवाहरलाल नेहरू और नागाओं के बीच एक 16–सूत्रीय समझौता हुआ। इसने अंततोगत्वा उसी वर्ष अगस्त में असम में से काट कर, जिसका कि वह एक हिस्सा था, एक अलग राज्य बनाए जाने की ओर प्रवृत्त किया।

भारतीय संघ के भीतर एक अलग राज्य के रूप में नागालैंड और संप्रभु राज्य/राष्ट्र के रूप में नागालैंड के मुद्दे पर नागा नेताओं के बीच मतभेद थे। पूर्ववर्ती ने नागालैंड नेशनेलिस्ट आर्गेनाइजेशन (NNO) की स्थापना की और परवर्ती ने डैमोक्रेटिक पार्टी ऑफ नागालैंड बना ली। नागालैंड नेशनेलिस्ट आर्गेनाइजेशन जो राज्य को एक पृथक् राज्य बनवाने में सक्रिय था, हिंसा को छोड़ देने और भारतीय संविधान को स्वीकार कर लेने के पक्ष में था। 1975 में शिलांग समझौते पर हस्ताक्षर होने के बाद इस प्रश्न ने नया आयाम ले लिया। इसके अनुसार नागाओं ने भारतीय संविधान स्वीकार कर लिया, अपनी सेवाएँ भारत सरकार को सौंप दीं और बदले में सरकार ने नागा राजनैतिक बंदियों को रिहा कर दिया और उनके पुनर्वास का भी वायदा किया।

शिलांग समझौते पर हस्ताक्षर किए जाने का नागाओं के एक वर्ग द्वारा स्वागत नहीं किया गया। उसने इस समझौते पर अपनी संप्रभुता से समझौता करने और ईसाई धर्म से गद्दारी करने का आरोप लगाया। उन्होंने अब नागा संप्रभुता के मुद्दे को समाजवाद संबंधी माओ विचारधारा से जोड़ने का प्रयास किया और एक तांगकुल नागा टी. मुइवा और ईसाक स्वू के नेतृत्व में नागालैंड राष्ट्रीय समाजवादी परिषद् (NSCN) बना ली। उक्त परिषद् के नेताओं ने भारत के बाहर रहकर नागा आंदोलन को दिशा निर्देशित किया है। अटल बिहारी वाजपेयी तथा मनमोहन सिंह के प्रधानमंत्रित्व काल में भारत सरकार के साथ अपनी वार्ताओं में उन्होंने दो मुख्य मुद्दे उठाए हैं–नागालैंड की स्वायत्तता का मुद्दा और एक 'नागालिम' का बनाया जाना, जिसका राज्यक्षेत्र उत्तर–पूर्वी राज्यों के उन सभी क्षेत्रों का विलय करके बनेगा जहाँ नागा जन रहते हैं। नागालैंड के अलावा ये राज्य हैं–मणिपुर, अरुणाचल प्रदेश और असम। उनका कहना है कि विभिन्न राज्यों की सीमाएँ निर्धारित करते समय भारत सरकार ने नागाओं

द्वारा आवासित क्षेत्रों को विभिन्न राज्यों के साथ मिला दिया। इसने उन्हें अलग–अलग कर दिया। उनकी माँग है कि नागाओं को 'नागालिम' में पुनर्गठित किया जाए। इस माँग ने उक्त राज्यों से होने वाले विरोध को उकसाया है। इसने इन राज्यों के भीतर नृजातीय संबंधों पर अप्रत्यक्ष प्रभाव डाला है। नागालैंड ने राज्य की दो प्रमुख जनजातियों—नागा और कुकी के बीच नृजातीय दंगों और संघर्ष को भी देखा है। पूर्ववर्ती का आरोप है वे (कुकी) राज्य के मूल निवासी नहीं हैं, जबकि परवर्ती इस बात को झूठा सिद्ध करते हैं।

असम के बोडो—असम के जनजातियों में एकजुटता अस्सी के दशक में आई थी। असम की मुख्य जनजातियों में बोडो, कार्बी तथा आदिवासी आते हैं। बोडो और कार्बी असम राज्य से काटकर अपना–अपना राज्य अलग बना दिए जाने की माँग कर रहे हैं। बोडो और कार्बी अपने–अपने मूल निवास स्थानों में रह रही देशी जनजातियाँ हैं। पूर्ववर्ती कोकराझार जैसे असम के निचले जिलों में पाई जाती हैं और कार्बी राज्य के कार्बी आँलौंग जिले में निवास करते हैं। ओराओं व संथाल जैसी जनजातियों वाले आदिवासी जो औपनिवेशिक शासन काल में राज्य में चाय बागान मजदूरों के रूप में बसाए गए थे, मुख्य रूप से उड़ीसा और बिहार के हैं। बागान मजदूरों के रूप में काम करने के अलावा वे गरीब किसानों के रूप में भूमि भी जोतते हैं। आदिवासियों की माँगे हैं—सरकारी नौकरियों में आरक्षण के लिहाज से उनके अधिकारों की रक्षा की जाए और प्रबल नृजातीय जनजातियों से उन्हें बचाया जाए क्योंकि बोडो व आदिवासियों के बीच हिंसक नृजातीय दंगों की अनेक वारदातें हो चुकी हैं।

असम की जनजातियों ने **अखिल असम छात्र संघ** (आसू/AASU) के नेतृत्व में 1979 से 1985 यानी छह वर्ष तक चले असम आंदोलन में भाग लिया। इस आंदोलन ने जो विदेशियों के विरुद्ध दिशा–निर्देशित था, असम के प्रमुख समुदायों – जनजातियों एवं गैर–जनजातियों को संगठित किया, इस सामान्य धारणा के साथ कि एक पिछड़े और विभेदीकृत राज्य से संबंध रखने के लिहाज से उनका अनुभव एक सा ही है, जो कि विदेशी घुसपैठ, खासकर बंगलादेश से, की चुनौती का सामना कर रहा है। कालांतर में, हालाँकि, 19वीं शताब्दी से ही राज्य में रह रहे व देश के नागरिक रहे बंगालियों और ला कर बसाए गए बंगलादेशियों के बीच भेद धुँधला पड़ गया है। मुख्य रूप से छात्रों व मध्यवर्गों के नेतृत्व में यह अनेक अवसर पर हिंसक हो गया था। परंतु जैसे ही **'आसू'** ने एक राजनीतिक दल का चोला पहना, यथा असम गण परिषद् (अगप/AGP) और 1985 के विधानसभा चुनावों में जीत हासिल कर सरकार बनाई, बोडो व कार्बी जैसी जनजातियाँ, जिन्होंने 'आसू' आंदोलन में भाग लिया था, अपने–अपने अलग राज्य बनाए जाने की माँग करने लगीं। उन्होंने महसूस किया कि असम के प्रबल समुदायों के नेतृत्व में आसू आंदोलन ने उन जैसी छोटी जनजातियों के समर्थन का प्रयोग किया है। एक बार भारत सरकार के साथ असम समझौते पर हस्ताक्षर करने और राज्य में अगप सरकार बना लेने के बाद आसू नेताओं ने उन जैसी छोटी जनजातियों को यथोचित पहचान प्रदान नहीं की और उन पर अपनी सांस्कृतिक संहिता थोपने

का प्रयास किया। उन्होंने दृढ़तापूर्वक कहा कि वे असमियाओं से भिन्न हैं। इसके संबंध में **संजीव बरुआ** अपनी पुस्तक *इंडिया अगेन्स्ट इटसैल्फ* में "हम बोडो हैं, असमिया नहीं" कहने वाले बोडो स्रोतों का उद्धरण देते हैं। बोडो आंदोलन को नेताओं की एक पीढ़ी का नेतृत्व प्राप्त है। अखिल बोडो छात्र संघ (अबसू/ABSU) ने सरकार को माँगों का एक 92–सूत्रीय घोषणा–पत्र प्रस्तुत किया, जिसमें उनकी संस्कृति व भाषा को मान्यता दिए जाने तथा अपने शैक्षिक एवं आर्थिक विकास हेतु उन्हें अवसर दिए जाने हेतु विषयक माँगे शामिल थीं। इन माँगों को पूरा करवाने के लिए वे एक पृथक् बोडोलैंड राज्य की माँग करते हैं। यह अवश्य ध्यान दिया जाना चाहिए कि उल्फा (ULFA – असम संयुक्त मुक्ति मोर्चा) से भिन्न वे भारतीय शासन की संप्रभुता विषयक प्रश्न नहीं करते हैं। वे भारतीय संविधान के तहत ही भारतीय संघ में रहकर एक पृथक् राज्य चाहते हैं। उन्होंने राज्य अभिकरणों को निशाना बनाकर हिंसा का सहारा लिया है, खासकर केंद्र सरकार के अभिकरण तथा सशस्त्र बल। उन्होंने नृजातीय हिंसा को उकसाकर आदिवासी अप्रवासियों के विरुद्ध भी अपनी हिंसा का मार्ग प्रशस्त किया है। सरकार ने उन्हें स्थानीय स्वायत्तता प्रदान करने के लिए बोडो स्वायत्त परिषदे स्थापित कर प्रत्युत्तर दिया है। परंतु उसने पृथक् राज्य बनाए जाने हेतु उनकी माँग के प्रति कोई प्रतिक्रिया नहीं दर्शाई है।

मेघालय की जनजातियाँ—मेघालय में तीन जनजातियाँ पाई जाती हैं—खासी, जैन्तिया तथा गारो, जो राज्य स्थित इन्हीं नामों की पहाड़ियों में वास करती हैं। ये जनजातियाँ विद्यमान मातृसत्तात्मक प्रणाली के लिए जानी जाती हैं, जिसके अनुसार भारत के अन्य समुदायों में पाई जाने वाली पितृसत्तात्मक प्रणाली के मुकाबले इनमें महिलाओं को बेहतर स्थिति प्राप्त है। उत्तर–पूर्व भारत की कुछ अन्य जनजातियों की ही भाँति शिक्षित ईसाई अभिजात वर्ग राज्य में उनके बीच पहले ही उद्गमित हो चुका था, खासकर स्वतंत्रता–पूर्व काल में खासी। शिलांग जो लगभग एक सदी तक असम की राजधानी रहा, वर्तमान मेघालय राज्य समेत जिसके हिस्से अंगीभूत थे, उनके बीच एक अभिजात वर्ग की बढ़वार हेतु एक उपयुक्त स्थान उपलब्ध कराता है। मेघालय की जनजातियाँ मेघालय में गैर–जनजातियों के साथ मिलजुलकर रहती हैं, खासकर शिलांग में, 19वीं शताब्दी में असम की राजधानी चेरापूँजी से वहाँ लाए जाने के बाद से ही। गैर–जनजातियों में, जो शिलांग तथा मेघालय के अन्य भागों में 19वीं शताब्दी के उत्तरार्ध में आकर बसीं, मुख्य रूप से आते हैं—बंगाली, बिहारी, राजस्थानी, सिक्ख और 1972 में मेघालय एक पृथक् राज्य बन जाने तक, असमिया भी। ये गैर–जनजातियाँ अपने मतभेदों के बावजूद इस अर्थ में एक अलग नृजातीय समूह का निर्माण करते हैं कि उनकी संस्कृति, अभिलक्षण, रीति–रिवाज आदि उक्त जनजातियों की इन बातों से भिन्न है। साठ के दशक में असम क्षेत्र के नृजातीय समूहों का आंदोलन देखा गया, जिसने तदोपरांत एक पृथक् राज्य बनाए जाने हेतु, एक अलग मेघालय राज्य का रूप ले लिया। इस आंदोलन ने इन भूभाग के सभी नृजातीय समूहों – जनजातियों व गैर–जनजातियों की शिरकत देखी। यह

प्रबल समूहों – असमिया की भाषा नीति के खिलाफ उनकी संयुक्त अप्रसन्नता की अभिव्यक्ति था। उन्होंने असमिया सरकार की उस भाषा–नीति के खिलाफ भी विरोध–प्रदर्शन किया जो स्कूलों में एक शिक्षा–माध्यम और एक कार्यालयी भाषा के रूप में असमिया को लागू किए जाति के प्रयास में थी। इसको जनजातियों तथा गैर–जनजातियों समेत गैर–असमिया भाषियों पर असमिया थोपे जाने के रूप में लिया गया। नृजातीय समूहों के दोनों ही वर्गों – जनजातीय एवं गैर–जनजातीय, ने मेघालय को एक पृथक् राज्य बनाए जाने हेतु आंदोलन में मिलकर भाग लिया।

मेघालय की जनजातियों एवं गैर–जनजातियों के बीच संबंधों में, तथापि, 1972 में राज्य बन जाने के बाद परिवर्तन दिखाई दिए। इनको अब नृजातीय विभाजन द्वारा पहचाना जाता था। राज्य सरकार ने जनजातियों से गैर–जनजातियों को भूमि हस्तांतरण पर प्रतिबंध लगाते हुए भूमि विनियमन शुरू कर दिया, जनजातियों के लिए विधानसभा में सीटें आरक्षित कीं (60 में से 56 सीटें उन्हीं के लिए हैं) और राज्य सरकार की नौकरियों मे तो उनके लिए 85 प्रतिशत तक आरक्षण किया। इससे राज्य की गैर–जनजातियाँ भड़क उठीं; जिन्होंने आरोप लगाया कि राज्य की अर्थव्यवस्था में उनके योगदान को मान्यता नहीं दी गई और उनके खिलाफ भेदभाव किया गया है। जनजातियों के विचारों का विशेष रूप से महिला व छात्र संगठनों तथा राजनीतिज्ञों द्वारा अभिव्यक्ति दी गई, उनके बीच सर्वाधिक हठधर्मी थे – खासी छात्र संघ (KSU) तथा खासी, गारो व जैन्तिया जन संघ (FKJGP)। खासी छात्र संघ व अन्य जनजातीय प्रतिनिधियों का तर्क है कि बाहरी लोगों – गैर–जनजातियों के आ जाने से ही उनकी सांस्कृतिक पहचान घटी है और आर्थिक अवसर स्वार्थसाधन का विषय बने हैं। सेना व केंद्रीय अर्ध–सैनिक बलों से पहचाने जाने वाली केंद्र सरकार को उनके अधिकारों पर अधिक्रमणकारी के रूप में देखा जाता है। इसी कारण, राज्य की जनजातियों की माँगे हैं–गैर–जनजातियों के व्यापार लाइसेंस रद्द हों, उन्हें राज्य से निकाला जाए, राज्य सरकार की नौकरियों में जनजातियों हेतु आरक्षण बढ़ाया जाए, इत्यादि। खासी छात्र संघ व अन्य जनजातीय संगठन प्रायः पर्चों, रैलियों, समाचार–पत्रों, आदि के माध्यम से ये मुद्दे उठाते रहते हैं। नृजातीय समूहों के बीच यह विभाजन कुछ अवसरों पर नृजातीय दंगों में भी परिणत हुआ है। नब्बे के दशकांत से राज्य कुछ विप्लवकारी समूहों को भी सर उठाते देखता रहा है।

प्रश्न 3. गैर–सीमांत आदिवासी पर एक संक्षिप्त लेख प्रस्तुत कीजिए।

[दिसम्बर–2010, प्र. सं.–5 (b)]

उत्तर– गैर–सीमांत जनजातियों के नृजातीय आंदोलन भी भारत में महत्त्वपूर्ण स्थान रखते हैं। गैर सीमांत जनजातियाँ मुख्य रूप से–(1) मध्य प्रदेश, (2) छत्तीसगढ़, (3) बिहार, (4) झारखण्ड, (5) गुजरात, (6) राजस्थान में पाई जाती हैं। सीमांत जनजातियों का निवास

स्थान भारत में उत्तर–पूर्व में ही अधिकतर है। एक तरफ सीमांत जनजातियों का उत्तर–पूर्व में प्रभुत्व है। उत्तर–पूर्व की जनजातियों के अतिरिक्त जो जनजातियाँ भारत में पाई जाती हैं उनको नृजातीय आधार पर अनेक बार एकजुट किया गया है।

इन जनजातियों का आंदोलन अंग्रेजों के विरुद्ध हुआ है, जो उनके अधिकारों में बिना वजह दखल देते रहे। गैर–सीमांत जनजातियों का आंदोलन कबीलाई सरकारों के खिलाफ तथा बाहर के व्यापारियों के खिलाफ जिन्होंने उनके संसाधनों पर अधिकार कर लिया था, हुआ है। इन जनजातियों को एकजुट करने का काम इनके ही कबीले के मुखिया द्वारा किया गया। गैर–सीमांत जनजातियों को बताया गया है कि बाहर के लोगों ने आकर उनके संसाधन पर कब्जा कर लिया है, उनकी पहचान संकट में है, इसलिए एकजुट होकर इन बाहरी तत्त्वों के खिलाफ ताकत के साथ खड़ा होकर भगा दिया जाए तथा अपनी पहचान को सुरक्षित किया जाए। इस तरह जनजातियों द्वारा बाहरी लोगों के खिलाफ आंदोलन कर दिया गया, लेकिन उस समय अंग्रेजों का शासन था और अंग्रेजी हुकूमत ने इनके आंदोलन को कुचल दिया। अंग्रेजों की सरकार ने प्रतिशोधपूर्वक इनके नेताओं की हत्या भी करवा दी। छोटा नागपुर का मुण्डा विद्रोह सीमांत जनजातियों के विद्रोह में सर्वोपरि था। इस प्रकार भारत में गैर सीमांत जनजातियों की एकजुटता अलग–अलग राज्यों में अलग–अलग मुद्दों पर आधारित थी। इनका मुद्दा था कि इनके लिए अलग राज्य का निर्माण किया जाए। इनके आंदोलन की माँग थी कि राज्य के अंदर जनजातियों के लिए अलग–अलग जिलों का निर्माण किया जाए।

बिहार से काटकर झारखण्ड राज्य का निर्माण तथा मध्य प्रदेश से कुछ भाग निकालकर छत्तीसगढ़ राज्य का निर्माण हुआ। राज्य में ही जनजाति जिला के निर्माण का उदाहरण बंबई राज्य में मिलता है। बंबई राज्य में दाग जनजातियों द्वारा एक अलग जनजाति जिला की माँग है। गैर–सीमांत जनजातियों का आंदोलन उनके विस्थापन तथा उनके भूमियों के अधिग्रहण के विरुद्ध भी हुआ है। इसका उदाहरण नर्मदा आंदोलन के अंतर्गत देखा जा सकता है। आज देश में बाँधों का निर्माण बहुत संख्या में हो रहा है जिसके कारण जनजातियों को विस्थापित होना पड़ता है। इन विस्थापनों के खिलाफ जनजाति, समुदाय एकजुट हो रहे हैं तथा अपने अधिकारों के लिए लड़ रहे हैं। भारत में नब्बे का दशक जनजातियों के संबंध मे बहुत महत्त्वपूर्ण है, क्योंकि उड़ीसा, राजस्थान आदि राज्यों में जनजातियों को हिन्दूवादी नेताओं द्वारा ईसाई और मुस्लिम जनजातियों के खिलाफ एकजुट किया गया। इस तरह इस प्रवृत्ति ने जनजातियों को सांप्रदायिक आधार पर दो धड़ों में विभक्त कर दिया।

गैर–सीमांत जनजातियों द्वारा स्वायत्तता की माँग या पृथक् राज्य की माँग या प्रशासनिक स्वायत्तता की माँग आम रूप से उठाई गई आंदोलन में आती है अर्थात् यह सामान्य माँग है जिसको जनजातियों द्वारा उठाया जाता है। यह इसलिए उठाया जाता है ताकि उनकी पहचान एवं उनकी सांस्कृतिक, रीति–रिवाजों पर कोई संकट न आ सके अर्थात् ये जनजाति समूह अपने पहचान एवं भाषाई संस्कृति को सुरक्षित करना चाहते हैं। इनकी शिकायत राजनीतिक

आधार पर होती है। इनके नेता जनजातियों को एकजुट कर आंदोलन चलाते हैं। जब इनकी माँग को मान लिया जाता है तो उनका झुकाव दूसरे मुद्दों की तरफ हो जाता है। इसका उदाहरण खंड राज्य से मिलता है। पहले बिहार से अलग जनजातीय राज्य की माँग की जा रही थी जब यह माँग पूरी हो गई तो जनजातीय नेताओं द्वारा अधिवास के नियम में फेरबदल करने का प्रयास अलग हुए मेघालय राज्य में भी किया गया। मेघालय में जनजातियों के नेताओं द्वारा उत्तराधिकार और भूमि हस्तांतरण नियम को बदलने हेतु विधेयक लाया गया। इस प्रकार हमारे सामने अनेक ऐसे उदाहरण मिल जाते हैं जिससे पता चलता है कि गैर-सीमांत जनजातियों का मुद्दा केवल एक नहीं रहा वरन् बदलता रहता है। गैर-सीमांत जनजातियों द्वारा भारत में अनेक आंदोलन किए गए। जिसमें बिरसा मुण्डा विद्रोह तथा तानाभगत आंदोलन मुख्य हैं।

ATTENTION IGNOU STUDENTS

Email at info@gullybaba.com
to claim your FREE book

"How to pass IGNOU exams on time with Good Marks"

10

नारी आन्दोलन
Women's Movements

परिचय

दुनिया के अधिकतर समाज पुरुष प्रधान है इस कारण महिलाओं ने अपने शोषण, उत्पीड़न तथा असंतोष के विरुद्ध आवाज उठाई है। अन्य सामाजिक समूहों की ही भाँति महिलाएँ भी अपनी कार्यावलियों, नेतृत्व, विचारधाराओं व संगठनों से सुसज्जित सामूहिक कार्य व्यापारों में शामिल रही हैं ताकि जीवन के सभी पहलुओं में अपना उचित और गौरवपूर्ण स्थान बना सकें। नारी आंदोलन के तहत समान अधिकार, आर्थिक स्वतंत्रता, धार्मिक स्वतंत्रता, तलाक के अधिकार, मत देने का अधिकार, शिक्षा का अधिकार, पर्दा–प्रथा का विरोध आदि कार्यों को किया गया है। महिला आंदोलन या नारी आंदोलन महिलाओं द्वारा किया जाए आवश्यक नहीं है। यह आंदोलन नारी के उत्थान के लिए पुरुषों द्वारा भी किया जा सकता है। इस प्रकार का उदाहरण भारत या विश्व के देशों में मिलता है। महिला वर्ग व्यष्टि रूप में और एक समुदाय रूप में विश्व जनसंख्या का सर्वाधिक विभेदग्रस्त वर्ग है। इसी भेदभाव के स्थितिसूचक के रूप में, विश्व भर के समाजों ने पुत्र संतान हेतु अधिमान दर्शाया है। स्वातंत्र्योत्तर काल में बड़ी संख्या में जन साधारण संगठन और नागरिक–समाज संगठन विभिन्न विचारधाराओं को मानने वाले संगठन आदि ने महिलाओं के मुद्दे को उठाया। प्रस्तुत अध्याय में हम महिलाओं के सामाजिक आंदोलनों के बारे में पढ़ेंगे।

प्रश्न 1. गाँधी काल में नारी आंदोलन पर एक लेख लिखिए।

[जून–2009, प्र. सं.–9 (b)]

उत्तर— 1920 के बाद गाँधीवादी आंदोलन ने महिलाओं की स्थिति में सुधार लाने का प्रयास किया। गाँधीवादी आंदोलन नारी-समस्या विषयक एकता के भाव को वापस ले आए। अस्पृश्यता की समस्या और हिन्दू-मुस्लिम समस्या के साथ महिलाओं की दशा भी तत्काल हल किया जाने वाला एक प्रमुख मुद्दा बन गई। आमतौर पर नारी आंदोलन तथा वृहत्तर राजनीतिक प्रसंग हेतु महिलाओं के मुद्दों की सुलभता हेतु गंभीर निहितार्थ रहे हैं। राष्ट्रीय आंदोलन ने इस समय महिलाओं के लिए यथासंभव वृहद् स्थान बना दिया ताकि वे बाहर आएँ और एक ऐसे मुद्दे पर सहभागी बनें जो प्रत्यक्षतः राजनीतिक था, यथा राजनीतिक स्वतंत्रता। परंतु साथ ही जनसाधारण, जिनमें बड़ी संख्या महिलाओं की थी, आंदोलन की प्रक्रिया में अपने निजी समूहों के मुद्दों को उठाने के लिए उत्तेजित रहे। 1927 में कुछ मुद्दों को समर्थन देते राष्ट्रीय निकाय के रूप अखिल भारतीय महिला संघ की स्थापना की गई। यही वो समय था जब महिलाओं को मताधिकार के साथ-साथ किसी भी सरकारी संगठन में प्रतिनिधित्व देने के लिए महिलाओं के साथ-साथ अन्य वर्गों की ओर से भी आवाज उठी। दिलचस्प बात है कि यह वो समय था जब यूरोप में मताधिकार आंदोलन ने गति पकड़ी। अनेक महिलाएँ जो गाँधीवादी आंदोलन की अग्रगामी थीं, बाद में देश भर में संस्थाओं में शामिल हो गईं। ये संस्थाएँ गंभीर सामाजिक मुद्दों को उठाने में एक महती भूमिका निभाती थीं और बाद के वर्षों में आंदोलनों को संगठन एवं नेतृत्व प्रदान करने में भी। वस्तुतः, औपनिवेशिक राज्य के विरुद्ध अपने संघर्ष के साथ-साथ अस्पृश्यता के खिलाफ अपने आंदोलन में और सांप्रदायिक विवाद के प्रश्न पर वे तरीके जो गाँधीजी ने प्रयोग किए, इन महिलाओं व संस्थाओं द्वारा प्रायः ही प्रेरित महिलाओं द्वारा कुछ आंदोलनों के प्रमाण-चिह्न बन गए। सत्तर के दशक में महिलाओं ने जब उत्तरांचल में मद्य विक्रेताओं के विरुद्ध या फिर पेड़ काटे जाने के विरुद्ध लड़ाई लड़ी तो उनके आंदोलनों का लक्षण-वर्णन विरोध के गाँधीवादी तरीकों से किया गया, यथा अहिंसात्मक तरीकों से और अपने विरोधी में नैतिक चेतना जगाकर।

1917 में रूसी क्रांति की सफलता ने भारत में साम्यवादी आंदोलन में शामिल होने के लिए बड़ी संख्या में महिलाओं को प्रोत्साहित किया, जो कि एक साथ राष्ट्रीय आंदोलन में भी शामिल थीं और नारी-आंदोलन में भी। वस्तुतः, साम्यवादी आंदोलन ने बाद के प्रगतिशील आंदोलन में मुख्य राजनीतिक व सामाजिक समस्या के रूप में महिलाओं के साथ-साथ महिलाओं की स्थिति से जुड़े मुद्दे भी उठाए। इन साम्यवादी महिलाओं ने स्वातंत्र्योत्तर काल में नारी-आंदोलन संबंधी अपनी विरासत को आगे पहुँचाया।

प्रश्न 2. वामपंथी और महिला आंदोलन पर संक्षिप्त टिप्पणी लिखिए।

[दिसम्बर–2009, प्र. सं.–10 (b)]

उत्तर— साम्यवादी दलों द्वारा शुरू से ही महिलाओं को नेतृत्व दिया गया। साम्यवादी दल ही ऐसा दल था जिसने महिलाओं की समस्या को राजनीतिक विषय के रूप में अपनाया था। तथापि, 1964 में साम्यवाद आंदोलनों में फूट और वाम आंदोलन के भीतर कई ऐसी नई आवाजों के उठने के साथ ही जो मार्क्सवादी दलों की पुरानी मान्यताओं पर संदेह करती थीं, समुदायों व समूहों की माँगों को व्यक्त करने संबंधी नए विचारों और संगठनात्मक सिद्धांतों का उदय शुरू हुआ। महाराष्ट्र के धूलिया जिले में शाहदा आंदोलन एक इसी प्रकार का आंदोलन था। गैर-जनजातीय स्थानीय भूस्वामियों द्वारा स्थानीय भील जनजातीय भूमिहीनों का शोषण इसमें मुख्य मुद्दा था। महाराष्ट्र में उत्तरोत्तर सूखा और अकाल ने जनजातियों के कष्टों को और बढ़ा दिया। जमींदारों और साहूकारों की विभिन्न शोषणकारी प्रथाओं ने जनजातियों को विरोध के उग्र तरीकों की ओर धकेला। यद्यपि इस आंदोलन का जन्म परंपरागत लोकाचार, भजन-गायन आदि के माध्यम से साठ के दशकोत्तर में हुआ, सत्तर के दशक में समूचा कायापलट देखा गया जब नए-नए प्रेरित वामपंथी नेतागण आंदोलन में शामिल हो गए और भील महिलाएँ धीरे-धीरे और बड़ी संख्या में संगठित कर ली गईं। तथापि, इस आंदोलन के दौरान यह महसूस किया गया कि वे मुद्दे जो इन क्षेत्रों में महिलाओं के लिए मुख्य थे, बिल्कुल वैसे नहीं थे जैसा कि संगठन ने शुरू-शुरू में सोचा था। उदाहरण के लिए, शाहदा आंदोलन में हलचल शुरू होने के बाद यह महसूस किया गया कि अधिकतर महिलाएँ भूमिहीन वेतनभोगी थीं और ऊँचे वेतन हेतु माँग महिलाओं के मुद्दे को और प्रत्यक्ष रूप से उठाती थी। यह आंदोलन धीरे-धीरे कुछ और मुद्दों को अपने में समेटने लगा, जैसे उच्च वेतन और मद्य-विरोध, क्योंकि यह पाया गया था कि आदमियों की दारू पीने की आदत घरेलू अर्थव्यवस्था को चौपट कर डालती थी और उनकी औरतों को घर चलाने के लिए मेहनत-मशक्कत करनी पड़ती थी। शराबखोरी ने औरतों को आए दिन पीटे जाने की ओर भी प्रवृत्त किया। इस प्रकार के मुद्दे जो पहले इस आंदोलन के विषय नहीं थे, महिलाओं के जीवन की गहरी सच्चाई के रूप में महसूस किया गया और उन्हें उठाया गया। इसने महिलाओं को भी प्रोत्साहित किया कि नारी-गठित समूहों में शामिल होने बड़ी संख्या में आए और फिर वे मद्यपात्रों को नष्ट करते हुए गाँव-गाँव गईं।

1970 में पुनः महाराष्ट्र आंदोलन जल्द ही गुजरात में फैल गया जहाँ बंबई, पूना और अहमदाबाद जैसे प्रमुख शहरों में महिलाएँ इस प्रकार की स्थिति के लिए जो बांग्लादेश युद्ध पश्चात् लोगों की आर्थिक रूप से बिगड़ती दशाओं की पृष्ठभूमि में पैदा हुए, सरकार के खिलाफ विरोध करते हुए गलियों में निकल आईं। बंबई में, उदाहरण के लिए, समाजवादी मृणाल गोरे और साम्यवादी अहिल्या राँगनेकर ने आंदोलन का नेतृत्व किया। महाराष्ट्र और गुजरात की हलचल ने वृहत्तर विरोधात्मक राजनीति में इजाफा किया जो कि उस वक्त उबाल पर थी। वस्तुतः गुजरात और महाराष्ट्र में निम्न जातियों का अभाव स्पष्ट था। अतः निम्न वर्गों अथवा जनजातियों से महिलाओं के मुद्दे और मामले आंदोलन का हिस्सा नहीं बन गए थे।

ऐसा विभिन्न प्रकार के आंदोलनों के माध्यम से ही हुआ कि यह वर्ग अपनी चिंताएँ व्यक्त करने लगा। इस प्रकार महाराष्ट्र में, उदाहरण के लिए, शाहदा आंदोलन में जनजातीय महिलाएँ एक ओर भूमिहीन वेतनभोगी महिलाओं के मुद्दों व शराबखोरी के खतरों को लाईं तो दूसरी ओर बोध गया में भूमि का मुद्दा शामिल था। लगता था कि एक दशक या अधिक अंतराल के बाद राजनीतिक व सामाजिक समस्याएँ तेजी से जुड़े जा रही थीं।

चित्र 10.1 : नारी आंदोलन

नए वर्गों का प्रकाश में आने का मतलब था कि राजनीतिक परिदृश्य का और अधिक जटिल हो जाना और हल करने के लिए और प्रचण्ड समस्याएँ। नारीत्व और नारी की भूमिका संबंधी गाँधीवादी विचारों पर अब सवाल उठाए गए और ऐसा ही उनके द्वारा प्रयुक्त प्रतीकों के साथ हुआ। इस प्रकार की स्थिति में महिलाओं में संगठन भी होना शुरू हो गया। जब पाश्चात्य नारीवादी जन ये सवाल उठाने लगे थे कि क्या ये मुद्दे जिनके लिए वे संघर्षरत हैं, वास्तव में तीसरी दुनिया की महिलाओं के लिए व्यवहार्य हैं, क्योंकि वहाँ दूना दमनात्मक पितृतंत्र और दरिद्रता है। यही स्थिति भारत में भी आई जब वे मुद्दे जो कि नारी-आंदोलन द्वारा या तो समानता या फिर अधिकार की व्याख्या के अधीन उठाए जा रहे थे, वास्तव में विभिन्न सामाजिक स्तरों की महिलाओं के लिए लागू किए गए। शाहदा आंदोलन के अनुभव में स्पष्टतः दिखाई दिया जब आंदोलन के दौरान इसके आयोजकों के सामने पार्थक्यसूचक मुद्दे और बदलाव आए – माँग और संगठन प्रतिमान, भूमि-अधिकार मुद्दे जिनको हाल के नारीवादी लेखकों तक ने सबसे महत्त्वपूर्ण मुद्दे बताया है – जहाँ अधिकांश जनता भूमिहीन है। यह मुद्दा कि उन्हें जमीन कौन दे, हमें वापस राज्य के मुद्दे पर ही ले आता है और लोकतंत्र के मुद्दे पर भी जो भारत में सुलभ है।

वर्ष 1975 को संयुक्त राष्ट्र-संघ द्वारा विश्व महिला वर्ग घोषित किया गया था। महिला दशक, 1975-85 में नारीवादी समूहों के साथ-साथ राजनीतिक दलों द्वारा भी महिलाओं से जुड़ा सक्रियतावाद देखा गया। बहरहाल, यह राज्य ही था जो महिलाओं की दशा सुधारने हेतु अनेक प्रगतिशील कदमों को प्रोत्साहन देता था और बहुत सी गतिविधियों को देखता था। महाराष्ट्र वामपंथ-प्रेरित महिलाओं के सक्रियतावाद का अड्डा था। माओवाद-प्रेरित महिलाओं

ने बंबई में पुरोगामी स्त्री संगठन, (प्रगतिशील महिला संघ) और **'स्त्री मुक्ति संगठन'** का गठन किया। पूना में **'लाल निशान पार्टी'** और **'श्रमिक संगठन',** दोनों माओवादी संगठन द्वारा आयोजित महिला सम्मेलन किया गया जिसमें विभिन्न दलों और राज्य भर से बड़ी संख्या में महिलाएँ उपस्थित हुईं।

महाराष्ट्र में कुछ दलित समूहों द्वारा एक 'महिला समता सैनिक दल' भी बनाया गया। माओवादी समूहों और दलित संगठन ने धीरे–धीरे इस तर्क में एक नई सान रखी कि धर्म और जाति व्यवस्था महिलाओं के दमन को अतिरिक्त वैधता प्रदान करते हैं और इस कारण किसी भी संभावित नारी मुक्ति के अनुसार अति निंद्य हैं।

यह दौर भी एक नई चेतना के साथ आया। महिलाओं का किस प्रकार संगठन और प्रतिनिधित्व किया जाए? जबकि शाहदा जैसे आंदोलनों ने दर्शाया कि महिलाओं को इस आंदोलन की प्रक्रिया में संगठित किया जा सकता था जिसमें मुद्दे जो नारी जीवन के निकट हों, उठेंगे। इस समय तक एक आत्म–सचेत नारीवादी विचारधारा भी अपना हक कायम करने आ गई। जबकि अधिकांश नारीवादी जन शहरी मध्यवर्गों से सम्मिलित होने के लिए लुभाए गए थे और समाज की समस्त महिलाओं का प्रतिनिधित्व करने में अक्षम पाए गए थे, गंभीर रूप से सोचा गया कि इन आंदोलनों के बाहर संगठन की आवश्यकता है। ये समूह जिन्हें स्वायत्त समूह कहा गया, महिलाओं के मुद्दों और इस आंदोलन के विषय में संगठनात्मक अधिक्रम का शिकार हुए वगैर और इन मान्यताओं का अंधभक्त हुए वगैर, सोच सकते थे जो देश के वामपंथी दलों से आक्रांत थीं। अनेक महिला समूह जो सत्तर के दशक में या उसके बाद जन्मे, स्वयं को केवल महिलाएँ समूह रखने का फैसला किया, जो कि बिना किसी दलीय संबंध अथवा परंपरागत संगठनात्मक प्राधार के था और प्रायः ही भारतीय समाज में महिलाओं की रोजाना की जिंदगी और संघर्ष से जुड़े एक अथवा एकाधिक गंभीर मुद्दों के इर्द–गिर्द गठित होता था। सन् 2000 तक देश के विभिन्न भागों में कार्यरत ऐसे हजारों समूह देखे जा सकते थे और वस्तुतः 2000 तक भारतीय नारी आंदोलन का लक्षण–वर्णन देश भर में इन समूहों द्वारा ही अधिक किया जाता है बनिस्वत् इस प्रकार के संगठनात्मक रूप से संरचित आंदोलन द्वारा।

प्रश्न 3. भारतीय नारी–आंदोलन की प्रमुख विशेषताएँ बताइए।

उत्तर– इसमें कोई संदेह नहीं कि 'स्त्री के सवालों' पर पूर्वी और पश्चिमी समाजों में गहरा मतभेद है। उदाहरण के लिए, पश्चिम की महिलाएँ प्रायः यह दलील देती हैं कि यदि पुरुष धूमपान कर सकता है अथवा वह एक खास किस्म का लिबास पहन सकता है या स्वच्छंद संभोग में विश्वास रखता है तो महिलाएँ भी वैसा क्यों न करें? जाहिर है कि भारत और पश्चिम की सामाजिक–नैतिक मान्यताओं में अंतर है और इसलिए भारतीय महिलाएँ अपनी स्वतंत्रता को 'पश्चिमी मानदंड' पर आश्रित नहीं करेंगी। भारत में जितने भी सामाजिक व

राजनीतिक सुधारक हुए उन सभी ने 'परिवार' को अपने अध्ययन का केंद्रबिंदु बनाया, किसी ने भी परिवार के विघटन व स्वच्छंद संभोग का समर्थन नहीं किया। उनका आग्रह यह रहा कि पत्नी को 'भोग का उपकरण' मानने के बदले, समाज व राष्ट्र के कार्य में अपना 'सम्मान्य साथी' समझें। भारतीय स्त्रियों के पुनरुत्थान के लिए बाल–विवाह, पर्दा–प्रथा, सती प्रथा व दहेज–प्रथा आदि को दूषित रीति–रिवाजों की श्रेणी में रखा गया और स्त्री–शिक्षा व विधवाओं के पुनर्विवाह पर बल दिया गया। इनके अलावा नारी–मुक्ति के निम्नलिखित लक्ष्यों के बारे में भी वाद–विवाद की गुंजाइश नहीं है—

(1) यह आग्रह कि परिवार में पुरुषों के मुकाबले स्त्रियों को किसी भी मामले में हीन न माना जाए। उन्हें भोजन, स्वास्थ्य और शिक्षा की पर्याप्त सुविधाएँ मिलें।

(2) विवाह, तलाक, उत्तराधिकार, गोद लेना और संपत्ति का अधिकार, ये ऐसे विषय हैं जिनमें स्त्री और पुरुष दोनों को समान अधिकार उपलब्ध कराए जाएँ। भारत के उच्चतम न्यायालय ने 5 मई 2000 के अपने एक फैसले में यह कहा कि "अपनी पहली पत्नी के होते हुए उस शादी को खत्म करने के लिए किसी व्यक्ति द्वारा उस मजहब को स्वीकार कर लेना, जिसमें बहुविवाह की परंपरा है, सिर्फ मजहब का दुरुपयोग है। मजहब कोई शोषण की वस्तु नहीं है।"

(3) कामकाज की दुनिया में महिलाओं को बराबरी के अवसर मिलें। यदि महिलाओं को परिवार तथा समाज में उपयुक्त वातावरण मिले तो वे राजनीतिक जीवन में भी सार्थक भूमिका निभा सकेंगी। महिलाओं के लिए यह आवश्यक है कि संसद और विधानसभाओं में उनके लिए स्थान आरक्षित किए जाएँ।

(4) समाज के निचले वर्गों में अशिक्षा व गरीबी की वजह से मदिरापान और पत्नी को मारना–पीटना एक आम बात है। प्रश्न यह है कि भारत जैसा एक 'शिथिल या नरम राज्य' (soft state) किस सीमा तक यह गारंटी दे सकता है कि स्त्रियों का शोषण और विशेष रूप से यौन–शोषण न हो?

(5) "ग्लोबीकरण की प्रक्रिया और नई आर्थिक नीतियों के अंतर्गत भी महिलाएँ अपने लिए कई तरह के खतरे देख रही हैं। इनमें से एक तो बेकारी का ही है, जो कई उद्योगों में छँटनी के फलस्वरूप विकराल रूप में प्रकट हो सकता है।"

11

क्षेत्रीय आन्दोलन
Regional Movements

परिचय

भारत विभिन्न संस्कृति एवं सभ्यताओं वाला देश रहा है। इसके कारण अनेक समस्याएँ आती रही हैं। इसमें ही शामिल एक समस्या क्षेत्रीय आंदोलन है। स्वतंत्रता प्राप्ति के समय से ही भारत जो सामाजिक एवं सांस्कृतिक संगठनों की विविधताओं वाला तथा आर्थिक विकास के विभिन्न स्तरों वाला देश है, क्षेत्रीय आंदोलन का सामना करता रहा है। इस आंदोलन के तहत अनेक क्षेत्र या तो भारत से अलग होना चाहते हैं या स्वायतत्ता की माँग कर रहे हैं। आज के समय में क्षेत्रीय आंदोलन को देश की एकता एवं अखंडता के लिए सबसे खतरनाक कारक माना जा रहा है। क्षेत्रीय आंदोलन एक एकात्म्य आंदोलन है जो राज्य से विशेष प्राधिकार, संरक्षण और रियायतें पाने का प्रयास करता है। यह एक क्षेत्रीय स्व–शासन हेतु आंदोलन है। क्षेत्रीय आंदोलन के प्रति राज्य की अनुक्रिया एक सार नहीं रही है। स्थिति पर निर्भर करते हुए राज्य ऐसे आंदोलनों के प्रति उदासीन, उदार अथवा दमनकारी रहा है। क्षेत्रीय आंदोलन चूँकि सामाजिक–सांस्कृतिक एवं राजनीतिक प्रक्रियाओं से जुड़े हैं, भारत जैसे एक लोकतांत्रिक देश में ये एक वर्तमान दृश्य घटना है। भारत में क्षेत्रीय आंदोलन की भावना उत्पन्न करने में ऐतिहासिक, सांस्कृतिक और भौगोलिक, आर्थिक कारकों का योगदान रहा है। इस अध्याय में भारत में क्षेत्रीय आंदोलनों व उनसे जुड़े मुद्दों से अवगत कराने का प्रयास किया गया है।

प्रश्न 1. क्षेत्रीय आंदोलनों का अर्थ और महत्त्व स्पष्ट करें?

[जून-2009, प्र. सं.-5 (a)]

उत्तर– क्षेत्रीय आंदोलनों का अर्थ और महत्त्व–आज के समय में क्षेत्रीय आंदोलन को देश की अखंडता व एकता के लिए सबसे खतरनाक कारक पाया जाता है। क्षेत्रीय आंदोलन के तहत खास क्षेत्र के निवासियों द्वारा अपने आपको देश के अन्य लोगों से श्रेष्ठ समझना तथा अपने आर्थिक, सामाजिक, सांस्कृतिक तथा क्षेत्रीयता को प्राथमिकता प्रदान करने के लिए किया जाने वाला कार्य आता है। क्षेत्रीय आंदोलन राज्य से विशेष अधिकार, संरक्षण तथा अनुदान प्राप्त करने के लिए किया गया प्रयत्न होता है। यह एक स्वयं का शासन चाहने वाले या राज्य चाहने वाला आंदोलन है। यह नए राज्यों के निर्माण हेतु किया गया आंदोलन है। क्षेत्रीय आंदोलन की उत्पत्ति के लिए दो कारकों को महत्त्वपूर्ण माना जाता है। पहला है एक क्षेत्र का दूसरे क्षेत्र में सामुदायिक विवाद तथा दूसरा क्षेत्र और राज्य के बीच प्रशासनिक विवाद।

अंतर्क्षेत्रीय विवाद देशीयता के कारण उत्पन्न होता है। यह विवाद अपने को और अधिक पहचान दिलवाने के लिए उत्पन्न किया जाता है। इसके अंतर्गत राज्य से अधिक-से-अधिक लाभ लेने की प्रवृत्ति के कारण भी उत्पन्न होता है। अंतर्क्षेत्रीय विवाद का कारण है कि वह राज्य के संसाधन पर स्वयं का ही अधिकार चाहता है तथा उसका लाभ लेना चाहता है। यह स्थानीय नागरिकों के लिए आरक्षण की व्यवस्था चाहता है। अंतर्क्षेत्रीय विवाद संस्कृति, बोल तथा रीति-रिवाजों के कारण भी होता है, असम में अन्य राज्यों के लोगों का विरोध करना और झारखंड में भी इसी प्रकार का विरोध करना अंतर्क्षेत्रीय विवाद का ही प्रतिफल है। क्षेत्रीय भावना सीमा-विवाद, नदी जल विभाजन तथा अनेक प्रकार की समस्याओं को जन्म दे देता है जो आगे चलकर जटिल रूप धारण कर लेती हैं। इसका उदाहरण कर्नाटक और तमिलनाडु के बीच कावेरी जल के विभाजन को लेकर उत्पन्न विवाद सामने आता है। इसके अंतर्गत महाराष्ट्र और कर्नाटक का सीमा विवाद भी आता है। अंतर्क्षेत्रीय के कारण ही बिहारियों एवं असमियों के बीच केंद्रीय प्रतियोगी परीक्षा को लेकर विवाद उत्पन्न हुआ। महाराष्ट्र में भी शिवसेना के द्वारा दिया गया नारा महाराष्ट्र, महाराष्ट्रीय के लिए इस भावना का एक ताजा उदाहरण है। ऐसा इसलिए किया गया है ताकि दूसरे प्रदेश या क्षेत्र के लोग उस प्रदेश के आर्थिक व्यवस्था का लाभ न उठा सकें। वे चाहते हैं कि संसाधन पर उनका पूर्ण हक हो तथा वे दूसरों को राज्य व्यवस्था तथा अर्थव्यवस्था में न आने देने के लिए इसका प्रयोग करते हैं, इसलिए कहा जाता है कि क्षेत्रीय आंदोलन राज्य और समाज के बीच प्रगतितात्मक दूराव के कारण उत्पन्न होता है। राज्य और क्षेत्र का विवाद तब भी उत्पन्न हो जाता है जब राज्य द्वारा एक क्षेत्र का विकास किया जाता है तथा दूसरे क्षेत्र के विकास पर ध्यान नहीं दिया जाता है तो जिस क्षेत्र का विकास नहीं होता वह राज्य पर अनदेखी का आरोप लगाता है, उस क्षेत्र के लोगों का मानना होता है कि उसका विकास तथा संसाधनों का वितरण ठीक से नहीं हुआ है,

वह राज्य पर शोषणकारी तथा भेदभावपूर्ण नीतियों का आरोप लगाकर आंदोलन शुरू कर देता है। आज भारतवर्ष में इस प्रकार की नीतियों को देखा जा सकता है। यहाँ पर किसी खास क्षेत्र का ही विकास किया गया है। विकास की गति में कई ऐसे राज्य और क्षेत्र हैं जो काफी पीछे चल रहे हैं।

यहाँ कहा जा सकता है कि हम क्षेत्रीय आंदोलन को एक ऐसे अर्थ में लेते हैं जो पहचान तथा विकास के लिए होता है तथा इसका उद्देश्य स्वायत्तता प्राप्त करना हो सकता है। इसके अंतर्गत वे राज्य से अलग भी होना चाहता है जिससे वह उस क्षेत्र का विकास अधिक मात्रा में कर सके। हमारे सामने अनेक ऐसे उदाहरण हैं जिससे पता चलता है कि पृथकतावादी या अलगाववादी विचारधारा सरकार पर दबाव बनाने के लिए भी उत्पन्न किया जाता है। जो क्षेत्र अलग होना चाहता है या स्वायत्तता की माँग करता है उसकी कुछ सामाजिक, सांस्कृतिक, आर्थिक भाषाई समस्या होती है, अगर एक बार उनकी समस्याओं को दूर कर दिया जाए तो वे भी भारतीय लोकतंत्र की मुख्यधारा में ही आ जाएँगे अर्थात् वे अपना विरोध तथा आंदोलन छोड़ सकते हैं। इसके समर्थन में पंजाब और तमिल अलगाववाद का उदाहरण हमारे सामने है। भारत में तमिल अलगावाद या अकाली आंदोलन, गोरखालैंड आंदोलन, बोडोलैंड आंदोलनों के सूक्ष्म अध्ययन से पता चला है कि ये राज्य और समाज के बीच उत्पन्न संबंध को नए ढंग से परिभाषित करना चाहते हैं। वह चाहते हैं कि राज्य में उनकी एक अलग पहचान तथा उनके सामाजिक, आर्थिक और सांस्कृतिक विचारों को उचित अनिश्चित स्थान मिले।

प्रांतवादी और क्षेत्रवाद एक–दूसरे के पर्यायवाची हैं जिसका सामान्य अर्थ होता है स्थानीयतावाद, अलगाववाद और पृथक्करणवाद। वेबस्टर डिक्शनरी में क्षेत्रवाद के बारे में बताया गया है कि क्षेत्रवाद में एक विशिष्ट अधो–राष्ट्र क्षेत्र के प्रति जागरूकता और भक्ति पाई जाती है जिसकी विशेषता सामान्य संस्कृति, पृष्ठभूमि या हित है।

आज के समय में क्षेत्रवाद का वैज्ञानिक अर्थ की जगह पर संकुचित अर्थ में प्रयोग किया गया है, इस कारण ही क्षेत्रवाद राष्ट्रीय समस्या बनकर उभरा है। संकुचित अर्थ में क्षेत्रवाद का तात्पर्य क्षेत्र के निवासियों द्वारा अपने आपको दूसरे क्षेत्र के लोगों से श्रेष्ठ समझना है तथा अपने आर्थिक, राजनीतिक, सामाजिक एवं सांस्कृतिक हितों को महत्त्व देना है तथा अपनी ही भाषा को अन्य भाषाओं से श्रेष्ठ समझना है अर्थात् क्षेत्रवाद राष्ट्र की तुलना में अपने ही क्षेत्र को श्रेष्ठ मानता है।

प्रश्न 2. क्षेत्रीय आंदोलनों के अध्ययनार्थ कार्यप्रणाली पर चर्चा करें?

उत्तर– क्षेत्रीय आंदोलन का भारत जैसे विभिन्नता वाले समाज में एक विशेष महत्त्व रखता है, क्षेत्रीय आंदोलन के तहत हमारे मस्तिष्क में एक विचार उत्पन्न रहता है कि यह आंदोलन क्षेत्रीय राजनीति का एक विषय मात्र ही है। इसी कारण, क्षेत्र, जनसामान्य और राज्य की जटिल अन्योन्य क्रिया का एक प्रासंगिक विश्लेषण किए जाने की आवश्यकता है।

जब हम क्षेत्रीय आंदोलन की बात करते हैं, वह सीधे राजनीतिक मंशा वाले एक क्षेत्रीय समुदाय के अस्तित्व की ओर संकेत करता है। वस्तुतः, क्षेत्र में अनेक सामाजिक समुदाय हो सकते हैं, जो राष्ट्र–निर्माण की उच्च रूप से जटिल प्रक्रिया के माध्यम से स्वयं को एक विशिष्ट क्षेत्रीय समुदाय में अंगीभूत करते हैं। **ए.के. सिंह** के अनुसार क्षेत्रीय समुदाय प्रायः बंधुता और हितों की पहचान के आधार पर बनते हैं। "यह समुदाय 'क्षैतिज साहचर्य' (horizontal comradeship) के लिहाज से अधिक होता है, बनिस्वत एकरूपता अथवा सजातीयता को लंबवत् आँके जाने से।" हित और एकात्म्य की सम्मानसूचकता ही है जो लोगों को एक पृथक् क्षेत्रीय समुदाय के रूप में अंगीभूत होने और अनुमान करने में मदद करती है। परंतु, कोई क्षेत्रीय समुदाय बनता कैसे है? वे आत्मगत व वस्तुगत कारक कौन से हैं जो किसी समूह को विशिष्ट क्षेत्रीय राजनीतिक समुदाय में संगठित करते हैं? प्रासंगिक विश्लेषण क्षेत्रीय आंदोलन की सफलता, असफलता एवं इसके जारी रहने के विश्लेषण में भी हमारी मदद करता है। इसके अलावा यह संघीय राष्ट्र–निर्माण प्रक्रिया पर क्षेत्रीय आंदोलन को प्रकृति एवं संभावित प्रभाव की जाँच करने में भी हमारी मदद करता है। आमतौर पर यह कहा जाता है कि एकात्म्यता (subjectivity) का आधार जितना अधिक आत्मपरक होगा, उतना ही प्रचण्ड क्षेत्रीय आंदोलन होगा। यही वो प्रसंग है जिसमें राष्ट्रवाद अथवा राष्ट्र व राष्ट्रीयता संगठन संबंधी सिद्धांत क्षेत्रीय एकात्म्य संगठन और उसके आंदोलन में बदल जाने की दृश्यघटना को समझने में निर्णायक महत्त्व धारण कर लेता है। यहाँ, क्षेत्रवाद और राष्ट्रवाद प्रतीकात्मक रूप से जुड़े हैं। दोनों निर्माण और संगठन की एक ही जैसी प्रक्रिया से गुजरते हैं। वे एक विचारधारा के रूप में अपने–अपने सामाजिक क्षेत्र में सेवा करने की ओर अग्रसर रहते हैं। वे इस विषय में साझा विश्लेषणात्मक संसृष्टि रखते हैं कि पहचान कैसे बनती है और कब कोई पहचान राजनीतिक रूप से मौन हो जाती है। उनके बीच एकमात्र अंतर यही है कि राष्ट्रवाद आमतौर पर केंद्रीकरणाभिमुख होता है जबकि क्षेत्रवाद, इसके विपरीत, जन्मजात विकेंद्रीकरणभिमुख होता है। संभवतः यही कारण है कि क्षेत्रीय आंदोलन राष्ट्रवाद की ओर एक प्रतिक्रिया के रूप में भी उद्भूत होता है।

राष्ट्रवाद विषयक साहित्य में हम राष्ट्र–संगठन संबंधी मुख्य रूप से दो महत्त्वपूर्ण, किंतु द्वैदाश्यपूर्ण (dichotomous) पेरेन्नियालिस्ट–प्राइमार्डिमलिस्ट विवरण पाते हैं—शाश्वतवादी–आदिमवादी और आधुनिकतावादी। आदिमवादी एकात्म्य अर्थात् पहचान को भिन्न प्रजाति, नृजाति, भाषा, संस्कृति, धर्म, आदि के पूर्व–प्रदत्त अस्तित्व के अनुसार मानते हैं। पहचान के वैयक्तिक सहजगुण एकात्म्य (subjective) के वस्तुगत (objective) चिह्न कहे जाते हैं। उनमें से कोई एक अथवा कुछ व्यक्ति मिलकर एक भिन्न राष्ट्रीय अथवा उप–राष्ट्रीय समुदाय का निर्माण करते हैं, जो कि जब राजनीतिकृत हो जाता है तो एक भिन्न राष्ट्र बन जाता है। तदनुसार उनके लिए, राष्ट्र एक राजनीतिकृत नृजातीय–सांस्कृतिक समुदाय है जो इतिहास में विस्तृत है और सामाजिक–सांस्कृतिक परंपराओं में गहरे जड़ें जमाए। चूँकि इस प्रकार का

समुदाय ऐतिहासिक रूप से अंतःस्थापित होता है, वह क्षेत्रीय रूप से भी स्थायी होता है। दूसरे शब्दों में, किसी समुदाय को प्रभावशाली बनाने के लिए एक सांस्कृतिक गृह–भूमि भी रखनी चाहिए। इस प्रकार, इस संदर्भ में क्षेत्र (region) सामाजिक रूप से संरचित एक ऐसे भूभागीय स्थान की ओर संकेत करता है जिसकी पारिस्थितिकी और अर्थव्यवस्था उस क्षेत्र में रहने वाले लोगों की एक भिन्न और सुस्पष्ट आम पहचान बनाए जाने पर गहरा प्रभाव डालती हैं। दो क्षेत्र सांस्कृतिक रूप एक जैसे नहीं हो सकते। उनकी भौमिक विशिष्टताएँ एक दूसरे से अवश्य भिन्न होंगी, बेशक वे अनेक क्षेत्रीय अभिलक्षण साझा रूप से रखते हों। यह पहचान और क्षेत्र का संलयन ही है जो स्वायत्तता हेतु उनके दावों को युक्तिपरक बनाता है। मजे की बात है कि भारत में एक क्षेत्रीय समुदाय सजातीयता और संस्कृति का पूर्व–प्रदत्त बंधन रख भी सकता है और नहीं भी रख सकता। जैसा कि उत्तराखंडी और झारखंडी पहचानों के निर्माण विषयक अध्ययन दर्शाते हैं, यह क्षेत्रीय अर्थव्यवस्था और पारिस्थितिकी की भिन्नता ही है जिसने पहले एक 'हित समुदाय' बनाया, जो वर्षों के सहवास के बाद एक साझा सांस्कृतिक बंधन तैयार करने में सफल हुआ। भारत की सामाजिक बनावट आगे यह तजवीज करती है कि हर एक प्रकार की पहचान और उसके वस्तुगत चिह्नों ने स्वयं अपने लिए भिन्न भूभाग बनाया है।

भारत में संस्कृति, भाषा, धर्म, नृजातीयता, सामाजिक परंपराएँ आदि क्षेत्रीय अभिलक्षण लिए हुए हैं। संभवतः यही कारण है कि हम क्षेत्र–क्षेत्र में धार्मिक प्रथाओं और जातीय बोलियों को अपनाने में निष्पाद्य भिन्नता पाते हैं। भारत में क्षेत्रों के विषय में एक अन्य दिलचस्प तथ्य यह है कि उनमें से अधिकांश के पास अतीत में किसी न किसी प्रकार की प्रशासनिक पहचान रही है जब लोग और क्षेत्र संरचनात्मक–संस्थागत रूप से एक दूसरे से जुड़े थे ताकि क्षेत्र को एक विशिष्ट सांस्कृतिक विशेषक प्रदान कर सकें और आसानी से पहचाना जाने वाला लोगों का अनुकृत व्यवहार भी।

परंतु कोई क्षेत्रीय समुदाय स्वयं को एक उप–राष्ट्रीय आंदोलन में किस प्रकार रूपांतरित करता है? एक स्पष्ट उत्तर पाने के लिए हमें राष्ट्र–संगठन संबंधी आधुनिकीकरण अथवा संगठन सिद्धांत की सुव्यवस्थित प्रस्तुति को ध्यान में रखना होता है। इस सिद्धांत की दो निर्णायक प्रस्तुतियाँ हैं–(1) समुदाय का किसी आंदोलन में बदल जाना अभिजात वर्ग, बुद्धिजीवी वर्ग व नेताओं द्वारा लामबंदी ही एक प्रक्रिया है; और (2) सामुदायिक चेतना को और अधिक गतिकता एवं संसक्ति प्रदान करने के लिए, प्रासंगिक वर्तमान में पहचान की पुनर्प्राप्ति और उसका पुनर्वास किया जाता है। इसमें किसी क्षेत्रीय समुदाय के पहचान–विषयों की प्रासंगिक पुनर्रचना एवं पुनर्व्याख्या की आवश्यकता पड़ सकती है।

उदारवादी संविधानवाद के प्रतिस्पर्धात्मक परिवेश में यह अभिजात वर्ग प्रदत्त पहचान को राजनीतिक रूप से सुलभ करता है। दूसरे शब्दों में, यह राज्य ही है जो ऐसा प्रतिवेश देता है जिसमें पहचान स्पष्ट हो जाती है और आंदोलन उद्भूत होता है। उद्भूत होने के लिए राज्य स्वयं पहचान संघर्षों का एक क्रांतिक स्थल और उप–राष्ट्रीय अथवा क्षेत्रीय आंदोलन हेतु

एक पालन भूमि बन जाता है। भारत के विषय में एक गाढ़ी समझ के साथ लिखते हुए **मायरन वीनर** कहते हैं—पहचान बनाने की प्रक्रिया एक जटिल प्रक्रिया है जिसमें अनेक मुख्य घटक हैं—(1) सांस्थानिक प्राधार, जो उस तानेबाने को आकार प्रदान करता है जिसमें समूह–पहचानों को कायम रखा जाता है और प्रगाढ़ किया जाता है। संघीय प्रणाली, राजनीतिक दलों का प्राधार, शिक्षा–व्यवस्था और संचार–माध्यम कुछ पहचानों को मजबूती प्रदान करने का काम करते हैं तो कुछ को गुप्त रूप से क्षति पहुँचाने का। (2) प्रतिक्रियात्मक प्रक्रियाओं के रूप में किया जा सकता है। समूह–पहचानें प्रायः तब बनती या मजबूत होती हैं जब दूसरों द्वारा उन्हें चुनौती दी जाती है। यह चुनौती समीकारक दबावों, प्रव्रजन, आर्थिक प्रतिस्पर्धा अथवा राजनीतिक खतरों के परिणामस्वरूप सामने आ सकती है। (3) नीति–प्रतिक्रियाओं के रूप में लिया जा सकता है। पात्रताओं एवं आरक्षणों के रूप से सरकारी नीतियाँ राजनीतिक कार्यवाही हेतु संगठित होने के लिए प्रेरित करती हैं, जो कि बदले में समूह–पहचानों को प्रबलित करती हैं। (4) समूह–पहचानों के प्रति राज्य–संबंध की निहित सांस्कृतिक परिकल्पना।

क्षेत्रीय पहचान भी बनाई जाती है, जो कि मार्क्सवादी विद्वान हॉब्सबॉम "राजनीति, प्रौद्योगिकी और सामाजिक कायापलट के चौराहे पर" राष्ट्र के विषय में लिखते हैं। आधुनिक संचार–साधन और प्रौद्योगिक विकास, इरादतन या गैरइरादतन, लोगों के एक सामूहिक अहं को जन्म देते हैं, जो स्वयं को एक आंदोलन में संगठित कर लेते हैं ताकि राष्ट्रीय सत्ता और संसाधनों के समान वितरण में यदि अधिमान्य नहीं तो उचित व्यवहार जरूर हो। प्रौद्योगिकी, बैनेडिक्ट एण्डर्सन प्राक्कल्पना (Hypothesis) के अनुसार, एक 'परिकल्पित समुदाय' को जन्म देती है, यथा ऐसा समुदाय जो सीमा–संबंध रखता है जिसके परे अन्य परिकल्पित समुदाय विद्यमान होते हैं। यदि मुद्रण पूँजीवाद न आया होता तो राष्ट्र का परिकल्पित समुदाय जन्म न लेता। दूसरे शब्दों में, पहचान को आधुनिकीकरण और विकास से मदद मिलती है। पहचान निर्माण के उपर्युक्त विवादास्पद वृत्तांत के बीच, डैविड मिलर संभवतः समुदाय की यथासंभव कारगर परिभाषा देते हैं, यथा—"(1) अभिलक्षण में सक्रिय, (2) किसी क्षेत्र–विशेष से जुड़ा, (3) अपनी भिन्न लोक संस्कृति द्वारा अन्य समुदायों से पृथक्त, (4) इतिहास में विस्तारित, (5) साझा विश्वास और परस्पर प्रतिबद्धता द्वारा गठित।"

इस प्रकार, क्षेत्रीय आंदोलन विषयक किसी भी शैक्षिक व्यवहार में, यह 'स्वयं' और 'अन्य' की गतिकी ही है जिसका परीक्षण और विश्लेषण किए जाने की आवश्यकता है। स्वयं–अन्य द्वैदाश्य को आधुनिकीकरण और विकास की राजनीति में और अधिक स्थापित किए जाने की आवश्यकता है। यदि आधुनिकीकरण पूर्व–प्रदत्त पहचान को संरचनात्मक रूप से अलग दर्शाता है और उसकी अनुपूर्ति धर्मनिरपेक्ष पहचान के लिए नए प्राधार से करने का प्रयास करता है, वह दूसरी ओर, पहचान को आवश्यक प्रौद्योगिकीय उपकरण भी प्रदान करता है ताकि वह स्वयं को फिर से खोज सके। यदि उत्तर–आधुनिकता सिद्धांत को मानें तो पहचान कभी भी अवनत नहीं होती है, वह आधुनिकीकरण प्रक्रिया में सिर्फ नया माध्यम और नई भाषा

ढूँढ़ लेती है। पहचान स्वयं को जनसंचार के माध्यम से सार्वभौमिक बनाती है। लोग उसके नृजातीय अतीत को फिर से खोजते हैं, फिर से उसका मार्ग प्रशस्त करते हैं और उसे समसामयिक रूप से स्थापित करते हैं।

तमिलनाडु में द्रविड़ आंदोलन, पंजाब में अकाली आंदोलन, 'तेलुगु गौरव' संबंधी एन.टी. रामाराव के राजनीतिक प्रचार एवं इसी प्रकार के अन्य आंदोलनों ने केंद्रीय शक्तियों की वैधता और उनके उप-राष्ट्रवाद अथवा क्षेत्रवाद को लघुकृत किए जाने पर सवाल उठाया। जैसा कि क्षेत्रीय आंदोलन कुछ उन सरकारी नीतियों के प्रतिरोध स्वरूप आयोजित किया जाता है जिसको कि एक क्षेत्रीय समुदाय अपने हितों के प्रति नुकसानदेह पाता है। तदनुसार हमें राज्य के नीति-प्राधार को भी ध्यान में रखना होता है – केंद्रीय व क्षेत्रीय दोनों। सरकारी नीतियों संबंधी सामाजिक एवं क्षेत्रीय समीकरणों का एक क्षेत्रीय आंदोलन के गठन और पहल पर उत्प्रेरणात्मक प्रभाव पड़ता है। शुरू-शुरू में, अन्य भाषाओं की कीमत पर हिन्दी राष्ट्रवाद को बढ़ावा दिए जाने से भाषाई उप-राष्ट्रवाद को सर उठाने के लिए एक परिपूर्ण आधार मिल गया।

एक अन्य महत्त्वपूर्ण कारक है—दलीय प्रणाली और दलीय प्राधार सूक्ष्म दृष्टि डाले जाने योग्य मुख्य प्रश्न है – दलीय प्रणाली की सहमिलनशील और समंजनकारी क्षमता। वह प्राक्कल्पना जो यहाँ सामने रखी जा सकती है, वो यह है कि राष्ट्रीय दल और दलीय प्रणाली जितने कम सहमिलनशील होंगे, यह संभावना उतनी ही प्रबल होगी कि क्षेत्रीय दल गठित हों और आंदोलन चल पड़े। इस संदर्भ में अत्यधिक महत्त्वपूर्ण है—नेतृत्व प्रतिमान और सादृश्यमूलक प्राधार, विशेषतः राष्ट्रीय व राज्यीय स्तर के दलों का। बहुधा, यथेष्ट सार्वजनिक समझ रखने वाले नेतागण क्षेत्रीय आधार वाले परिक्षेत्र और सारभाग सामाजिक निर्वाचन-क्षेत्र को लेकर अपनी खुद की पार्टी बना लेते हैं। इस प्रकार की पार्टी प्रायः क्षेत्रवाद अथवा उप-राष्ट्रवाद की विचारधारा पर ही टिकी रहती है। यह बात झारखंड, उत्तर-पूर्वी राज्यों के अधिकांश छोटे दलों के विषय में सत्य है। मजे की बात है कि भारत में क्षेत्रीय दल राष्ट्रीय एवं राज्यीय स्तर के दलों में विभाजन और फूट की प्रक्रिया के माध्यम से ही अस्तित्व में आए हैं। तथापि, असम गण परिषद् जैसी पार्टियाँ भी हैं जो स्वयं क्षेत्रीय आंदोलन के माध्यम से वजूद में आईं। क्षेत्रीय दल राष्ट्रीय राजनीतिक व्यवस्था में क्षेत्रीकरण प्रक्रिया को खुला छोड़ देते हैं, वो इस दृष्टिकोण से कि इस प्रकार के निर्णयों पर उनका सहभागितापूर्ण नियंत्रण रहे जो कि उनकी पहचान और विकास को प्रभावित करते हों। किसी भी मामले में, क्षेत्रीय दलों की दो प्रमुख भूमिकाएँ होती हैं—

(1) पहचान बनाए रखना, उसकी रक्षा करना और उसे अभिव्यक्त करना,

(2) राष्ट्र व क्षेत्र और एकाधिक क्षेत्रों के बीच विवाद की दशा में आंदोलनार्थ लोगों को संगठित करना। तथापि, यहाँ एक चेतावनी दी जा सकती है—पार्टी और पार्टी व्यवस्था एक महत्त्वपूर्ण घटक तो हैं परंतु क्षेत्रीय आंदोलन छेड़े जाने के लिए जरूरी कोई पूर्वशर्त नहीं।

क्षेत्रीय आंदोलन स्वायत्त और दलों व दलीय प्रणाली से स्वतंत्र हो सकता है। बुद्धिजीवियों और आभिजात्यों का अस्थायी छोटा समूह आंदोलन की योजना बना सकता है। हमें यह तथ्य नहीं भूलना चाहिए कि सामाजिक व क्षेत्रीय आंदोलन स्वाभाविकता और अव्यापकता के नियम जरूर अपनाते हैं। क्षेत्रीय आंदोलन आमतौर पर स्वयं–संसाधित और 'स्वयं' व 'अन्य' की प्राधारिक परिवर्तन शक्तियों में रूपायित होता है। तदनुसार, क्षेत्रीय आंदोलनों विषयक ज्ञान के किसी भी यथेष्ट प्राधार के लिए हमें अनिवार्यतः 'स्वयं' और 'अन्य' संबंधी जटिल परिवर्तन शक्तियों को समझना पड़ता है, जो कि अंतर्क्षेत्रीय संबंधों (अथवा विवाद), सरकारी नीतियों, राजनीतिक संगठन की युक्तियों व संस्थाओं, पहचान प्राधार पर प्रौद्योगिकी के प्रभाव व जन–संचार माध्यमों की भूमिका संबंधी एक परिमित विश्लेषण और उन राष्ट्रीय एवं क्षेत्रीय विवादों के प्राधारिक विश्लेषण के माध्यम से होता है जो समूह–विवाद को जन्म देते हैं।

प्रश्न 3. भारत में आंदोलनों के उदय और विकास के कारणों की व्याख्या करें?

उत्तर— भारत विभिन्न संस्कृति और सभ्यता वाला देश माना जाता रहा है। इसके कारण अनेक समस्याएँ इसके सामने आती हैं। ऐसी ही एक समस्या का नाम है क्षेत्रीय आंदोलन। स्वतंत्रता प्राप्ति के बाद से भारत इसका सामना कर रहा है। इस आंदोलन के तहत अनेक क्षेत्र या तो भारत से अलग होना चाहते हैं या स्वायत्तता की माँग करते हैं।

आज के समय में देश के लिए तथा उसकी एकता और अखंडता के लिए क्षेत्रीय आंदोलन को सबसे खतरनाक माना जाता है। क्षेत्रीय आंदोलन के तहत एक खास क्षेत्र के निवासियों द्वारा अपने आपको देश के अन्य लोगों से श्रेष्ठ समझना तथा अपने आर्थिक, सामाजिक, सांस्कृतिक एवं क्षेत्रीयता को प्राथमिकता प्रदान करने के लिए किया जाने वाला कार्य आता है। क्षेत्रीय आंदोलन राज्य को विशेष अधिकार, संरक्षण तथा अनुदान प्राप्त करने के लिए किया गया प्रयत्न है। यह स्वयं का शासन चाहने वाला या राज्य चाहने वाला आंदोलन है। यह नए राज्यों के निर्माण हेतु किया गया एक विशेष आंदोलन है, क्योंकि इसमें उस क्षेत्र का राजनीतिक हित भी प्रभावित होता है।

भारत में क्षेत्रीयता को उत्पन्न करने में भौगोलिक, मानव पर्यावरण, ऐतिहासिक, सांस्कृतिक, आर्थिक, राजनीतिक आदि कारकों का महत्त्वपूर्ण हाथ रहा है। वर्तमान समय में क्षेत्रवाद को उत्पन्न करने के लिए निम्न कारकों को उत्तरदायी ठहराया जा सकता है। भाषा समस्या, आर्थिक भिन्नता तथा क्षेत्रीय अगुवाई को और सशक्त बनाने आदि विषयों को लेकर एक खास भाग के लोग भारत के स्थान पर एक क्षेत्र से अधिक लगाव रखते हैं। भारत में क्षेत्रवाद के तहत राष्ट्रीय अगुवाई के जगह स्थानीय अगुवाई पर काफी बल दिया जाता है। भारतवर्ष के राज्यों तथा केंद्र में आर्थिक एवं राजनीतिक टकराव हमेशा से रहा है। भारत देश में राज्यों द्वारा केंद्रीय नेतृत्व को चुनौती दी जाती रही है तथा केंद्रीय सत्ता की अवमानना भी की जाती है इसके तहत केंद्र के विचारों पर अमल न करना आदि बातों को शामिल किया जाता है।

इस तरह भारत में क्षेत्रीय आंदोलन के उदय के निम्नलिखित कारण रहे हैं। क्षेत्रीय आंदोलन के उदय में राजनीतिक कारक का हाथ सबसे महत्त्वपूर्ण रहा है। इसके अंतर्गत केंद्र तथा राज्य में किसी मुद्दे को लेकर टकराव या राज्य और राज्यों के बीच विवाद का होना शामिल है। यह विवाद कई कारणों को साथ लेकर आते हैं ताकि तनावपूर्ण संबंध बना रहे। उदाहरणस्वरूप कौन-सी योजना या परियोजना किस राज्य में लागू की जाए जैसे केंद्र से मिलने वाली आर्थिक मदद, राज्यों द्वारा अधिक मात्रा में खाद्य पदार्थों की माँग, राज्यों का सीमा निर्धारण, नदी जल का विवाद आदि। केंद्र से अपनी माँगों को अपनाने के लिए क्षेत्रीय राजनीतिक दबाव समूह का उदय हुआ जिसने क्षेत्रीय आंदोलन राजनीति को जन्म दिया।

क्षेत्रीय आंदोलन के विकास में आर्थिक कारक का भी महत्त्वपूर्ण स्थान रहा है। क्षेत्रवाद की भावना को जन्म देने में इसका महत्त्वपूर्ण योगदान है। हमारे देश में अनेक ऐसे प्रांत हैं जिनका विकास नहीं हुआ है अर्थात् विकास की गति में काफी पिछड़ गए हैं, इसलिए उन प्रांतों द्वारा अपने क्षेत्र में उद्योग धंधों को खोलने की माँग की गई। यह माँग केवल अपने विकास को बढ़ाने के लिए की जाती है। इस बात पर ध्यान नहीं दिया जाता है कि वह उद्योग जिसको लगाना चाहते हैं उनके क्षेत्र के लिए उपयोगी है या नहीं। उद्योगों को वहीं लगाया जा सकता है जहाँ उसके लिए निर्माण के सभी कच्चे पदार्थ उपलब्ध ही नहीं अन्यथा वह उद्योग नहीं चल पाएगा, लेकिन प्रांतों द्वारा अधिक दबाव दिया जाता है कि उद्योग लगना ही चाहिए तो उस उद्योग के आर्थिक दृष्टिकोण को त्यागना पड़ता है। राजनीतिक और आर्थिक कारकों के साथ-साथ सामाजिक और सांस्कृतिक कारक भी क्षेत्रीय आंदोलन में या क्षेत्रवाद को जन्म देने में मस्ती की भूमिका निभाते हैं। क्षेत्रवाद फैलाने में भाषा, संस्कृति, रहन-सहन आदि समस्याओं ने अपना-अपना योगदान दिया है। वर्तमान समय में देश के विभिन्न भाग में भाषावाद का विकास हुआ है जिससे पृथकतावादी ताकतों को बढ़ावा मिला है। एक भाषावादी क्षेत्र या सांस्कृतिक क्षेत्र दूसरे क्षेत्र से अपने को श्रेष्ठ समझते हैं। इस प्रकार की भावना भी क्षेत्रवाद को पल्लवित एवं प्रफुल्लित करने में महत्त्वपूर्ण भूमिका निभाती है। इसके कारण हम देखते हैं कि देश के अनेक क्षेत्रों में संघर्ष की स्थिति उत्पन्न होती जा रही है तथा राज्य एवं केंद्र के बीच तनाव उत्पन्न हो जाता है। इससे निपटने के लिए देशवासियों में राष्ट्र की भावना को विकसित करना होगा। यह राष्ट्रीय भावना फिर रेडियो, अखबारों तथा पत्र-पत्रिकाओं के माध्यम से फैलाई जा सकती है। इसके तहत लोगों को हमारी गौरवशाली सभ्यता संस्कृति की विस्तृत जानकारी देनी चाहिए। साथ ही साथ क्षेत्र राजनीतिक दल पर रोक लगा देनी चाहिए।

अंततः क्षेत्रीय आंदोलन आत्म-पहचान स्थापित करने के लिए तथा राजनीतिक, आर्थिक तथा सांस्कृतिक एवं सामाजिक कारणों के द्वारा उत्पन्न होता है जिसका निर्वाह करके इस समस्या को खत्म भी किया जा सकता है।

प्रश्न 4. क्षेत्रीय आंदोलनों के प्रति राज्य की प्रतिक्रिया पर एक टिप्पणी लिखे?
[जून-2010, प्र.सं.-7]

उत्तर— क्षेत्रीय आंदोलन के संबंध में राज्य की प्रतिक्रिया एक समान नहीं है। राज्य से क्षेत्रीय आंदोलन के संबंध में एक निश्चित योजना नहीं होती है। इस संबंध में हमें कोई सुसंगत नीति नहीं मिलती। तथापि, कुछ प्रतिमानों व सिद्धांतों को इस लिहाज से समझा जा सकता है। ये हैं—

(1) पृथक् भाषाई राज्य बनाने हेतु माँगों को तब तक स्वीकार नहीं किया जाएगा जब तक कि इस तरह की माँग सामाजिक रूप से व्यापक और आर्थिक रूप से व्यवहार्य न हो। सोदाहरण व्याख्यार्थ, भारतीय संघ की इकाइयों का कोई निराला घटक अथवा प्राधार नहीं हो सकता।

(2) केंद्र सरकार अनन्य रूप से धार्मिक भेदभावों पर आधारित क्षेत्रीय माँगों को स्वीकार नहीं करेगी।

(3) पृथक्तावादी माँग को स्वीकार नहीं किया जा सकता है, बल्कि पृथक्तावाद को तो हर तरीके से कुचल दिया जाना चाहिए।

इकाइयों को संयुक्त होना चाहिए तथा इस प्रकार की संयुक्त इकाई केवल चार सिद्धांतों के परस्पर संतुलन द्वारा ही बनाई जा सकती है, जिन्हें राज्य पुनर्गठन आयोग (SRC) इस प्रकार सामने रखता है—

(क) राष्ट्रीय योजना का सफल क्रियान्वयन,

(ख) वित्तीय, आर्थिक एवं प्रशासनिक महत्त्व,

(ग) भाषाई और सांस्कृतिक सजातीयता,

(घ) भारत की एकता और सुरक्षा का संरक्षण एवं सुदृढ़ीकरण।

'जनेच्छाएँ', 'क्षेत्र की ऐतिहासिकता' और 'भौगोलिक सामीप्य' जैसे अन्य कारक भारतीय संघ की इकाइयों की सीमाएँ खींचते समय केवल सीमित, परंतु विशेषक प्रासंगिकता ही रख सकते थे। इस प्रकार, लोगों की इच्छाएँ क्षेत्रीय पुनर्समायोजन एक मानदंड के रूप में तभी स्वीकार्य हो सकती हैं जब वह मानदंड वस्तुपरक रूप से निश्चय हो और अन्य महत्त्वपूर्ण कारकों संबंधी सभी विचारों के अधीन हो, यथा "राज्य पद का दावा करने वाले क्षेत्रों के मानव एवं भौतिक संसाधन, संपन्न अल्प–संख्या वर्ग की इच्छाएँ, भारतीय संविधान की अनिवार्य शर्तें और वृहत्तर राष्ट्रीय हित।" इसी प्रकार, क्षेत्र की ऐतिहासिकता का आह्वान केवल दावा किए गए क्षेत्र की जनता के जुड़ाव को निर्धारित करने की सीमा तक ही किया जा सकता है, परंतु उसको इस सीमा तक नहीं खीचा जा सकता है कि उन्हें किसी पृथक् राष्ट्र में ही बदल दिया जाए। यद्यपि किसी राज्य की सीमा निर्धारित करने और बनाने में भौगोलिक अनुरूपता काफी महत्त्व रखती है, "इसमें तथापि, जरूरी नहीं कि एक भौगोलिक सीमा हेतु आवश्यकता निहित अथवा शामिल ही हो।" इस प्रकार, दो इकाइयों के बीच रेखाएँ खींचते समय, राज्य पुनर्गठन आयोग ने जैसा कि जोर दिया, इन इकाइयों की सुसम्बद्धता सुनिश्चित होनी चाहिए।

पुनर्गठन हेतु उपर्युक्त योगकारी दृष्टिकोण के भीतर, आयोग ने वृहत्तर राज्यों के निर्माण हेतु कड़ी सिफारिश की। "इसका तथापि, जैसा कि **आयोग** ने लिखा है, "यह मतलब नहीं है कि इकाइयों को इतना दुर्वह होना चाहिए कि अपने निजी यथार्थ जीवन से वंचित ही हो जाएँ अथवा उस बात का नितांत प्रयोजन ही विफल हो जाए जिसके लिए वृहत्तर इकाइयाँ सुझाई गई हों, यथा आर्थिक विकास और कल्याणकारी कार्यकलाप की प्रशासनिक दक्षता और समन्वय।" इस प्रकार, आयोग के विचार से, आकार सिद्धांत को व्यवहार्यता सिद्धांत के साथ तौला जाना चाहिए। इसका, दूसरे शब्दों में, मतलब है कि पृथक् राज्य हेतु प्रयासरत क्षेत्र के पास "पर्याप्त वित्तीय संसाधन होने चाहिए ताकि स्वयं को कायम रख सके और अपनी अर्थव्यवस्था को विकसित कर सके।" यद्यपि, आयोग ने मात्र प्रशासन की निर्विघ्न कार्यवाही के दृष्टिकोण से ही आंतरिक सजातीयता का सिद्धांत कायम रखा, उसने तिस पर भी राज्य के एक–भाषाई और एक–सांस्कृतिक गठन को निरस्त कर दिया। सटीक रूप से यही कारण है कि भारतीय संघ की इकाइयों के पुनर्गठन हेतु उसने 'गृहभूमि अवधारणा' और 'एक भाषा एक राज्य' फार्मूले को ठुकरा दिया। तथापि, राज्य पुनर्गठन के इस प्रकार के सांस्कृतिक आधार को दो संस्कृतियों के अन्तर्सम्मिलन और संयुक्त राष्ट्रीय संस्कृति के समग्र विकास में रोड़ा नहीं बनना चाहिए। इससे जो प्रतीत होता है वो यह कि राज्यों के पुनर्गठन संबंधी हर एक मान्य एवं प्रबल आधार को राष्ट्रीय एकता एवं अखंडता और राष्ट्रीय सुरक्षा को कायम रखने के परीक्षण से अवश्य गुजारा जाना चाहिए।

राज्य पुनर्गठन आयोग के आधार पर भारत सरकार ने नवम्बर 1956 में राज्य पुनर्गठन अधिनियम पारित किया। अधिनियम में उक्त आयोग की बहुतायत में सिफारिशें मान ली गईं; अपवाद रहे – आंध्र प्रदेश में हैदराबाद राज्य का विलय और विदर्भ को बंबई राज्य का हिस्सा बना दिया गया। इस प्रकार राज्यों की संख्या इस अधिनियम में 16 से घटकर 14 रह गई। तथापि, केंद्र–शासित प्रदेशों की संख्या 3 से बढ़कर 6 हो गई। मुख्य शामिल होने वाले राज्य थे–हिमाचल प्रदेश और त्रिपुरा। तब से राज्यों की संख्या बढ़कर 28 और केंद्र–शासित प्रदेशों की संख्या 7 हो गई। 1956 के बाद शामिल होने वाले राज्य हैं–गुजरात (1960), नागालैण्ड (1963), हरियाणा (1966), पंजाब (1966), हिमाचल प्रदेश (1971), मणिपुर (1972), मेघालय (1972), त्रिपुरा (1972), सिक्किम (1975), अरूणाचल प्रदेश (1987), मिजोरम और गोवा (1987)। तदोपरांत सन् 2000 में झारखंड, उत्तरांचल और छत्तीसगढ़।

1966 में उत्तर–पश्चिम में भाषाई सिद्धांत को धार्मिक पहचान के साथ जोड़ दिया गया। प्रारंभतः, यह अलगाववाद की ओर ले जाने की उत्कृष्ट प्रवृत्ति वाला एक संकटापन्न सम्मिलन प्रतीत हुआ। तथापि, लोकतंत्र का अलगाववाद रोकने और अखंडता को प्रोत्साहित करने का अपना ही तरीका है। अधिकांश उत्तर–पूर्वी क्षेत्र को प्रभावित करने वाले तीसरे पुनर्गठन में जनजातीय सम्बद्धीकरण और विशिष्ट नृजातीय अभिलक्षण पुनर्गठन के प्रमुख

आधार बन गए। तीन नए राज्यों का गठन, सभी संभावनाओं में, हिन्दी हृदय-प्रदेश व अन्य संयुक्त-एकाधिक वृहदाकार राज्यों पर 'डॉमिनो प्रभाव' डाल सकता है, यथा इससे एक राज्य की राजनीतिक घटना आदि अन्य पड़ोसी राज्यों में भी संभवतः वैसी ही घटनाओं को जन्म देगी। हो सकता है इन राज्यों में पुनर्गठन मात्र नृजातीय अथवा सांस्कृतिक न हो, परंतु यह 'आर्थिक विशेषता' और 'पारिस्थितिकीय-सांस्कृतिक विशिष्टता' के आधार पर हो सकता है। सांस्कृतिक विशेषता कुछ मामलों में, जैसा कि मिथिलाञ्चल राज्य के विषय में है, भाषा अथवा बोली के कारण होती है, परंतु किसी भी मामले में इसका कारण अनन्य रूप से धर्म अथवा नृजाति नहीं हो सकता। वस्तुतः, संयुक्त-एकाधिक राज्यों के उप-क्षेत्रों ने एक संयुक्त-सांस्कृतिक पहचान विकसित और व्यक्त की है।

शुरुआती अनिच्छा के साथ, भारत सरकार अब भारतीय संविधान की पाँचवीं तथा छठी अनुसूचियों के प्रावधान लागू कर रही है जिसका साभिप्राय उद्देश्य है–विभिन्न क्षेत्रों, विशेषतः उत्तर-पूर्व में नृजातीय अलगाववाद और जनजातीय शत्रुता को काबू करना। संस्थागत रूप से, सरकार नृजातीय बस्तियों की जनता हेतु स्वायत्त क्षेत्रीय परिषद् अथवा जिला परिषदों के गठन हेतु राजी दिखाई देती है, जो कि अन्यथा पृथक् राज्य हेतु योग्य नहीं हो सकते।

●●●

12

धार्मिक और साम्प्रदायिक आन्दोलन
Religious and Communal Movements

परिचय

भारत में धार्मिक और साम्प्रदायिक आंदोलन आधुनिक युग की देन है। हालाँकि मध्यकाल में भी इसके अनेक रूप देखे जाते हैं, लेकिन आधुनिक भारतीय समाज में धर्म और सम्प्रदाय लगातार प्रासंगिक बना हुआ है। भारत में सभी धर्मों के अंदर साम्प्रदायिकता के बीज अलग–अलग मात्रा में विद्यमान हैं तथा यह बाबरी विध्वंस, राममंदिर आंदोलन, पुनर्धर्मांतरण, मुसलमानों व सिक्खों द्वारा अपने हितों को लेकर अलग–अलग माँग के रूप में समय–समय पर दृश्य रूप में सामने आए हैं। धार्मिक आंदोलनों का उद्देश्य केवल अपने कौम के कल्याण जैसे संकुचित भावना पर आधारित था। आगे ये आंदोलन अपने पवित्र उद्देश्य से भटक गया था। विभिन्न प्रकृति के सामाजिक आंदोलनों ने मुख्य रूप से धर्म से संबंध रखते हुए जीवन के विभिन्न क्षेत्रों में एक महत्त्वपूर्ण भूमिका निभाई है। कालांतर में हिन्दू और मुस्लिम दोनों के अपने–अपने संगठन बने। समय–समय पर दोनों सम्प्रदायों हिन्दू व मुस्लिम के बीच हिंसा भी हुई। साम्प्रदायिकता के कारण ही भारत का विभाजन हुआ। अभी भी स्वतंत्र भारत में रुक–रुक कर साम्प्रदायिक दंगे होते रहते हैं। प्रस्तुत अध्याय में उन साम्प्रदायिक उन्मतताओं से जुड़े आंदोलनों पर ध्यान केंद्रित करते हुए हम भारत में सामाजिक आंदोलनों के विषय में पढ़ेंगे जिन्होंने धार्मिक आधार पर भारत की जनता के सामुदायिक जीवन को क्षति पहुँचाई है।

प्रश्न 1. सांप्रदायिक क्या है? धार्मिक जनसांख्यिकी का वर्णन कीजिए।

[जून-2009, प्र. सं.-4 (a)][दिसम्बर-2009, प्र. सं.-5 (b)]

उत्तर— भारत में सांप्रदायिकता का अभिप्राय स्पष्ट रूप से अभिलक्षित नहीं है लेकिन इसका तात्पर्य किसी एक खास संप्रदाय या धर्म को लेकर की जाने वाली एकजुटता, जिसमें कट्टरता भी दिखे सांप्रदायिकता कहा जाता है। स्वतंत्रतापूर्व भारत में राजनेतागण, भारतीय मुस्लिमलीग का वर्णन एक सांप्रदायिक संगठन के रूप में करते थे। तथापि, अनेक मार्क्सवादी तथा यूरोपीय विद्वानों के अनुसार यह मुस्लिम राष्ट्रवाद का प्रतिनिधित्व करती थी और 1946 में भारतीय मुसलमानों के जबदस्त बहुमत ने इस विश्वास के साथ मुस्लिम गृह-भूमि के समर्थन में वोट दिया कि पाकिस्तान का बनाया जाना इस उप-महाद्वीप में मुस्लिम राष्ट्रवादी आकांक्षाओं को पूरा करेगा।

सांप्रदायिक पहचानों को तीन आधारों में बाँटा गया है—

(1) सांस्कृतिक,

(2) नृजातीय अथवा

(3) धार्मिक आधारों पर बनाई जा सकती हैं या फिर इस भावात्मक प्रचण्डता पर निर्भर करते हुए इन सबके एक सम्मिश्रण पर भी कि लोग किसी राष्ट्र के किसी एक पहलू-विशेष से जुड़े हों। हिन्दू और मुस्लिम दोनों को सांप्रदायिक आधार पर लामबंद किया गया है। भारत न सिर्फ उनकी मातृभूमि है, यह उनकी पावनभूमि भी है। वे जो दावा करते हैं, वो यह है कि भारत उनके संतों और ऋषियों की भूमि है; यही वो जगह है जहाँ पवित्र नदियाँ बहती हैं और जहाँ उनका इतिहास रचा गया और अपने राज्यक्षेत्र पर वे अपना पूरा दावा रखते हैं। भौगोलिक एकता कायम करने के लिए देश के चार कोनों में स्थित तीर्थस्थलों का प्रायः उल्लेख किया जाता है और हिन्दुओं के बीच उनके क्षेत्रीय व भाषाई मतभेदों के बावजूद, सर्वमान्य सांस्कृतिक व धार्मिक बंधनों को जोड़ने के लिए उन्हीं का आश्रय लिया जाता है।

हिन्दू राष्ट्रवादीजन इस भूमि और इसकी जनता से एक भावात्मक जुड़ाव रखने के लिए इस सर्वमान्य सांस्कृतिक एवं धार्मिक बंधन पर जोर देते हैं। सन् 1984 में इंदिरा गाँधी की हत्या के बाद सिक्ख-विरोधी दंगे, 1989 में भागलपुर नरसंहार, 6 दिसम्बर 1992 को बाबरी मस्जिद का विध्वंस, नब्बे के दशकोत्तर में ईसाई मिशनरियों पर आक्रमण और 2002 में गोधरा की घटना के बाद हुए सांप्रदायिक दंगों के बाद पैदा हुई अव्यवस्था, आदि धार्मिक आधारों पर आयोजित बहुमतवादी सांप्रदायिक आंदोलनों की ही कुछ अभिव्यक्तियाँ हैं।

स्पष्ट रूप में, सांप्रदायिकता की कल्पना किसी व्यक्ति की अपने समुदाय के प्रति आस्थाओं के रूप में की जा सकती है। किंतु इस तथ्य को ध्यान में रखते हुए राजनीति के क्षेत्र में इसके बड़े गंभीर निहितार्थ हैं। आमतौर पर इसको "किसी धार्मिक समूह के संकीर्ण, स्वार्थपूर्ण, फूट डालने वाले और आक्रामक दृष्टिकोण के साथ संबंधित किया जाता है।"

इसलिए, यह स्पष्ट है कि राजनीति के क्षेत्र में सांप्रदायिकता केवल सांप्रदायिक विन्यास के आधार पर, विषम सामाजिक समूहों और संगठनों के अस्तित्व को बताने की धारणा को ही प्रेषित नहीं करती। यह सच है कि सामान्यतया सांप्रदायिकता किसी समुदाय विशेष के विशिष्ट हितों के संवर्द्धन और उनकी रक्षा करने की उद्घोषक है। बहरहाल, राजनीति के क्षेत्र में इसके मूर्त रूप का एक नकारात्मक और घातक आयाम भी है, क्योंकि यह शायद सारे समाज के हितों की कीमत पर जनता के एक वर्ग विशेष के हितों का संवर्द्धन करना चाहती है। यह किसी धर्म या परंपरा के नाम पर फलती–फूलती है जो रचनात्मक और प्रगतिशील धारा के अनुरूप सामाजिक परिवर्तन का विरोध करती है। इस कारण, **रिचर्ड डी. लैम्बर्ट** के शब्दों में, यह एक ऐसा विशेषण है जिसका निहितार्थ समाज–विरोधी लोभ और प्रतिक्रियावादी सामाजिक दृष्टिकोण है।

अतः सांप्रदायिकता के अर्थ में किसी समुदाय के प्रति अंधभक्ति की ऐसी भावना अंतर्निहित है, जो राष्ट्र या समाज के प्रति किसी व्यक्ति की उच्च निष्ठा की भावना को अधीनस्थ करने की सीमा तक जा सकती है। किसी धर्म के प्रति प्रबुद्ध दृष्टिकोण रखने की बजाय, जिसमें उसमें रूढ़िवाद की भावना का शमन किया जा सके, यह उसमें दूषित मनोवृत्ति उत्पन्न करती है जिसका मूर्त रूप मतांधता या धार्मिक रूढ़िवाद के रूप में प्रकट होता है। सामाजिक एकता और समरसता की भावनाओं को क्षति पहुँचती है और इनके स्थान पर लोगों के मन में अन्य धार्मिक और सांस्कृतिक व्यवस्थाओं के प्रति घृणा और द्वेष की भावना फूट–फूट कर भर जाती है। इस नाते "सांप्रदायिकता लोगों के उस दृष्टिकोण की द्योतक है जिसमें वे राष्ट्र के प्रति अपनी आस्था को अपने समुदाय के प्रति अपनी निष्ठा के अधीन कर देते हैं या जब वे एक राष्ट्र के भीतर रहने वाले अन्य समुदायों के प्रति सक्रिय शत्रुता के भाव का विकास कर लेते हैं।"

यदि 'सांप्रदायिकता' को भारतीय राजनीतिक दलविज्ञान प्रणाली पर लागू किया जाए, तो यह संकीर्ण अर्थ में विचारधारा (ideology) के तत्त्व के अधिक निकट बैठती है। इसका संबंध विशेष धार्मिक समुदाय के दावों के साथ जुड़ा हुआ है। इस दृष्टिकोण के अध्ययन से मुस्लिम लीग जैसे कुछ मुख्य संगठनों को 'विचारात्मक' किंतु अकालीदल व द्रविड़ मुन्नेत्र कषगम को 'दक्षिण पंथी' कोटियों के अंतर्गत रखा जा सकता है। सभी दक्षिणपंथी संगठनों को सांप्रदायिक कहा जा सकता है क्योंकि उनके जीवन का आधार किसी धर्म या जाति प्रणाली की व्यवस्थाएँ होती हैं।

भारत में धार्मिक आधार पर जनसंख्या गणना से भारत में सभी धर्मों के लोगों का पता चलता है अल्पसंख्यक वर्गों में अपने कम जनसंख्या के कारण एकजुटता मिलती है, क्योंकि भारत में बहुसंख्यक हिन्दुओं से हमेशा उनको भय की स्थिति बनी रहती है।

देश का कुल क्षेत्रफल लगभग 13 लाख वर्ग मील है और जनसंख्या एक अरब से कुछ अधिक। नवीनतम सरकारी अनुमानों के अनुसार हिन्दू कुल जनसंख्या का 82 प्रतिशत,

मुसलमान 12 प्रतिशत, ईसाई 2.3 प्रतिशत, सिक्ख 2.0 प्रतिशत और अन्य जिनमें बौद्ध, जैन, पारसी (जरतुश्ती), यहूदी व बहाई शामिल हैं, दो प्रतिशत से भी कम हैं। हिन्दूवाद को परिभाषित करना मुश्किल है क्योंकि हिन्दूजन अनेक देवी-देवताओं की पूजा करते हैं और कर्मकाण्ड भी क्षेत्र-क्षेत्र व जाति-जाति में भिन्न-भिन्न हैं। बौद्धों में शामिल हैं महायान और हीनयान विचार-संप्रदाय के अनुयायी और ईसाइयों में कैथलिक भी हैं और प्रोटेस्टैण्ट भी। जनजातीय समूह (जाति-व्यवस्था से बाहर ऐतिहासिक रूप से देशज समूहों के सदस्य) जो सरकारी आँकड़ों में आमतौर पर हिन्दुओं में शामिल किए जाते हैं, प्रायः पारंपरिक देशज धर्मों को अपनाते हैं। हिन्दू और मुसलमान देश भर में फैले हैं : यद्यपि मुसलमानों की अधिक जनसंख्या उत्तर प्रदेश, बिहार, महाराष्ट्र, पश्चिम बंगाल, आंध्र प्रदेश व केरल में है, जम्मू-कश्मीर में वे बहुसंख्यक हैं। ईसाई संकेंद्रण उत्तर-पूर्वी राज्यों में देखे जाते हैं, साथ ही साथ केरल, तमिलनाडु व गोवा आदि दक्षिणी राज्यों में भी। तीन छोटे उत्तर-पूर्वी राज्यों में बड़े ईसाई बहुसंख्यक वर्ग हैं—नागालैंड, मिजोरम व मेघालय। सिक्ख पंजाब राज्य में एक बहुसंख्यक वर्ग हैं। गत लगभग आधी शताब्दी में, अनेक निम्न जाति के हिन्दुओं, दलितों (जिन्हें 'अनुसूचित जातियाँ' कहा जाता है) व अन्य गैर-हिन्दू जनजातीय समूहों ने अन्य धर्म अपना लिए हैं क्योंकि उन्होंने धर्मान्तरण को व्यापक भेदभाव से बचने और उच्च सामाजिक प्रस्थिति हासिल करने का जरिया समझा।

भारतीय **कैथलिक बिशप सम्मेलन** के अनुसार विभिन्न ईसाई नामों का प्रतिनिधित्व करती देश में लगभग 1100 पंजीकृत विदेशी मिशनरियाँ हैं जो बहुधा धर्मान्तरण व अन्य सामाजिक सेवाओं में लगी रहती हैं।

इतने विशाल और विविध धार्मिक संरूपण और संपन्न धार्मिक मूलों का इतिहास रखने पर, यह स्वाभाविक ही है कि इस देश के लोग धार्मिक भावनाओं द्वारा अपनी सार्वजनिक अथवा निजी गतिविधियों में प्रभावित हो जाने को बाध्य हो जाएँ। सामाजिक व राजनैतिक जीवन में अपनी धार्मिक पहचान की अधिकार-माँग करने के लिए, सभी समुदायों ने राष्ट्र-निर्माण प्रक्रिया को प्रभावित करते हुए और सामाजिक सामंजस्य में कड़वाहट घोलते हुए, विध्वंसकारी प्रवृत्तियों में प्रायः ही परिणत संवेगात्मक मुद्दों को उठाकर आम जनता को लुभाने का प्रयत्न किया है।

प्रश्न 2. हिन्दू सांप्रदायिक एवं धार्मिक आंदोलनों का विस्तार से विवरण कीजिए।
[जून–2010, प्र. सं.–10 (a)]

उत्तर— भारत में धार्मिक और सांप्रदायिक आंदोलन आधुनिक युग की देन मानी जाती है। भारतीय समाज में धर्म और संप्रदाय लगातार प्रासंगिक बना हुआ है। 19वीं शताब्दी के दौरान हिन्दू पुनर्जागरणवादियों के आंदोलनों ने दक्षिणपंथी राजनीति हेतु आधार तैयार किया, जिसके साथ-साथ धार्मिक मुद्दों ने हिन्दू संप्रदायवाद का रूप ले लिया। धर्मान्तरण, गौ-वध

पर प्रतिबंध, हिन्दी का थोपा जाना, शिक्षा का हिन्दवीकरण और हिन्दू गृहभूमि हेतु दावा दिखाना आदि मुद्दे स्वतंत्रता प्राप्ति के पश्चात् भी गुंजायमान रहे। सांप्रदायिक उन्माद को और बढ़ाने वाले मुद्दे थे – समान आचार–संहिता, अनुच्छेद 370 को समाप्त किया जाना (कश्मीर से संबधित), बाबरी मस्जिद (एक ऐतिहासिक मस्जिद) का तोड़ा जाना और उसी स्थान पर राम मंदिर का निर्माण; तदोपरांत ईसाई धर्म–प्रचारकों पर उनकी धर्मान्तरण नीति के कारण हमले कलह के वे बीज रहे जिन पर हिन्दू दक्षिणपंथी सामाजिक आंदोलन पनपते रहे और जनसाधारण को मोहित करते रहे।

धर्म, जाति व नृजाति की पहचानों पर आधारित मुद्दे स्वतंत्रता के पश्चात् सामाजिक व राजनीतिक प्रक्रियाओं पर छाये रहे हैं। आरोप्य अभिधानों की विविधता, जिस पर धार्मिक सांप्रदायिक आंदोलन आधारित थे, ने सामाजिक बदलाव लाने का प्रयास किया जिसके द्वारा एक समांगी नीति लागू की जा सके या फिर कम से कम बहुसंख्यक समुदाय के आधिपत्य का दावा कर सकें और अन्य धार्मिक समूहों को महज विदेशियों का दर्जा देकर समेट दिया जाए।

तथापि, राष्ट्रीय स्वयंसेवक संघ (आर.एस.एस.) की पैठ उसकी समाज–सेवा परियोजनाओं के माध्यम से जारी रही और उसने अपनी सैकड़ों–हजारों शाखाओं के एक बड़े ताने–बाने के माध्यम से हिन्दू राष्ट्रीय चेतना को फिर से जगा दिया, जो कि छात्र, श्रमिक, कृषि शिक्षा के क्षेत्र में व विशेष रूप से वनवासी क्षेत्रों में अपने विभिन्न उप–संगठनों द्वारा हाथ में ली जा रही बहुविध सेवा परियोजनाओं में लिप्त थे।

हिन्दूकरण और शिक्षा–शास्त्रीय अंतर्निवेशन–स्वतंत्रता के बाद आर.एस.एस. ने हिन्दुओं में शिक्षा के माध्यम से, सामाजिक कार्यों के माध्यम से बार–बार हिन्दुओं की गर्वोवित की गाथा गाकर भारतीय हिन्दुओं में इन चीजों को जीवन पद्धति के रूप में लाने का प्रयास किया जाता है। आर.एस.एस. ने अपने उद्देश्यों की प्राप्ति हेतु जन अकर्मण्यता की जड़ें टटोलीं। उसने शैक्षणिक कार्यक्रमों, प्राकृतिक आपदाओं के दौरान स्वैच्छिक सामाजिक कार्य तथा हिन्दुओं के लिए हिन्दू–राष्ट्र हेतु बार–बार माँग के माध्यम से सामाजिक संगठन को बदल डालने का प्रयास किया।

आर्य समाज अथवा रामकृष्ण मिशन जैसे अन्य सामाजिक सुधारवादी आंदोलनों के साथ चलकर, आर.एस.एस. ने व्यापक रूप से फैली उन शैक्षिक संस्थाओं के माध्यम से व्यापन संबंधी अपनी कार्यावली शुरू कर दी, जो कि शैक्षिक कार्यक्रमों को परंपरागत हिन्दू विचारधारा पर समझाते थे। इस आशय का आर.एस.एस. ने सर्वप्रथम सरस्वती शिशु मंदिर 1952 में गोरखपुर (उत्तर प्रदेश) में शुरू किया।

विभिन्न राज्यों में विद्यालयों की संख्या चूँकि बढ़ गई थी, दिल्ली में उसके मुख्यालय के पास 'विद्या भारती' नामक एक अखिल–भारतीय समन्वय समिति स्थापित की गई। विद्या भारती शिक्षा–मिशन की स्थापना का उद्देश्य था – बच्चों को इस प्रकार प्रशिक्षित करना कि वे स्वयं को एक हिन्दू राष्ट्र के संरक्षक के रूप में देखें।

आर.एस.एस. की पद्धतियों को व्यापक ईसाई मिशनरी शिक्षा-पद्धतियों के प्रति एक अनुक्रिया के रूप में देखा जा सकता है। पूर्व संस्कृति को फिर से जीवित करने संबंधी उनके प्रयासों में, अध्यापकों को संबोधित करने के लिए संस्कृत शब्द प्रयोग किए जाते हैं (आचार्य)। सम्मान प्रकट करने के लिए उनके पैर छूने और कक्षाओं के नाम हिन्दू ऋषियों के नाम पर रखने की प्रथा ('वशिष्ठ कक्ष', 'विश्वमित्र कक्ष') भी विद्यालय का एक ऐसा स्थान के रूप में संकेत करती है जहाँ हिन्दू धर्म और हिन्दू संस्कारों की अधिकार-माँग गर्व के साथ की जाती है, जहाँ परंपरा को बचाकर रखा जाता है और कॉन्वेंट मिशनरियों के माध्यम से 'अपसंस्कृतीकरण' अथवा 'ईसाइयत के प्रभाव' के विरुद्ध आगे बढ़ाया जाता है।

यही नहीं, हिन्दू संस्कृति वाली अपनी पहचान के और अधिक प्रसार के लिए, विश्व भारती स्कूल विशेष दिवसों संबंधों अपनी ही कार्यक्रमावली को मनाते हैं, जैसे शिवाजी व जीजाबाई, विवेकानंद, दीनदयाल उपाध्याय और सावरकर आदि के जन्मदिवस। अभिव्यंजक रूप से, गाँधी जयंती नहीं मनाई जाती है।

आर.एस.एस./भाजपा ने राज्य शिक्षा-संस्थाओं में अपनी विचारधाराओं को भरकर राज्य सत्ता तथा 'नागरिक समाज' के साधन, दोनों के प्रयोग के माध्यम से वर्तमान शिक्षा-प्रकृति में एक क्रांतिक विचलन पैदा करने का प्रयास किया है, जहाँ उसने स्कूलों में अपना ही तानाबाना तैयार किया है ताकि अपने संगठनों के सुविकसित संवर्ग प्राधार का पोषण कर सके।

अनिवार्यतः, आर.एस.एस. की शैक्षिक एवं राजनीतिक कार्यावली में ये दोनों बातें शामिल हैं-'अल्पसंख्यकों' के समूहों को समाहित करना और वर्तमान सामाजिक-व्यवस्था में हिन्दू प्रभुत्व को चिरस्थाई बनाने के लिए इन समूहों के विरुद्ध हिंसा का प्रयोग करना। अपने अंतर्निवेश को न्यायसंगत ठहराने और तर्कसंगत बनाने के लिए संघ परिवार ने उन ऐतिहासिक घटनाओं को फिर से लिखे जाने का सहारा लिया जिन्होंने भारत के भाग्य को रचा।

विहिप का उदय और धर्मान्तरण का मुद्दा—विहिप के उदय के बाद उसका एक मुख्य लक्ष्य यह था कि भारत में हिन्दुओं की संख्या बढ़ाई जानी चाहिए। धर्मान्तरण की प्रक्रिया ने शताब्दी भर संघ परिवार के सदस्यों के बीच गहरी चिंताओं को जन्म दिया जो कि इस क्षति को 'देशभक्तिपूर्ण' और 'राष्ट्रीय' रंग देकर और अधिक तीव्र कर दी गई और इसे अधिकाधिक उचित प्रमाणित करवाया गया। यह दृश्यघटना विशेष रूप से 1947 के बाद हिन्दू बहुमतवाद की कार्यवाही का एक मुख्य बिंदु थी। ईसाइयों के विरुद्ध हाल के अनुचित बल-प्रयोगों संबंधी संघ परिवार का औचित्य प्रतिपादन इस प्रकार के समानीकरण की घटनाओं के अनुरूप्य में ही है।

यह व्यापक रूप से माना जाता है कि हिन्दू धर्म गैर-धर्मान्तरवादी होने में धार्मिक परंपराओं के बीच अद्वितीय है। अन्य धर्मों में अंतरण, इसी कारण, एक ऐसी क्षति है जिसकी पूर्ति नहीं हो सकती। यह तर्क यकायक अधिकांश व्यक्तियों के हृदय को प्रतिध्वनित करता है। सामान्य बोध जो यहाँ लागू होता है, यह है कि कोई व्यक्ति केवल जन्म से ही हिन्दू बन

सकता है क्योंकि जाति (वर्ण के अर्थ में हो या फिर जाति के) हिन्दू धर्म के लिए निर्णायक होती है और जाति–प्रस्थिति वंशानुक्रमित होती है।

19वीं शताब्दी के बाद से उपांतिक समूहों व जनजातियों की दिशा में विस्तारण अधिक सुव्यवस्थित हो गया, 'उद्धारीकरण', 'शुद्धिकरण', 'पुनर्धर्मान्तरण' (परिवर्तन, 'वापस लौटना' – यह शब्द विहिप द्वारा आजकल पसंद किया जाता है) अधिक प्रचण्ड हो गए। ये सभी शब्द लोगों को उनकी 'प्राकृत' अवस्था में वापस लाने के लिए गढ़े गए हैं, यह मानते हुए कि सभी अभिलक्षित समूह कमोबेश सुसंस्कृत ढंग से हिन्दू ही हैं। जनसंघ ने नवम्बर 1954 में मध्य प्रदेश में एक विदेशी मिशनरी–विरोधी सप्ताह का आयोजन किया था।

हाल के ईसाई–विरोधी अभियान तक विहिप जो मुख्य रूप से 'रामजन्मभूमि' और 1964 व उसके बाद के दशक में उसकी स्थापना के समय मुसलमानों पर घातक आक्रमण से जुड़ी रही है, उसका मुख्य संकेंद्रण बुनियादी रूप से जनजातीय क्षेत्रों में ईसाई धर्मान्तरण के विरुद्ध ही निर्दिष्ट रहा (यथा उत्तर–पूर्व, मध्य प्रदेश व दक्षिण बिहार)। 1968 में विहिप द्वारा बनाई गई 'आचार–संहिता' में हिन्दू धर्म के मूल संस्कारों के बीच परिवर्तन (वापस लौटना, यथा पुनर्धर्मान्तरण) भी शामिल था। इस प्रकार का परिवर्तन 'शुद्धि' संबंधी अपने ऐतिहासिक रूप से उल्लिखित आंदोलन से भिन्न था, जो कि अपने प्रसंग में अधिक सुधारवादी और सामाजिक था, परंतु इस प्रकार के प्रयास अपने दृष्टिकोण में अधिक सांप्रदायिक थे और अनिवार्यतः रूढ़िवादी उद्देश्य रखते थे। फरवरी 1981 में हजारों दलितों को मुसलमान बनाने वाला मीनाक्षीपुरम (तिरुनेलवली) जन धर्मान्तरण ने एक ऐसे युग का सूत्रपात किया जिसमें मुसलमानों को एक दशक से भी अधिक तक निशाना बनाया जाता रहा। हाल के दिनों में ईसाई जन उनकी कार्यसूची का हिस्सा रहे हैं, खास तौर पर केंद्र में भाजपा के नेतृत्व वाला गठबंधन बनने के बाद।

पोखरण विस्फोटों और द्रुत गति से होते 'उदारीकरण' के अलावा, केंद्र के भाजपा के प्रभुत्व वाले गठबंधन को ईसाइयों के विरुद्ध संयुक्त अभियान के लिए याद किया जा सकता है। 23 फरवरी 1999 को स्टीन्स परिवार की हत्या के निपट भय द्वारा उत्पन्न व्यापक घोर प्रतिक्रिया ने अल्पकालिक सन्नाटा ला दिया, परंतु तदोपरांत आक्रमण फिर शुरू हो गए और अधिकाधिक व्यापक रूप से फैल गए। अगस्त 2000 तक वे देश के एक बड़े हिस्से तक फैल चुके थे–उत्तर प्रदेश, हरियाणा, पंजाब, मध्य प्रदेश, आंध्र प्रदेश, कर्नाटक, तमिलनाडु और गोवा। एक ताजा ईसाई अनुमान 1998 से हमलों की दर्ज संख्या 184 बताता है, जबकि अकेले सन् 2000 के पूर्वार्ध में 35 घटनाएँ हुई।

बाबरी मस्जिद – रामजन्मभूमि मुद्दा–हिन्दू सांप्रदायिक अभिकथन की पुनरुत्थानशील मनोवृत्ति को अंततः अयोध्या आंदोलन में एक ऐतिहासिक अभिव्यक्ति मिल गई जिसे श्री गिरिलाल जैन ने स्वतंत्रता पश्चात् सबसे महत्त्वपूर्ण घटना बताया।

आर.एस.एस. का मत है कि अयोध्या, मथुरा और काशी कोई राजनीतिक नहीं बल्कि एक राष्ट्रीय विषय है। बाबरी मस्जिद रामजन्मभूमि मुद्दे ने स्थिति को और अधिक गंभीर बना दिया। 1986-92 के बीच की घटनाओं का प्रस्तुतार्थ एक दिलचस्प लेखा-जोखा है। यद्यपि रामजन्मभूमि का विवाद का इतिहास एक सदी पुराना है, फिर भी यह अयोध्या की चारदीवारी में ही रहा। यहाँ तक कि 28 दिसम्बर 1949 को भी, जब रातोंरात रामलला की मूर्ति अचानक स्थापित किए जाने के कारण दंगे भड़क उठे, इस घटना ने अधिक तूल नहीं पकड़ा क्योंकि मस्जिद के दरवाजे दोनों ही समुदायों के लिए फौरन बंद कर दिए गए थे और 1985 में तब तक यथापूर्व स्थिति में सुरक्षा के अंतर्गत रखा गया जब तक कि राजीव गाँधी ने हिन्दुओं द्वारा पूजा के लिए विवादित बाबरी मस्जिद का दरवाजा खोले जाने का आदेश नहीं दे दिया। इसके अलावा, दूरदर्शन धारावाहिक 'रामायण' ने इस विवाद में एक उत्प्रेरक का काम किया। संघ परिवार ने 1989 के चुनावों में समर्थन जुटाने के लिए इस धारावाहिक के अभिनेताओं का प्रयोग किया। यह अभियान एक हिन्दू अभिकथन हेतु सशक्त ललक का संकेत करते हुए, फैजाबाद जिले से शुरू किया गया जहाँ पर अयोध्या स्थित है।

राजीव गाँधी भी इस मुद्दे को भुनाना चाहते थे, हालाँकि एक विलक्षण तरीके से। उन्होंने बड़ी कुशलता से प्रस्तावित राम मंदिर हेतु आधारशिला को मस्जिद के सन्निकट रखे जाने के लिए अनुमति दे दी। राजीव गाँधी इस घटना को महात्मा गाँधी के रामराज्य के स्वप्न जैसा बताने में कतई नहीं हिचकिचाए। तथापि, आंदोलन के साथ सीधे जुड़े लोग ही वास्तविक हिताधिकारी रहे। विहिप को विश्वास था कि बाबरी मस्जिद विवाद हर पार्टी को दो-फाड़ कर देगा। विहिप के हाव-भाव काफी हद तक सच्चे साबित हुए क्योंकि भाजपा का चुनावी लाभ गौरतलब था। 1984 के संसदीय चुनावों में उसने 7.5 प्रतिशत वोटों के मात्र दो सीटें जीती थीं परंतु 1989 में 11.5 प्रतिशत वोटों के साथ 85 सीटें जीत लीं। भाजपा की उपलब्धियाँ महत्त्वपूर्ण और भारतीय जनसंघ के दिनों से अपने इतिहास में अभूतपूर्व थीं। उसकी इस सफलता का श्रेय मिला अन्य पार्टियों से अपनी अलग पहचान प्रस्तुत करने में उसकी क्षमता को। इस घटना के बाद भाजपा अपनी हिन्दू पहचान के विषय में अधिक मुखर हो गई। अयोध्या आंदोलन ने 6 दिसम्बर 1992 में बाबरी मस्जिद तोड़ दिए जाने की ओर प्रवृत्त किया।

1992 के पश्चात् अपनी बार-बार धमकियों के बावजूद विहिप व अन्य हिन्दू संगठन स्थूलतः राज्य से सीधे-सीधे टक्कर लेने से कतराते रहे। अब उन्होंने अपनी कार्यसूची में किंचित फेरबदल कर दिया है, यथा मुद्दे को न्यायालय के माध्यम से सुलझाया जाना, यद्यपि समय-समय पर राज्य के प्रति उनकी नाराजगी भरी धमकियों में उतार-चढ़ाव आते रहते हैं।

मार्च 2003 में विहिप ने घोषणा की कि वह उन 30,000 हिन्दू मंदिरों पर 'फिर से दावा करने' के लिए एक राष्ट्रव्यापी अभियान छेड़ेगी जो मस्जिदों में बदल दिए गए थे। कुछ मुसलमानों का भय है कि इस अभियान के तहत हिन्दूजन वाराणसी में ज्ञानवापी मस्जिद,

धार्मिक और साम्प्रदायिक आन्दोलन

मथुरा में ईदगाह मस्जिद और अयोध्या में पूर्व बाबरी मस्जिद की जमीन में राम मंदिर भूमि पर अधिकार करने का प्रयास करेंगे।

जनता को धारदार हथियारों के वितरण के विरुद्ध दंड संहिता के तहत प्रतिबंध होने के बावजूद उस अवधि में विहिप ने अपना 'त्रिशूल' वितरण कार्यक्रम जारी रखा। त्रिशूल हिन्दू धार्मिक प्रतीक है, परंतु त्रिशूलों का प्रयोग हथियारों के रूप में भी किया गया है, उदाहरणतः 2002 के गुजरात दंगों में।

प्रश्न 3. मुस्लिम धार्मिक एवं सांप्रदायिक आंदोलनों का विश्लेषण कीजिए।
अथवा
इस्लामिक कट्टरवाद पर नोट लिखिए। [दिसम्बर–2010, प्र. सं.–10 (a)]

उत्तर– मुस्लिम धार्मिक एवं सांप्रदायिक आंदोलन का संबंध भारत में बहुसंख्यक लोगों से संबंधित धर्म हिन्दू से ही है। इस्लाम भारत में सबसे बड़े अल्पसंख्यक धर्मों में से एक है और संघ परिवार द्वारा एक सर्व–इस्लामिक विचारधारा में सक्रिय रूप से लिप्त है ताकि अतीत के गौरव को फिर से हासिल कर सके और लगातार हिन्दू असुरक्षा भाव की वजह भी बना हुआ है।

19वीं सदी में धार्मिक एवं सामाजिक आंदोलनों के साथ–साथ मुस्लिम राजनीति का उठता ज्वार भी 20वीं सदी के प्रथम चतुर्थांश में बिल्कुल स्पष्ट हो गया, खासकर 1906 में अखिल भारतीय मुस्लिम लीग के गठन के बाद। मुस्लिम संप्रदायवाद ने, अन्य दक्षिणपंथी संगठनों की ही भाँति धार्मिक–राजनीतिक तर्ज पर रंग लेना शुरू कर दिया और भारतीय समाज में मुस्लिम समुदाय के एकीकरण एवं आत्मसातीकरण को रोका। अलीगढ़ मुस्लिम विश्वविद्यालय ने उर्दू भाषा व मुसलमानों के लिए पृथक् निर्वाचन क्षेत्र जैसे मुद्दों को सांप्रदायिक रंग देकर आग में घी का काम किया और धार्मिक भाईचारे के नाम पर सांप्रदायिक राजनीति हेतु आंदोलन को नियमितता के साथ गति प्रदान की। खिलाफत आंदोलन, केरल में मोपला उपद्रव, दो–राष्ट्र सिद्धांत का मत–प्रचार, पाकिस्तान हेतु माँग और अंत में देश का विभाजन आदि घटनाएँ धार्मिक आधार पर भड़काई गई राजनीति का ही परिणाम थीं।

धर्मनिरपेक्ष भारत बन जाने के बाद भी अनन्य पहचान कायम रखने हेतु माँगे संगत में रहीं। धार्मिक भाईचारे की अवधारणा को इस उद्देश्य से प्रयोग किया गया। 'इस्लाम खतरे में है' की पुकार ने मुस्लिम भ्रातत्व अथवा मुसलमानों की धार्मिक बंधुता की काल्पनिक अवधारणा को आकर्षित किया, जो भारत में मुस्लिम राजनीति की मुख्य घटक बन गई। कुछ मुस्लिम विद्वानों ने समुदाय में सामंती वर्ग के इस विभाजक सांप्रदायिक प्रारूप को ठीक ही ध्यान दिलाया है–"प्रतीत होता है कि इस उप–महाद्वीप में मुहम्मद की 'उम्मा मुस्लिमा' संबंधी संकल्पना केवल राजनीति में और एक रक्षात्मक भावभंगिमा के रूप में ही सफल है।"

धार्मिक भ्रातत्व का नारा विभाजनोपरांत भारत में भी मुसलमानों की राजनीतिक लड़ाई हेतु मुख्य हथियार रहा। मुस्लिम समाज के अभिजात वर्ग ने भी देश में मुस्लिम राजनीति हेतु

स्वायत्त स्थान को विस्तार प्रदान करने के लिए ही इस्लामिक भ्रातत्व की आध्यात्मिक अवधारणा का शोषण किया।

भारतीय समाज की बहुलता में किसी धार्मिक समूह को समांगीकृत करने के इस प्रकार के प्रयासों ने देश के दो प्रमुख धार्मिक समुदायों के बीच सदियों पुराने सांप्रदायिक अविश्वास को बढ़ाया है। मुस्लिम नेतागण धर्मनिरपेक्ष संविधान का लाभ उठाते समय धार्मिक बंधुत्व संबंधी अपनी विभाजक अवधारणा के साथ अड़े रहे, जिसका मतलब था अल्पसंख्यक विशेषाधिकारों के नाम पर सांप्रदायिक एकता। सामाजिक एकीकरण हेतु प्रयास का 'इस्लाम खतरे में' वाली पुरानी रट के रूप में विरोध किया गया। परिणामत:; सांप्रदायिक आधार पर मुस्लिम भाईचारे संबंधी आत्माभिकथन ने मुस्लिम समुदाय को मानसिक एवं मनोवैज्ञानिक दलित अल्पसंख्यकों की मलिन बस्तियों की ओर धकेल दिया।

कांग्रेस के एक विख्यात नेता ए.क्यू. अन्सारी ने यह माँग करते हुए कांग्रेस के भीतर ही एक मुस्लिम मोर्चा बनाया कि कांग्रेस पार्टी मुसलमानों को चुनावी टिकट उनकी जनसंख्या के आधार पर दे। मुस्लिम जनसाधारण को आधुनिक युग की वास्तविकताओं से अनभिज्ञ रखते हुए, उनके नेतागण एक भिन्न सामुदायिक पहचान कायम करने के लिए आंतरिक धार्मिक एकता की भावनाओं को भड़काते ही रहे। लोकतंत्र के एक व्यापक क्षेत्र में मुस्लिम भ्रातत्व की अवधारणा का जो ठीक-ठीक अर्थ था, सदा अनुत्तरित प्रश्न ही रहा। किसके विरुद्ध वे सामुदायिक बंधुता चाहते हैं, मुस्लिम विचारकों तक के लिए एक बड़ा प्रश्नचिह्न है।

धार्मिक-भाषाई मुद्दे—पृथक् निर्वाचन क्षेत्र हेतु माँग के साथ ही, उर्दू भाषा को भी अपेक्षित धार्मिक रंग मिल गया है। मुसलमानों ने अपने धर्म और मातृभाषा पर ध्यान न देते हुए, अपनी धार्मिक-सांस्कृतिक विरासत के एक हिस्से के रूप में उर्दू का मुद्दा लगातार उठाया है।

भारत में मुसलमानों की एक आम धारणा है कि उर्दू भारत में एक कारगर भाषा के रूप में तभी जीवित रह सकती है और रहेगी जब उसे एक आधुनिक भारतीय भाषा के रूप में शैक्षिक पाठ्यक्रम में शामिल कर लिया जाएगा, जो कि 6 करोड़ से भी अधिक भारतीयों की मातृभाषा है। तथापि, तथाकथित धर्मनिरपेक्षवादियों और हिन्दू दक्षिणपंथी विचारकों के उपेक्षात्मक रवैये के कारण उर्दू अपना गौरव खोती जा रही है। यहाँ वे आमतौर पर भूल जाते हैं कि संस्कृत जैसी समृद्ध भाषा भी राज्य संरक्षण प्राप्त कर लेने के बावजूद टिकी नहीं रह सकी।

भारत की विस्मयकारी भाषाओं में एक – उर्दू की जगमगाहट से कोई इन्कार नहीं करता परंतु यहाँ मुस्लिम धर्म से संबंध रखने वाले लोगों को इस लोक भाषा पर एकाधिकार हेतु दावा नहीं करना चाहिए जो कि उनके द्वारा ही बोली जाती है जो इस धर्म में विश्वास ही नहीं करते। इस प्रकार के सांप्रदायिक रंग में जो इस भाषा के साथ जुड़ा है, उर्दू प्राय: मुस्लिम अल्पसंख्यक शिक्षा संस्थाओं व धार्मिक शिक्षालयों, यथा मदरसों तक ही सीमित रही है। यद्यपि इसने उत्तरजीविता बनाए रखी है, फिर भी अभी इसे सीखने वाले मुस्लिम समुदाय के निम्न

सामाजिक स्तर से संबंध रखते हैं जो कि आर्थिक रूप से पिछड़ा ही नहीं बल्कि सामाजिक रूप से भी विखंडित है, यह बात परिणामतः उसे देश में एक शैक्षिक रूप से पिछड़ा और वंचित समुदाय बनाती है। इस प्रकार, राज्य समर्थन से इन्कार या फिर जबकि उर्दू–भाषी समुदाय के संवैधानिक अधिकारों से इन्कार कर दिए जाने के कारण, धार्मिक पहलू उर्दू के दिगन्त को परिभाषित करने लगा है।

सांप्रदायिक एवं आतंकवादी गतिविधियाँ और इस्लाम का इस्तेमाल—इन मुद्दों के अलावा जो प्रायः एक वृहद् स्तर तक भारत की मुस्लिम जनता के मानस पर हावी रहे हैं, सांप्रदायिक हिंसा का इस्लामीकरण, अलगाववाद और आतंकवाद भी भारत में मुसलमानों के धार्मिक संप्रदायवाद के विशेष अभिलक्षण बन गए हैं, खासकर जम्मू–कश्मीर राज्य में।

सरकार ने 'सांप्रदायिक तनाव को बढ़ावा देने' और 'भारत की सुरक्षा के प्रति हानिकारक' गतिविधियों के वासते 'अवैध गतिविधि प्रतिरक्षा अधिनियम' के तहत सितम्बर 2001 में भारतीय छात्र इस्लामिक आंदोलन (सिमी–SIMI) पर औपचारिकतः प्रतिबंध लगा दिया। सरकार ने आरोप लगाया कि सिमी के लश्कर–ए–तय्यबा और हिजबुल मुजाहिदीन जैसे आतंकवादी गुटों से संबंध थे। तीन विभिन्न राज्यों में पुलिस ने इसके आठ सदस्यों को गिरफ्तार किया, जिनमें सिमी भोपाल जिला इकाई का पूर्वाध्यक्ष खालिद नईम भी शामिल था।

3 मई, 2001 को इसी प्रकार सरकार ने 'सांप्रदायिक तनाव पैदा करने' और 'भारतीय सुरक्षा के प्रति हानिकारक' गतिविधियों के लिए मुस्लिम गुट्ट 'दीनदार अंजुमन' पर प्रतिबंध लगा दिया। राज्य अभियोजकों ने आरोप लगाया कि दीनदार चन्नाबसबेश्वेर सिद्दकी (DCS) नामक मुस्लिम गुट्ट और उसके मूल संगठन दीनदार अंजुमन के कुछ सदस्य ही सन् 2000 में कर्नाटक व आंध्र प्रदेश चर्च बमबारी के लिए जिम्मेदार थे।

दुनिया भर में आतंकवादी विद्रोह फैलाने वाले ये इस्लामी गुट्ट ही अधिकांश गैर–इस्लामिक देशों में राज्य के खुले निशाने पर हैं।

यद्यपि हिन्दू सांप्रदायिकता का प्रतिनिधित्व विभिन्न दलों व संघों द्वारा किया जाता है, फिर भी इन सब में कुछ समान बातों की ओर संकेत किया जा सकता है—

1. सांस्कृतिक संगठन होने के कारण हिन्दू एक राष्ट्र है, केवल एक राजनीतिक इकाई नहीं। इसकी व्युत्पत्ति वेदों के समय से चली आ रही है। राष्ट्र की संकल्पना लोगों की सांस्कृतिक उन्नति की ओर निर्देश करती है। इस नाते हिन्दुओं ने प्राचीन काल में एक सभ्य और विकसित जीवन पद्धति का विकास किया और तभी से वे एक राष्ट्र के रूप में चले आ रहे हैं। भारतवर्ष या आर्यवर्त्त या हिन्दुस्तान उन लोगों का देश है जिस पर पहले मुसलमानों द्वारा अधिकार जमाया गया और उसके बाद ईसाई शासकों ने उनका शोषण किया। हिन्दुओं की इस पुण्य भूमि में, केवल हिन्दू विधि (Hindu Law) का ही अस्तित्व होना चाहिए। अल्पसंख्यक यहाँ रह सकते हैं परंतु उनके लिए हिन्दू धर्म और संस्कृति के प्रति आदर सम्मान की भावना

प्रकट करना आवश्यक है। अच्छा हो यदि वे बहुसंख्यक लोगों में आत्मसात हो जाएँ जैसा कि पश्चिमी देशों में हुआ।

2. हिन्दू समुदाय को एक समेकित और सुदृढ़ यहाँ तक कि सैन्य प्रशिक्षित भी होना चाहिए, ताकि इसे अधीनस्थता की दुर्दशा का फिर से सामना न करना पड़े। इस प्रयोजन के लिए हिन्दुओं की धार्मिक प्रथाओं का संवर्द्धन और उन्हें सुदृढ़ किया जाना चाहिए। उदाहरण के लिए, गो हत्या पर प्रतिबंध लगाया जाना चाहिए। बल, छल, कपट और प्रलोभन के आधार पर धर्म परिवर्तन को समाप्त किया जाना चाहिए।

3. देश का विभाजन महान् राष्ट्रीय दुर्घटना थी, जो हिन्दू नेताओं की कमजोरी के कारण हुई। भारतीय राष्ट्रीय कांग्रेस के हिन्दू नेताओं ने धर्मांध मुसलमानों की माँगों को स्वीकार करने में घुटने टेक नीति अपनाई जिसके परिणामस्वरूप यह सब हुआ। अतः इस विभाजन को भंग किया जाना चाहिए जिससे फिर से अखंड भारत अस्तित्व में आए।

4. सभी मुस्लिम और गैर-हिन्दू देशों के साथ समानता और आपसी हितों के सिद्धांतों के आधार पर संबंध स्थापित हों। किसी देश के प्रति घुटने टेक नीति न अपनाई जाए। राष्ट्रों के समुदायों में भारत का स्थान सम्मानपूर्ण होना चाहिए।

5. भारत का वर्तमान संविधान उपयुक्त नहीं है, क्योंकि इसका धर्म-निरपेक्षता का सिद्धांत हिन्दू राज्य के हितों के प्रतिकूल है। अतः इसके स्थान पर एक नए संविधान की स्थापना की जानी चाहिए जिसमें हिन्दुत्व राष्ट्रीय जीवन की सभी संस्थाओं को प्रभावित करे। देश की राजनीति हिन्दुत्व के बुनियादी सिद्धांतों के आधार पर हो।

13

कृषिक आन्दोलन
Agrarian Movements

परिचय

कृषक आंदोलन की जड़ें मुख्य रूप से वर्ग संघर्ष में मिलती हैं, लेकिन यह श्रमिकों के आंदोलनों से अलग हैं, लेनिन एवं माओत्से तुंग ने कृषकों को आंदोलनों की जड़ माना है। उनकी भागीदारी का परिणाम राज्य की प्रतिक्रिया और कृषिक आंदोलनों की सफलता नेतृत्व की प्रकृति, मुद्दों, विचारधाराओं और लामबंदी प्रतिमानों पर निर्भर रही है। आजकल इन कृषिक आंदोलनों का संदर्भ सामाजिक आंदोलनों के रूप में लिया जाता है। कृषक आंदोलन मुख्य रूप से खेतीहर मजदूरों अथवा किसान से संबंधित आंदोलन है। यह शोषण, पतन तथा आर्थिक पराधीनता के विरुद्ध उत्पन्न होता है। भारत का कृषक वर्ग भिन्न–भिन्न संगठनों के माध्यम से तथा भिन्न–भिन्न नेताओं के नेतृत्व से एकजुट हुए हैं। किसान आंदोलनों ने भूमि सुधार तथा हरित क्रांति जैसी सरकारी योजनाओं का लाभ लेकर अपने स्तर को बढ़ाया है। इस अध्याय में हम कृषिक आंदोलन, उनके उत्थान और पतन के कारण एवं प्रसंग, उनके द्वारा उठाए गए मुद्दों की प्रकृति, नेतृत्व की प्रकृति और लामबंदी के प्रतिमान की चर्चा करेंगे। प्रस्तुत अध्याय का ध्यान–केंद्र उन कृषिक आंदोलनों पर रहेगा जो स्वातंत्र्योत्तर काल में हुए तथापि आंदोलनों की पृष्ठभूमि और आंदोलनों के अनिवार्य अभिलक्षणों पर चर्चा करेंगे।

प्रश्न 1. कृषिक समाज का वर्गीकरण किस प्रकार किया जाता है?

उत्तर– कृषिक वर्गों का वर्गीकरण–कृषक वर्ग सामाजिक दृष्टिकोण से अलग–अलग भागों में बँटा हुआ है। किसी कृषिक समूह की लामबंदी उससे जुड़े विशिष्ट मुद्दों पर निर्भर करती है। विभिन्न समूहों के बीच सहयोग अथवा उनमें संघर्ष इस समूह के हितों के एक ही ओर झुकाव पर निर्भर करता है। इसी कारण, विभिन्न कृषिक वर्गों के आंदोलनों को समझने के लिए उन दो मानदंडों की चर्चा की जाती है जो किसी वर्ग–विशेष को निर्दिष्ट करते हैं। दो व्यापक प्राधार हैं जो विभिन्न कृषिक वर्गों में वर्गीकरण करने अथवा उन्हें पहचान प्रदान करने हेतु विद्वानों द्वारा व्यवहार में लाए जाते हैं, यथा गैर–मार्क्सवादी और मार्क्सवादी। पूर्ववर्ती के पक्षधर कृषिक वर्गों के वर्गीकरण के लिए बहुविध कारकों को ध्यान में रखते हैं, जैसे–जाति, भौगोलिक क्षेत्र तथा जोतों का आकार। ऐसे वर्ग जो निम्न जातियों से संबंध रखते हैं प्रायः कृषि–श्रमिक/गरीब व छोटे/उपान्तिक किसानों से संबंध रखने वालों के रूप में पहचाने जाते हैं और वे जो उच्च जातियों व मझली जातियों से ताल्लुक रखते हैं, उच्च वर्गों – धनी किसान/मध्यम किसान व जमींदारों से संबंध रखने वालों के रूप में पहचाने जाते हैं। मार्क्सवादी दृष्टिकोण के अनुयायी गैर–मार्क्सवादी दृष्टिकोण को अवैज्ञानिक मानते हैं और एक वैकल्पिक प्राधार देते हैं। उनका तर्क है कि कृषक वर्ग में भेद प्रकट करने के लिए एक वैज्ञानिक तरीका यह है कि पारिवारिक श्रम के अनुपात को उस बाहरी श्रम की तुलना में देखा जाए जो कि उस भू–स्वामित्व के साथ–साथ जमीन पर प्रयोग किया जाता है। यह मापदंड माओ से तुंग और वी.आई. लेनिन के लेखों पर आधारित है। **उत्सा पटनायक** ने अपनी पुस्तक *पैजन्ट क्लास डिफरेन्शिएशन : ए स्टडी इन मैथड विद रैफ़ॅरॅन्स टु हरियाणा* (ऑक्सफोर्ड, 1987) में माओ व लेनिन की कसौटी का संश्लेषण किया है। पटनायक मॉडल कुछ अन्य विद्वानों द्वारा भी प्रयोग किया गया है। इस प्राधार के अनुसार वे लोग जिनके पास अपनी जमीन नहीं है बल्कि दूसरों की जमीन पर काम करते हैं अथवा उनकी अपनी छोटे आकार की जोत है और अपनी जमीन की अपेक्षा दूसरों की जमीन पर अधिक काम करते हैं, कृषिक–श्रमिकों और छोटे/गरीब/उपान्तिक किसान वर्ग के सदस्य हैं; वे जिनके पास अपनी जमीन और अपने कृषि–संसाधन हैं, कृषि–श्रमिकों, गरीब व छोटे किसानों को रोजगार देते हैं अथवा जिनके पास अपनी जमीन है और उस पर स्वयं काम नहीं करते (निरीक्षण को छोड़कर) बल्कि बाहरी श्रमिकों पर निर्भर करते हैं, ग्रामीण धनी वर्ग (मझले किसान, धनी किसान व जमींदार) में रखे जाते हैं। उत्सा पटनायक मॉडल, तथापि उन क्षेत्रों पर अधिक लागू होता है जहाँ पूँजीवाद देखा गया बनिस्वत उन स्थानों के जहाँ उत्पादन का सामंती तरीका अभी तक प्रभावी है।

कृषिक समूहों को निम्नलिखित वर्गों में समूहीकृत किया है–

(1) ग्रामीण गरीब वर्ग–कृषि–श्रमिक और छोटे/गरीब/उपान्तिक किसान – कृषि–श्रमिकों के पास अपनी जमीन नहीं होती बल्कि वेतन पर दूसरों की जमीन पर काम करते हैं या तो कृषि–श्रमिकों के रूप में या फिर काश्तकारों के रूप में। छोटे/गरीब/उपान्तिक किसानों के पास

अपनी जमीन तो होती है परंतु वह जमीन उनकी बुनियादी जरूरतों को पूरा करने के लिए पर्याप्त नहीं होती। उनको दूसरों की जमीन पर भी काम करना पड़ता है।

(2) ग्रामीण संपन्न वर्ग—कृषक/कुलक/धनी किसान – इन वर्गों के पास अपनी जमीन होती है और कृषि में जरूरी दूसरा साजो सामान भी। वे अपनी जमीन पर ही काम करते हैं अथवा कृषि-श्रमिकों को काम पर रखकर स्वयं निरीक्षण कार्य के सिवा कोई काम नहीं करते हैं।

प्रश्न 2. स्वतंत्रतापूर्व काल में किसान आंदोलनों पर एक टिप्पणी लिखिए?
[दिसम्बर-2009, प्र. सं.-7]

उत्तर— स्वतंत्रतापूर्व काल में जहाँ जमींदारों के अत्याचार बढ़े जा रहे थे वहीं दूसरी ओर अंग्रेजों द्वारा भूमि कर में वृद्धि कर दी गई। इसके कारण छोटे किसानों तथा कृषीय मजदूरों में असंतोष की भावना उत्पन्न हो गई। इस कारण स्वतंत्रतापूर्व काल में देश के हरेक भाग में कृषक आंदोलन हुआ। इस आंदोलन में वे सभी लोग शामिल हुए जिनका शोषण किया जा रहा था। इसके अंतर्गत काश्तकार, कृषि-श्रमिक, कारीगर इत्यादि के समूहों ने भाग लिया। **रणजीत गुहा** के अनुसार जमींदार भी शोषण का शिकार था, क्योंकि उन पर साहूकारों का कर्ज था। स्वतंत्रतापूर्ण के किसान आंदोलन में निम्नलिखित आंदोलन मुख्य रूप से आते हैं। उत्तर प्रदेश के अवध किसान आंदोलन, गुजरात में खेड़ा आंदोलन, केरल में मोपला आंदोलन, बिहार में चम्पारण किसान आंदोलन, बंगाल में वहाबी, फैराबी और तिभागा आंदोलन तथा आंध्र प्रदेश का निर्माण करने वाला तेलंगाना आंदोलन।

स्वतंत्रतापूर्व के आंदोलन तथा स्वातंत्र्योत्तर आंदोलनों में मुद्दा, नेतृत्व, विचार, एकजुटता आदि बातों में अंतर था। स्वतंत्रतापूर्व का किसान आंदोलन के खिलाफ था, क्योंकि ये वर्ग किसानों का शोषण कर रहे थे। अंग्रेजों तथा जमींदारों द्वारा अनेक प्रकार से कमजोर किसानों का शोषण किया जाता था। जिनमें लगान में वृद्धि, जबर्दस्ती नजराना, जबर्दस्ती श्रम करवाना, शारीरिक कष्ट, जमीन तथा संपत्ति से जबर्दस्ती बेदखल कर देना आदि शामिल थीं। यह समस्या तब और बढ़ जाती थी जब देश में सूखा या अकाल पड़ जाता था। जमींदार अपनी आर्थिक स्थिति को बढ़ाने के लिए गरीब किसानों को उनके जमीन से जबर्दस्ती हटा देता था तथा उस पर अपना अधिकार कर लेता था तथा उनको शारीरिक रूप से भी कष्ट दिया जाता था।

इस तरह स्वतंत्रतापूर्व काल में किसानों के नेताओं ने किसानों के कष्टों को देखते हुए उन्हें एक मंच पर ले आए। ये किसान सामूहिक रूप से अंग्रेजों, जमींदारों व साहूकारों के शासन के खिलाफ हो गए। जमींदारों तथा अंग्रेजों के जुल्म के कारण किसान वर्ग भू-दर्शक बनकर नहीं रह सका, बल्कि कमर कसकर उनके खिलाफ आंदोलन पर उतर आए तथा उनके द्वारा शोषण का विरोध शुरू कर दिया। इनके द्वारा किए गए प्रतिरोध को जेम्स स्कॉट ने **"आए दिन का विरोध"** कहा है।

किसान आंदोलन के बारे में **घनश्याम शाह** ने अपनी पुस्तक में चर्चा की है। उनकी पुस्तक का नाम *सोशल मूवमेण्टस इन इण्डिया : ऐ रिव्यु ऑफ लिटरेच* है। **कपिल कुमार** की पुस्तक *पैजण्ट्स इन रिवोल्ट: टैलन्टस, लैण्डलैस, कांग्रेस एंड द राज इन अवल* के अनुसार अवध के नेतागण कृषक वर्ग से संबंधित नहीं थे, बल्कि राष्ट्रीय आंदोलन के नेताओं के साथ चलते थे। बाद में कृषक आंदोलन का भी विलय राष्ट्रीय आंदोलन में हो गया। इसके चलते राष्ट्रीय आंदोलन के नेताओं द्वारा ही किसान का आंदोलन का नेतृत्व किया जाने लगा। इसका उदाहरण बिहार में चम्पारण किसान आंदोलन है जिसमें राष्ट्रीय आंदोलन के नेताओं द्वारा भारी मात्रा में भाग लिया गया था। किसानों को वैचारिक आधार पर धर्म, जाति, राष्ट्रवाद तथा मार्क्सवाद के द्वारा प्राप्त हुआ। धर्म के आधार पर किसानों का एकजुट होना विद्वानों में चर्चा का विषय बन गया। विद्वानों का एक धड़ सांप्रदायिकता से जोड़ने लगा तो दूसरा धड़ किसानों को आर्थिक कठिनाइयों से जोड़ने लगा।

किसान आंदोलन के तहत भारत में किसानों या गरीबों का शोषण करने वाले जमींदारों और साहूकारों पर हमला होने लगा। तेलंगाना में किसानों ने भारतीय कम्युनिस्ट पार्टी के साथ मिलकर सशस्त्र विद्रोह करना आदि इस बात का द्योतक है कि किसानों के आंदोलनों में राष्ट्रवाद तथा मार्क्सवादी विचारधारा का मुख्य रूप से कितना व्यापक प्रभाव पड़ा।

किसानों ने अपने आंदोलन को कई रूपों में बाँटकर जारी रखा। इस आंदोलन के तहत उन्होंने जमींदारों एवं साहूकारों की संपत्ति को समाप्त करने या विनष्ट करना तथा जमींदारों को नाई एवं धोबी आदि सेवाओं को समाप्त करना शामिल है। किसान आंदोलन ने कई बार इतना भीषण रूप धारण कर लिया था कि जमींदारों के रक्षक और पुलिस के मध्य झगड़ा हो जाया करता था जिसमें हिंसात्मक आमना-सामना भी शामिल है।

स्वतंत्रतापूर्व काल में किसान आंदोलन का अस्तित्व इतना व्यापक हो गया कि इसका प्रभाव भारतीय राष्ट्रीय कांग्रेस पर पड़ा। भारतीय राष्ट्रीय कांग्रेस उस समय राष्ट्रीय आंदोलन पर ही मुख्य रूप से ध्यान केंद्रित किए हुई थी। कांग्रेस के भीतर भूमि सुधार के बारे में विचार किया जाने लगा। किसानों की समस्याओं को समाप्त करने हेतु एक समिति का गठन किया। किसान आंदोलन के कारण ही देश में भूमि सुधार हुआ जो कि भारत के किसानों के लिए एक पहचान बन गया।

प्रश्न 3. भारत में कृषक आंदोलनों के अध्ययन के दृष्टिकोणों की चर्चा कीजिए?
[जून-2009, प्र. सं.-7]

उत्तर- कृषक आंदोलनों का अध्ययन मुख्य रूप से दो दृष्टिकोणों से किया गया है-मार्क्सवादी और गैर-मार्क्सवादी। पूर्ववर्ती इन आंदोलनों का अध्ययन उत्पादन के सामाजिक एवं आर्थिक संबंधों को ध्यान में रखकर करता है, यथा गरीब कृषिक वर्ग शोषणकारी वर्गों द्वारा अपने शोषण के विरुद्ध किस प्रकार संगठित हो जाते हैं। गैर-मार्क्सवादी दृष्टिकोण

सांस्कृतिक एवं गैर–आर्थिक कारकों पर अधिक जोर देते हैं। अस्सी के दशकारंभ में मार्क्सवादी दृष्टिकोण में एक और बात जुड़ गई। ग्राम्सी के लेखों से प्रभावित हो इस दृष्टिकोण को 'सबाल्टर्न अभिगम' (subaltern approach) के रूप में प्रसिद्धि मिल गई। आधीन विचारशाखा का कृषिक आंदोलनों के अध्ययन पर सबसे गहरा प्रभाव पड़ा। इसको आधीन अध्ययन शृंखला में रणजीत गुहा द्वारा प्रचलन में लाया गया। यह सबाल्टर्न दृष्टिकोण अथवा क्लासिक मार्क्सवाद का आलोचक है, जो अन्य कारकों के मुकाबले आर्थिक कारकों को प्रमुखता देता है। सबाल्टर्न दृष्टिकोण का तर्क है कि कृषि–वर्ग की अपनी चेतना, नेतृत्व व अन्य सांस्कृतिक कारण होते हैं जो वर्ग की अपेक्षा कहीं अधिक महत्त्वपूर्ण भूमिका निभाते हैं। सबाल्टर्न स्कूल की सैद्धांतिक मार्क्सवादियों द्वारा भी आलोचना की जाती है, यथा वह चेतना व संस्कृति को आर्थिक प्राधार से अलग रखती है और तदनुसार वास्तविकता की सही तस्वीर प्रस्तुत नहीं करती। **राजेन्द्र सिंह** अपनी पुस्तक सोशल *मूवमॅण्ट्स, ओल्ड एण्ड न्यू : पोस्ट–मॉडर्निस्ट क्रिटीक* में उत्तर–आधुनिक परिप्रेक्ष्य (post-modern perspective) में सामाजिक आंदोलनों के हिस्सों के रूप में कृषिक आंदोलनों पर द्वितीयक साहित्य का विश्लेषण करते हैं।

प्रश्न 4. ग्रामीण गरीब वर्ग के आंदोलनों के अभिलक्षणों की तुलना संपन्न वर्ग में आंदोलनों के अभिलक्षणों से करें?

[दिसम्बर–2008, प्र. सं.–10 (ख)][जून–2010, प्र. सं.–10 (b)]

उत्तर– ग्रामीण गरीब वर्ग के आंदोलनों तथा संपन्न वर्ग के आंदोलनों के अभिलक्षण को जानने से पहले ग्रामीण गरीब और ग्रामीण संपन्न वर्ग की स्थितियों को समझना आवश्यक है, जो कि इस प्रकार हैं–

ग्रामीण गरीब वर्ग–ग्रामीण गरीब वर्ग अपनी आय की पूर्ति वेतन भोगी मजदूर के रूप में काम करके करता है। इनमें से अधिक संख्या में लोग दलित या निम्न जातियों से आते हैं। इनके सामने आर्थिक एवं सामाजिक समस्याएँ विद्यमान हैं, इसलिए ग्रामीण गरीब वर्ग की एकजुटता आर्थिक एवं सामाजिक आधार पर है। स्वतंत्रता प्राप्ति के दो दशक बाद उत्तर प्रदेश में समाजवादियों द्वारा ग्रामीण गरीब वर्ग के लिए आंदोलन किया गया। उत्तर प्रदेश के बस्ती जिला में भूमि हथियाओ आंदोलन भारतीय कम्युनिस्ट पार्टी द्वारा चलाया गया। इस जमीन को गरीब वर्ग में बाँटने के लिए लिया जा रहा था।

ग्रामीण संपन्न वर्ग–अखिल भारतीय स्तर पर और सत्तर और अस्सी के दशक में धनी किसान या ग्रामीण संपन्न वर्ग का आंदोलन अपनी चरम सीमा पर थे। ये आंदोलन पंजाब में भूपेन्द्र सिंह मान के अगुवाई में तथा उत्तर प्रदेश में महेन्द्र सिंह टिकैत के अगुवाई में हुआ। इन दोनों ने अपना आंदोलन भारतीय किसान यूनियन के माध्यम से चलाया। ग्रामीण संपन्न किसान के पास अपनी जमीन है, लेकिन ये बाहरी मजदूरों से काम करवाते हैं तथा वे स्वयं

काम का निरीक्षण करते हैं। कहने का तात्पर्य यह है कि ग्रामीण संपन्न वर्ग किसान ग्रामीण गरीब किसान को अपने यहाँ रोजगार देता है।

तुलनात्मक अभिलक्षण—ग्रामीण गरीब वर्ग तथा ग्रामीण संपन्न वर्ग के आंदोलनों में एक समान लक्षण पाए जाते हैं। ये दोनों आंदोलन भारत के संपन्न भागों में उत्पन्न हुए हैं। ग्रामीण संपन्न वर्ग के आंदोलनों में धनी किसान, जमींदार तथा मध्यम किसान शामिल थे। ग्रामीण संपन्न वर्ग में मध्यम किसानों की अधिकता थी। यह वर्ग भूमि सुधार तथा जमींदार प्रथा के अंत से अधिक लाभांवित हुआ। मध्यवर्ती जातियों के अंतर्गत निम्नलिखित जातियों को सम्मिलित किया जाता है।

उत्तर प्रदेश में जाट, गुज्जर, यादव, मुस्लिम तथा मुस्लिम उच्च जातियाँ, महाराष्ट्र में मराठा, कर्नाटक मेंवोकलिया और लिंगायत, गुजरात में पटेल ये जातियाँ सबसे बड़े भाग का प्रतिनिधित्व करती थीं। इनका मुद्दा स्वतंत्रतापूर्व काल में किसान आंदोलन से अलग था। ये चाहते थे कि कृषि उत्पादों का मूल्य बढ़े तथा बिजली के बिल में कमी की जाए तथा बिजली को अधिक मात्रा में चाहते थे। इनके द्वारा शहरी लोगों के खिलाफ ग्रामीण जनता का नेतृत्व किया जा रहा था। इन लोगों का मानना था कि शहरी लोगों द्वारा ग्रामीण और गरीब लोगों का शोषण किया जा रहा है। इन लोगों ने ग्रामीण लोगों के नेतृत्व का झण्डा उठा रखा था तथा संपूर्ण ग्रामीण समाज के नेता के रूप में सामने आए।

इनके द्वारा किया गया आंदोलन जो कि मुख्य है वे निम्नलिखित हैं—महाराष्ट्र में रीतिकारी संगठन, कर्नाटक में कर्नाटक राज्य रैयत संघ और उत्तर प्रदेश में भारतीय किसान यूनियन।

इन आंदोलनों के ऊपर शरद जोशी ने कहा कि यह आंदोलन शहरी और ग्रामीण या शहरी बनाम ग्रामीण की अवधारणा पर टिकी है। शरद जोशी को हम राज्य उदारीकरण नीति को समर्थन करने वाले नेताओं की श्रेणी में रखते हैं। ये 1990 में भारत सरकार के सलाहकार भी रहे हैं।

कृषक आंदोलन के लक्षणों के बारे में विद्वानों में मतभेद है तथा विद्वान किसान आंदोलन के अभिलक्षण एवं विषय को भिन्न-भिन्न दृष्टिकोण से देखते हैं। ऐसे ही एक विद्वान हैं गेल आमवेट। ये किसान आंदोलन के बारे में कहते हैं कि यह एक नया सामाजिक आंदोलन है जिसकी अगुवाई एक नए हाथ में है। गेल आमवेट भी किसान आंदोलन को अन्य की तरह अराजनैतिक कहते हैं। ये आंदोलन मुख्य रूप से गरीबों एवं मँझले किसान का है।

टॉम ब्रास के अनुसार किसान आंदोलन न तो नया है और न ही एक जातीय है। किसान आंदोलनों द्वारा जो माँग रखी गई है वह पहले भी मुद्दों में शामिल थीं। उदाहरण के लिए कृषि उत्पादों के मूल्य में वृद्धि। यह मुद्दा पहले भी आंदोलनों के तहत उठाया गया था।

टॉम ब्रास के अनुसार इस प्रकार के आंदोलनों को गैर-राजनीतिक तथा अराजनैतिक की श्रेणी से बाहर रखते हैं। उनका कहना है कि अगर इस प्रकार के आंदोलन को गैर-राजनीतिक

तथा अराजनैतिक श्रेणी में रखते हैं तो वर्ग की उपेक्षा होगी और गैर–आर्थिक कारकों को एक झूठा स्थायित्व प्राप्त होगा।

कैपिटलिज्म एंड डिपैन्डॅन्स : एग्रैरियन पॉलिटिक्स इन वैस्टर्न उत्तर प्रदेश, जगपाल सिंह की पुस्तक है। इसमें उन्होंने भारतीय किसान यूनियन आंदोलन को विश्लेषित किया है। इसमें उन्होंने लिखा है कि यह आंदोलन न केवल ग्रामीण संपन्न वर्ग की कठिनाइयों से संबंधित था बल्कि इस आंदोलन में गरीबों को शामिल होने के लिए दबाव भी डालता था। इस दमनकारी व्यवस्था के विरुद्ध दलितों द्वारा विरोध होने लगा। इस प्रकार हम देखते हैं कि यह आंदोलन राजनैतिक हो गया तथा इन आंदोलनों के नेतागणों ने या तो स्वयं राजनैतिक पार्टी का निर्माण कर लिया था या फिर किसी अन्य पार्टी को अपना समर्थन सौंप दिया।

प्रश्न 5. किसान आंदोलन के स्वरूप और लक्ष्यों की चर्चा कीजिए।

उत्तर– किसान आंदोलन का स्वरूप और लक्ष्य–कृषि भारतीय अर्थव्यवस्था की रीढ़ है। अंग्रेजी शासन–काल में पूर्वी भारत, मध्य भारत और उत्तरी भारत में जमींदारी प्रथा प्रचलित थी तथा पश्चिमी भारत व दक्षिणी प्रांतों में रैयतवाड़ी प्रथा। जमींदारी प्रथा के अंतर्गत किसानों से लगान उगाहने का काम जमींदारों को सौंप दिया गया और सरकार ने उन्हें भूमि का मालिक मान लिया। सरकार को लगान के रूप में जो कुछ मिलता उसमें से कुछ हिस्सा वह जमींदार वर्ग को दे देती, जिससे इनके सहारे वह भारत पर सदा–सर्वदा शासन कर सके। जमींदारों ने किसानों का खूब शोषण किया। इस तरह यह वर्ग धनाढ्य होता गया। रैयतवाड़ी प्रथा में सरकार का किसानों से सीधा संबंध था अर्थात् करों की उगाही सरकार किया करती थीं, जमींदार नहीं, पर लगान की राशि इतनी अधिक थी कि अधिकांश किसान उसे चुकाने में असमर्थ थे।

भूमिकर या लगान के अतिरिक्त किसानों को और भी कई तरह के कर देने पड़ते थे, जिससे उनकी आर्थिक स्थिति पर बुरा प्रभाव पड़ा। समय–समय पर होने वाली प्राकृतिक विपदाओं–सूखा और अतिवर्षा से उनकी कंगाली बढ़ी। किसान गरीबी के कारण जब स्वयं भरपेट भोजन नहीं कर पाता था, वह अपने पशुओं को भला अच्छी हालत में कैसे रखता। तंगहाल किसानों और भूखे–बेजान जानवरों की तादाद बढ़ने से भूमि की उत्पादकता और भी घटी। किसानों का ऋणभार लगातार बढ़ता ही गया, जिसके कारण कुछ किसानों को भूमि बेचनी पड़ी और वे खेतिहर मजदूरों की स्थिति में पहुँच गए। कृषकों की दशा सुधारने के लिए कई कानून बनाए गए, जैसे कृषि ऋण अधिनियम (Agricultural Loans Act) तथा भूमि–सुधार अधिनियम (Land Improvement Act), परंतु कृषक हितों की प्रभावी ढंग से रक्षा नहीं की जा सकी।

भारत में किसान संघर्ष की परंपरा बहुत पुरानी है। आधुनिक काल, विशेषकर 1857 के बाद, के किसान आंदोलनों का यदि वर्गीकरण किया जाए तो हम इस निष्कर्ष पर पहुँचते हैं कि संघर्ष के सात मुख्य लक्ष्य रहे हैं–

(1) जमींदारों और साहूकारों से बदला लेने की भावना,

(2) धार्मिक और सांप्रदायिक उद्देश्य से किए गए आंदोलन अर्थात् किसी खास प्रदेश या इलाके से दूसरे धर्मावलंबियों या संप्रदाय वालों की प्रभुता को समाप्त करना,

(3) एक विशेष प्रकार की फसल पैदा करने की मजबूरी से उत्पन्न रोष,

(4) महज लूटमार (Banditry) के लिए किया गया संघर्ष,

(5) राजनीतिक जागृति से उत्पन्न संघर्ष अर्थात् महात्मा गाँधी या कांग्रेस के आह्वान पर छेड़ा गया आंदोलन,

(6) सूखा पड़ने पर और फसल नष्ट हो जाने के कारण आंदोलन,

(7) स्वतंत्रता के बाद के कई प्रमुख गैर-राजनीतिक आंदोलन।

14

मजदूर आन्दोलन
Working Class Movement

परिचय

भारत में उद्योग प्राचीन काल से ही चल रहे हैं। इंग्लैंड में औद्योगिक क्रांति के बाद उद्योगों के स्वरूप में बदलाव आया। भारत में प्राचीन उद्योग का विनाश होता गया। भारत से ब्रिटेन ने कच्चे मालों का दोहन करना प्रारंभ कर दिया। मजदूर आंदोलन मजदूरों के द्वारा अपने अधिकार के लिए माँग प्रदर्शन, विरोध, हड़तालें उनके आंदोलनों में शामिल किया जा सकता है। यह आंदोलन, मजदूर अपनी जीवन दशा सुधारने के लिए करते हैं। मजदूर आंदोलन यथा श्रमिक संघ (ट्रेड यूनियन) यथार्थतः एक ही चीज नहीं है। मजदूर आंदोलन एक अधिक विस्तृत दृश्यघटना है और कामगारों को लेकर चलने वाले सभी प्रकार के आंदोलन को अपने में समाविष्ट करता है। इसमें औद्योगिक व्यवस्था के प्रति श्रमिकों की विभिन्न प्रकार, प्रतिक्रियाएँ एवं प्रत्युत्तर शामिल हैं। श्रमिक आंदोलन कामगारों के आए दिन के संघर्ष से लेकर आम हड़तालों तक हो सकते हैं जिनमें समग्र उद्योग अथवा अनेक उद्योग समाविष्ट हो सकते हैं। इस अध्याय में भारत में श्रमिक आंदोलन पर एक सामाजिक आंदोलन के रूप में चर्चा की गई है।

प्रश्न 1. "मजदूर आंदोलन" से क्या तात्पर्य है?

[दिसम्बर-2009, प्र. सं.-4 (b)]

उत्तर— मजदूर आंदोलन तथा श्रमिक संघ (ट्रेड यूनियन) यर्थाथतः एक ही चीज नहीं हैं। इस प्रकार इसका अर्थ भिन्न है कि मजदूर आंदोलन एक अधिक विस्तृत दृश्यघटना है और कामगारों को लेकर चलने वाले सभी प्रकार के आंदोलनों को अपने में समाविष्ट करता है। इसकी परिधि में आते हैं—(1) मूक विरोध-प्रदर्शन, (2) निष्क्रिय प्रतिरोध, (3) वैयक्तिक विरोध तथा (4) हड़तालें और साथ ही कल्याणकारी गतिविधियों के अधिक संगठित रूप तथा आम हड़तालों, के स्तर पर पहुँचते वृहत्तर विरोध प्रदर्शन एवं हड़तालें। इसमें औद्योगिक व्यवस्था के प्रति श्रमिकों की विभिन्न प्रकार की प्रतिक्रियाएँ व प्रत्युत्तर शामिल होते हैं। ये प्रतिक्रियाएँ औद्योगिक व्यवस्था के भीतर कार्य एवं जीवन दशाएँ सुधारने के लिए हो सकती हैं, किंतु क्रांतिक रूप से स्वयं औद्योगिक व्यवस्था के विरुद्ध भी हो सकती हैं। तदनुसार श्रमिक आंदोलन कामगारों के आए दिन के संघर्ष से लेकर आम हड़तालों तक हो सकते हैं जिनमें समग्र उद्योग अथवा अनेक उद्योग समाविष्ट हो सकते हैं। इसमें पूँजीवाद व्यवस्था के भीतर कामगारों की गतिविधियाँ व आंदोलन के साथ-साथ वे भी आते हैं जो इसका विरोध करते हैं।

श्रमिक-संघ (ट्रेड यूनियन) आंदोलन, दूसरी ओर औद्योगिक व्यवस्था के प्रदत्त रूप में ही स्वीकार करता है, परंतु उसे अधिक परहितेच्छु, कर्मचारियों की आवश्यकताओं के प्रति अधिक उत्तरदायी बनाने का प्रयास करता है। वह औद्योगिक व्यवस्था के भीतर कर्मचारियों की कार्य एवं जीवन-दशाओं को सुधारने का प्रयास करता है। उच्चतर वेतनों, उपयुक्त कार्य-दशाओं, स्थिर आवास एवं युक्तियुक्त ऋण प्रणाली हेतु आंदोलन करते समय श्रमिक संघों की अल्पावधि व दीर्घावधि कार्यवाही औद्योगिक कार्य के प्रति कर्मचारियों के अधिक प्रतिबद्ध बनाने संबंधी श्रमिक संघों की सैद्धांतिक परिभाषा जो अब तक कारगार है, **सिडनी** एवं **बीटराइस वैब** द्वारा प्रतिपादित की गई है—"एक श्रमिक संघ (ट्रेड यूनियन), वेतनभोगियों की एक अनवरत संस्था है जिसका उद्देश्य है उनके रोजगार की दशाएँ कायम रखना अथवा सुधारना।"

जबकि श्रमिक आंदोलन में विभिन्न प्रकार के प्राधार – प्रकृति में पूर्व-औद्योगिक अथवा आधुनिक आते हैं जो कर्मचारियों की विरोध-गतिविधियों को समन्वित करते हैं, श्रमिक संघ आमतौर पर पदानुक्रमित और कर्मचारी तंत्र-संबंधी होते हैं, जो सुपरिभाषित भूमिकाओं वाले नानाविध कार्यकर्त्ताओं पर भरोसा करते हैं। श्रमिक संघ कर्मचारियों की अनवरत सदस्यता और उनके नियमित योगदान के आधार पर काम करते हैं। यद्यपि श्रमिक संघ पदानुक्रमित होते हैं, ये पदानुक्रम निर्धारित नहीं हैं बल्कि समानता के लोकतांत्रिक सिद्धांतों की स्वीकृति और चुनावों पर आधारित हैं। सिद्धांततः, श्रमिक संघ पदानुक्रम में कोई भी व्यक्ति किसी भी पद पर आसीन हो सकता है, चाहे उसकी जाति, उसका मत, धर्म अथवा आर्थिक प्रस्थिति कुछ भी हो।

इस प्रकार श्रमिक वर्ग आंदोलन कहीं अधिक बड़ी दृश्य घटना है जिसमें श्रमिक संघ भी शामिल होते हैं। तथापि, यह कहा जा सकता है कि श्रमिक संघ ही श्रमिक आंदोलन की सर्वाधिक संगठित एवं आधुनिक अभिव्यक्ति है।

प्रश्न 2. भारत में श्रमजीवी संघों (ट्रेड यूनियन) के उद्भव और विकास की व्याख्या कीजिए। [जून–2010, प्र. सं.–8]

उत्तर— मजदूरों और कर्मचारियों को 'मजदूर संघ' या 'श्रमिक संघ' कहते हैं। इनका प्रमुख उद्देश्य मिल–मालिकों, सरकार और प्रबंधकों से मजदूरी की दरों, कार्य की शर्तों और अन्य कल्याण–कार्यों के बारे में बातचीत व सौदेबाजी (bargaining) करना है। भारत में मजदूर आंदोलन मुख्य रूप से प्रथम विश्व युद्ध के बाद शुरू हुआ। राष्ट्रीय आंदोलन के सिलसिले में 1918 व 1920 के दौरान मुंबई, कानपुर, कलकत्ता, जमशेदपुर, चेन्नई और अहमदाबाद आदि विभिन्न औद्योगिक नगरों मे लगातार कई हड़तालें हुईं। इसी समय मजदूर संघों की स्थापना का प्रयास किया गया। 1920 में लाला लाजपत राय और एन.एम. जोशी के प्रयास से 'आल इंडिया ट्रेड यूनियन कांग्रेस' (All India Trade Union Congress) की स्थापना हुई। इसका उद्देश्य सभी मजदूर संगठनों के कार्यों को एक–दूसरे से जोड़ना और श्रमिकों के आर्थिक व सामाजिक हितों को आगे बढ़ाना था।

लगभग एक दशक तक 'आल इंडिया ट्रेड यूनियन कांग्रेस' का नेतृत्व एन.एम. जोशी और सी.आर. दास जैसे उदार राजनेताओं के हाथों में रहा। उसके बाद ट्रेड यूनियनों में कम्युनिस्टों का नेतृत्व विकसित हुआ। 1929 तक 'आल इंडिया ट्रेड यूनियन कांग्रेस' (AITUC) पर पूरी तरह से वामपंथियों का कब्जा हो गया। 1948 में कांग्रेस ने मजदूरों का एक दूसरा केंद्रीय संगठन खड़ा किया जो 'इंडियन नेशनल ट्रेड यूनियन कांग्रेस' (INTUC) के नाम से जाना गया। अन्य राजनीतिक दलों के भी अपने अलग–अलग मजदूर संगठन हैं। उदाहरण के लिए, समाजवादियों ने 'हिंद मजदूर सभा' (Hind Majdoor Sabha) की स्थापना की तथा भारतीय जनता पार्टी का समर्थन करने वाले मजदूर संगठन का नाम 'भारतीय मजदूर दल' है। सेंटर ऑफ इंडियन ट्रेड यूनियन्स (CITU) पर वामपंथी दलों का प्रभुत्व है।

भारत के विभिन्न नगरों में इस समय बैंक, रेलवे, बीमा निगम, सरकारी कार्यालयों और बिजली व जल–आपूर्ति में लगे हुए कर्मचारियों की जो यूनियनें हैं, वे उपरोक्त अखिल भारतीय संगठनों में से किसी एक के साथ संबद्ध हैं। इन संगठनों ने राष्ट्रीय सुरक्षा अधिनियम (National Security Act) तथा आवश्यक सेवाओं को बनाए रखने वाले अधिनियम (Essential Services Maintenance Act) का भरपूर विरोध किया।

श्रमजीवी संघों का उद्भव और विकास—श्रमिकों की दैनिक स्थिति जैसे—शिक्षा के निम्न स्तरों, बेरोजगारी व अल्परोजगारी के ऊँचे स्तरों और निम्न वेतनों के साथ भारत में श्रमिकों के सामने कई समस्याएँ हैं जो कि संघ वृद्धि में भी प्रकट होती हैं।

श्रमजीवी संघों का जन्म—प्रथम विश्व युद्ध के बाद श्रमजीवी संघों के उद्‌गमन से भी पहले भारत में श्रमिक जनआंदोलन में शामिल रहे थे। इसने उनकी चेतना को बढ़ाया। इसके अतिरिक्त, अनिवार्य उपभोक्ता वस्तुओं के बढ़ते दाम, श्रमिकों के वास्तविक वेतनों में गिरावट, भारतीय उद्योगों के विस्तार में परिणत होते औद्योगिक उत्पादों हेतु माँग में वृद्धि, असहयोग आंदोलन हेतु गाँधीजी का आह्वान, रूसी क्रांति, आदि मुख्य कारक थे जिन्होंने भारत में युद्धोपरांत काल में श्रमजीवी संघों के उद्‌गमन की ओर प्रवृत्त किया।

अप्रैल 1918 में गठित 'मद्रास लेबर यूनियन' को आमतौर पर भारत में सर्वप्रथम श्रमजीवी संघ माना जाता है। एक राष्ट्रवादी नेता और एनी बेसेंट के एक सहयोगी – बी.पी. वाडिया ने इसके संगठन के लिए बड़ा काम किया। यह मुख्य रूप से एक ऐसा संगठन था जो मद्रास में 'कर्नाटिक एंड बकिंघम मिल्ज' के कर्मचारियों पर आधारित था। परंतु शुरुआती दौर में इस संघ में ट्राम वाले, रिक्शाचालक, आदि अन्य व्यवसाय के लोग भी शामिल हुए। भारत में पहली बार यहाँ नियमित सदस्यता देखी गई और सदस्यों को मासिक शुल्क के रूप में एक आना देना होता था।

इसी दौरान, अहमदाबाद में श्रमिक आंदोलन शुरू हो चुका था, जिसका उद्देश्य था श्रमिक संगठन को पूरी तरह से भिन्न प्रतिमान की ओर ले जाना। अहमदाबाद में कर्मचारी जन मूल्यों में वृद्धि के एवज में मुआवजा बतौर बोनस दिए जाने को लेकर आंदोलन कर रहे थे। अनसुइयाबेन साराबाई, जो इस आंदोलन से जुड़ी थीं, गाँधीजी के संपर्क में आईं और उनसे निवेदन किया कि अहमदाबाद आएँ। गाँधीजी श्रमिकों के साथ कंधे–से–कंधा मिलाकर खड़े हुए और माँग की कि कर्मचारियों को 35 प्रतिशत बोनस दिया जाए। मिलमालिकों द्वारा इन्कार किए जाने पर उन्होंने हड़ताल का आह्वान किया और दृढ़तापूर्वक कहा कि विवाचन या मध्यस्थता का सिद्धांत स्वीकार किया जाना चाहिए। ये मिलमालिकों को मानने के लिए अनशन पर भी गए। अंततः, मिलमालिकों ने मध्यस्थता स्वीकार कर ली और समझौते के रूप में, मध्यस्थ ने वेतनों में 27.5 प्रतिशत वृद्धि की सिफारिश की। इस संघर्ष के आधार पर और मध्यस्थता के सिद्धांत पर, 1920 में वहाँ 'टैक्सटाइल लेबर एसोशिएशन' जिसे 'मजूर महाजन' भी कहा जाता था, की स्थापना की गई। इस संघ ने गाँधीजी की विचारधारा पर काम किया और आने वाले सालों में वह बहुत मजबूत बन गया।

श्रमिक संघ आंदोलन ने अब गति पकड़ ली और अनेक केंद्रों में कई और संघ बनाए गए। 1920 तक एक अनुमान के अनुसार, 125 श्रमिक संघ थे जिनमें 2,50,000 सदस्य थे। किसी भी मानक से यह एक अच्छी प्रभावशाली वृद्धि थी। मूल रूप से वे हड़तालें करवाने के लिए ही गठित होते थे और हड़ताल समाप्त होते ही विसर्जित हो जाते थे। उनमें कोई नियमित सदस्यता नहीं होती थी, न ही सदस्यों से कोई नियमित शुल्क लिया जाता था।

ऐटक का गठन और तदंतर घटनाक्रम—1920 में संपूर्ण भारत में संघ निर्माण की ओर उक्त रुझानों के विकसन स्वरूप अखिल भारतीय श्रमजीवी संघ कांग्रेस (ऐटक –

AITUC) का गठन हुआ। श्रम से जुड़े अनेक लोगों ने महसूस किया कि भारत भर में श्रमजीवी संघों की कार्यवाहियों को समन्वित करने के लिए श्रमिकों के एक केंद्रीय संगठन की आवश्यकता है। इस लक्ष्य की प्राप्ति के लिए बालगंगाधर तिलक, एन.एम. जोशी, बी.पी. वाडिया, दीवान चमनलाल, लाला लाजपतराय, जोसफ बापतिस्ता व अन्य कई गणमान्य व्यक्ति प्रयासरत थे। 1919 में अंतर्राष्ट्रीय श्रम संगठन (ILO) के गठन ने इसमें उत्प्रेरक का काम किया। यह महसूस किया गया कि श्रमजीवी संघों का एक राष्ट्रीय संगठन होना चाहिए जिसके मनोनीत व्यक्ति अंतर्राष्ट्रीय श्रम संगठन में भारतीय मजदूरों का प्रतिनिधित्व करने के लिए चुने जा सकें।

लाला लाजपतराय ऐटक के सर्वप्रथम अध्यक्ष बने और जोसफ बापतिस्ता इसके उपाध्यक्ष। मोतीलाल नेहरू और वल्लभभाई पटेल भी उसमें विद्यमान थे। ऐटक को भारतीय राष्ट्रीय कांग्रेस की ओर से भारी समर्थन मिला। लगभग 107 श्रमिक संघ ऐसे थे जो ऐटक से सम्बद्ध अथवा उसके हमदर्द थे।

भारतीय कम्युनिस्ट पार्टी का जन्म देश से बाहर सोवियत संघ में अक्तूबर 1920 में हुआ। एम.एन. रॉय ही इसके पीछे प्रेरक शक्ति थे। बंबई और कलकत्ता में श्रमिक संकेंद्रण और पहले के श्रमिक संघर्षों के कारण इन शहरों ने विशेष ध्यान आकर्षित किया। साम्यवादियों ने अन्य कई उद्योगों के अलावा, बंबई में सूत मिलों और कलकत्ता में पटसन जिलों में मजदूरों को संगठित किया और युद्धमान संघर्षों की ओर प्रवृत्त किया। श्रमिकों के हित के लिए अपनी प्रतिबद्धता और संगठनात्मक कार्य हेतु अपने समर्पण भाव के कारण वे शीघ्र ही नए संघों को गठित करने में सफल रहे और पुराने संघों में उत्कर्ष प्राप्त किया। 1928–29 तक वे ऐटक में एक उपान्तिक बहुमत हासिल करने में सफल हुए। जवाहरलाल नेहरू की अध्यक्षता में नागपुर में हुए ऐटक के दसवें अधिवेशन में साम्यवादी जन 'रॉयल कमीशन ऑन लेबर' के बहिष्कार हेतु आह्वान करने, अंतर्राष्ट्रीय श्रम संगठन से अलग होने और 'लीग अगेन्स्ट इम्पिरिअलिज्म' के साथ जुड़ने की माँग करने संबंधी प्रस्तावों को पारित कराने में सक्षम थे। एन.एम. जोशी, दीवान चमनलाल, वी.वी. गिरि व बी. शिवा राव के नेतृत्व वाला नरमपंथी और सुधारवादी समूह इन हरकतों को हजम नहीं कर पा रहा था। उन्होंने 30 संघों और 95,639 सदस्यों को लेकर ऐटक को छोड़ दिया और भारतीय श्रमजीवी महासंघ (इफ्टू – IFTU) बना लिया, जबकि ऐटक के पास केवल 21 श्रमिक संघ और 92,797 सदस्य ही शेष रहे।

एक अन्य विभाजन 1931 में देखा गया, जो कि राष्ट्रवादी और साम्यवादी मतों के बीच विभेद की वजह से हुआ। साम्यवादियों ने गाँधीजी की कड़ी आलोचना की और गोलमेज सम्मेलन की निंदा की जिसमें कांग्रेस भाग ले रही थी। वे इस आशय का एक प्रस्ताव पारित करना चाहते थे। इस काम के लिए बहुमत जुटा सकने में विफल रहने पर वे विरोध में उठकर बाहर चले गए और फिर श्रमजीवी संघों का एक और महासंघ बना लिया, जिसे रैड ट्रेड

यूनियन कांग्रेस (RTUC) कहा गया। इस प्रकार, 1931 तक श्रमजीवी संघों के तीन राष्ट्रीय महासंघ उभरकर आ गए—ऐटक (AITUC), इफ्टू (IFTU) और रटक (RTUC)।

अनेक श्रमजीवी संघ के नेताओं द्वारा यह महसूस किया गया कि उनके साधारण सैनिक गण में विभाजन उनके राजनीतिक एवं आर्थिक संघर्षों के लिए समस्या पैदा कर रहा है। इसी वजह से विभाजनों के तुरंत बाद एकता हेतु प्रयास किए गए। शुरुआत में रेलवे यूनियनें और कुछ असंबद्ध संघ इटू से जुड़े और 1993 में राष्ट्रीय श्रमजीवी महासंघ (नफ्टू – NFTU) बनाया। इसमें 47 श्रमिक संघ और 1,35,000 सदस्य थे। एक अन्य स्तर पर भी एकता की दिशा में कार्यवाही हुई। साम्यवादियों के नेतृत्व वाली ट्रेड यूनियन कांग्रेस और उग्रपंथी राष्ट्रवादियों के नेतृत्व वाली ऐटक करीब आते जा रहे थे। 1935 में वे एकीकृत हो गए और इस एकीकृत संगठन के लिए ऐटक नाम बरकरार रखा गया।

श्रमजीवी संघों के लिए सामान्यजन के बीच एकता हेतु उत्कृष्ट इच्छा थी। ऐसा प्रबलित राष्ट्रवादी एवं साम्राज्य–विरोधी चेतना की वजह से था। साम्राज्य–विरोधी ताकतों के बीच एकता लाने के लिए ऐटक और नफ्टू दोनों कड़े प्रयास कर रहे थे। यह एकता 1940 में तब आई जब नफ्टू का ऐटक में विलय हो गया और नफ्टू के एन.एम. जोशी उसके महासचिव बन गए।

विभाजन और राजनीतिक संबंधन—जैसे ही श्रमिक संघों में एकता कायम हुई, इन श्रमिक–संघ नेताओं की विविध रूप राजनीति के परिणामस्वरूप संगठन में विभाजन फिर उभर आए। यह दरार द्वितीय विश्वयुद्ध ने पैदा की। एम.एन. रॉय के नेतृत्व वाले कुछ श्रमिक–संघ नेताओं का मानना था कि फासीवादी देश मुख्य शत्रु हैं और लोकतांत्रिक देशों को उनके विरुद्ध समर्थन दिया जाना चाहिए। परंतु शुरुआती दौर में राष्ट्रवादियों और साम्यवादियों समेत अधिकांश संघ नेताओं ने सिद्धांततः इस मत से सहमत होते हुए, तटस्थ रहने का फैसला किया क्योंकि ब्रिटेन जो भारत पर नियंत्रण रखे था, देश को स्वतंत्रता का वचन देने का इच्छुक नहीं था। यह रॉय ग्रुप जुलाई 1941 में ऐटक से अलग हो गया और ब्रिटिश भारत सरकार को उसके युद्ध प्रयासों में समर्थन करने का उसने फैसला कर लिया, जो कि हड़तालों को समर्थन न देकर और कर्मचारियों को उत्पादकता बढ़ाने के लिए राजी करने का प्रयास करके किया जाना था। इस ग्रुप ने इंडियन फेडरेशन ऑफ लेबर (IFL) बनाया और 182 श्रमिक–संघों के संबंधन और दो लाख श्रमिकों से भी अधिक की सदस्यता होने का दावा किया। उसने सरकार के युद्ध प्रयासों को सक्रिय समर्थन देना जारी रखा, जबकि ऐटक ने तटस्थता की अवस्थिति बनाए रखी।

युद्धोपरांत काल में, जब एक राष्ट्रीय सरकार की परिसीमाएँ नजर आने लगीं, श्रमजीवी संघों के बीच राजनीतिक शत्रुता और भी प्रखर हो गई। कांग्रेस ने ऐटक और उसके श्रमिक संघों पर प्रभाव डालने का प्रयास किया ताकि वे गाँधीवादी विचारधारा और कांग्रेस के समर्थन में काम करें। परंतु तब तक साम्यवादी प्रभाव बहुत पक्का हो गया था। कांग्रेस ने इसी कारण,

तय किया कि वह अपना अलग श्रमिक-संघ संगठन बनाएगी। मई 1947 में भारतीय राष्ट्रीय श्रमजीवी संघ कांग्रेस (इंटक – INTUC) की स्थापना इसी प्रयास का परिणाम थी। 1948 में कांग्रेस समाजवादियों के प्रभाव वाले श्रमिक संघ ऐटक से बाहर हो गए और हिन्द मजदूर पंचायत (HMP) बना ली। 1949 में, प्रसिद्ध श्रमिक-संघ नेता मृणाल कांति बोस के नियंत्रण में संयुक्त श्रमजीवी संघ कांग्रेस (यूटक –UTUC) नामक एक और संगठन बनाया गया। इसी वर्ष, हिन्द मजदूर पंचायत (HMP) और इंडियन फेडरेशन ऑफ लेबर (IFL) ने मिलकर हिन्द मजदूर सभा (HMS) बना ली। इस प्रकार, 1949 में चार मुख्य श्रमजीवी महासंघ देखने में आए – ऐटक (AITUC), इंटक (INTUC), हिन्द मजदूर सभा (HMS) और यूटक (UTUC)।

प्रश्न 3. स्वतंत्रता पश्चात् भारत में ट्रेड यूनियन आंदोलन का गहनता से विश्लेषण करें। [दिसम्बर–2010, प्र. सं.–8]

उत्तर— भारत में स्वतंत्रता के बाद श्रमिक संघों का राजनीतिक पार्टियों से लगाव के कारण श्रमिक आंदोलन को धक्का लगा था। स्वतंत्रता के बाद, 1955 में एक संगठन भारतीय मजदूर संघ (BMS) दिखाई दिया जो कि 1952 में गठित हुए जनसंघ से संबद्ध था। 1964 में भारतीय कम्युनिस्ट पार्टी में विभाजन उपरांत, 1970 में ऐटक में भी विभाजन हो गया जो कि भारतीय श्रमजीवी संघ केंद्र (सीटू – CITU) के गठन की ओर ले गया। इस प्रकार हम पाते हैं कि श्रमजीवी संघ आंदोलन जो 1920 में एक केंद्रीय संगठन (ऐटक) के साथ शुरू हुआ, 1970 तक पाँच प्रमुख केंद्रीय संगठनों में बँट चुका था।

इसी काल में सरकार उद्योग और श्रमिक वर्ग के बीच संबंधों में अनन्य मध्यस्थ बन गई। इस दौरान सरकार का मुख्य चिंता का विषय रहा—विकास लाना, औद्योगिक शांति और श्रमिकों व प्रबंधकों के बीच विवाद पर उचित नियंत्रण। इन लक्ष्यों की प्राप्ति के लिए सरकार ने औद्योगिक विवाद अधिनियम, 1947 जैसे कानून बनाए और 1949 में उसके द्वारा श्रम संबंध विधेयक (Labour Relations Bill) एवं श्रमिक संघ विधेयक (Trade Union Bills) लागू किए गए।

साठ के दशकोत्तर में आर्थिक मंदी ने बंबई में श्रमिकों के लिए आर्थिक संकट पैदा कर दिया। यह बढ़ती बेरोजगारी और श्रमिकों पर वित्तीय बोझ में प्रकट हुआ। श्रमिक वर्ग की समस्याएँ हल करने में पारंपरिक श्रमजीवी संघों की अक्षमता नजर आई। इसने शिव सेना के जन्म और विकास के लिए परिपूर्ण आधार प्रदान किया। शिव सेना ने 'भारतीय कामगार सेना' नामक एक श्रमजीवी संघ की स्थापना की। यह पारंपरिक श्रमजीवी संघों के एक विकल्प के रूप में सामने आया। परंतु भारतीय कामगार सेना ने श्रमिक वर्ग को नृजातीय आधार पर विभाजित कर दिया। उसने कहा श्रमिक वर्ग की समस्याएँ बड़ी संख्या में उन श्रमिकों के कारण पैदा हुई हैं जो देश के अन्य भागों से आए हैं, खासकर दक्षिण भारत से। शिव सेना का तर्क था

कि यदि बाहरी व्यक्ति बंबई छोड़ जाएँ तो वे श्रमिक जो महाराष्ट्र के मूल निवासी हैं, रोजगार पा सकते हैं और बेहतर जीवन व्यतीत कर सकते हैं। आने वाले समय में शिव सेना ने अपनी तीखी आलोचना का रुख साम्यवादियों की ओर कर दिया।

सत्तर के दशक–मध्य तक देश के विभिन्न सामाजिक समूहों के बीच संगठित पारंपरिक राजनीतिक संस्थाओं एवं प्रक्रियाओं के विरुद्ध एक आम भावना थी, यथा राजनीतिक दलों और उनसे संबद्ध संगठनों, जैसे श्रमजीवी संघों, चुनाव, पेशेवर राजनेताओं के विरुद्ध। इसने राजनीति के ऐसे द्योतन के विरुद्ध मनोमालिन्य पैदा कर दिया। ऐसी राजनीति का कोई भी विकल्प अथवा कुछ "राजनैतिक" जो लोगों को उपलब्ध हो सके, ने उनका समर्थन एक उल्लेखनीय सीमा तक प्राप्त किया। सत्तर–अस्सी के दशकों में इस प्रकार के विकल्प किसी भी पारंपरिक राजनीति पार्टी/किसी भी पार्टी/"अराजनैतिक" अथवा संगठनों से असंबद्ध, स्वतंत्र नेताओं के रूप में उभर आए। इनमें सबसे महत्त्वपूर्ण हैं—दत्ता सामन्त, ए.के. रॉय व शंकर गुहा नियोगी, इला भट्ट, कामकाजी महिला मंच (चेन्नई), स्वयं रोजगारप्राप्त महिला मंच (गुजरात), प्रौद्योगिकी एवं विकास समिति (हिमाचल प्रदेश), केरल दिनेश बीड़ी (केरल) और कागद कच पत्र काश्तकारी पंचायत (महाराष्ट्र)। ये नेतागण और संगठन (इस लिहाज से स्वतंत्र थे कि वे किसी भी पार्टी से प्रत्यक्ष या परोक्ष रूप से संबद्ध नहीं हैं) कम अधिक्रमिक और अधिकारीतंत्रीय हैं, परंतु अधिकतर आमूलचूल परिवर्तनों में विश्वास नहीं करते हैं। ये संगठन अपने सदस्यों को अपनी दशा सुधारने में मदद करते हैं। तथापि, वे श्रमजीवी संघों के एवजी नहीं हैं। सत्तर और अस्सी के दशकों में हुईं वस्त्रोद्योग और रेल–व्यवस्था में कर्मचारियों की हड़तालों को स्वातंत्र्योत्तर काल में श्रमिक–वर्ग आंदोलन के इतिहास में सबसे महत्त्वपूर्ण घटनाएँ माना जाता है।

1982–83 में बंबई के वस्त्रोद्योग कर्मियों को हड़ताल के लिए तैयार कर लिया गया जिसे देश में जारी श्रमिक आंदोलन में "कतिपय समकक्ष" रखने वाला माना गया। परंपरागत नेतृत्व और श्रमजीवी आंदोलनों से असंतुष्ट, बंबई के इन वस्त्रोद्योगकर्मियों ने एक नए नेता और संगठन के आह्वान का प्रत्युत्तर दिया। महाराष्ट्र गिरनी कामगार यूनियन (MGKU) के अध्यक्ष, दत्ता सामंत बंबई के वस्त्रोद्योगकर्मियों के एक बड़े हिस्से को संगठित करने में सक्षम थे। उनके संगठन का मुख्य केंद्र था—आर्थिक मुद्दे। **सलीम लाकड़ा** लिखते हैं कि आर्थिक मुद्दों पर उनके जोर दिए जाने ने उन्हें "अर्थवाद" के दोषारोपण और वर्गाधारित राजनीतिक मुद्दों की उपेक्षा के प्रति मुखर बना दिया। दत्ता सामंत ने अन्य श्रमजीवी संघों के नेताओं को खुली चुनौती दी, विशेष रूप से शिव सेना संबद्ध भारतीय कामगार सेना और इंटक (भारतीय राष्ट्रीय श्रमजीवी संघ कांग्रेस) संबद्ध राष्ट्रीय मिल मजदूर संघ (RMMS) को। यद्यपि यह हड़ताल अपने लक्ष्य हासिल नहीं कर सकी, उसने "श्रमिकों के बीच दत्ता सामंत की छवि को कतई नुकसान नहीं पहुँचाया।"

1974 में कांग्रेस सम्बद्ध इंटक को छोड़कर, मुख्य श्रमजीवी संघों से जुड़े रेल कर्मचारियों ने एक राष्ट्रव्यापी हड़ताल का आयोजन किया। हड़ताल के दौरान रेल संचालन में रुकावट आई। सरकार ने सख्त श्रमिक विरोधी रुख अपनाते हुए प्रत्युत्तर दिया और हड़ताल को भंग करने का प्रयास किया। सरकार के अड़ियल रवैये की सूरत में हड़ताल झेल पाने में अक्षम मजदूर हड़ताल जारी नहीं रख सके। दरअसल, जैसा कि **ई.ए. रामास्वामी** लिखते हैं सरकार ने प्रबंधन और हड़ताली मजदूरों के बीच समझौतों में प्रायः प्रबंधन का ही साथ दिया है।

कुछ अपवादों के साथ ये अध्ययन आमतौर पर संगठित और औपचारिक क्षेत्रों के आंदोलनों पर ही ध्यान केंद्रित करते हैं। जबकि राजनीतिक दलों ने, खासकर उन्होंने जो वामपंथ से जुड़े हैं, कृषि–श्रमिकों को संगठित किया है, यदा–कदा श्रमिकों ने अनेक मुद्दों पर श्रमजीवी संगठनों के नेतृत्व के वगैर ही आंदोलन छेड़े हैं, यथा वेतनों, उन पर गैर–आर्थिक अवपीड़न, कार्य–घंटों में कमी किए जाने आदि से जुड़े मुद्दे। उदाहरण के लिए, अस्सी के दशकारंभ में पश्चिमी उत्तर प्रदेश के एक गाँव में निचली जातियों से सम्बद्ध कृषि मजदूर हड़ताल पर चले गए। उन्होंने वेतन के साथ–साथ नाश्ते में उन्हें परोसी जाने वाली रोटियों की संख्या में भी बढ़ोतरी की माँग की; साथ ही गेहूँ की फसल कटाई के लिए पूलियों/गठ्ठों की संख्या बढ़ाने की माँग भी। इस आंदोलन में हिन्दू और मुस्लिम दोनों ही समुदायों से संबद्ध रखने वाले कृषि मजदूरों ने एक उल्लेखनीय एकता दर्शाई। चार दिनों तक चली यह हड़ताल अप्रैल माह में फसल कटाई के खास मौसम में ही की गई।

अंततोगत्वा हड़ताल सफलता में बदल गई। कृषि–श्रमिकों द्वारा उन्हीं की पहल पर ऐसे विरोध–प्रदर्शनों के अनेक उदाहरण मिलते हैं। अनेक दृष्टांतों में विरोध–प्रदर्शन ने वो रूप भी लिया जैसे जेम्स स्कॉट "रोजाना के विरोध तरीके" कहते हैं। **जॉन ब्रेमन** ने अपनी पुस्तक *फुटलूज लेबर: वर्किंग इन दि इण्डिया' ज इन्फॉर्मल इकॉन्मी* मौसमी देशांतरगामी श्रमिकों की सामूहिक कार्यवाहियों पर चर्चा की है, जो कि 1983 में गुजरात में बड़ोदरा के निकट ईंट की चिनाई करते हुए दृष्टिगत हुईं।

भारत में श्रमिक–वर्ग आंदोलन अनेक कारणों से अवरुद्ध है। **एच.आई. रुडोल्फ** एवं **एस.एच. रुडोल्फ** का तर्क है कि संगठित श्रमिक वर्ग भारत में श्रमिक जनसंख्या का मात्र एक छोटा–सा हिस्सा है। इसी कारण, देश में कोई वर्ग राजनीति नहीं है। इसकी बजाय, भारतीय राजनीति एक केंद्रवादी राजनीति है। इस प्रकार का कथन बड़ी संख्या में श्रमजीवी संघों और उनके द्वारा समय–समय पर श्रमिक वर्ग के संगठन की विद्यमानता को अनदेखा करता है। इस बात में कोई शक नहीं कि जाति, भाषा, धर्म, जनजाति, क्षेत्र, आदि पर आधारित एकात्म्य राजनीति का उदय, विशेष रूप से 20वीं सदी के अंतिम दो दशकों से, श्रमिक वर्ग को अपने मुद्दों को लेकर संगठित होने के समक्ष गंभीर चुनौतियाँ पेश कर रहा है। भूमण्डलीकरण की कार्यावली के हिस्से के रूप में राज्य की भूमिका में कमी के साथ–साथ बाजार को प्रोत्साहन दिए जाने ने श्रमिक वर्ग के मुद्दों को और पीछे धकेल दिया है।

प्रश्न 4. मजदूर संघों को मजबूत बनाने के विभिन्न उपाय का वर्णन कीजिए।

उत्तर– मजदूर संघों को मजबूत बनाने के उपाय (Means of Strengthening the Trade Unions)

इस समय मजदूर आंदोलन निम्नलिखित कमजोरियों से ग्रस्त हैं–

1. राजनीतिक दलों पर निर्भरता (Dependence on Political Parties)—जैसा कि अधिकांश ट्रेड यूनियनों का नेतृत्व राजनीतिज्ञों के हाथों में चला गया है। 1983 के एक सर्वेक्षण के अनुसार भारत के विभिन्न राज्यों में 28 मंत्री (जिनमें से 16 पश्चिम बंगाल के थे) सक्रिय तौर पर मजदूर संघों की गतिविधियों के साथ जुड़े हुए थे। बहुत से पेशेवर राजनीतिज्ञ और बाहरी व्यक्ति तो श्रमिकों को भड़काने का काम ही करते हैं। इसलिए यह जरूरी है कि श्रमिक अपनी यूनियनों का नेतृत्व स्वयं अपने हाथों में लें। नेताओं को मजदूरों को उपलब्ध कानूनी अधिकारों की अच्छी जानकारी होनी चाहिए। कभी–कभी मजदूर नेता अपने अहंकार और अड़ियल रुख के कारण श्रमिकों को काफी मुसीबत में डाल देते हैं। 1982 की मुंबई के कपड़ा मिल मजदूरों की हड़ताल का नेतृत्व दत्ता सामंत (Datta Samant) कर रहे थे। हड़ताल शुरू के महीनों में काफी कामयाब रही, पर धीरे–धीरे वह कमजोर पड़ने लगी। दत्ता सामंत ने इस मौके पर सूझबूझ का परिचय नहीं दिया। उसने माँगों को इतना बढ़ा–चढ़ाकर रखा कि कोई समझौता नहीं हो सका। अंत में, हड़ताल विफल हो गई।

श्रमिकों को उनका बुनियादी हक मिले, यह जरूरी है पर उन्हें भी समाज और राष्ट्र के प्रति अपने दायित्व का ध्यान रखना होगा। औद्योगिक जगत में शांति की स्थापना से ही वर्तमान आर्थिक नीतियाँ सफल हो सकती हैं। प्रबंधकों और मालिकों के साथ श्रमिकों के मधुर संबंध कायम करने में मजदूर यूनियनों की महत्त्वपूर्ण भूमिका है। मजबूत सौदेबाजी के साथ–साथ मजदूर संघों को स्वयं की कमजोरियों का निवारण करना होगा। मजदूर नेताओं को चाहिए कि वे आपसी कलह में अपनी शक्ति बर्बाद न करें और श्रमिकों को यह प्रेरणा दें कि वे अपनी उत्पादकता और क्षमताएँ बढ़ाएँ। मालिकों के साथ मिलकर बड़े पैमाने पर प्रशिक्षण संस्थानों की स्थापना की जानी चाहिए। वर्तमान आर्थिक नीतियों की वजह से सरकारी उपक्रमों के बंद किए जाने का खतरा पैदा हो गया है। मजदूर यूनियनों को चाहिए कि वे सहकारी समितियाँ बनाकर सरकारी उपक्रम के शेयर खरीदें और उनका प्रबंध अपने हाथ में लें। अधिक रोजगार पैदा करने के लिए लघु और कुटीर उद्योगों के विकास की भी बड़ी आवश्यकता है।

2. वित्तीय साधनों का अभाव (Lack of Finances)—मजदूर संघों के पास वित्तीय साधनों का अभाव है। फलस्वरूप, मजदूर कोई लंबी लड़ाई लड़ने या अनिश्चित हड़ताल करने की स्थिति में नहीं हैं। मजदूर संघ अपने सदस्यों के कल्याण के लिए कल्याण–कार्य या कल्याण–योजनाएँ शुरू नहीं कर सकते।

3. मजदूर संघों का बाहरी व्यक्तियों के नेतृत्व में काम करना (Outside Leadership)—मजदूर संघों का नेतृत्व कुछ पेशेवर लोगों के हाथों में आ गया है। उनमें से अधिकांश ऐसे लोग हैं जो स्वयं कभी मजदूर नहीं रहे। कई व्यक्ति जो 'बुद्धिजीवी' और 'नेता' ज्यादा हैं, कार्मिक कम। वे श्रमिकों का इस्तेमाल अपनी सत्ता और प्रतिष्ठा बनाए रखने के लिए करते हैं। श्रमिकों के साथ उनका सीधा कोई संपर्क नहीं होता।

4. मजदूर संघों की बहुलता और उनकी आपसी प्रतिस्पर्धा (Multiplicity and intra-union Rivalry)—बहुलता का प्रमुख कारण यह है कि विभिन्न राजनीतिक दलों ने अपने अलग-अलग संगठन खड़े कर लिए हैं। मजदूरों की माँगों के विषय में उनका अलग-अलग दृष्टिकोण है पर इससे मजदूर आंदोलन की शक्ति घटती है और मजदूरों के बीच अनावश्यक खींचतान पैदा होती है।

> Don't be puzzled by problems, whatever they may be,
> Always face them as if they are examinations you have to pass.

GPH Books also useful for
IGNOU/ IAS/ PCS/ UGC
and all other Indian Universities Exams

Visit your Nearest Book Stall or Get your Books Home Delivered Contact us
E-mail : gphbooks@gullybaba.com

AN ISO 9001:2008 CERTIFIED CO.

9312235086
9350849407
27387998, 27384836

15

मछुआरा आन्दोलन
Fisher Folks' Movement

परिचय

मछुआरों का भारतीय अर्थव्यवस्था में महत्त्वपूर्ण योगदान है। इनकी संख्या भी एक वृहद् स्वरूप धारण किए हुए है। मछुआरों में अधिकांश संख्या निम्नजातियों की है। मछुआरों की समस्याओं पर नेताओं और सामाजिक संगठन का ध्यान तब आया जब मछुआरों द्वारा प्राकृतिक आपदा के फलस्वरूप राहत माँगी गई। भारत में मत्स्य उत्पादन का कार्य परंपरागत तरीके से ही होता था, जिसमें मशीन रहित नाव तथा जाल आदि भी होता था, परंतु झींगा मछली के उत्पादन में वृद्धि तथा मछली उत्पादन में संख्यात्मक वृद्धि को ध्यान में रखते हुए 1953 में भारत–नार्वे परियोजना के द्वारा मशीनीकरण की शुरुआत की गई। मछुआरों की सामूहिक कार्यवाही संबंधी अनेक उदाहरण हैं जिन्हें मछुआरों की सामाजिक आंदोलन की श्रेणी में रखा जा सकता है। मछुआरों को नेतृत्व, खासकर केरल में, आमतौर पर चर्च पादरियों, ननों, सामाजिक कार्यकर्त्ताओं व बुद्धिजीवी–शिक्षा प्राप्त सामाजिक कार्यकर्त्ताओं द्वारा प्रदान किया गया है। इस अध्याय में हम उनके सामाजिक आंदोलनों की चर्चा करेंगे। प्रस्तुत अध्याय विशेष रूप से मछुआरों की सामाजिक–आर्थिक दशाओं, उनके मुद्दों, समस्याओं तथा सामूहिक कार्यवाहियों पर ध्यान केंद्रित करेंगे और संदर्भ लेंगे दो उदाहरणों का, यथा केरल और उड़ीसा में मछुआरों के आंदोलनों का।

प्रश्न 1. मछुआरों की सामाजिक–आर्थिक स्थितियों पर चर्चा करें?

उत्तर— मछुआरों की सामाजिक–आर्थिक स्थिति का वर्णन इस प्रकार है—

भारतीय अर्थव्यवस्था में मछुआरे (लगभग 1.2 करोड़) भारत की जनसंख्या का बड़ा हिस्सा हैं। वे देश की अर्थव्यवस्था में वृहद् रूप से योगदान देते हैं, खासकर तटरेखाओं के सहारे बसे राज्य, यथा तमिलनाडु, केरल, आंध्र प्रदेश, उड़ीसा, पश्चिम बंगाल, गोवा, अण्डमान निकोबार, पांडिचेरी, महाराष्ट्र, गुजरात, आदि में। सदियों से मत्स्य उद्योगों, यथा मछली पकड़ना, बेचना, प्रसंस्करण एवं विपणन, में लगे ये मछुआरे मछली का माँस उपलब्ध कराते हैं जो कि तटीय राज्यों में रहने वाले लोगों और तटीय क्षेत्रों के अलावा भी अन्य राज्यों में रहने वाले माँसाहारी लोगों का मुख्य खाद्य पदार्थ है। वे समुद्रीय उत्पादों के निर्यात के माध्यम से भारतीय अर्थव्यवस्था को विश्व अर्थव्यवस्था से जोड़ते हैं। मछुआरे समांगी समूह नहीं हैं। वे एकाधिक धर्म अपनाते हैं, उनमें से बड़ी संख्या निम्न जातियों की है। तटीय क्षेत्रों के अलावा, मत्स्य क्षेत्रों, तालाबों व बड़े जलाशयों में वे पाए जाते हैं। बहुत हद तक मछुआरे समाज के अति कमजोर समूहों से संबंध रखते हैं। **प्रो.जॉन कुरियन** का कहना है कि तमिलनाडु के कुछ क्षेत्र जैसे नागापट्टिनम में मछुआरों के समुदाय गरीब नहीं है और वे अन्य सामाजिक समूहों की अपेक्षा अधिक समृद्ध हैं; गत शताब्दी के तीन दशकों में अनकी आर्थिक दशा में उल्लेखनीय सुधार आया है। परंतु वे "संस्कृति, सामाजिक एवं राजनीतिक लिहाज से अपनों से/अपने स्थान से अलग ही बने हुए हैं।"

धार्मिक एवं जाति आधार पर अपने बीच विभाजन के अलावा, नौकाओं के स्वामित्व एवं श्रमिकों के रोजगार के आधार पर इन लोगों में विभिन्न स्तर हैं। इन आधारों पर मछुआ जाति को तीन समूहों में बाँटा जा सकता है—

(1) वे लोग जिनके पास यह सब अपना नहीं है पर वे दूसरों के वाहनों पर काम करते हैं।

(2) वे लोग जो इनके मालिक हैं और अन्य मछुआरों को रोजगार देते हैं; इनमें शामिल हैं—सिनेमा कलाकार, राजनीतिज्ञ व अन्य धनी लोग।

(3) वे मछुआरे जिनके पास अपनी नौकाएँ हैं और अपने–अपने परिवारों के साथ काम करते हैं।

ऐसे मछुआरों की संख्या जिनके पास अपने साधन हैं, बहुत कम है। इसके अलावा, उनमें से अधिकांश के पास साधारण नौकाएँ हैं जो कि परंपरागत और घटिया किस्म की हैं। वे लोग जो दूसरों को काम पर रखते हैं उनके पास अपने जलपोत व बड़ी नावें, बेहतर किस्म की और आधुनिक नौकाएँ होती हैं।

दूसरों पर निर्भरता—मछुआरे बहुत सारे लोगों पर निर्भर हैं। इन लोगों में बिचौलिए शामिल हैं जो व्यापारियों, साहूकारों, जलपोतों व बड़ी नौकाओं के गैर–मछुआरा मालिकों के एजेंटों के रूप में काम करते हैं। इन मछुआरों की मंडी तक सीधी पहुँच नहीं है। वे अपनी पकड़ी मछलियाँ बिचौलियों (या एजेंटों) को बेचते हैं जो बदले में उन्हें व्यापारियों को बेचते हैं।

ये बिचौलिए अपनी दलाली (कमीशन) लेते हैं और इन मछुआरों को अपने सौदे का उचित मूल्य नहीं मिल पाता है। उनकी आमदनी उनकी बुनियादी, जरूरतों को पूरा करने के लिए पर्याप्त नहीं होती, जिसमें शामिल हैं—दैनिक जरूरतों की वस्तुएँ तथा नावों, बेड़ों, यांत्रिक नौकाओं, जालों, मोटरयुक्त बेड़ों, आदि की खरीद। इससे वे प्रतिकूल शर्तों–समझौतों पर बिचौलियों, व्यापारियों व अपने नियोक्ताओं से उधार लेने पर मजबूर हो जाते हैं। इस प्रकार बिचौलिए, व्यापारीगण, गैर–मछुआरे व अपेक्षाकृत धनी मछुआरे, बड़ी नौकाओं के स्वामी भी साहूकारों के रूप में काम करते हैं। आमतौर पर ये मछुआरे साहूकारों से अग्रिम ऋण ले लेते हैं। शर्तों में एक शर्त यह भी होती है कि पकड़ या सौदा व्यापारी–सह–साहूकारों को परवर्ती द्वारा तय किए गए मूल्यों पर ही बेचा जाएगा। साथ ही, ये व्यापारीगण नौकाओं से ही पकड़ी गई मछलियों को बलपूर्वक ले लेते हैं और माल बिक जाने पर ही मूल्य तय करते हैं। यद्यपि मछुआरों का पूरा परिवार ही मछली पकड़ने के व्यवसाय में लगा होता है, अमीर सौदागरों व व्यापारियों के हस्तक्षेप से महिलाएँ ही सर्वाधिक दुष्प्रभावित होती हैं।

प्राकृतिक आपदा के शिकार—सीमित प्राकृतिक वास एवं मत्स्य उद्योग हेतु समुद्र पर उनकी निर्भरता मछुआरों को भीषण जल–प्रवाह, भीषण आँधी तथा सुनामी जैसी प्राकृतिक आपदाओं के आगे निराश्रित बना देती है। यह प्राकृतिक विपदाएँ मछुआरों को ही सबसे अधिक प्रभावित करती हैं। वे अपने घरों, नावों और जीवन से हाथ धो बैठते हैं। वर्ष 1999 में उड़ीसा में आए महासमुद्री तूफान (Super Cyclone) ने वहाँ के मछुआरों को काफी प्रभावित किया था। 26 दिसम्बर, 2004 का सुनामी जिसने दक्षिण एशिया और दक्षिण–पूर्व एशिया के तटीय क्षेत्रों को प्रभावित किया, उसके इन भूभागों में रहने वाले लोगों व पर्यटकों पर विध्वंसकारी प्रभाव हुए। परंतु एकमात्र समूह के रूप से मछुआरे ही थे जो सुनामी से प्रभावित हुए। इसने न केवल उनमें से अनेकों को मार डाला और उनकी नौकाओं व घरों को बर्बाद कर दिया, उसने सदियों पुरानी समुद्र में उनकी आस्था को भी भंग कर दिया। इसने मछुआरों के बीच समुद्र विषयक भय–मनोविकृतियों को जन्म दिया।

यंत्रीकरण, भूमण्डलीकरण एवं मछुआरे—परंपरागत रूप से मत्स्य उद्योग छोटी, मोटररहित नाव से किया जाता था और वह उथले समुद्र तक ही सीमित रहता था। मशीनीकरण 1953 में भारत–नार्वे परियोजना के साथ शुरू हुआ, जिसके द्वारा अंधाधुंध मछली पकड़ने की अनुमति दे दी गई; उद्देश्य था – मछली पकड़ में संख्यात्मक वृद्धि तथा झींगा मछली का उत्पादन बढ़ाना। जापान व अमेरिका जैसे उन्नत देशों से झींगा मछली हेतु बढ़ती माँग ने तल जलपोतों के प्रयोग से मछली पकड़ने के काम को तेज करने हेतु और प्रेरणा प्रदान की। इसने न सिर्फ मत्स्य भण्डार को क्रमशः घटते जाने की और प्रवृत्त किया, अपितु परंपरागत मछुआरे भी, जो मशीनीकृत मछुवाही उपकरणों को खरीदने में असमर्थ थे, जीविकोपार्जन की समस्याओं से जूझने लगे क्योंकि तटीय मछुवाही कटिबंध पर ताकतवर गैर–मछुआरों ने कब्जा जमा लिया था।

भूमण्डलीकरण के परिप्रेक्ष्य में, नब्बे के दशक में मत्स्य क्षेत्रों पर प्रभुत्व जमाने के लिए गैर-मछुआ वर्ग और अधिक प्रेरित हुए। टाटा हाउस ने उड़ीसा स्थित चिलिका झील में झींगा मछली की खेती शुरू करने का प्रयास किया था, जिसने न केवल मछुआ जाति को विस्थापित कर दिया, अपितु पर्यावरण-संबंधी खतरे भी पैदा कर दिए। पुनः पी.वी. नरसिम्हा राव सरकार ने उदारीकरण नीति के एक भाग के रूप में मत्स्य उद्योगों में आधुनिक प्रौद्योगिकी की शुरुआत की।

प्रश्न 2. मछुआरों के नेतृत्व एवं संगठनों पर एक टिप्पणी लिखें?

उत्तर— भारत में मछुआरा आंदोलन की शुरुआत दक्षिण भारत में हुई थी यह माना जाता है वहाँ पर मछुआरा आंदोलन को पादरियों, ननों बुद्धिजीवी वर्ग, सामाजिक कार्यकर्त्ता एवं भौतिक वैज्ञानिकों का नेतृत्व मिला। उनमें से अधिकांश मछुआ परिवार से संबंध रखते थे। वे लोग सामाजिक आर्थिक एवं पारिस्थितिकीय मुद्दों से जुड़े गैर-सरकारी संगठनों के साथ मिलकर काम करते थे। इनमें चर्चित व्यक्ति थे—फादर थॉमस कोचरी, फादर पुरथेनवीड, फादर अराक्कल, फादर फारिसाविला आदि। इन लोगों ने समय-समय पर केरल में मछुआरा आंदोलन को संगठित करने में योगदान दिया। प्रो. जॉन कुरियन को एक बुद्धिजीवी सामाजिक कार्यकर्त्ता के रूप में याद किया जाता है। मछुआरा आंदोलन स्थानीय एवं राष्ट्रीय दो स्तरों पर कार्य करता था। इस आंदोलन में कई नेता आगे चलकर अपने को राष्ट्रीय स्तर तक ले गए एवं ख्याति पाई। फादर कोचरी अस्सी के दशक के मछुआरा आंदोलन के सबसे शक्तिशाली नेता थे, उन्होंने केरल के त्रिवेन्द्रम जिला से काम शुरू किया और नब्बे के दशक तक राष्ट्रीय स्तर के नेता की ख्याति प्राप्त कर ली। आंदोलन में शामिल रहते हुए फादर कोचरी ने नेशनल फिशरमेन्स फोरम की बागडोर थामी। उनके इस कार्य से पादरी एवं बिशपों की पूर्व पीढ़ी की आशा भंग हो गई। कोचरी ने कोहायम में "केरल कैथोलिक बिशप सम्मेलन" आयोजित किया। फादर कोचरी को उग्र नेतृत्वकर्त्ता के रूप में जाना जाता है। 1983 में उनके आल इंडिया केरल फिशरमेंश फोरम में शामिल हो जाने के कारण यह संगठन टूट गया। इस संघ को फादर कोचरी एवं फादर फारिसाविला द्वारा अलग-अलग नेतृत्व प्रदान किया गया। फादर कोचरी के दल के द्वारा फादर फारिसाविला पर यह आरोप लगाया जाता रहा है कि वे कांग्रेस के प्रति वफादार हैं। उनका कहना था कि फारिसाविला का दल कांग्रेसी प्रेरणा से बना है, जो कि करूणाकरण के लोकतांत्रिक मोर्चे में भागीदार भी था। दोनों ही नेताओं में मनमुटाव का असर मछुआरा संघ पर भी पड़ा और फादर कोचरी को तबादला कर पैरिस से केरल भेज दिया गया। पुरानी पीढ़ी का आरोप था कि फादर कोचरी साम्यवादी से मिले हुए हैं। इसी कारण उनके उदारवादी धर्मशास्त्र की काफी आलोचना की गई जिससे फादर कोचरी आंतरिक रूप से जुड़े हुए थे।

मछुआ जाति के एक बहुत बड़े भाग पर फादर कोचरी एवं उनके उदारवादी धर्मशास्त्र का प्रभाव था। उदारवादी धर्मशास्त्र का एकमात्र उद्देश्य था, ईसाईयत एवं मार्क्सवाद के बीच गठबंधन के द्वारा मानव जाति का कल्याण करना।

भले ही फादर कोचरी को बाद में मछुआ जाति द्वारा इन्कार कर दिया गया, परंतु मछुआरा आंदोलन को संगठित एवं सुसज्जित करने में फादर कोचरी के योगदान को नहीं भुलाया जा सकता है।

मछुआरा संगठन—सर्वप्रथम साठ एवं सत्तर के दशक में मछुआरा आंदोलन को ग्राम, जिला, राज्य एवं राष्ट्रीय स्तर पर संगठित करने का तथा उसके लिए संगठन का प्रयास किया गया। 1963 में केरल के क्वीलोन जिले में पहला संगठन बनाया गया। अस्सी के दशक तक अलेरपी, कोचिन मालावार एवं त्रिवेन्द्रम में संघ बनाए जा चुके थे। केरल के रॉयल कैथोलिक चर्च एवं इन नेताओं के बीच एक सीधा संबंध था। इतने सब के बावजूद भी ये संगठन मछुआरों के अस्सी एवं नब्बे के दशक में ही आंदोलित कर सके। भारत के अन्य राज्यों में भी जैसे—तमिलनाडु, गुजरात, पश्चिम बंगाल आदि में मछुआरा संघों का निर्माण हो चुका था, परंतु सबसे ज्यादा केरल के ही संगठन सक्रिय थे।

केरल में कुछ महत्त्वपूर्ण मछुआरा संघ निम्न थे—केरल में स्वतंत्र मल्सिया थोबिलाली फेडरेशन। यह संघ एक स्वतंत्र संगठन था। इसका किसी भी राजनैतिक दल से कोई संबंध नहीं था। इस संगठन में 1977 में कुछ अन्य स्थानीय संघों के मिल जाने के कारण इसका नाम बदलकर केरल लनील कैथोलिका मल्सिया थोक्षिलाली फेडरेशन हो गया। हालाँकि इसमें गैर पादरी भी थे, परंतु दल का नेतृत्व पादरियों के ही हाथ में था। बाद में इस संघ ने राजनैतिक कारणों से अपना नाम बदलकर ऑल केरल स्वतंत्र मल्सिया थोक्षिशाली फेडरेशन रख लिया। आगे 1978 में मछुआरों ने केरल, गोवा, तमिलनाडु आदि राज्यों के संघों को मिलाकर एक मछुआरा महासंघ का निर्माण किया जिसे नेशनल फिशरमेंस फॉरम कहा गया।

प्रश्न 3. मछुआरा आंदोलन पर नोट लिखिए।

[दिसम्बर–2008, प्र. सं.–5 (क)]

अथवा

चिल्का लेक में मछुआरों का आंदोलन पर लेख लिखिए।

[दिसम्बर–2009, प्र. सं.–10 (a)]

उत्तर— साठ के दशक से ही कुछ मुद्दों पर देश के तटीय राज्यों में विभिन्न रूपों और श्रेणियों में मछुआरों के आंदोलन होते रहे हैं, परंतु अस्सी के दशकोपरांत ही मछुआरा आंदोलन कोई ठोस आकार ले सका। **प्रो. कुरियन** बताते हैं कि ये मछुआरा संगठन मध्यमवर्गियों, व्यापारियों व साहूकारों द्वारा अपना शोषण से संबंधित न होकर संसाधनों के आबंटन एवं मत्स्य क्षेत्रों के प्रबंधन विषय अधिक थे। वे आगे बताते हैं कि ये सरकार द्वारा मछुआरों के बीच विकास कार्य "परियोजना–उन्मुखी है, न कि जनता–अथवा–समुदाय–उन्मुखी।"

केरल में मछुआरा आंदोलन—केरल में मछुआरों का प्रथम वृहद् संगठित आंदोलन जलपोतों को लाए जाने के विरुद्ध विरोध–प्रदर्शन के रूप में था, जो सत्तर के दशकोत्तर में हुआ। यह उन परिवर्तनों का अनुवर्ती था जो साठ के दशकारंभ में मत्स्य–उद्योग अर्थव्यवस्था में **"गैर–मछुआरा"** निवेशकों के हस्तक्षेप के परिणाम थे। झींगा मछली, जिसका केरल सबसे बड़ा उत्पादक है, परंपरागत रूप से केरल में ही उपभोग कर लिए जाने की बजाय, दक्षिण–पूर्व एशियाई देशों में अधिक उपभोग की जाती है। झींगा मछली की माँग साठ के दशकारंभ में अंतर्राष्ट्रीय बाजार, खासकर अमेरिका, में बढ़ी। इस प्रसंग में नार्वे सरकार द्वारा सहायता प्राप्त एक मत्स्य–उद्योग सहायता परियोजना ने अतिशीलन प्रौद्योगिकी (freezing technology) और एक छोटी किस्म के जलपोतों (ट्रॉलर्स) को लोकप्रिय बनाया। इसने मत्स्य उद्योग में गैर–मछुआरा व्यापारियों के प्रवेश को प्रोत्साहन दिया, जिनका मुख्य उद्देश्य लाभ कमाना ही था। यह भी अतिशीलन प्रौद्योगिकी तथा जलपोतों की संख्या तेजी से बढ़ी। इन गैर–मछुआरा निवेशकों ने मत्स्य क्षेत्र को गहरे से उथले जल की ओर फैला लिया। उथले जल में उनके प्रवेश से मछुआरों और लाभग्राही निवेशकों के बीच सीधी होड़ पैदा हो गई। उथले जल में मछली पकड़ने से अपने विलुप्त होते जाने और गहरे जल में मछली पकड़ने में असमर्थ रहने की सूरत में मछुआरों ने विरोध जताया। सत्तर के दशक में केरल के मछुआरों के स्थानीकृत उपद्रवों/विरोध–प्रदर्शनों की अनेक घटनाएँ देखने में आईं। सत्तर के दशकांत तक उनके विरोध–प्रदर्शन ने एक संगठित रूप ले लिया।

वह संगठन जिसने मछुआरों को उनके विरोध–प्रदर्शन में सुव्यवस्थिति रूप प्रदान किया, वो था – **केरल स्वतंत्र मल्सिया थोझिलाली फेडरेशन (KSMTF)** अर्थात् **'केरल स्वतंत्र फिशर वर्कर्स फेडरेशन'**। इस संघ को नेतृत्व प्रदान करने वाले थे – समुदाय संगठनकर्त्ताओं का एक छोटा मगर प्रभावशाली अल्पसंख्यक वर्ग, उग्र ईसाई पादरी वर्ग व ननें तथा समाजशास्त्रीगण इस संघ की इकाइयाँ ग्राम व जिला स्तरों पर सक्रिय थीं। इन मछुआरा आंदोलनों ने त्रिवेन्द्रम में जिला मुख्यालय में तथा सचिवालय के बाहर रैलियों, जुलूसों, प्रदर्शनों, भूख–हड़तालों व धरनों का रूप ले लिया उन्होंने गुटबाजी का भी सहारा लिया। आंदोलनकर्त्ताओं ने जलपोतों को भी क्षति पहुँचाई, जिसके परिणामस्वरूप पुलिस ने उन पर गोली चलाई और लाठी–चार्ज किया।

पुनः 1981 में, उक्त संघ ने नीति–निर्माताओं व योजनाकारों का ध्यान आकृष्ट करने के लिए 600 किमी. तटीय रेखाओं के मुख्य स्थानों पर प्रदर्शन आयोजित किए। प्रदर्शन में सभी आयु–वर्ग के लोगों की भागीदारी देखी गई, जिनमें बड़ी संख्या में महिलाएँ थीं। आंदोलनकर्त्ताओं की मुख्य माँगों में शामिल थे—

1. मछुआरों के लिए बेहतर–कल्याणकारी उपायों हेतु अन्य माँगे,
2. बटुआ–जाल कारबारों (purse-seiner operations) पर पूर्ण प्रतिबंध,

3. "जून से जुलाई तक के मानसून महीनों के दौरान" जलपोत संचलन हेतु वर्जित काल,

4. छोटे स्तर के मछुआरों के लिए अनन्य मत्स्य क्षेत्र।

इस आंदोलन को निवेशकों, बिचौलियों व 'जलपोत नौका मालिक संघ' के समर्थन–समूहों के प्रतिरोध का सामना करना पड़ा।

इस आंदोलन का एक परिणाम रहा—मछली एकत्रण क्षेत्रों के नियमन हेतु केरल समुद्रीय मत्स्य उद्योग नियमन अधिनियम (के.एस.एफ.आर. अधिनियम), 1981 का पास होना। परंतु यह अधिनियम ठीक से लागू नहीं किया जा सका, यद्यपि वामपंथी और लोकतांत्रिक सरकार ने मछुआरों के लाभार्थ कल्याणकारी कदम उठाए – ग्राम समितियाँ, बीमा योजनाएँ, अधिक भरपूर ऋण, आवास–संबंधी ऋण, आदि। सरकार ने एक समिति भी नियुक्त की जिसका नाम था – "वैज्ञानिक एवं प्रौद्योगिकी मुद्दों को देखें और मछुआरों के मत्स्य–उद्योग प्रबंधन संबंधी सामाजिक–आर्थिक परिणामों का मूल्यांकन करें।" इस समिति में प्रशासनिक एवं वैज्ञानिक समुदाय के प्रतिनिधियों के अलावा लघु–स्तरीय मछुआरा संघों, जलपोत मालिक संघों के प्रतिनिधि भी शामिल थे। इस समिति के अध्यक्ष थे बाबू पॉल; तदनुसार इसे 'बाबू पॉल समिति' कहा गया। परंतु यह समिति गतिरोध में परिणत हुई—मछुआरा संघों ने असंतोष जताया और जाने–माने वैज्ञानिकों ने इसमें भाग ही नहीं लिया।

मछुआरों की समस्याएँ सरकार ने वैधानिक प्रशासनिक एवं राजनीतिक उपायों से दूर नहीं की, न ही की जा सकीं। उक्त संघ (KSMTP) ने 1984 में पुनः मानसून आंदोलन छेड़ने की घोषणा कर दी। उसने वही माँगे फिर से उठाईं जो कि 1981 के आंदोलन में उठाई गई थीं। यद्यपि इस आंदोलन ने संगठन के शांतिपूर्ण तरीकों को ही अपनाया, मौके–बेमौके वह मछुआरों और पुलिस के बीच झड़पों में भी परिणत हुआ। इस आंदोलन में सांप्रदायिक सद्भाव का उदाहरण प्रस्तुत किया जिसका प्रतीक था –एक हिन्दू मछुआरे और कैथॅलिक नन की भूख–हड़ताल।

(एफ.ए.ओ.) मत्स्य उद्योग विभाग की मदद माँगी जाए। उक्त सुझाव मानने की बजाय सरकार ने एक ओर तीन–सदस्यीय समिति गठित कर दी, जिसके प्रमुख थे ए.जी. कालावर (कालावर समिति) और उनका काम था प्रबंधन संबंधी मुद्दों को देखना। 1985 में कालावर समिति ने मानसून के दौरान झींगा मछली पकड़ने पर प्रतिबंध स्वीकार नहीं किया वरन् उसने सुझाव दिया कि जलपोत–समूह की वर्तमान संख्या को घटाकर आधा कर दिया जाए। समिति ने यह भी सुझाव रखा कि ट्रैमल जाल जैसे अधिक निष्क्रिय झींगा मछली एकत्रण उपस्कर को प्रोत्साहित किए जाने की आवश्यकता है, जोकि 1983 में शिल्पाकार मछुआरों द्वारा नया–नया लाया गया था, तटीय समुद्र में बटुआ–जाल (purse-seiner) के प्रयोग पर पूरी तरह प्रतिबंध की माँग की और "सरकार द्वारा व्यापक मोटर लागू करने के खिलाफ चेतावनी दी।" कालावर समिति की सिफारिशें आम तौर पर राज्य में सरकारों के जल्दी–जल्दी बदलने से प्रभावित हो अमल में ही नहीं आ पाईं।

अस्सी के दशकांत तक के.एस.टी.एफ. ने नई माँगे सामने रख दीं–

(क) केवल सक्रिय मछुआरों को ही मत्स्य–कर्म परिसंपत्तियों का स्वामित्व मिलना चाहिए।

(ख) के.एम.एफ.आर. अधिनियम के अंतर्गत जलपोतों/बटुआ–जालों के विरुद्ध कानूनी कार्यवाही किए जाने के लिए सरकार से गुहार।

केरल में मछुआरा आंदोलनों में महिलाओं ने बहुत महत्त्वपूर्ण भूमिका निभाई। दरअसल, त्रिवेन्द्रम जिले की मछुआरिनें (महिला मछली विक्रेता) ही थीं जिन्होंने सार्वजनिक परिवहन के प्रयोगार्थ वैधानिक अधिकार हेतु 1979 में एक आंदोलन छेड़ा था। परिणामतः आंदोलन के दो वर्षों के ही भीतर मत्स्य उद्योग विभाग ने उनके लिए विशेष बसें चलवा दीं, हालाँकि उनके वैधानिक अधिकारों को स्वीकार नहीं किया गया।

नब्बे के दशक में मछुआरा आंदोलन ने राष्ट्रीय ख्याति प्राप्त कर ली। आधुनिक प्रौद्योगिकी के प्रवेश का एक अखिल–भारतीय स्तर का विरोध हुआ जिसको पी.वी. नरसिम्हा राव सरकार द्वारा शुरू की गई उदारवादी शासन–प्रणाली के दौरान बढ़ावा मिला। विरोधार्थ मुद्दों में एक था गहन सागर मछुवाही इकाइयाँ। एन.एफ.एफ. ने नेशनल फिशरमेंस एक्शन काउंसिल अगेंस्ट जॉइण्ट वेंचर ऑफ फिशरीज (NFACAJV) के माध्यम से एक राष्ट्रव्यापी आंदोलन शुरू कर दिया। 23–24 नवम्बर 1994 को एक बंद का आयोजन किया गया जिसने बाजार बंदी और मछुवाही विराम की ओर प्रवृत्त किया। NFACAJV ने बंदों, पोताश्रयों पर प्रदर्शनों आदि के अलावा राष्ट्रीय राजधानी में भी प्रदर्शन आयोजित किए। इन कार्यवाहियों ने भारत सरकार का ध्यान आकर्षित किया। परवर्ती ने फरवरी 1994 में गहन–सागर–मछुवाही (DSF: Deep See Fishing) नीति के समीक्षार्थ एक समिति नियुक्त कर दी। इस समिति में 16 सदस्य थे और इसका अध्यक्ष एक सेवानिवृत्त भारतीय प्रशासनिक सेवा अधिकारी पी. मुरारी को बनाया गया था। समिति के संगठन से असंतुष्ट होकर थॉमस कोचरी, अब उक्त परिषद् (NFACAJV) के नेता के रूप में, एक–दिवसीय भूख–हड़ताल पर बैठ गए। परिणामस्वरूप यह समिति फिर से गठित की गई जिसमें मछुआरों के प्रतिनिधियों को शामिल किया गया और समिति की सदस्य–संख्या 41 तक बढ़ा दी गई। मुरारी समिति जिसने अपनी रिपोर्ट 1996 में प्रस्तुत की, ने निम्नलिखित मुख्य सिफारिश सामने रखी–

नए लाइसेंस जारी करके और लाइसेंसों को धीरे–धीरे समाप्त करके भारतीय जलक्षेत्र में विदेशी निवेशकों द्वारा मत्स्यकर्म पर पूर्ण प्रतिबंध। सरकार ने 1991 की गहन–सागर–मछुवाही नीति को भंग करने और परंपरागत मछुआ जाति के रक्षार्थ कदम उठाने का वायदा किया। एन. एफ.एफ. (1997) नब्बे के दशक भर और इस शताब्दी के शुरुआत में मछुआरों के बीच चेतना जगाने के उद्देश्य से विभिन्न तरीकों से उन्हें संगठित करता रहा।

हाल के वर्षों में केरल में मछुआरा आंदोलन इस अर्थ में अंतर्राष्ट्रीय मछुआरा आंदोलन से जुड़ गया है कि उसके द्वारा उठाए गए मुद्दे इंटरनेशनल कॉनफरेंस फिश वर्कर्स एण्ड दियर

सपोर्टर्स (ICFS) जुलाई 2002 की रिपोर्ट के आलोक में तैयार किए गए। इनमें सुविदित मुद्दे शामिल थे, यथा मत्स्य उद्योगों व उनके प्रतिबंधन में मछुआरों की भागीदारी; पकड़ी गई मछलियों की बिक्री एवं प्रसंस्करण, जो कि पहले भी उठाए जा चुके थे उक्त सम्मेलन (ICFS) ने राष्ट्रीय सरकार से एक सिफारिश और की कि "स्थानीय मछुआरा संगठनों और मछुवाही समुदायों को नियंत्रणकारी उपायों को सोच निकालने व लागू करने से जोड़ें –परंतु उनके प्रभावशाली नियंत्रण की संभावना के साथ।"

चिलिका झील का मछुआरा आंदोलन : झींगा संवर्धन–विरुद्ध–चिलिका झील 1999 में मछुआरा आंदोलन का एक संदर्भ बिंदु रहा। यह झील जो कि एशिया में खारे पानी की सबसे बड़ी झील है, उड़ीसा के बहुत से मछुआरों की आजीविका का स्रोत है। इस झील को **रामार सभागम** (Ramar Convention) द्वारा अंतर्राष्ट्रीय महत्त्व की सिक्त भूमि (wetland) घोषित किया गया। यह झील अनेक प्रकार के जैव–वैविध्य का प्राकृतिक वास है जिसमें डॉल्फिन और विभिन्न प्रवासी पक्षी शामिल हैं। 1992 में एक गैर-सरकारी संगठन 'उड़ीसा कृषक महासंघ' ने बाँके बिहारी दास की अध्यक्षता में गरान कार्यवाही परियोजना (Mangrove Action Project) की मदद से चिलिका झील के आस–पास के स्थानीय मछुवाही समुदायों को संगठित करने में सहायता की।

टाटा हाउस ने चिलिका झील के तट पर औद्योगिक स्तर के बड़ी संख्या में अर्ध–गहन झींगा मछली–पालन फार्म स्थापित करने का प्रयास किया। टाटा की कार्यवाही एक न्यायालयी आदेश के परिपालन स्वरूप आधे रास्ते ही रोक दी गई। यह निषेधादेश टाटा हाउस और मछुआरों के बीच कड़ी कानूनी लड़ाई के बाद ही आया था। हालाँकि न्यायालयी निषेधादेश ने टाटा के प्रयास को आगे बढ़ने से रोका, चिलिका तट पर अन्य लोग गैर–कानूनी रूप से बड़ी संख्या में झींगा–मछली पालन फार्म बनाने लगे, जिनमें माफिया, राजनेतागण एवं अधिकारी–वर्ग शामिल थे।

मछुआरों ने मई–जुलाई 1999 में चिलिका झील में झींगा मछली–पालन के खिलाफ एक आंदोलन छेड़ दिया। वे संगठन जिन्होंने इनमें प्रमुखता से भाग लिया, वे थे–चिलिका मत्स्यजीव महासंघ, नेशनल फिशर वर्कर्स फॉरम – एन.एफ.एफ. (भारत), वर्ल्ड फॉरम फार फिशहार्वेस्टर्स एण्ड फिश वर्कर्स (डब्ल्यू.एफ.एफ.)। मछुआरों ने बड़ी संख्या में इस आंदोलन में भाग लिया। 11 जून 1999 को इस आंदोलन ने एक हिंसक मोड़ ले लिया जो पुलिस की गोलाबारी में परिणत हुआ और जिसमें चार मछुआरे मारे गए और 13 गंभीर रूप से घायल हुए। मछुआरों में बड़ी संख्या में झींगा मछली फार्मों को क्षति पहुँचाई। उन्होंने शहर में वाहनों की आवाजाही रोकने के लिए मानव दीवार बनाई और रेलगाड़ियों को भी रोका। यह बंद भुवनेश्वर में सबसे अधिक सफल रहा।

16

पर्यावरण और पारिस्थितिकी आन्दोलन
Environmental and Ecological Movements

परिचय

जैसा कि आप जानते हैं कि आज पर्यावरण और पारिस्थितिकी आंदोलन हमारे समाज में महत्त्वपूर्ण आंदोलन का रूप ले चुका है। इस आंदोलन की शुरुआत 1972 के स्ट्रॉक होम सम्मेलन के बाद हो चुकी थी। पर्यावरण और पारिस्थितिकी आंदोलन अनेक सामाजिक समूहों की सामूहिक कार्यवाहियों के महत्त्वपूर्ण उदाहरणों में शामिल हैं। पर्यावरण आंदोलन एक काफी व्यापक शब्द है जिसका प्रायः विकास संबंधी चर्चा के वृहत्तर प्रयोग में मुद्दों व पारिस्थितिकीय सुरक्षा से जुड़े स्थानीय संघर्षों एवं विवादों के विभिन्न प्रकारों का वर्णन करने एवं समझने के लिए किया जाता है। पर्यावरण और पारिस्थितिकी आंदोलन की शुरुआत 1973 में चलाए गए "चिपको" आंदोलन से हुई। चिपको आंदोलन के तर्ज पर पर्यावरण और पारिस्थितिकी के लिए "अप्पिको आंदोलन" और "नर्मदा आंदोलन" जैसे आंदोलन की शुरुआत हुई। प्रस्तुत अध्याय भारत में पर्यावरण आंदोलनों के इतिहास को समझने का प्रयास करता है। इस अध्याय में हम भिन्न–भिन्न प्रकार के पर्यावरण एवं पारिस्थितिकी आंदोलनों का भी अध्ययन करेंगे।

प्रश्न 1. भारत में पर्यावरणीय आंदोलनों के समक्ष क्या मुद्दे और चिंताएँ हैं?
[जून-2010, प्र. सं.-9]

उत्तर— भारत में चलाए जाने वाले यह आंदोलन पश्चिम के देशों में चलाए जाने वाले आंदोलनों से अलग थे। प्रत्येक सामाजिक आंदोलन की तरह ही पर्यावरण आंदोलन भी मुद्दों पर आधारित है। मानव के लिए विकास आवश्यक है पर विकास के साथ-साथ पर्यावरण भी सुरक्षित रहे यह हमारा दायित्व है। पर्यावरण आंदोलनों के मुद्दों की बात करें तो कुछ विद्वान स्थानीय मुद्दों और क्षेत्रीय लोगों की समस्याओं जैसे—गरीबी, उच्च जीवन-स्तर, सामाजिक समानता और न्याय की प्राप्ति के लिए प्रयास करते हैं तो कुछ विद्वान प्रकृति संबंधित मुद्दों को ज्यादा महत्त्व देते हैं जैसे नदी जल, प्रदूषण समस्या, शहरों मे बढ़ रहे प्रदूषण, गाँवों में पेड़ों की अंधाधुंध कटाई तथा जंगलों की कटाई।

इन विद्वानों के विचार अनुसार तो दोनों विचारधारा के विद्वानों द्वारा किसी-न-किसी तरह से पर्यावरण संरक्षण का मुद्दा महत्त्वपूर्ण हो जाता है। साथ-ही-साथ पारिस्थितिकी के संतुलन को भी बनाए रखने की बात की जाती है। अगर पारिस्थितिकी संतुलन को देखें तो जिन विद्वानों ने सामाजिक मुद्दों पर अपने विचार दिए हैं उनका विचार महत्त्वपूर्ण हो जाता है। ये विद्वान मुख्यत: क्षेत्रीय समस्याओं को ध्यान में रखकर उन समस्याओं को देश-स्तर या अंतर्राष्ट्रीय-स्तर के समस्या के रूप में देखते हैं। इन समस्याओं के माध्यम से मनुष्य तुरंत प्रभावित होता है। उन पर आजीवन तथा सामाजिक समस्याएँ उत्पन्न हो जाती हैं।

अगर दूसरी विचारधारा वाले विद्वानों के मत को देखें तो मनुष्य इन पर्यावरणीय समस्याओं से तुरंत प्रभावित हो जाता है। मनुष्य तरह-तरह के रोगों से ग्रसित हो जाता है। महामारियों तक का शिकार हो जाता है। जैसे—अगर नदी का जल प्रदूषित हो जाए और उस प्रदूषित जल को लोग पीने के उपयोग में लाएँ तो कई रोगों से ग्रसित हो जाएँगे। उसी तरह अगर किसी औद्योगिक कंपनी के कचरों से विषाक्त गैस या विषाक्त पदार्थ का रिसाव होने लगे तो हजारों लोगों की मौत हो सकती है, जैसा कि भोपाल में देखने को मिला था। अगर नदी जल के प्रदूषण को लें तो आज गंगा नदी में जल प्रदूषण की समस्या इतनी बढ़ गई है कि गंगा में निवास करने वाले जीवों पर उनके अस्तित्व का खतरा उत्पन्न हो गया है। गंगा नदी में वास करने वाली डॉल्फिन मछलियाँ आज विलुप्ति के कगार पर हैं।

गाँवों में पेड़ों की अंधाधुंध कटाई से कृषि कार्यों या उत्पादनों पर बहुत बुरा असर पड़ा है। पेड़ों के काटने और गाँव के अगल-बगल के जंगलों के कटने से मृदा क्षरण जैसी समस्याओं का सामना करना पड़ रहा है। गर्मी के दिनों में जब तेज आंधियाँ चलती हैं तो भू-सतह के ऊपरी परत की मृदा को नष्ट कर देती हैं तथा उस मृदा को एक जगह से दूसरी जगह पर लेकर चली जाती हैं। आज हरियाणा एवं उत्तर प्रदेश तथा दिल्ली में इन आंधियों से उड़ाकर लाई गई धूल से अनेक समस्याएँ उत्पन्न हो गई हैं। इन धूल भरी आंधियों ने राजस्थान से बलुई मिट्टी लाकर इन क्षेत्रों की कृषि भूमि को बंजर बना दिया है।

जंगल की कटाई से सामाजिक और पर्यावरण अवनयन जैसी समस्याएँ तत्काल उत्पन्न होने लगती हैं। जंगल कटाई के कारण ही, चिपको आंदोलन तथा अप्पिकों आंदोलन हुए। वस्तुतः जंगलों को कटने से, वहाँ निवास करने वाले लोगों को अनेक समस्याओं का सामना करना पड़ता है। सर्वप्रथम तो उन्हें अपने आजीविका की समस्याओं से जूझना पड़ता है। जंगल में निवास करने वाले लोग, जंगल से लकड़ियों को चुनकर बेचते हैं या उसका उपयोग जलाने के रूप में करते हैं। उसी तरह कई पेड़ों का उपयोग वे अपने आर्थिक हित के लिए करते हैं, जैसे—बाँस के पेड़ का उपयोग कर वे अपनी आजीविका को चलाते हैं। बाँस के पेड़ से वनवासी चटाइयों, टोकरियों आदि को बनाकर बेचते हैं तथा अपना जीवन चलाते हैं।

जंगलों के काटने से पर्यावरण में असंतुलन भी पैदा होता है, क्योंकि पेड़ कार्बन-डाइऑक्साइड श्वसन के रूप में उपयोग कर वातावरण में ऑक्सीजन छोड़ते हैं। अगर वनों का विनाश कर दिया जाए तो वातावरण में उपस्थित गैसों के अनुपात में बदलाव आएगा जिससे मनुष्य के जीवन में अनेक तरह की समस्याएँ उत्पन्न होंगी।

आज के दौर में शहरों में पर्यावरण प्रदूषण की समस्या विकट रूप ले चुकी है। शहरों में बढ़ते वाहनों की संख्या, बढ़ती जनसंख्या तथा बढ़ते औद्योगीकरण ने शहरों में बसने वाले लोगों के जीवन को बुरी तरह प्रभावित किया है। वर्तमान समय में भारत में कई ऐसे शहर हैं जिनकी गिनती विश्व के प्रमुख प्रदूषित शहरों के रूप में की जाती है। दिल्ली शहर की गिनती भी विश्व के प्रमुख प्रदूषित शहरों में की जाती है। C.N.G. ईंधन वाली गाड़ियों के उपयोग से यहाँ के प्रदूषण स्तर में कमी आई है।

मानव को विकास के साथ-साथ प्रदूषण से होने वाले प्रभावों पर भी ध्यान देना होगा। प्रदूषण को रोकने के लिए मनुष्य को सतत् विकास की अवधारणा पर चलना होगा। पर्यावरण को सुरक्षित किए बिना मानव सुखपूर्वक नहीं रह सकता। अगर हमारे आस-पास या हमारे देश का पर्यावरण शुद्ध और स्वच्छ रहेगा तो हम बेहतर जीवन जी सकेंगे। हमारा जीवन खुशहाल रहेगा। साथ-साथ हमारे बाद की पीढ़ी भी सतत् विकास के सहारे खुशहालीपूर्वक जीवन यापन कर सकेगी।

प्रश्न 2. चिपको आंदोलन के मुख्य अभिलक्षणों पर चर्चा करें।

[जून-2009, प्र. सं.-5 (b)][दिसम्बर-2009, प्र. सं.-9 (a)]

उत्तर— चिपको आंदोलन भारत का पहला आंदोलन जिसके द्वारा पर्यावरण-पारिस्थितिकी के प्रति लोगों की जागरूकता को बढ़ाया गया था। अंग्रेज सरकार के वन नीति के कारण इस आंदोलन की पृष्ठभूमि स्वतंत्रता प्राप्ति से पहले ही तैयार हो चुकी थी पर इस आंदोलन की शुरुआत 1973 में हुई। स्वतंत्रता प्राप्ति के बाद भी भारत सरकार ने अपनी वन नीति में ज्यादा बदलाव नहीं किया। वनों का विनाश स्वतंत्रता पूर्व की तरह ही जारी रहा। चिपको आंदोलन भी भारत सरकार के इन वन नीति के विरोध में हुआ था। जब सरकार ने अपनी वन

नीति में ज्यादा बदलाव नहीं किया तब वन कटाई का कार्य निजी कंपनियों को भी सौंपा गया। ये कंपनी मनमाने ढंग से वन विनाश कर रही थीं।

इस कटाई के दौरान हिमालय के मध्य भागों में भी वन कटाई जारी थी। वन कटाई जब गढ़वाल क्षेत्र के चमोली जिले में शुरू हुई तब यहाँ विरोध शुरू हुआ और उसने आंदोलन का रूप ले लिया।

चित्र 16.1 : चिपको आंदोलन

वस्तुत: वन कटाई के लिए विभाग ने एक कंपनी "सायमण्ड कंपनी" को ठेका दे दिया था। जब कंपनी वन कटाई कर रही थी तब चमोली जिले में स्थित एक सहकारी संगठन जिसका नाम "दशौली ग्राम स्वराज्य संघ" था। इस संगठन ने वन कटाई का विरोध शुरू कर दिया। संघ के लोग इस कटाई के विरोध में लकड़ी के लदे ट्रकों के सामने लेटने लगे तथा कंपनी के लकड़ी के गोदामों में आग लगनी शुरू कर दी, पर यह हिंसक कार्य ज्यादा प्रभावी नहीं रहा। तब संघ के लोगों को अपना आंदोलन कमजोर लगने लगा। उसी समय वहाँ के एक स्थानीय नेता ने लोगों को सुझाया कि पेड़ों की कटाई के दौरान, पेड़ों से 'लिपट जाओ' जिससे पेड़ कटाई में बाधा उत्पन्न हो। इस लिपटने की प्रवृत्ति को ही 'चिपको' आंदोलन कहा गया जिसके कारण इस आंदोलन का नाम 'चिपको आंदोलन' पड़ा।

चिपको आंदोलन मुख्यत: स्थानीय लोगों के द्वारा शुरू किया गया आंदोलन था। चमोली जिले के लोगों का आजीविका का मुख्य साधन वन पर आधारित था। वहाँ की महिलाएँ भी वन से आधारित लघु उद्योगों से जुड़ी थीं, इसलिए यह आंदोलन अपने जीवन के अस्तित्व को

बचाए रखने के लिए किया गया था। चिपको आंदोलन में महिलाओं ने भी बढ़–चढ़कर हिस्सा लिया था। महिलाओं का नेतृत्व "गौरा देवी" कर रही थीं। महिलाओं को आंदोलन में भाग लेने के कारण ही यह आंदोलन अधिक सफल रहा। आंदोलनकर्त्ताओं ने जो माँगे रखीं वे मुख्यतः आजीविका तथा पर्यावरण–पारिस्थितिकी से संबंधित थीं। जैसे–

— व्यावसायिक कार्यों के लिए पेड़ों की कटाई न हो।

— वन का क्षेत्र और बढ़ाया जाए न कि कम किया जाए।

— वनों के देख–रेख के लिए स्थानीय स्तर पर ग्राम समितियों का गठन किया जाए।

— स्थानीय जरूरतों के अनुसार वनीकरण को प्राथमिकता दी जाए।

सरकार को इन माँगों को मानना पड़ा तथा यह आंदोलन सफल रहा।

चिपको आंदोलन की सफलता ने यह दर्शाया कि अगर कोई भी आंदोलन शांतिपूर्वक चलाया जाए जिसमें स्थानीय लोगों की भागीदारी हो तथा महिलाएँ शामिल हों तो उसे सफल बनाया जा सकता है। इस आंदोलन की सफलता ने यह भी दर्शाया कि एक स्थानीय आंदोलन अपनी पहचान अंतर्राष्ट्रीय स्तर पर भी बना सकता है। इस आंदोलन के नेता सुंदर लाल बहुगुणा ने अपने अनुभव और सरलता से इस आंदोलन के स्वरूप को और विस्तृत कर दिखा दिया था कि दृढ़–इच्छाशक्ति से किसी भी कार्य को सफल बनाया जा सकता है। स्थानीय मूलवासियों की भागीदारी ने यह दर्शाया है कि आदमी अपनी रोटी–कपड़ा की लड़ाई को भी आंदोलन के रूप में बदल सकता है।

चिपको आंदोलन को एक सफलता और मिली कि इस आंदोलन ने पर्यावरण पारिस्थितिकी के लिए देश में जागरूकता पैदा कर दी। जो भारत के पर्यावरण–पारिस्थितिकी आंदोलनों के लिए सबक बना।

प्रश्न 3. नर्मदा बचाओ आंदोलन पर एक टिप्पणी लिखें।

[दिसम्बर–2009, प्र. सं.–9 (b)]

उत्तर– नर्मदा बचाओ आंदोलन मुख्यतः गुजरात में नर्मदा नदी पर बनने वाले सरदार सरोवर परियोजना के विरोध में शुरू किया गया था। यह आंदोलन वर्तमान समय में भारत के पर्यावरण पारिस्थितिकी को बचाने से संबंधित सबसे बड़े आंदोलन के रूप में सामने आया है।

नर्मदा बचाओ आंदोलन की शुरुआत 1991 में हुई थी। जब सरदार सरोवर परियोजना का शुभारंभ हुआ। सरकार सरोवर परियोजना अपने प्रस्तावित समय से ही विवादों में रहा है। परियोजना के बनने से 37,000 हैक्टेयर भूमि जल में डूबी रही थी, 11,000 हैक्टेयर वन को पानी में डूबना था। साथ–साथ लगभग 250 ग्राम जिसमें लगभग 1 लाख लोग रहते थे वे गाँव भी पानी में डूब जाते। परियोजना की रूपरेखा बनते समय ही इन बातों को महसूस किया गया। परियोजना की रूपरेखा बनने से भूकंपीय घटनाओं की भी आशंका थी पर गुजरात की जरूरतों को देखकर इस परियोजना को हरी झंडी मिल गई थी। सरदार सरोवर

परियोजना गुजरात में नर्मदा नदी पर बन रहा था। इस परियोजना के बनने से मध्य प्रदेश, महाराष्ट्र और गुजरात तीनों राज्यों पर प्रभाव पड़ रहा था। शुरुआत में तो इन तीनों राज्यों में ही विवाद हो गया, इन विरोध और विवादों के निपटारे के लिए इस परियोजना को 1969 में नर्मदा डिसप्यूट ट्राइब्यूनल को सौंप दिया गया। नर्मदा डिसप्यूट ट्राइब्यूनल ने तीनों राज्यों की समस्याओं पर विचार किया तथा 10 साल बाद अपना अंतिम फैसला सुनाया। फैसले के अनुसार, तीनों राज्यों को आनुपातिक आधार पर इसके लाभ और हानि को उठाने के लिए तैयार हो गए। सरदार सरोवर परियोजना दोबारा उस समय विवाद में आई जब वन विभाग ने इस पर आपत्ति जताई। अब यह परियोजना वन विभाग के पास चली गई। 1980 में इस परियोजना को 'फारेस्ट कंजरवेशन एक्ट' का सामना करना पड़ा। यह परियोजना वहाँ 8 सालों तक रही। 1991 में इसे दोबारा हरी झंडी मिली।

1991 में जब सरदार सरोवर परियोजना की शुरुआत हुई तब इस परियोजना में विश्व बैंक तथा अन्य विदेशी निवेशकों ने भी रुचि दिखाई और इसमें अपना पैसा लगाया। इस परियोजना के शुरू होने के बाद स्थानीय लोगों ने इसका विरोध करना शुरू कर दिया। यह परियोजना नर्मदा नदी पर बाँध बनाने से संबंधित थी। परियोजना बनने से जो 1 लाख लोग विस्थापित हो रहे थे उनके पुनर्वास पर ज्यादा ध्यान नहीं देने के कारण यह विरोध शुरू हुआ। इस विरोध ने आंदोलन का रूप लिया जैसे "नर्मदा बचाओ" आंदोलन के नाम से जाना जाने लगा। नर्मदा बचाओ आंदोलन के आंदोलनकर्त्ताओं का कहना था कि इस परियोजना के बनने से अनेक समस्या उत्पन्न होंगी जैसे—प्राकृतिक पारिस्थितिकी तंत्र के सैकड़ों वर्ग क्षेत्र के जलमग्न होने से पर्यावरण में अवनयन तथा पारिस्थितिकी में असंतुलन उत्पन्न हो जाएगा।

1. सरदार सरोवर के निर्माण से बहुत बड़े भू-क्षेत्र पर जल जमाव के कारण उस क्षेत्र में रहने वाली जनजातियों को विस्थापित करना पड़ेगा। विस्थापितों का पुनर्वास और उनकी सांस्कृतिक विरासत भी नष्ट हो जाएगी।

2. नर्मदा नदी पर बाँध बनने से उस पर जल जमाव होगा। जल जमाव के कारण वहाँ स्थित नीचे के शैलों में अव्यवस्था उत्पन्न हो जाएगी। इस कारण इस क्षेत्र में भूकंप आने की संभावनाओं में बढ़ोतरी होगी।

इस परियोजना के दलील में सरकार ने भी अपने पक्ष रखे। जैसे—

(क) इस परियोजना में विस्थापितों के पुनर्वास की समुचित व्यवस्था की जाएगी।

(ख) परियोजना बनने से बिजली, सिंचाई तथा पीने के लिए जल प्रचुर मात्रा में प्राप्त होंगे।

(ग) गुजरात को 1985-1988 तक लगातार चार साल भयंकर सूखे का सामना करना पड़ा। अगर यह परियोजना बनती है तो यहाँ के सूखे की स्थिति से बचा जा सकता है।

इन सारे लाभों के कारण उच्चतम न्यायालय ने भी इस परियोजना को हरी झंडी दे दी।

नर्मदा बचाओ आंदोलन का नेतृत्व आज मेघा–पाटेकर (समाज सेवी) के हाथों में है। मेघा पाटेकर ने विस्थापितों के साथ कई दिनों तक भूख हड़ताल भी की थी। उन्होंने पूरे देश का ध्यान पर्यावरण पारिस्थितिकी से संबंधित मामलों पर खींचा है। आज भारत जैसे विकासशील देश को नर्मदा घाटी जैसी परियोजनाओं की जरूरत है। इन परियोजनाओं से होने वाले पर्यावरण प्रदूषण, पारिस्थितिकी असंतुलन, स्थानीय लोगों का विस्थापन तथा अनेक सांस्कृतिक विरासत जैसे मुद्दों पर भी विचार करने की आवश्यकता है।

प्रश्न 4. भारत में शहर आधारित पर्यावरणीय आंदोलनों का विश्लेषण करें।
[दिसम्बर–2010, प्र. सं.–9]

उत्तर– शहरों में पर्यावरण आंदोलन–वर्तमान समय में विकास के दौर में पर्यावरण पारिस्थितिकी का विनाश शहरों में सबसे ज्यादा महसूस किया जा रहा है। तथापि, प्रदूषण के विरुद्ध सामूहिक कार्यवाही का मुख्य केंद्र शहरी इलाकों में ही रहा है। भोपाल यूनियन कार्बाइड बहुराष्ट्रीय कंपनी में गैस रिसाव, पूर्व सोवियत संघ में चैर्नेबिल जहाँ हजारों लोग मारे गए, आदि कुछ त्रासदियों ने उद्योगीकरण के नकारी प्रभाव पर लोगों के बीच चिंताओं को जन्म दिया। यद्यपि नब्बे के दशक में पर्यावरण प्रदूषण के विषय में बढ़ी चिंता दिखाई दी, पर्यावरण प्रदूषण के विनाशकारी प्रभाव के विषय में जागरूकता बढ़ना साठ के दशक से ही शुरू हो चुका था। भारत के सभी प्रमुख शहर विकट वायु, जल व अन्य प्रकार के पर्यावरण प्रदूषण का सामना कर रहे हैं। ग्रामीण क्षेत्रों से शहरी क्षेत्रों की ओर लोगों का लगातार पलायन, ऐसे अतिसंकुल क्षेत्रों में उनका वास–स्थान जो प्रदूषणकारी लघु उद्योगों के साथ ही होते हैं; वाहनों की बढ़ती संख्या और शहरों का अनियोजित विस्तारण, खुले नाले आदि ने अनेक स्तरों पर पर्यावरण खतरों को पैदा किया है। इस प्रदूषण ने लोगों को अनेक बीमारियों के प्रति संवेदनशील बना दिया है।

पर्यावरण–रक्षा सरकारी नीतियों का महत्त्वपूर्ण हिस्सा नहीं था। नेहरूवादी मॉडल ने उस प्रदूषण के लिए अधिक चिंता दर्शाए वगैर जो वह पैदा करने जा रहा था, उद्योगीकरण पर अधिक जोर दिया। तथापि, 1976 में एक संविधान संशोधन द्वारा राज्य से अपील की गई कि "वह पर्यावरण की रक्षा करे व उसमें सुधार लाए और देश के वन व वन्य जीवन की रक्षार्थ पूर्वापाय करे" तथा यह प्रत्येक नागरिक का मौलिक कर्त्तव्य निर्धारित कर दिया कि "प्राकृतिक परिवेश की रक्षा करे व उसमें सुधार लाए, जिसमें वन, झीलें, नदियाँ व वन्य जीवन शामिल हैं और प्राणिमात्र के लिए करूण–दृष्टि रखे।" आगामी दशाओं में राज्य ने वायु–प्रदूषण रोकने और पर्यावरण–रक्षा हेतु सरकार ने कानून बनाए, जैसे वायु अधिनियम, 1981 और पर्यावरण–रक्षा अधिनियम, 1986। न्यायपालिका जन–अधिकारों की निर्णायक बन गई है, जिनमें पर्यावरण प्रदूषण से उनकी रक्षा भी शामिल है जबसे जन हित याचिका (PIL) की युक्ति सामने आई है। जन–समस्याओं के विषय में कार्यपालिका और विधायिका के बीच अभिन्नता

की सूरत में, यह याचिका एक प्रभावशाली अस्त्र बन गई है जिसके माध्यम से लोग इन मुद्दों पर राज्य के हस्तक्षेप हेतु प्रयास करते हैं। न्यायपालिका के हस्तक्षेप ने राज्य पर दबाव डाला कि पर्यावरण प्रदूषण रोकने के लिए वह कुछ उपायों की शुरुआत करे। न्यायमूर्ति कृष्णा अय्यर, न्यायमूर्ति कुलदीप सिंह और अभिवक्ता एम.सी. मेहता ने पर्यावरण की रक्षा में उल्लेखनीय योगदान दिया है।

दिल्ली विश्व में सर्वाधिक प्रदूषित शहरों में से है। हाल में पर्यावरण प्रदूषण से जुड़े तीन मुद्दे नागरिक समाज घटकों से सम्बद्ध कुछ गतिविधियों के ध्यानाकर्षण केंद्र रहे हैं। ये हैं—वाहनों से उत्पन्न वायु प्रदूषण, औद्योगिक प्रदूषण और यमुना नदी में जल–प्रदूषण। हाल के वर्षों में निजी और सार्वजनिक वाहनों की संख्या कई गुना बढ़ी है। इसने पर्यावरण को प्रदूषित कर दिया है और लोगों को, खासकर बच्चों व वृद्धों को अनेक बीमारियों के प्रति संवेदनशील बना दिया है। न्यायालय के आदेश का सम्मान करते हुए जो कि एक जनहित याचिका का परिणाम था, सरकार ने संपीड़ित प्राकृतिक गैस (सी.एन.जी.) से चलने वाले वाहनों को शुरू करना अनिवार्य बना दिया और सभी निजी वाहनों के लिए प्रदूषण जाँच को भी अनिवार्य बना दिया। सी.एन.जी. वाहनों के शुरू किए जाने के परिणामस्वरूप शहर में पर्यावरण प्रदूषण में कमी आई है। इसी प्रकार दिल्ली सरकार पर दबाव डाला गया है कि प्रदूषणकारी उद्योगों को शहर से बाहर ले जाए और यमुना नदी को साफ करने की कार्यवाही शुरू करे। प्रदूषणकारी कारखानों और उद्योगों के बंद होने से शहर में श्रमिक उपद्रव शुरू हो गए। परिणामस्वरूप, पुलिस को गोली चलानी पड़ी और एक श्रमिक को जान से भी हाथ धोना पड़ा। वस्तुतः यह अनियोजित विकास नीति से जुड़ा था। गाँवों से शहरों की ओर पलायन नहीं रोका जा सकता है। जब तक कि पलायन कर रही आबादी को काम पर लगाने के लिए कुछ उपाय नहीं किए जाते और वाहनों के बढ़ते प्रयोग को नहीं रोका जाता, लगता है पर्यावरण प्रदूषण कायम ही रहेगा।

●●●

17

सामाजिक आन्दोलन और लोकतंत्रः एक मूल्यांकन

Social Movements and Democracy: An Assessment

परिचय

लोकतंत्र एक ऐसी प्रणाली है जिसमें लोग एक शांतिपूर्ण तरीके से अपने शासकों को बदल सकते हैं और सरकार को शासन करने का अधिकार दिया जाता है क्योंकि जनता कहती है उसे आज्ञा है। लोकतंत्र के तीन अनिवार्य घटक हैं–राजनीतिक संस्थाएँ, राजनीतिक प्रक्रियाएँ और संतोषजनक कार्यवाही। राजनीतिक संस्थाओं में संसद, न्यायपालिका, निर्वाचन आयोग, संघ लोक सेवा आयोग आदि प्रमुख हैं। धर्म के आधार पर भारत में हुए आंदोलनों को लोकतांत्रिक प्रक्रिया विरोधी कहा जा सकता है। प्रस्तुत अध्याय में हम लोकतंत्र का अर्थ, घटक, लोकतंत्र और सामाजिक आंदोलनों के बीच संबंधों का अध्ययन करेंगे। इस अध्याय में लोकतांत्रिक व्यवस्था में सामाजिक आंदोलनों के महत्त्व, उद्देश्य तथा यह लोकतंत्र के लिए किस प्रकार उपयोगी है इस पर भी चर्चा करेंगे। साथ ही लोकतंत्र में सामाजिक आंदोलनों के महत्त्वपूर्ण कार्यों, अनेक सामाजिक आंदोलन जो समाज के हित में चलाए गए, उनकी समीक्षा करेंगे।

प्रश्न 1. लोकतंत्र का अर्थ तथा उसके विभिन्न घटक बताइए।

[जून–2009, प्र. सं.–10 (b)]

अथवा

भारत में प्रजातांत्रिक व्यवस्था की कार्यशैली का विश्लेषण करें।

[दिसम्बर–2009, प्र. सं.–8]

उत्तर– लोकतंत्र का अर्थ (Meaning of Democracy)—लोकतंत्र से हमारा अभिप्राय जनता के शासन से है। शब्द–व्युत्पत्ति के आधार पर भी यदि हम देखें तो लोकतंत्र का अंग्रेजी पर्यायवाची शब्द डिमोक्रैसी (Democracy) यूनानी भाषा के दो शब्दों डिमौस (Demos) तथा क्रैशिया (Kratia) के योग से बना है जिनका क्रमशः अर्थ है जनता तथा शक्ति, अतः लोकतंत्र का अर्थ हुआ जन–शक्ति अर्थात् जनता की शक्ति। इस आधार पर यह कहा जा सकता है कि लोकतंत्र शासन व्यवस्था का वह रूप है जिसमें शासन की शक्ति समस्त जनता के हाथ में रहती है तथा जिसका प्रयोग वह प्रत्यक्ष या परोक्ष (अप्रत्यक्ष) रूप से करती है। इस तरह 'लोकतंत्र' का मूल अर्थ ही 'जनता का शासन' अथवा 'जन–साधारण का शासन' है। कुछ विद्वानों द्वारा लोकतंत्र की दी गई परिभाषाएँ इसी ओर संकेत करती हैं—

1. **अब्राहम लिंकन** द्वारा दी गई परिभाषा बहुत ही लोकप्रिय है। उसके अनुसार लोकतंत्र जनता का, जनता के द्वारा तथा जनता के लिए शासन है।

2. एक प्राचीन यूनानी दार्शनिक **हीरोडोटस** का कहना है कि लोकतंत्र उस शासन–व्यवस्था का नाम है जिसमें राज्य की शक्ति समूची जनता में निहित होती है।

3. **लार्ड ब्राइस** के मतानुसार, लोकतंत्र हीरोडोटस के जमाने से ही एक ऐसी शासन–प्रणाली का सूचक है जिसमें सत्ता किसी एक व्यक्ति अथवा वर्ग–विशेष के हाथों में सीमित न होकर समस्त जन–समुदाय में निहित होती है।

4. **सीले** के शब्दों में प्रजातंत्र वह शासन है जिसमें प्रत्येक व्यक्ति भाग ले सकता है।

5. **डायसी** के अनुसार लोकतंत्र शासन का वह रूप है जिसमें समस्त राष्ट्र का अपेक्षाकृत एक बड़ा भाग शासक होता है।

6. **हाल** के अनुसार प्रजातंत्र राजनीतिक संगठन का वह स्वरूप है जिसमें जनमत का नियंत्रण रहता है।

7. **जे.ए. शुम्पीटर** के शब्दों में, लोकतांत्रिक प्रणाली राजनीतिक निर्णयों पर पहुँचने के लिए एक ऐसी संस्थागत व्यवस्था है जिसमें सभी विषयों पर निर्णय स्वयं जनता लेती है। सर्वसाधारण जनता अपने प्रतिनिधियों का चुनाव करती है जो कि जन–इच्छा को कार्यरूप देते हैं।

लोकतंत्र में यह गरिमा हर व्यक्ति और प्रत्येक समूह को अपनी राजनीतिक चेतना के बल पर अपने द्वारा स्वयं अर्जित की जाती है, इसलिए प्रत्येक व्यक्ति और समूहों की इस प्रणाली में भागीदारी अतिआवश्यक होती है।

सामाजिक आन्दोलन और लोकतंत्र: एक मूल्यांकन 171

लोकतंत्र के तीन मुख्य घटक हैं—
(क) राजनीतिक संस्थाएँ,
(ख) राजनीतिक प्रक्रियाएँ,
(ग) संतोषजनक कार्यवाही।

(क) राजनीतिक संस्थाएँ—लोकतंत्र का एक आवश्यक घटक राजनीतिक संस्थाएँ हैं। यह लोकतंत्र अपनी संस्थाओं में निर्वाचित विधानमंडल जिसे संसद के नाम से जाना जाता है। सार्वजनिक व्यस्क मताधिकार, अनेक राजनीतिक दलों में सत्ता प्राप्ति के लिए होने वाली प्रतिस्पर्द्धा, विचार, अभिव्यक्ति, संगठन बनाने की स्वतंत्रता, सभा करने की स्वतंत्रता इत्यादि का प्रमुख स्थान है। यह राजनीतिक संस्थाएँ लोकतंत्र के सिद्धांत और आदर्शों के आधार पर कार्य करते हैं। इन संस्थाओं का मुख्य लक्ष्य यह होता है कि शासन जनता की भावनाओं की खातिर कार्य करे, उसके हितों को साकार करे, उसमें गरीबों, वंचितों का शोषण न हो। सामाजिक रूप से यह लोकतंत्र वर्ग-विभाजन पर भी अंकुश लगाता है। लोकतंत्र की ये संस्थाएँ नागरिकों से संबंधित सारे क्रियाकलापों का मार्गदर्शन करती हैं। लोकतंत्र की संस्थाएँ कुल मिलाकर समग्र जनता के लिए जनता की तरफ से जनता के कल्याण के लिए कार्य करती हैं। जब जनता इन संगठनों के क्रियाकलापों से निराश होती है तो इन संगठनों को दूसरे चुनाव में बदल देती है अर्थात् अपना दूसरा प्रतिनिधि चुनती हैं। अतः लोकतंत्र में अंतिम सत्ता ही निर्धारित करती है कि उस पर शासन करने का अधिकार किसको दिया जाए।

(ख) राजनीतिक प्रक्रियाएँ—लोकतंत्र में यह जरूरी होता है कि लोकतांत्रिक संस्थाएँ निश्चित राजनीतिक प्रक्रियाओं के भीतर रहकर अपना कार्य करें अर्थात् लोकतंत्र में विधि के शासन के अनुसार कार्यों का संपादन होता है। कानून के शासन का अर्थ है कि कोई भी नियम-कानून विधि के अंदर ही रहकर बनाया जाता है और उसको क्रियान्वित किया जाता है। विधि के शासन का अर्थ है कि देश का मूल विधि किसी भी व्यक्ति और समूह के साथ भेदभाव नहीं करेगा अर्थात् देश का कितना भी बलवान व्यक्ति विधि के ऊपर होकर कार्य नहीं कर सकता। लोकतंत्र में यह भी जरूरी होता है कि वह लोकतंत्र की सारी संस्थाएँ चाहे वह कितनी भी शक्तिशाली क्यों न हो, वह निरंकुश नहीं हो सकती। अतः इन संस्थाओं को संचालित करने के लिए एक-दूसरे पर नजर रखने की स्वतंत्रता होती है। अतः लोकतंत्र में यह माना जाता है कि लोकतंत्र के तीन स्तंभ कार्यपालिका, विधायिका और न्यायपालिका एक दूसरे के अधिकारों को नियंत्रित और संतुलित रखें। कुल मिलाकर इन सभी संस्थाओं को जनता की भलाई के लिए कार्य करना होता है।

(ग) संतोषजनक कार्यवाही—लोकतंत्र मात्र संख्याओं का गणित नहीं है। इसमें सत्ता में हिस्सेदारी प्राप्त करने वाले बहुसंख्यकों से अपेक्षा रहती है कि वे अल्पसंख्यकों के हितों का ख्याल रखें। लोकतंत्र की मुख्य कसौटी कुछ आधारभूत लोकतांत्रिक सिद्धांत व आदर्श होते हैं जिनको पालन करने का प्रतिबंध निर्वाचित सरकार पर हमेशा कायम रहता है। लोकतंत्र में

किसी भी प्रकार से धार्मिक दुर्भावना, जातीय असमानता और पर्याप्त हित से प्रेरित होकर कार्य करने की मनाही होती है। लोकतांत्रिक संस्थाओं का मुख्य लक्ष्य यह होता है कि यह जनता की सभी आकांक्षाओं और आवश्यकताओं को जनहित में साकार करें, न कि जनता के लिए एक भाग के लिए कार्य करें। अतः लोकतंत्र को स्वतंत्रता, समानता और भाईचारे के आदर्श को पालन करने की जिम्मेदारी इन संस्थाओं पर होती है।

लोकतंत्र में राजनीति को मुख्य स्थान—राजनीति के बिना लोकतंत्र एक कोरी कल्पना ही होती है। राजनीति का अर्थ होता है कि लोगों के हितों और विचारधाराओं का आपसी संघर्ष और विवाद। लोकतंत्र से यह अपेक्षा होती है कि सामाजिक संघर्ष और विवादों का उचित हल निकाले। राजनीति के बारे में यह भी कहा जाता है कि सभी प्रकार के संघर्ष व विवाद राजनीति के विषय हैं, लेकिन मात्र संघर्ष व विवाद ही राजनीति नहीं है। राजनीति में इन संघर्षों के विवाद के हल को समाधान में सुझाया जाता है। यह हल सामाजिक संसाधनों को उचित आवंटन और वितरण के द्वारा ही करके सुलझाया जा सकता है अर्थात् लोकतांत्रिक प्रणाली में विभिन्न वर्ग एक-दूसरे से प्रतिस्पर्द्धा करते हैं। यह प्रतिस्पर्द्धा निश्चित रूप से सत्ता में हिस्सेदारी को लेकर होती है और उसी अनुरूप निर्णयों को प्रभावित भी किया जाता है। कुल मिलाकर लोकतंत्र राजनीति को ही अपना मुख्य केंद्र बनाता है और समाज के सत्ता से संबंधित होने वाले विवादों का निपटारा करता है।

मध्यकालीन राजतंत्रों के स्थान पर आधुनिक विश्व में राजनीतिक क्रांति के रूप में लोकतांत्रिक शासन प्रणाली एक महत्त्वपूर्ण उपलब्धि है, जिसमें भारत का एक विशेष स्थान है। जनसंख्या की दृष्टि से भारत विश्व का सबसे बड़ा दूसरा लोकतंत्र है। यह लोकतंत्र हजारों वर्षों की राजतंत्रात्मक शासन प्रणाली, सैकड़ों वर्षों के उपनिवेशी शासन के मुक्ति के बाद तथा संस्कृति, धर्म, भाषा आदि की विविधताओं के बावजूद भारत में निर्बाध रूप से कार्य कर रहा है। भारतीय लोकतंत्र व्यक्ति की आजादी एवं विकास के सार्वजनिक ढाँचे के मिश्रण का भी नया प्रयोग है, किंतु इसके अत्यंत सफल नहीं होने के कारणों में जाति, संप्रदाय, आतंकवाद, भ्रष्टाचार और राजनीतिक मूल्यों में गिरावट का प्रमुख स्थान है, लेकिन फिर भी भारतीय लोकतंत्र अधिकांश जनता की आशाओं को भारत के संदर्भ में पूरा किया है।

भारत की लोकतांत्रिक प्रणाली की कार्यवाही—भारत 17वीं शताब्दी से ब्रिटिश साम्राज्यवाद के अधीन हो गया, लेकिन इस ब्रिटिश निरंकुश शासन के अधीन भी हमारा संबंध ब्रिटेन के लोकतंत्रात्मक शासन प्रणाली से बना रहा। अतः भारतीय स्वतंत्रता संग्राम का लक्ष्य साम्राज्यवाद की मुक्ति के साथ-साथ इस्लामी और ब्रिटिश शासन काल के दौरान उभरे निरंकुश राजतंत्रात्मक व्यवस्था से मुक्ति भी थी। 1947 में आजादी के बाद हम लोकतंत्रात्मक शासन प्रणाली के अनुकूल शासन व्यवस्था अपनाए जाने में सफल हुए। प्राचीन काल में यदि हमारे शासन व्यवस्था का केंद्र धर्म था तो आजादी के बाद भारत की संविधान सभा के द्वारा निर्मित संविधान हो गया अर्थात् हमारी लोकतंत्रात्मक प्रणाली का मुख्य केंद्र

विधि का शासन हो गया। वास्तव में अब भारतीय लोकतंत्र भारतीय परंपरा में व्यक्ति के लिए निर्धारित लक्ष्य मुक्ति, स्वशासन, धर्म, नीति, मूल्य तथा पश्चिम में फ्रांसीसी राज्य क्रांति से उभरे स्वतंत्रता, समानता एवं भाईचारे के राजनीतिक मूल्यों का समन्वय है। अतः भारतीय लोकतंत्र प्राचीन परंपरा और आधुनिक राजनीति का समन्वय भी माना जाता है।

लोकतंत्रात्मक शासन प्रणाली एक शासन करने भर का तरीका नहीं, बल्कि वह आम जनता का जीवन दर्शन एवं जीवन शैली होती है। **हेराल्ड लास्की** ने कहा कि 'सामाजिक एवं आर्थिक' लोकतंत्र के अभाव में राजनीतिक आंदोलन 'मृगमरीचिका' है। मध्ययुगीन शासन राजनीतिक, सामाजिक, आर्थिक असमानता एवं शक्ति संपन्न की स्वेच्छाचारिता पर आधारित हो गया था तथा विदेशी शासकों ने राजनीतिक शोषण एवं भेदभाव को इतना गहरा कर दिया था कि भारतीय जनता में लोकतंत्र के संस्कार धूमिल हो गए थे। भारतीय पुनर्जागरण के दौरान भारतीय राजनीतिक, सामाजिक और आर्थिक क्षेत्र में विचारकों द्वारा भारत में प्रबल पुनरुत्थानवादी कार्यक्रमों को चलाया गया जिसके फलस्वरूप उसे आधुनिक स्वरूप देने में मदद मिली। सामाजिक क्षेत्र में छुआछूत को मिटाने के लिए, वर्ण भेद को मिटाने का प्रयास किया गया। इन सबका प्रभाव हमारे संविधान पर दृष्टिगोचर होता है।

भारतीय राजनीतिक लोकप्रणाली में जहाँ एक तरफ आरक्षण का प्रावधान कर सामाजिक समानता लाने की चेतना फैलाई गई, वहीं आर्थिक समानता के लिए भू-सुधारों को क्रियान्वित किया गया है। राजनीतिक क्षेत्र में सबको समान राजनीतिक अधिकार देने, मूल अधिकार प्रदान करने, संविधान को सर्वोच्च रूप से स्थापित करने तथा जनता को गाँव से लेकर राष्ट्रीय स्तर तक अपने प्रतिनिधि चुनने जैसे अनेक प्रशंसनीय कार्य हुए हैं। महिलाओं से संबंधित अनेक कानून बनाए गए ताकि उनके साथ लिंग आधारित भेदभाव न किया जा सके। देश के गरीबों, वंचित व अल्पसंख्यकों के लिए भी अनेक उल्लेखनीय प्रावधान करके भारत में पहले से चले आ रहे विशेषाधिकार की समस्या को हल किया गया है। ये सभी कार्य लोकतंत्र की जड़ों को सींचने तथा विश्व में लोकतंत्र की चल रही अधुनातन हवाओं को भारतीय राजनीतिक जीवन में प्रवाहित करने के लिए महत्त्वपूर्ण प्रयास रहे हैं। भारतीय नेताओं द्वारा संसदीय प्रणाली अपनाकर विधायिका, कार्यपालिका, न्यायपालिका और प्रेस को स्वतंत्र अधिकार देकर भारतीय लोकतांत्रिक ढाँचे को मजबूत बनाने का प्रयास किया गया है।

दोष—लोकतंत्रात्मक शासन प्रणाली सामाजिक एवं आर्थिक समानता तथा स्वतंत्रता और न्याय पर निर्भर करती है, किंतु भारतीय समाज में अभी भी शिक्षा, गरीबी, बेरोजगारी तथा औपनिवेशिक संस्कारों के कारण आम जनता में लोकतंत्र का जीवन-दर्शन तथा जीवन-शैली उतना मजबूत नहीं हुआ है, जितना इस प्रणाली से आशा की गई थी। भारतीय समाज के आधुनिकीकरण के लिए आवश्यक समान नागरिक संहिता लागू करने का विरोध बढ़ता जा रहा है। जनमत पर अभी भी वंशवाद, व्यक्तिवाद हावी है। चुनाव पूँजीपतियों और अपराधियों का खेल बन गया है। शोषण और भ्रष्टाचार के अनेक मामले रोज अखबार की खबरें बन रहे हैं।

लेकिन भारतीय लोकतंत्र को मजबूत करने के लिए आजादी के बाद से ही राजनीतिक दलों के द्वारा गैर–राजनीतिक संगठनों द्वारा सामाजिक, आर्थिक, राजनीतिक और सांस्कृतिक मंचों द्वारा नियमित रूप से इसमें जन–सहभागिता को बढ़ाकर मजबूत करने का प्रयास किया जा रहा है। सत्ता के लगातार विकेंद्रीकरण पर बल दिया जा रहा है। सामुदायिक गतिविधियों में निरंतर वृद्धि हो रही है। अतः कुल मिलाकर भारतीय लोकतंत्र अधिकांश जनता की आशाओं और आकांक्षाओं को पूरा किया है।

लेकिन लोकतंत्र केवल सरकार बदलने की घटना नहीं है, इसमें लोगों को और अधिक सहभागिता भारत में महसूस की जा रही है। इसे अभी भी अनेक चुनौतियों के साथ–साथ वैश्वीकरण की चुनौतियों पर भी काबू पाना है। इस महान यात्रा में भारतीय लोगों से अपेक्षा की जाती है कि वे लोकतांत्रिक प्रगति में विश्वास रखते हुए इसे आगे ले जाने में एकजुट प्रयास करेंगे।

प्रश्न 2. भारत में लोकतंत्र और सामाजिक परिवर्तन का विवरण कीजिए।

उत्तर– भारत में लोकतंत्र और सामाजिक परिवर्तन–भारत के लोकतंत्र ने सामाजिक परिवर्तन की दिशा में अनेक कार्य किए हैं तथा गत पाँच दशकों के दौरान लोकतांत्रिक व्यवहार की कार्यवाही हमारे पारंपरिक रूप से अधिक्रमित समाज में कुछ सकारात्मक परिवर्तन लाई है। सामाजिक व्यवस्था का ब्राह्मणवादी प्राधार अवैध ठहरा दिया गया है। कानून का शासन, समान नागरिकता, सामाजिक व आर्थिक समानता आदि विधिसंगत व्यवस्था में संहिताबद्ध हैं और बनाए रखने एवं प्राप्त करने योग्य नैतिक सिद्धांतों के रूप में स्वीकार किए जाते हैं। इस प्रक्रिया में राजनीतिक पद अब उच्च जातियों–ब्राह्मणों, राजपूतों और बनियों के ही परमाधिकार नहीं रहे हैं। अनेक क्षेत्रों में, सत्ता में उनके सीट–अनुपात में भारी कमी आई है। मध्यम और निम्न जातियों ने उसकी शक्ति को चुनौती दी है। निम्नतम सामाजिक स्तर से भले ही एक छोटा सा समूह, दलित वर्ग व जनजातियों का उदय एक राजनीतिक अभिजात वर्ग के रूप में हुआ है और वे राज्य के निर्णयन् में काफी भागीदारी पाती हैं, वे सरकार के निर्माण में अवश्य ही महत्त्वपूर्ण, जबकि कभी–कभी निर्णायक भूमिका भी निभाती हैं। इसी प्रकार, महिलाओं ने भी बेहद कम संख्या में होने के बावजूद राजनीतिक सत्ता में भाग लेना और अधिकारों की माँग करना शुरू कर दिया है। इस प्रकार राजनीतिक आभिजात्यों का दायरा बढ़ा है।

इस प्रणाली का सबसे प्रभावशाली सकारात्मक योगदान यह है कि निम्न सामाजिक स्तर के लोग चुनावी प्रक्रियाओं में भाग लेते हैं और अपने मताधिकार का प्रयोग करते हैं। वे अपनी आवश्यकताओं, आशाओं, शिकायतों व अन्य रोषों को भी उनके विरुद्ध व्यक्त करते हैं जो पदासीन होते हैं और परिवर्तन की इच्छा रखते हैं। अपने वोटों के माध्यम से वे प्रायः सत्ता से राजनेताओं व पार्टियों के एक समूह को निकाल फेंकते हैं और दूसरों को लाते हैं, इस उम्मीद

से कि यह विकल्प बेहतर सिद्ध होगा। जहाँ तक कि सत्ता धारण करने का संबंध है, कोई भी व्यक्ति निर्वाचक वर्ग को हल्केपन से नहीं ले सकता। इस अर्थ में निर्वाचित प्रतिनिधि जन 'जवाबदेह' होते हैं। वे पाँच वर्षों में कम से कम एक बार जनता की सम्मति प्राप्त करने को बाध्य हैं। इस प्रणाली में विसम्मति के लिए जगह रखी है और वो जगह ही आगे और अधिक कायापलट होने की जानिब एक उम्मीद है। वोट पाने के लिए राजनेतागण पाँच सालों में एक बार हथकण्डों और तथाकथित 'जनवादी' राजनीति का सहारा लेते हैं जो कि हो सकता है 'लॉलिपॉप' ज्यादा कुछ न हो। कुछ एक – मुट्ठीभर लोग कुछ टुकड़े जरूर पा लेते हैं। इससे इस उम्मीद को कायम रखने में मदद मिलती है कि किसी न किसी दिन लाभों में सभी को हिस्सा मिलेगा और वे अपनी किस्मत चमका सकेंगे।

लोकतांत्रिक प्रणाली ने विभिन्न संस्थाओं को भी जन्म दिया है कि जो काफी हद तक एक दूसरे पर नियंत्रण कायम रखती हैं। कानूनी कार्यप्रणाली विरोधी विचारों को व्यक्त करने व शासकों की करतूतों को प्रकाश में लाने की स्वतंत्रता प्रदान करती है।

समाज सेवा के कुछ क्षेत्रों में काफी सुधारों के बावजूद कुछ बाधक वैपरित्य भी हैं। शिशु मृत्यु दर (IMR) पिछले दशक में लगभग स्थिर ही रही। निर्धन वर्ग के पोषण स्तर और कैलोरी अंतर्ग्रहण में गिरावट आई है। लगभग 1.2 करोड़ लोग विटामिन–ए की कमी से पीड़ित हैं। शून्य से 3 वर्ष की आयु–वर्ग के लगभग पचास प्रतिशत बच्चे कुपोषण का शिकार हैं। देश के विभिन्न भागों में कृषि व गैर–कृषि क्षेत्र से जुड़े श्रमिकों के वेतन बढ़ती कीमतों के अनुसार नहीं बढ़े हैं। अतः ऐसे श्रमिकों की क्रय क्षमता अस्सी के दशक में जितनी थी उतनी ही बनी हुई है। 6.5 करोड़ टन खाद्यान्न के अधिशेष के बावजूद लगभग 32 करोड़ लोगों को हर रात भूखे पेट ही सोना पड़ता है। वर्ष 2004 में उड़ीसा, मध्य प्रदेश व राजस्थान जैसे अनेक राज्यों में भूख से हुई मौतों की अनेक खबरें मिलीं। सामाजिक/व्यावसायिक समूहों के बीच असमानता की कोई कमी नहीं आई है, वास्तव में, यह पिछले दशक के दौरान बढ़ी ही है। इसके साथ ही, लिंग व सामाजिक प्रस्थिति पर आधारित भेदभाव भी बढ़ा है। बच्चों के बीच लड़की–लड़का अनुपात में एक आश्चर्यजनक गिरावट आई है–1991 में प्रति 1000 लड़कों के मुकाबले 945 लड़कियाँ (0–6 आयु–वर्ग में) से 2001 में प्रति 1000 लड़कों के मुकाबले 927 लड़कियाँ। महिलाओं के प्रति घरेलू हिंसा में कमी का कोई लक्षण नहीं दिखाई दिया। दहेज–प्रथा उन विभिन्न सामाजिक समूहों में बढ़ी है जहाँ वह अतीत में कभी नहीं थी। इस प्रकार, दलितों, जनजातियों व अल्पसंख्यकों के खिलाफ अत्याचार भी बढ़े हैं।

औद्योगिक क्षेत्र में आर्थिक विकास ऊँचा रहा है और नव–उदारवादी अर्थव्यवस्था के तहत गत दशकों में तेज हुआ है। परंतु उच्च विकास दर ने गरीबों को अपनी मानवीय आवश्यकताओं की पूर्ति करने तक भी लाभ नहीं पहुँचाया है। कुल मिलाकर यह संगठित क्षेत्र के विखंडन को बढ़ाती एक बेरोजगार वृद्धि है। बाजारों ने कार्यबल के लिए सुरक्षा–तंत्र विकसित नहीं किए हैं और जनता का एक बड़ा हिस्सा सामाजिक व आर्थिक सुरक्षा के अभाव

में ही है। ह्यूमन डिवैलॅपमण्ट इन साउथ एशिया विषयक एक रिपोर्ट बताती है कि इस भूभाग में कार्यरत बहुपक्षीय संगठनों का पूरा ध्यान समग्र घरेलू उत्पाद (GDP) वृद्धि और बजट संतुलन पर केंद्रित है, न कि गरीबी घटाने पर। यहाँ सरकारों ने रोजगार पैदा करने संबंधी कोई एक सुस्पष्ट नीति प्रतिबद्धता के रूप में अंगीकार नहीं की है।

लोकतांत्रिक प्रणाली के गत पाँच दशकों के दौरान अनेक गरीबों ने अपनी आजीविका के पारंपरिक संसाधन खो दिए हैं जो कि उन्हें अपनी दरिद्रता से निबटने में कुछ राहत पहुँचाया करते थे। साझा–भूमि, वन व जल जैसे सार्वजनिक संसाधनों पर प्रबल वर्गों व लठैतों द्वारा अधिकार जमा लिया जाना उत्तरोत्तर जारी है। तथाकथित विकास के नाम पर सरकार ने अनेक जनजातीय व गैर–जनजातीय किसानों से उनकी भूमि एवं वास–स्थान भी छीन लिए हैं। इन पीड़ितों पर दबाव डाला गया है कि सरकार का फैसला मानें। वैकल्पिक उपायों का हालाँकि कभी–कभी वायदा किया गया पर वे कागज पर ही रहे या फिर कुछ एक ही मुहैया हुए। विकास के अन्य पीड़ितों में से अधिकांश को निस्सहाय ही छोड़ दिया गया। अधिकतम वायदे जो भारतीय संविधान में किए गए, जिनकी बुनियाद पर गणतंत्र खड़ा है, अभी तक पूरे नहीं किए गए हैं। अनुच्छेद 21 गरिमा के साथ रहने का अधिकार प्रदान करता है। अनुच्छेद 41 राज्य को निर्देश देता है कि वह काम, शिक्षा एवं बेरोजगारी, वृद्धावस्था, रुग्णता व अशक्तता के मामलों में लोक सहायता का अधिकार सुनिश्चित करने के लिए प्रभावी प्रावधान बनाए। अनुच्छेद 45 भी राज्य को निर्देश देता है कि संविधान लागू होने के 10 वर्षों की अवधि के भीतर 14 वर्ष की आयु पूरी होने तक सभी बच्चों के लिए निःशुल्क और अनिवार्य शिक्षा प्रदान करे। लोग हर चुनाव में इस उम्मीद के साथ वोट डालने जाते हैं कि उनके प्रतिनिधिजन अपने वायदे गंभीरता से पूरे करेंगे।

राज्य की आर्थिक नीतियों को प्रभावित करने में लोगों के पास कोई लोकतांत्रिक विकल्प नहीं होता। जैसा कि **के.सी. सूरी** इकॉन्मिक एण्ड पॉलिटिकॅल वीकली में 2004 के आनुभाविक चुनावी आँकड़ों के साथ प्रकाशित अपने लेख में दर्शाते हैं कि विशाल जन–बाहुल्य स्वास्थ्य, शिक्षा, जल, वन आदि निजीकरण नहीं चाहता। ये लोग परिसंपत्तियों को समान वितरण, सुरक्षित रोजगार और विकास जनित लाभों में हिस्से की माँग करते हैं। वर्तमान विकास प्रतिमान, जैसा कि **सी. दूगला ल्यूमी** अपनी पुस्तक *रैडिकल डिमॉक्रसी* में बताते हैं, "अनेक तरीकों से लोकतंत्र–विरोधी है। वह लोकतंत्र–विरुद्ध इस बात में है कि वह श्रम संबंधी ऐसे प्रकारों, प्रतिबंधों व परिणामों की अपेक्षा करता है जिन्हें लोग स्वतंत्रता की दशा में कभी पसंद नहीं करेंगे और ऐतिहासिक रूप से, न कभी किया है। क्या किसी समाज को केवल कोई न कोई अलोकतांत्रिक प्राधार प्रदान करके ही लोगों को बाध्य किया जा सकता है कि वे अपने जीवन का काफी बड़ा हिस्सा खेतों, कारखानों अथवा कार्यालयों में 'कुशलतापूर्वक' काम करते रहें और उसका अधिशेष मूल्य पूँजीवादियों, प्रबंधकों, समाजवादी–पार्टी नेताओं अथवा तकनीक–तंत्रियों को सौंपते रहें।" लगभग दो दशक पूर्व **रजनी कोठारी** ने ठीक ही कहा था,

सामाजिक आन्दोलन और लोकतंत्रः एक मूल्यांकन 177

"आज राज्य को आम आदमी के प्रति विश्वासघाती के रूप में देखा जाता है, जैसे कि प्रबल वर्गों व उनके अंतर्वती संरक्षकों का वह कैदी बन गया हो और जैसे कि वर्धमानतः जन–विरोधी रूप लेता जा रहा हो। न ही उसने ऐसे कोई आमूल मध्यवर्गीय परिवर्तन के साधन जुटाए हैं जिनकी गतिकता से कोई क्रांतिकारी विकल्प उभरकर आएँ। तीसरी दुनिया में राज्य, कुछ देशों में समर्पित नेताओं द्वारा किए जा रहे कुछ पराक्रमी प्रयासों के बावजूद, एक तकनीक–तंत्री यंत्र में अधःपतित हो गया है जो कि शीर्ष पर सुरक्षाकर्मी धारकों द्वारा और तल पर दमन व आतंक की एक शासन–प्रणाली द्वारा सत्ता में रखा जाता है, लाखों मेहनती लोगों द्वारा यह जारी रखा जाता है जिनको कि 'प्रणाली' हेतु सामान व सेवाएँ उत्पादित करते ही रहना चाहिए क्योंकि अगर वे ऐसा नहीं करेंगे तो हर चीज ढह जाएगी।"

प्रश्न 3. लोकतंत्र के विरुद्ध आंदोलन पर एक टिप्पणी दीजिए।

[दिसम्बर–2008, प्र. सं.–5 (ख)]

उत्तर– सामाजिक आंदोलन मात्र लोकतांत्रिक प्रक्रिया का सहगामी नहीं होता, बल्कि इसके विरोधी भी होता है। सामाजिक आंदोलन विरोध–प्रदर्शन से लेकर विद्रोह और क्रांतिकारी तक किस्म–किस्म के होते हैं और भिन्न–भिन्न आंदोलन भिन्न–भिन्न विचारधाराएँ रखते हैं। भारत में और कहीं भी इतिहास गवाह है कि कुछ सामाजिक आंदोलन सामाजिक बदलाव के पक्ष में नहीं होते, इन्हें प्रति–आंदोलन (counter-movements) कहा जा सकता है। लोगों को समाज के दमित वर्गों की ओर से होने वाले परिवर्तन को रोकने के लिए लामबंद किया जाता है। अस्सी के दशक में आरक्षण–विरोधी आंदोलन एक खास उदाहरण है। उच्च जाति के छात्र अनुसूचित जातियों, अनुसूचित जनजातियों एवं अन्य–पिछड़ा–वर्ग जातियों के लिए आरक्षण का विरोध कर रहे थे। उन्होंने आंदोलन छेड़ा और अन्य–पिछड़ा–वर्ग के लिए आरक्षण नीति के क्रियान्वयन हेतु सरकार को रोक पाने में बहुत हद तक सफल भी हुए। 'रामजन्म भूमि' और 'हिन्दू राष्ट्र' हेतु आंदोलन एक अन्य उदाहरण है। गौरतलब है कि जर्मन राष्ट्रीय समाजवादी कामगार पार्टी के निर्माता हिटलर ने तीस के दशक में यहूदियों, साम्यवादियों व उदारवादियों के खिलाफ जर्मनवासियों को संगठित किया। जनोत्तेजक कला–प्रवीणता के साथ उसने "जर्मनी के उद्धारकर्त्ता व मसीहाई मुक्तिदाता के रूप में स्वयं को प्रस्तुत करने के लिए राष्ट्रीय मनोमालिन्यों, विद्रोह की भावनाओं और जन अनुनय की समस्त सर्वाधुनिक तकनीके प्रयोग करते हुए सशक्त नेतृत्व हेतु इच्छा के साथ खिलवाड़ किया।" फिर उसने चुनावों के माध्यम से सत्ता हासिल की।

रजनी कोठारी ने सभी प्रकार की 'सीधी कार्यवाहियों' को सही नहीं ठहराया है। 1960 में उन्होंने कहा कि कार्यवाही अभीष्ट "तभी है जब सीधी कार्यवाही में शामिल समूह द्वारा इच्छित राजनीतिक परिवर्तन सियासी आजादी का एक उससे भी बड़ा कार्यक्षेत्र प्रस्तुत करता हो जितना कि विद्यमान राजनीतिक व्यवस्थाओं द्वारा प्रस्तुत किया जाता है।" गाँधीजी जिन्होंने

अन्याय व कुशासन के विरुद्ध 'विरोध-प्रदर्शन' का समर्थन किया, हिंसक आंदोलन के हमेशा खिलाफ रहे। उन्होंने चेतावनी दी कि "यदि अवज्ञा दुराग्रह की तर्ज पर की जाती है और सत्याग्रह के आधारभूत ढाँचे के भीतर नहीं रहती, तो वह वैधता से व्यापक तटस्थता की ओर ही प्रवृत्त करेगी और अपने आप को उन लोगों की दिशा में ले जाएगी जो लोकतांत्रिक प्रक्रियाओं में विश्वास को गुप्तरूप से क्षति पहुँचाने हेतु अवैध चालें अपनाते हैं।" यह उल्लेख है कि गाँधीजी ने चौरी-चौरा काण्ड के बाद सविनय अवज्ञा आंदोलन वापस ले लिया था, जो कि हिंसक हो उठा था। उन्हें भय था कि ऐसी सामूहिक हिंसा अन्य स्थानों पर भी दोहराई जा सकती है और कांग्रेस जनसाधारण को नियंत्रित एवं दिशानिर्देशित करने में सक्षम नहीं है।

विपिनचंद्र ने हाल ही में अपनी पुस्तक *इन द नेम ऑफ डिमोक्रसी* (जे.पी. आंदोलन और आपातकाल) में तर्क प्रस्तुत किया है कि जे.पी. आंदोलन के पास 'अपरिभाषित लक्ष्य, अबद्ध संगठन और अपनी विचारधारा में संभ्रम था। जे.पी. अर्थात् जय प्रकाश नारायण आंदोलन को लोकतांत्रिक दिशा प्रदान करने में सक्षम नहीं थे। लोकतंत्र को बचाने से कोसों दूर, यह आंदोलन वस्तुतः उसे बिना किसी दीर्घावधि राजनीतिक लाभ के खतरे में डालने के लिए जिम्मेदार था, आपातस्थिति देश को दीर्घावधि तानाशाही के कगार पर ले आई थी। दूसरे शब्दों में, विचारधारा एवं संगठन की स्पष्टता के अभाव में सामाजिक आंदोलन प्रति-उत्पादक सिद्ध हो सकते हैं। इसका इस्तेमाल ऐसी ताकतों द्वारा किया जा सकता है जिनकी लोकतंत्र में कोई आस्था नहीं है।

प्रश्न पत्र

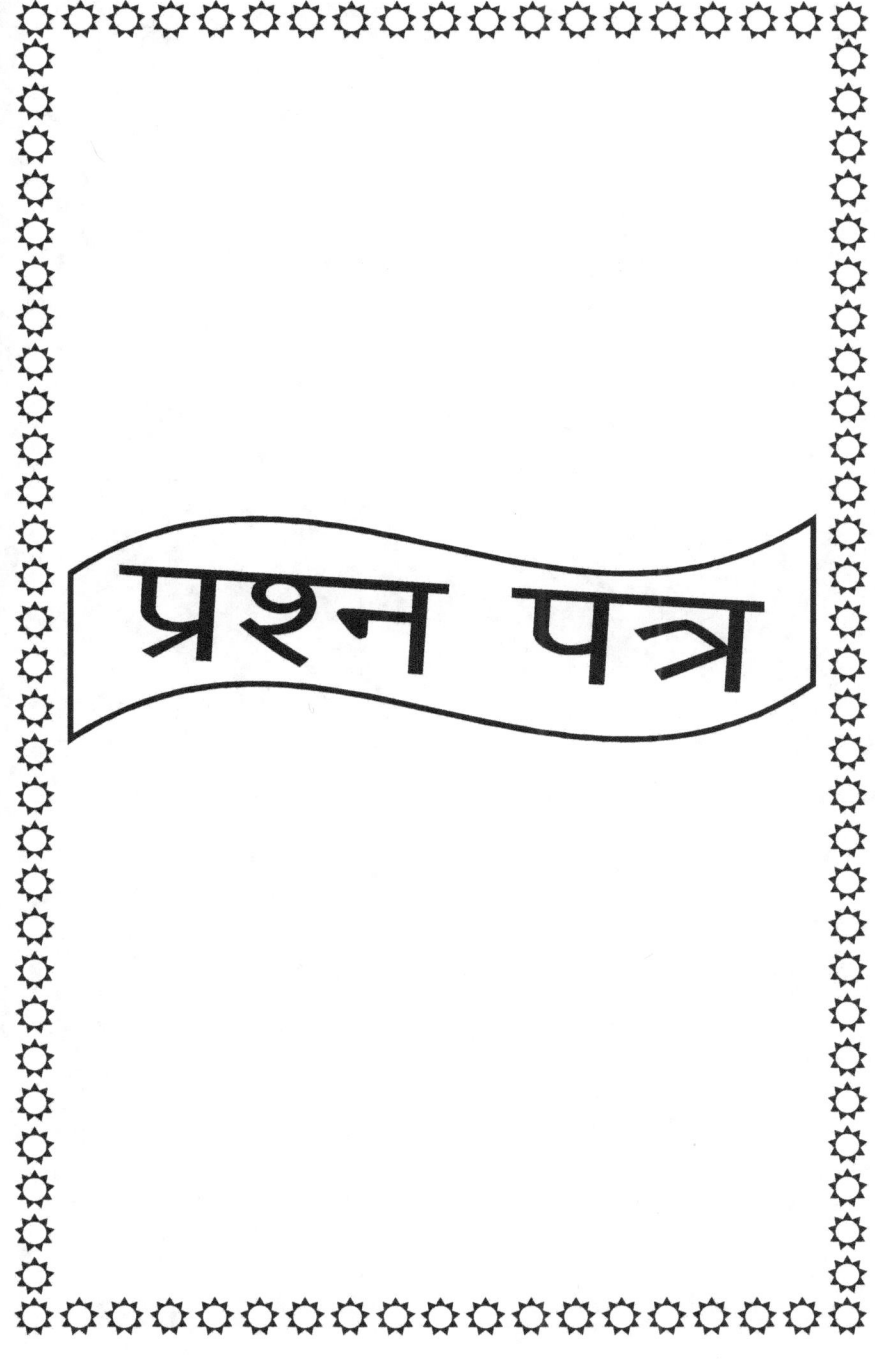

भारत में सामाजिक आन्दोलन और राजनीति : एम.पी.एस.ई.–007
दिसम्बर, 2008

नोट : निम्नलिखित में से कुल पाँच प्रश्न कीजिए। प्रत्येक भाग से कम-से-कम दो प्रश्नों को चुनें। प्रत्येक प्रश्न का उत्तर लगभग 400 शब्दों में दीजिए। सभी प्रश्नों के अंक समान है।

भाग I

प्रश्न 1. सामाजिक आंदोलनों के गाँधीवादी दृष्टिकोण की चर्चा कीजिए।
उत्तर— देखें अध्याय 2, प्रश्न 2.

प्रश्न 2. नए सामाजिक आंदोलनों के अर्थ और लक्षणों की चर्चा कीजिए।
उत्तर— देखें अध्याय 3, प्रश्न 2.

प्रश्न 3. राज्य, लोकतंत्र और परिवर्तन के अंतः संबंधों का मूल्यांकन कीजिए।
उत्तर— देखें अध्याय 4, प्रश्न 3.

प्रश्न 4. सामाजिक आंदोलनों पर भूमण्डलीकरण के प्रभाव का परीक्षण कीजिए।
उत्तर— देखें अध्याय 5, प्रश्न 1.

प्रश्न 5. निम्न पर लगभग 200 शब्दों (प्रत्येक) में टिप्पणियाँ लिखें—
(क) मछुआरों के आंदोलन
उत्तर— देखें अध्याय 15, प्रश्न 3.

(ख) लोकतंत्र के विरुद्ध आंदोलन
उत्तर— देखें अध्याय 17, प्रश्न 3.

भाग II

प्रश्न 6. मध्यम वर्गों पर भूमण्डलीकरण के प्रभाव का परीक्षण करें।
उत्तर— देखें अध्याय 5, प्रश्न 2.

प्रश्न 7. भारतीय राज्य पर टिप्पणियों की चर्चा कीजिए।
उत्तर— देखें अध्याय 6, प्रश्न 2.

प्रश्न 8. चुनावी लामबंदी के संदर्भ में अन्य पिछड़े वर्गों की भूमिका का मूल्यांकन कीजिए।
उत्तर— देखें अध्याय 8, प्रश्न 2.

प्रश्न 9. स्वतंत्रता उपरांत अवधि में भारत में नृजातीय आंदोलनों की एक वृहद दृष्टि (overview) इंगित करें।
उत्तर— देखें अध्याय 9, प्रश्न 1.

प्रश्न 10. निम्न पर लगभग 200 शब्दों (प्रत्येक) में टिप्पणियाँ लिखें—
(क) बोडो आंदोलन के प्रमुख मुद्दे
उत्तर— देखें अध्याय 9, प्रश्न 2.

(ख) ग्रामीण निर्धन
उत्तर— देखें अध्याय 13, प्रश्न 4.

●●●

यदि आप हर कार्य पूरी लगन से करते हैं तो आपको कभी पछताना नहीं पड़ेगा।

भारत में सामाजिक आन्दोलन और राजनीति : एम.पी.एस.ई.–007
जून, 2009

नोट : निम्नलिखित में से कुछ पाँच प्रश्न कीजिए। प्रत्येक भाग से कम से कम दो प्रश्नों को चुनें। प्रत्येक प्रश्न का उत्तर लगभग 400 शब्दों में दीजिए। सभी प्रश्नों के अंक समान हैं।

भाग I

प्रश्न 1. सामाजिक आंदोलनों के अध्ययन के मार्क्सवादी दृष्टिकोण की चर्चा कीजिए।
उत्तर— देखें अध्याय 2, प्रश्न 1.

प्रश्न 2. भूमंडलीकरण और मजदूर वर्ग आंदोलन के मध्य संबंध की चर्चा कीजिए।
उत्तर— देखें अध्याय 5, प्रश्न 2.

प्रश्न 3. स्वतंत्रोत्तर भारत में दलित राजनीतिक लाभ बंदी की प्रकृति का परीक्षण करें।
उत्तर— देखें अध्याय 7, प्रश्न 1.

प्रश्न 4. लगभग 200 शब्दों (प्रत्येक) में लेख लिखें—
(a) सम्प्रदायवाद
उत्तर— देखें अध्याय 12, प्रश्न 1.

(b) पिछड़ा वर्ग
उत्तर— देखें अध्याय 8, प्रश्न 1.

प्रश्न 5. लगभग 200 शब्दों (प्रत्येक) में लेख लिखें—
(a) क्षेत्रीयवाद
उत्तर— देखें अध्याय 11, प्रश्न 1.

(b) चिपको आंदोलन
उत्तर— देखें अध्याय 16, प्रश्न 2.

भाग II

प्रश्न 6. चुनावी राजनीति में पिछड़े वर्गों की लाभबंदी के प्रारूप का मूल्यांकन कीजिए।
उत्तर— देखें दिसम्बर 2008, प्रश्न 8.

प्रश्न 7. भारत में कृषक आंदोलनों के अध्ययन के दृष्टिकोणों की चर्चा कीजिए।
उत्तर— देखें अध्याय 13, प्रश्न 3.

प्रश्न 8. भारत में पर्यावरण संबंधी आंदोलनों का आलोचनात्मक परीक्षण कीजिए।
उत्तर— देखें अध्याय 16, प्रश्न 2, 3, 4.

प्रश्न 9. लगभग 200 शब्दों (प्रत्येक) में लेख लिखें—
(a) भारत में आरक्षण राजनीति
उत्तर— देखें अध्याय 8, प्रश्न 2.

(b) गाँधी काल में नारी आंदोलन
उत्तर— देखें अध्याय 10, प्रश्न 1.

प्रश्न 10. लगभग 200 शब्दों (प्रत्येक) में लेख लिखें—
(a) असम के बोडो आंदोलन
उत्तर— देखें दिसम्बर 2008, प्रश्न 10 (क).

(b) लोकतंत्र के घटक

उत्तर— देखें अध्याय 17, प्रश्न 1.

जो हर्षितमुख है, वह स्वयं भी प्रसन्न रहता है और दूसरों के चेहरे पर भी मुस्कान ले आता है।

भारत में सामाजिक आन्दोलन और राजनीति : एम.पी.एस.ई.–007
दिसम्बर, 2009

नोट : निम्नलिखित में से कुल पाँच प्रश्नों का उत्तर दीजिए। प्रत्येक भाग से कम से कम दो प्रश्नों को चुनें। प्रत्येक प्रश्न का उत्तर लगभग 400 शब्दों में दीजिए। सभी प्रश्नों के अंक समान हैं।

भाग I

प्रश्न 1. राजनीति को समझने के लिए सामाजिक आंदोलनों के अध्ययनों की महत्ता पर प्रकाश डालिए।
उत्तर– देखें अध्याय 1, प्रश्न 2.

प्रश्न 2. भारतीय किसानों के ऊपर भू-मंडलीकरण के प्रभावों का आलोचनात्मक विश्लेषण कीजिए।
उत्तर– देखें अध्याय 5, प्रश्न 1.

प्रश्न 3. स्वतंत्रोत्तर भारत में पिछड़ी वर्गों के आंदोलनों की प्रकृति का मूल्यांकन कीजिए।
उत्तर– देखें अध्याय 8, प्रश्न 2.

प्रश्न 4. लगभग 200 शब्दों (प्रत्येक) में लेख लिखें–
(a) राजनीतिक और सामाजिक आंदोलनों में अंतर।
उत्तर– देखें अध्याय 1, प्रश्न 1.

(b) मजदूर वर्ग आंदोलन।
उत्तर— देखें अध्याय 14, प्रश्न 1.

प्रश्न 5. लगभग 200 शब्दों (प्रत्येक) में लेख लिखें—
(a) सत्याग्रह।
उत्तर— देखें अध्याय 2, प्रश्न 2.

(b) धार्मिक जनसांख्यिकी।
उत्तर— देखें अध्याय 12, प्रश्न 1.

भाग II

प्रश्न 6. उत्तर-पूर्व भारत में नृजातीय (ethnic) आंदोलनों के चरित्र पर चर्चा कीजिए।
उत्तर— देखें अध्याय 9, प्रश्न 2.

प्रश्न 7. स्वतंत्रता पूर्व भारत में कृषिक आंदोलनों की प्रकृति पर प्रकाश डालें।
उत्तर— देखें अध्याय 13, प्रश्न 2.

प्रश्न 8. भारत में प्रजातांत्रिक व्यवस्था की कार्यशैली का विश्लेषण करें।
उत्तर— देखें अध्याय 17, प्रश्न 1.

प्रश्न 9. लगभग 200 शब्दों (प्रत्येक) में लेख लिखें—
(a) चिपको आंदोलन।
उत्तर— देखें जून 2009, प्रश्न 5 (b).

(b) नर्मदा बचाओ आंदोलन।
उत्तर— देखें अध्याय 16, प्रश्न 3.

प्रश्न 10. लगभग 200 शब्दों (प्रत्येक) में लेख लिखें—
(a) चिल्का लेक में मछुआरों का आंदोलन।
उत्तर— देखें अध्याय 15, प्रश्न 3.

(b) वामपंथी और महिला आंदोलन।

उत्तर— देखें अध्याय 10, प्रश्न 2.

| भय को दूर भगाने के लिए ज्ञान व विवेक की प्राप्ति ही एकमात्र उपाय है। |

भारत में सामाजिक आन्दोलन और राजनीति : एम.पी.एस.ई.–007
जून, 2010

नोट : निम्न में से कुल पाँच प्रश्नों के उत्तर दीजिए, प्रत्येक भाग में से कम-से-कम दो प्रश्न चुनते हुए। प्रत्येक प्रश्न का उत्तर लगभग 400 शब्दों में दीजिए। सभी प्रश्नों के अंक समान हैं।

भाग I

प्रश्न 1. सामाजिक आंदोलनों को परिभाषित करें। ये राजनीतिक आंदोलनों से कैसे भिन्न हैं?
उत्तर– देखें अध्याय 1, प्रश्न 1.

प्रश्न 2. भारत की स्वतंत्रता के उपलक्ष्य में सामाजिक परिवर्तन के विचार का विश्लेषण करें।
उत्तर– देखें अध्याय 4, प्रश्न 1.

प्रश्न 3. भारत में कृषकों पर विश्वीकरण के प्रभाव की चर्चा करें।
उत्तर– देखें अध्याय 5, प्रश्न 2.

प्रश्न 4. स्वतंत्रता पश्चात् भारत में राज्य की प्रकृति का वर्णन करें।
उत्तर– देखें अध्याय 6, प्रश्न 1.

प्रश्न 5. निम्न पर लगभग 200 शब्दों (प्रत्येक) में संक्षिप्त लेख लिखें –
(a) स्वतंत्रता पूर्व भारत में दलितों की राजनीतिक लामबंदी।
उत्तर– देखें जून 2009, प्रश्न 3.

(b) मेघालय के आदिवासी।
उत्तर— देखें अध्याय 9, प्रश्न 2.

भाग II

प्रश्न 6. नागाओं के विशेष संदर्भ में नृजातिय आंदोलनों की चर्चा करें।
उत्तर— देखें अध्याय 9, प्रश्न 2.

प्रश्न 7. क्षेत्रिय आंदोलनों से आप क्या समझते हैं? राज्य की इनके प्रति प्रतिक्रिया की चर्चा करें।
उत्तर— देखें अध्याय 11, प्रश्न 1, 4.

प्रश्न 8. भारत में ट्रेड यूनियन आंदोलनों के उद्भव और विकास की व्याख्या करें।
उत्तर— देखें अध्याय 14, प्रश्न 2.

प्रश्न 9. भारत में पर्यावरणीय आंदोलनों के समक्ष क्या मुद्दे और चिंताएँ (concerns) हैं?
उत्तर— देखें अध्याय 16, प्रश्न 1.

प्रश्न 10. निम्न पर लगभग 200 शब्दों (प्रत्येक) में संक्षिप्त लेख लिखें—
(a) हिंदू सांप्रदायकवाद।
उत्तर— देखें अध्याय 12, प्रश्न 2.

(b) ग्रामीण धनाढ्य।
उत्तर— देखें अध्याय 13, प्रश्न 4.

भारत में सामाजिक आन्दोलन और राजनीति : एम.पी.एस.ई.–007
दिसम्बर, 2010

नोट : निम्न में से कुल मिलाकर पाँच प्रश्नों के उत्तर दीजिए, प्रत्येक भाग में से कम-से-कम दो प्रश्न चुनते हुए, प्रत्येक प्रश्न का उत्तर लगभग 400 शब्दों में दीजिए। सभी प्रश्नों के अंक समान हैं।

भाग I

प्रश्न 1. सामाजिक आंदोलनों के मार्क्सवादी अभिगम का विश्लेषण करें।
उत्तर– देखें अध्याय 2, प्रश्न 1.

प्रश्न 2. इस तर्क की कि जन आंदोलन लोकतंत्र और परिवर्तन के प्रतिबिम्ब हैं, विस्तार से व्याख्या करें।
उत्तर– देखें अध्याय 4, प्रश्न 2.

प्रश्न 3. भारत में नारियों पर विश्वीकरण के प्रभाव की चर्चा करें।
उत्तर– देखें अध्याय 5, प्रश्न 2.

प्रश्न 4. विश्वीकरण के दौर में बाजार की बदलती हुई स्थिति का वर्णन करें।
उत्तर– देखें अध्याय 6, प्रश्न 4.

प्रश्न 5. निम्न पर लगभग 200 शब्दों (प्रत्येक) में संक्षिप्त लेख लिखें–
(a) दलित और बहुजन समाज पार्टी।
उत्तर– देखें अध्याय 7, प्रश्न 1, 2.

(b) गैर-सीमांत आदिवासी।
उत्तर— देखें अध्याय 9, प्रश्न 3.

भाग II

प्रश्न 6. नृजातिय आंदोलन क्या हैं?
उत्तर— देखें अध्याय 9, प्रश्न 1.

प्रश्न 7. राज्य के दर्जे के लिए आंदोलनों के मुख्य प्रारूपों की चर्चा करें।
उत्तर— देखें अध्याय 6, प्रश्न 1, 2.

प्रश्न 8. स्वतंत्रता पश्चात् भारत में ट्रेड यूनियन आंदोलन का गहनता से विश्लेषण करें।
उत्तर— देखें अध्याय 14, प्रश्न 3.

प्रश्न 9. भारत में शहर आधारित पर्यावरणीय आंदोलनों का विश्लेषण करें।
उत्तर— देखें अध्याय 16, प्रश्न 4.

प्रश्न 10. निम्न पर लगभग 200 शब्दों (प्रत्येक) में संक्षिप्त लेख लिखें—
(a) इस्लामिक कट्टरवाद।
उत्तर— देखें अध्याय 12, प्रश्न 3.

(b) आंदोलनों के अध्ययन के दृष्टिकोण कृषि संबंधी
उत्तर— देखें जून 2009, प्रश्न 7.

●●●

जीवन के माधुर्य का रस लेने के लिए हमें बीती बातों को भुला देने की शक्ति अवश्य धारण करनी है।

भारत में सामाजिक आन्दोलन और राजनीति : एम.पी.एस.ई.–007
जून, 2011

नोट : कुल पाँच प्रश्नों के उत्तर दीजिए, प्रत्येक खंड में से कम-से-कम दो प्रश्न चुनते हुए। प्रत्येक प्रश्न का उत्तर लगभग 400 शब्दों में दें। सभी प्रश्नों के अंक समान हैं।

खंड–I

प्रश्न 1. सामाजिक आंदोलनों का क्या महत्त्व है? चर्चा करें।
उत्तर— देखें इकाई–1, प्र.सं.–2

प्रश्न 2. सामाजिक आंदोलनों के गाँधीवादी दृष्टिकोण के प्रमुख तत्त्व कौन से हैं?
उत्तर— देखें इकाई–2, प्र.सं.–2

प्रश्न 3. जाति के संदर्भ में स्वतंत्रता पश्चात् भारत में सामाजिक परिवर्तन की प्रक्रिया की व्याख्या करें।
उत्तर— देखें इकाई–4, प्र.सं.–3

प्रश्न 4. वे कौन से कारक हैं जिन्होंने भारत में राज्य और बाजार के मध्य संबंधों में परिवर्तन किया है?
उत्तर— देखें इकाई–6, प्र.सं.–3

प्रश्न 5. निम्न पर लगभग 200 शब्दों (प्रत्येक) में संक्षिप्त लेख लिखें –
(a) उत्तर–पूर्व भारत से परे आदिवासी

उत्तर– उत्तर–पूर्व के अलावा अन्य क्षेत्रों की जनजातियाँ अथवा मध्य प्रदेश/छत्तीसगढ़, बिहार/झारखंड, गुजरात, राजस्थान व अन्य कई राज्यों में सीमांत जनजातियों को अनेक अवसरों पर नृजातीय पद्धति पर संघटित किया गया है। आधुनिक इतिहास में उनका विद्रोह प्राधिकारप्राप्त अंग्रेजों के हस्तक्षेप, कबीलाई सरदारों की सत्ता के विरुद्ध तथा अंग्रेजों व उनके सहयोगियों, जैसे बाहर के व्यापारियों व अधिकारियों अथवा दिकुओं द्वारा उनके प्राकृतिक संसाधनों के अनुचित प्रयोग के विरुद्ध सुस्पष्ट रहा। कबीले के मुखियाओं ने अपनी साथी जनजातियों को संघटित किया ताकि वे अपनी सत्ता व अपने संसाधन फिर से प्राप्त कर सकें और फिर अपने सुनहरे अतीत की दुहाई दी ताकि वे अपनी नृजातीय पहचान और स्वायत्तता को कायम रख सकें। ब्रिटिश प्रशासन ने निष्ठुर हिंसा का प्रयोग कर इन आंदोलनों के विरुद्ध प्रतिशोध लिया, जिसमें इन आंदोलनों के नेताओं की हत्या कर दिया जाना भी शामिल था। स्वतंत्रतापूर्व काल में छोटा नागपुर क्षेत्र में बिरसा मुंडा विद्रोह इस प्रकार के आंदोलनों में सर्वोपरि है। ऐसे आंदोलनों को के.एस. सिंह ने "सहस्राब्दिक आंदोलनों" की संज्ञा दी है।

वे मुद्दे जिन्होंने स्वातंत्र्योत्तर काल में गैर–सीमांत जनजातियों की सामूहिक लामबंदी का आधार तैयार किया, राज्य–राज्य में भिन्न–भिन्न रहे हैं। इनमें शामिल हैं–वर्तमान राज्यों में से काटकर जनजातीय क्षेत्रों के लिए पृथक् राज्यों का निर्माण किए जाने हेतु आंदोलन, जैसे बिहार में से झारखंड और मध्य प्रदेश में से छत्तीसगढ़ अथवा उसी राज्य के भीतर पृथक् जिले बनाए जाने हेतु आंदोलन, जैसे पूर्व मुंबई राज्य के भीतर एक अलग जिला बनाए जाने हेतु दाँग जनजाति द्वारा की गई माँग, उनके विस्थापन में परिणत होने वाले बाँधों के निर्माण हेतु जनजातीय भूमि के अतिक्रमण के खिलाफ आंदोलन, जैसे नर्मदा घाटी। नब्बे के दशक में कुछ विद्वानों ने देखा कि कुछ राज्यों, खासकर गुजरात, मध्य प्रदेश व राजस्थान में हिंदुत्ववादी ताकतों द्वारा जनजातियों को ईसाई व मुस्लिम जनजातियों के खिलाफ संघटित किया गया। इसने जनजातियों के सांप्रदायिक आधार पर विभाजित होने में योगदान दिया।

पृथक् राज्यों हेतु अथवा वर्तमान राज्यों में से काटकर अलग जिले बनाए जाने हेतु माँगों के रूप में व्यक्त स्वायत्तता हेतु अथवा स्वायत्त प्रशासनिक निकायों के निर्माण हेतु आंदोलन जनजातीय आंदोलनों द्वारा सर्वाधिक सामान्य रूप से उठाई गई माँगों में आते हैं। ऐसी माँगों के लिए आधार प्रबल राजनीतिक प्राधारों के खिलाफ उनकी शिकायतें ही हैं, यथा उनकी सांस्कृतिक एवं भाषाई पहचानें धीरे–धीरे लुप्त हो जाने का खतरा है, उनके आर्थिक संसाधनों व अवसरों का अन्य लोगों/बाहरी लोगों द्वारा अनुसूचित प्रयोग किया जाता है, उनको यथायोग्य मान्यता नहीं दी जाती है इत्यादि। आधुनिक एवं पारंपरिक दोनों ही जनजातीय नेतागण जनजातीय लोगों को सामूहिक रूप से संघटित करते हैं। उनकी माँगों का स्वीकरण राजनीतिक परिस्थितियों पर निर्भर करता है। परंतु एक बार किसी माँग–समूह को स्वीकार कर

लिए जाने के बाद ये नेतागण अन्य मुद्दों को तलाशते हैं। उदाहरण के लिए, बिहार में से काटकर पृथक् झारखंड राज्य बना दिए जाने के बाद जनजातीय नेताओं ने अधिवास कानूनों को बदलने का प्रयास किया। इसी प्रकार, पृथक् मेघालय राज्य बनने के बाद जनजातीय नेताओं ने उत्तराधिकार एवं भूमि हस्तांतरण से संबंधित नियमों को बदलने के लिए विधेयक प्रस्तुत किया। इस प्रकार, लोकतंत्र में नृजातीय संघटन एक सतत् प्रक्रिया है। नृजातीय आंदोलन परिदृश्य पर सदा ही उभरते-बिगड़ते रहते हैं।

(b) बी.एस.पी. की सीमाएँ
उत्तर— देखें इकाई-7, प्र.सं.-3

खंड-II

प्रश्न 6. उत्तर-औपनिवेशिक काल में भारत में नृजातीय लामबंदी (ethnic mobilization) के मील के पत्थर क्या हैं?
उत्तर— देखें इकाई-9, प्र.सं.-1

प्रश्न 7. सांप्रदायिकता की व्याख्या कीजिए जहाँ उसकी वृद्धि में धर्म एक महत्त्वपूर्ण अंश रहा है?
उत्तर— देखें इकाई-12, प्र.सं.-1

प्रश्न 8. नर्मदा बचाओ आंदोलन (NBA) के प्रमुख मुद्दों का आलोचनात्मक परीक्षण करें।
उत्तर— देखें इकाई-16, प्र.सं.-3

प्रश्न 9. लोकतंत्र के मूल और एक-दूसरे में समाते (overlapping) तत्त्व क्या हैं?
उत्तर— देखें इकाई-17, प्र.सं.-1

प्रश्न 10. निम्न पर लगभग 250 शब्दों (प्रत्येक) में संक्षिप्त लेख लिखें—
(a) कृषक आंदोलनों की उत्पत्ति
उत्तर— कृषक आंदोलनों में उन कृषिक वर्गों के आंदोलन आते हैं जो भूमि से या भूमि में काम करने, भूमि पर स्वामित्व रखने अथवा कृष्य भूमि पर काम करने व उसके स्वामित्व दोनों से संबंधित हों। दूसरे शब्दों में, ये कृषि-श्रमिकों, गरीब व छोटे किसान/काश्तकारों तथा

कृषकों/कुलकों/धनी किसानों के आंदोलन हैं। कृषक आंदोलन में उठाए गए मुद्दे प्रायः आर्थिक होते हैं। परंतु कई मामलों में आर्थिक व सामाजिक दोनों मुद्दे अधिव्याप्त होते हैं।

कृषक आंदोलन की जड़ें मुख्य रूप से वर्ग संघर्ष में मिलती हैं, लेकिन यह श्रमिकों के आंदोलनों से अलग हैं, लेनिन एवं माओत्से तुंग ने कृषकों को आंदोलनों की जड़ माना है। उनकी भागीदारी का परिणाम राज्य की प्रतिक्रिया और कृषिक आंदोलनों की सफलता नेतृत्व की प्रकृति, मुद्दों, विचारधाराओं और लामबंदी प्रतिमानों पर निर्भर रही है। आजकल इन कृषिक आंदोलनों का संदर्भ सामाजिक आंदोलनों के रूप में लिया जाता है। कृषक आंदोलन मुख्य रूप से खेतीहर मजदूरों अथवा किसान से संबंधित आंदोलन है। यह शोषण, पतन तथा आर्थिक पराधीनता के विरुद्ध उत्पन्न होता है। भारत का कृषक वर्ग भिन्न-भिन्न संगठनों के माध्यम से तथा भिन्न-भिन्न नेताओं के नेतृत्व से एकजुट हुए हैं। किसान आंदोलनों ने भूमि सुधार तथा हरित क्रांति जैसी सरकारी योजनाओं का लाभ लेकर अपने स्तर को बढ़ाया है।

(b) श्रमिक यूनियनों के उद्भव से पहले नारी आंदोलन

उत्तर— देखें इकाई—10, प्र.सं.—2

भारत में सामाजिक आन्दोलन और राजनीति : एम.पी.एस.ई.–007
दिसम्बर, 2011

नोट : कुल पाँच प्रश्नों के उत्तर दीजिए, प्रत्येक खंड में से कम-से-कम दो प्रश्न चुनते हुए। प्रत्येक प्रश्न का उत्तर लगभग 400 शब्दों में दें। सभी प्रश्नों के अंक समान हैं।

खंड–I

प्रश्न 1. सामाजिक आंदोलनों के प्रमुख तत्त्व क्या हैं? चर्चा करें।

प्रश्न 2. सामाजिक आंदोलनों को समझने में संसाधन लामबंदी सिद्धांत (Resource Mobilisation Theory) के प्रमुख लक्षण क्या हैं?

प्रश्न 3. जन आंदोलनों और सामाजिक परिवर्तनों के अंतःसंबंध की व्याख्या कीजिए।

प्रश्न 4. उत्तर और दक्षिण भारत में पिछड़े वर्गों की स्थिति की तुलना कीजिए।

प्रश्न 5. निम्न पर लगभग 200 शब्दों (प्रत्येक) में लेख लिखें–
(a) भारत में विश्वीकरण और सामाजिक आंदोलन
(b) चुनावी लामबंदी और पिछड़े वर्ग

खंड–II

प्रश्न 6. स्वतंत्रता पश्चात् भारत में नारी आंदोलन के संदर्भ में वामपंथियों (Left) की भूमिका की चर्चा करें।

प्रश्न 7. स्वतंत्रता पूर्व भारत में कृषक आंदोलनों के प्रमुख लक्षण क्या हैं?

प्रश्न 8. ए.आई.टी.यू.सी. (AITUC) के गठन और इसके पश्चात् घटनाओं की व्याख्या कीजिए।

प्रश्न 9. लोकतंत्र को ठोस बनाने में सामाजिक आंदोलनों की सकारात्मक भूमिकाएँ क्या हैं?

प्रश्न 10. निम्न पर लगभग 250 शब्दों (प्रत्येक) में लेख लिखें –
(a) क्षेत्रवाद के प्रकार
(b) केरला में महुआरों का आंदोलन

यदि हम यह यथार्थ रीति समझ लें कि युद्ध मनुष्यों के मन में पैदा होते हैं, तो हम मानसिक शान्ति के लिए और अधिक प्रयास करेंगे।

भारत में सामाजिक आन्दोलन और राजनीति : एम.पी.एस.ई.–007
जून, 2012

नोट : कुल पाँच प्रश्नों के उत्तर दीजिए, प्रत्येक खंड में से कम–से–कम दो प्रश्न चुनते हुए। प्रत्येक प्रश्न के समान अंक हैं। प्रत्येक प्रश्न का उत्तर लगभग 400 शब्दों में दें।

खंड–I

प्रश्न 1. सामाजिक आंदोलनों के अध्ययन हेतु मार्क्सवादी दृष्टिकोण के महत्त्व का आलोचनात्मक परीक्षण करें।

उत्तर– देखें इकाई–2, प्र.सं.–1

प्रश्न 2. भारतीय समाज पर उदारीकरण के प्रभाव की चर्चा करें।

उत्तर– नब्बे के दशक में शुरू हुए उदारीकरण ने भारत के आर्थिक क्षेत्र के साथ–साथ सामाजिक क्षेत्र में व्यापक बदलाव किया। उदारीकरण ने समाज के प्रत्येक क्षेत्र पर प्रभाव डाला। चाहे यह अच्छा हो या फिर बुरा। उदारीकरण ने जहाँ युवाओं के लिए नए–नए अवसर उपलब्ध कराए वहीं संयुक्त परिवार प्रणाली को नुकसान पहुँचाया। उदारीकरण का आर्थिक रूप तो ठीक–ठाक रहा, परंतु सामाजिक स्तर पर यह विभेदकारी ही सिद्ध हो रहा है।

यदि उदारीकरण के आगमन के समय एवं परिस्थितियों की बात की जाए तो ज्ञात होता है कि उदारीकरण मजबूरी एवं हताशा की देन है। मजबूरी के संदर्भ में देखें तो उदारीकरण जिस समय भारत में आया, वह समय भारत में आर्थिक संकट का समय था। सरकार द्वारा

सत्तर के दशक में शुरू किए गए कार्यक्रमों से सरकारी कोष पर दिनोदिन भार बढ़ता गया और ये योजनाएँ भी अपने लक्ष्यों तक नहीं पहुँच सकीं। राज्य सरकारें केंद्र सरकार की योजनाओं एवं सहायता पर आश्रित हो गईं। सरकारी उपक्रमों में घाटे ने स्थिति को और बिगाड़ा। रोजगार के अवसर सीमित एवं कम होने लगे। लाइसेंस राज के कारण औद्योगीकरण न के बराबर हुआ। इससे लोगों में हताशा घर करने लगी, वे अब नए विकल्पों को अपनाने के लिए तैयार हो रहे थे। विश्व मानचित्र पर सोवियत रूस का बिखरना एवं विश्व का एक ध्रुवीय होना, अमेरिका के रूप में पूँजीवाद का दबदबा आदि ऐसी परिस्थितियाँ थीं जिनमें भारत को भी विश्व बैंक व अंतर्राष्ट्रीय मुद्रा कोष की देनदारियों के दबाव के चलते उदारीकरण की राह पकड़नी पड़ी।

उदारीकरण अपने साथ विदेशी तकनीक एवं पूँजी ही नहीं लाया वरन् कुछ बुराइयाँ भी साथ लाया। यदि उदारीकरण के लाभों की चर्चा की जाए तो ज्ञात होगा किस प्रकार देश में तेजी से बाहर से पैसा एवं तकनीक आई, जिससे भारत ने अपने आर्थिक विकास को आगे बढ़ाया। इससे उच्च एवं उच्च मध्यम वर्ग सबसे ज्यादा लाभान्वित हुआ। इस वर्ग की जीवन शैली में व्यापक बदलाव आया। इसके रहन–सहन एवं खान–पान के तरीके में पश्चिमी संस्कृति का प्रभाव साफ देखा जाने लगा। भौतिक सुख–सुविधाओं का उपभोग बढ़ने लगा। यह वर्ग स्वास्थ्य सेवाओं आदि पर पैसा खर्च करने की क्षमता पा गया।

इसके ठीक विपरीत इसी समाज का एक हिस्सा इस दौड़ में काफी पीछे छूट गया। यह वही तबका था जो पूर्व में सामाजिक ताने–बाने को तोड़ने में असफल रहा था। एक बार फिर यह उदारीकरण के निशाने पर आ गया। पहले जहाँ इस गरीब तबके को सरकार की सार्वजनिक वितरण प्रणाली का कुछ लाभ मिल जाता था अब वह राजकोषीय घाटे को पाटने के चक्कर में जाता रहा।

उदारीकरण में यदि संसाधनों के उपभोग की बात की जाए तो पता चलता है कि यहाँ पर भी व्यापक स्तर पर असमानता है। समाज के जिस तबके के पास पैसा आया है वह संसाधनों का अधिक उपयोग कर रहा है वहीं दूसरी ओर वे लोग भी हैं जो जीवन की मूलभूत सुविधाओं से भी वंचित हैं।

उदारीकरण के परिणामस्वरूप ग्रामों की तुलना में शहरों का अधिक विकास हुआ है। इस कारण गाँवों से जनसंख्या का एक बड़ा भाग शहरों की ओर पलायन कर रहा है। उदारीकरण ने परंपरागत व्यवसायों को नष्ट कर दिया है, जिससे जहाँ ग्रामीण एवं छोटे कस्बों में बेरोजगार लोगों की संख्या में बढ़ोतरी हुई है वहीं संयुक्त परिवार प्रणाली को गहरा आघात लगा है।

उदारीकरण का एक दुष्प्रभाव यह हुआ है कि सुविधाओं का एक निश्चित एवं सीमित स्थान पर संकेंद्रण होने लगा। अच्छी शिक्षा एवं स्वास्थ्य जैसी मूलभूत सुविधाएँ भी गरीब एवं ग्रामीण लोगों तक नहीं पहुँच पा रही हैं। संपूर्ण व्यवस्था पूँजी के इर्द–गिर्द ही सिमट कर रह गई है।

उदारीकरण के दौर में जिस निजीकरण एवं विनिवेशीकरण का दौर चला है, उसने जनकल्याणकारी सार्वजनिक क्षेत्र को नकार दिया है। यह स्थिति आने वाले समय में और अधिक भयावह हो जाएगी। जब सरकारें एक कल्याणकारी राज्य की अवधारणा के विपरीत एक व्यावसायिक संस्थान की भाँति व्यवहार करने लगेंगी।

उदारीकरण आर्थिक न्याय की संकल्पना से दूर जाता दिखाई पड़ रहा है। उदारीकरण ने भारतीय समाज में विभेदकारी प्रवृत्तियों को बढ़ावा देने का कार्य अधिक किया है। मनुष्य सामाजिक न होकर व्यक्तिवादी सोच की ओर अग्रसर हो रहा है। उसके सामाजिक सरोकर अब मायने नहीं रखते। अतः भारत में उदारीकरण की गाड़ी को सामाजिक व लोककल्याणकारी रास्तों से होकर गुजरने की जरूरत है।

प्रश्न 3. लोकतंत्र के प्रतिबिम्ब के रूप में जन आंदोलनों की व्याख्या करें।

उत्तर— देखें इकाई–4, प्र.सं.–2

प्रश्न 4. बहुजन समाज पार्टी की विचारधारा और सामाजिक आधार का आलोचनात्मक मूल्यांकन करें।

उत्तर— देखें इकाई–7, प्र.सं.–2

प्रश्न 5. निम्न पर लगभग 200 शब्दों (प्रत्येक) में लेख लिखें—

(a) आरक्षण की राजनीति

उत्तर— देखें इकाई–8, प्र.सं.–2 (पेज नं. 82)

(b) मानव विकास सूचकांक

उत्तर— HDI में मानव विकास के अनेक पहलुओं को एक मिश्रित सूचकांक के रूप में प्रस्तुत किया गया है और विभिन्न देशों को इस संदर्भ की उपलब्धियों के अनुसार शृंखलाबद्ध किया गया है। मानव विकास एक बहुत ही जटिल एवं गहरी अवधारणा है जिसे एक संकेतक या अनेक संकेतकों की सहायता से प्रस्तुत नहीं किया जा सकता। HDI द्वारा इस जटिलता के सरलीकरण के प्रयास किए गए हैं।

HDI मनुष्य की तीन मौलिक उपलब्धियों का एक मिश्रित सूचकांक है। ये तीन उपलब्धियाँ हैं—लंबा एवं स्वस्थ जीवन, ज्ञान तथा बेहतर जीवन स्तर। इन तीन पहलुओं को प्रस्तुत करने के लिए तीन चरों को चुना गया है—(1) जीवन प्रत्याशा, (2) शैक्षिक उपलब्धियाँ, एवं (3) आय।

प्रत्येक देश को दिए गए HDI मूल्य से यह पता चलता है कि प्रत्येक देश को सर्वोत्तम लक्ष्य तक पहुँचने के लिए कितनी दूरी तय करनी है—जीवन प्रत्याशा 85 वर्ष, सबके लिए

शिक्षा, एवं बेहतर जीवन स्तर। HDI में तीनों मौलिक संकेतकों को एक सामान्य माप में बदल दिया जाता है। इस वास्ते प्रत्येक देश की प्रत्येक संकेतक के बारे में उपलब्धि एवं इच्छित लक्ष्य के बीच सापेक्ष दूरी को माप लिया जाता है। प्रत्येक चर के न्यूनतम मूल्य और उच्चतम मूल्य को शून्य से 1 के पैमाने में बदल दिया जाता है। प्रत्येक देश अपनी उपलब्धियों के अनुसार इस पैमाने पर अपनी जगह बनाता है।

HDI से मालूम चलता है कि पैमाने पर 1 के स्तर तक पहुँचने के लिए प्रत्येक देश को कितनी दूरी तय करनी है। अंतर-देशीय तुलनाएँ भी संभव हो पाती हैं। HDI के अधिकतम मूल्य और देश द्वारा उपलब्ध HDI के मूल्य से देश की अनुपब्धियों का ज्ञान होता है। प्रत्येक देश के समक्ष यह चुनौती बन जाती है कि वह इस कमी को दूर करने का प्रयास करे।

खंड-II

प्रश्न 6. उत्तर-पूर्व भारत में आदिवासी नृजातीय आंदोलनों के सामान्य लक्षणों का आलोचनात्मक विश्लेषण करें।
उत्तर— देखें इकाई-9, प्र.सं.-2

प्रश्न 7. भारत में क्षेत्रीय आंदोलनों के अर्थ और महत्त्व की चर्चा करें।
उत्तर— देखें इकाई-11, प्र.सं.-1

प्रश्न 8. स्वतंत्रता पश्चात् भारत में श्रमिक वर्ग आंदोलनों का विश्लेषण करें।
उत्तर— देखें इकाई-14, प्र.सं.-3

प्रश्न 9. भारत में पर्यावरणीय आंदोलनों के प्रमुख मुद्दों की चर्चा करें।
उत्तर— देखें इकाई-16, प्र.सं.-1

प्रश्न 10. निम्न पर लगभग 250 शब्दों (प्रत्येक) में लेख लिखें—
(a) अप्पीको आंदोलन
उत्तर— चिपको आंदोलन के तर्ज पर ही कर्नाटक में पश्चिमी घाट के स्थानीय लोगों ने 1983 में अप्पिको आंदोलन शुरू किया। पश्चिमी घाट में वन कटाई के कारण वहाँ मृदा अपरदन और बारहमासी जल स्रोतों की सूखने जैसी समस्याएँ, उत्पन्न हो गई थीं। इस कारण लोगों में आक्रोश था, उसी समय पश्चिमी घाट में स्थित सिरसी के सकलानी गाँव के वनवासियों को, उन्हें वनों से मिलने वाले आजीविका के साधनों पर रोक लगा दी गई, जैसे ईंधन, चारा, शहद आदि। इस कार्यवाही से उस गाँव के लोग भड़क गए और उन्होंने भी 'चिपको' आंदोलन के

तर्ज पर ही जंगलों में पहुँचकर पेड़ काटने का विरोध किया। चिपको आंदोलन की तरह ही लोगों ने पेड़ के साथ चिपकना प्रारंभ कर दिया। इस आंदोलन का दूसरा चरण बेनगाँव से प्रारंभ हुआ। बेनगाँव के लोगों को भी अपने आजीविका की समस्या के कारण आंदोलन करना पड़ा। बेनगाँव के लोग 'बाँस' पेड़ से बाँस इकट्ठा कर उससे चटाई, टोकरियाँ आदि बनाते थे, बाँस के जंगल का सफाया होने के कारण उन्होंने आंदोलन शुरू किया था। अप्पिको आंदोलन में स्थानीय महिलाओं का योगदान सराहनीय था। अप्पिको आंदोलन में महिलाओं ने बढ़–चढ़कर हिस्सा लिया था।

वास्तव में अप्पिको आंदोलन जन–शक्ति का एक प्रतीक बन गया था जो कि राज्य की तुलना में प्राकृतिक संसाधनों पर उनके अधिकारों के लिए था। नवम्बर में यह आंदोलन सिद्दापुर तालुका में निडगॉड तक फैल गया जो कि राज्य को क्षेत्र के इस अस्थायी वन में पेड़ों को व्यावसायिक रूप से गिराए जाने से रोकने पर अभिलक्षित था।

(b) बाबरी मस्जिद – राम जन्मभूमि मुद्दा

उत्तर— देखें इकाई–12, प्र.सं.–2 (बाबरी मस्जिद–राम जन्मभूमि मुद्दा) (पेज 125)

●●●

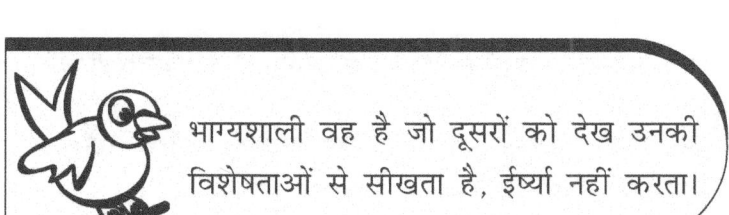

भाग्यशाली वह है जो दूसरों को देख उनकी विशेषताओं से सीखता है, ईर्ष्या नहीं करता।

भारत में सामाजिक आन्दोलन और राजनीति : एम.पी.एस.ई.–007
दिसम्बर, 2012

नोट : कुल पाँच प्रश्नों के उत्तर दीजिए, प्रत्येक खंड में से कम-से-कम दो प्रश्न चुनते हुए। प्रत्येक प्रश्न के समान अंक हैं। प्रत्येक प्रश्न का उत्तर लगभग 400 शब्दों में दें।

खंड–I

प्रश्न 1. सामाजिक आंदोलनों की समझ के लिए गाँधीवादी दृष्टिकोण का क्या महत्त्व है? व्याख्या करें।

प्रश्न 2. भारतीय समाज के विभिन्न तबकों पर विश्वीकरण के प्रभाव की चर्चा करें।

प्रश्न 3. भारत में राज्य और बाजार के बदलते संबंधों की चर्चा करें।

प्रश्न 4. स्वतंत्र भारत में पिछड़े वर्ण आंदोलनों का विश्लेषण करें।

प्रश्न 5. निम्न पर लगभग 200 शब्दों (प्रत्येक) में लेख लिखें:
(a) BKU आंदोलन
(b) संसाधन लामबंदी सिद्धांत (Resource mobilisation theory)

खंड–II

प्रश्न 6. स्वतंत्र भारत में विभिन्न महिला आंदोलनों का विश्लेषण करें।

प्रश्न 7. भारत में कृषक आंदोलनों की प्रकृति की चर्चा करें।

प्रश्न 8. भारत में श्रमिक यूनियनों के उद्भव और विकास की व्याख्या करें।

प्रश्न 9. लोकतांत्रिक व्यवस्था में सामाजिक आंदोलन क्यों महत्त्वपूर्ण है? व्याख्या करें।

प्रश्न 10. निम्न पर लगभग 200 शब्दों (प्रत्येक) में लेख लिखें:
(क) चिप्को आंदोलन
(ख) उत्तर–पूर्व भारत में आदिवासी

जो प्रसन्न रहते हैं, उनके मन में
कभी आलस्य नहीं आता।
आलस्य एक बहुत बड़ा विकार है।

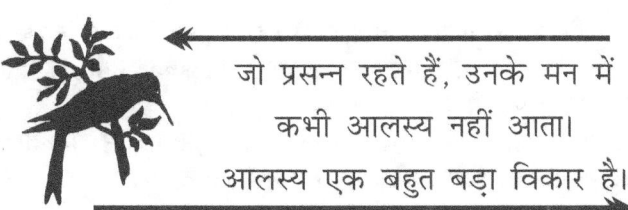

भारत में सामाजिक आन्दोलन और राजनीति : एम.पी.एस.ई.–007
जून, 2013

नोट : कुल पाँच प्रश्नों के उत्तर दें, प्रत्येक खंड में से कम-से-कम दो प्रश्न चुनते हुए। प्रत्येक प्रश्न का उत्तर लगभग 400 शब्दों में दें। सभी प्रश्नों के अंक समान हैं।

खंड–I

प्रश्न 1. सामाजिक आंदोलनों के अर्थ और एक लोकतांत्रिक व्यवस्था में उनकी भूमिका की चर्चा करें।

प्रश्न 2. सामाजिक आंदोलनों के गाँधीवादी दृष्टिकोण का वर्णन और मूल्यांकन करें।

प्रश्न 3. सामाजिक आंदोलनों में संपर्क (networking) और सहयोग का क्या महत्त्व है? चर्चा करें।

प्रश्न 4. किसानों पर विश्वीकरण के प्रभाव का वर्णन और मूल्यांकन करें।

प्रश्न 5. उत्तर और दक्षिण भारत में पिछड़े वर्गों की लामबंदी की तुलना करें।

खंड–II

प्रश्न 6. आदिवासी कौन हैं? मेघालय राज्य में आदिवासी स्थिति का वर्णन करें।

प्रश्न 7. भारत में क्षेत्रीय आंदोलनों की प्रकृति और भूमिका का आलोचनात्मक परीक्षण करें।

प्रश्न 8. विश्व हिंदू परिषद् (वी.एच.पी.) के उद्भव पर एक निबंध लिखें।

प्रश्न 9. केरल में मछुआरों के आंदोलन (Fisher Folk's Movement) की प्रकृति और भूमिका का वर्णन और मूल्यांकन करें।

प्रश्न 10. पारंपरिक श्रेणीकृत (hierarchical) समाज में लोकतंत्र ने किन प्रकार के सकारात्मक परिवर्तनों का परिचय करवाया है? चर्चा करें।

भारत में सामाजिक आन्दोलन और राजनीति : एम.पी.एस.ई.–007
दिसम्बर, 2013

नोट : कुल पाँच प्रश्नों के उत्तर दें, प्रत्येक खंड से कम–से–कम दो प्रश्न चुनते हुए। प्रत्येक प्रश्न का उत्तर लगभग 400 शब्दों में दें। सभी प्रश्नों के अंक समान हैं।

खंड–I

प्रश्न 1. राजनैतिक प्रक्रिया को समझने के लिए सामाजिक आंदोलनों के अध्ययन के महत्त्व का वर्णन करें।

प्रश्न 2. विश्वीकरण की प्रक्रिया मध्यम वर्गों को कैसे प्रभावित कर रही है? चर्चा करें।

प्रश्न 3. बहुजन समाज पार्टी (बी.एस.पी.) की प्रकृति और विचारधारा का विश्लेषण करें।

प्रश्न 4. भारतीय राज्य के कुछ प्रमुख दृष्टिकोणों की चर्चा करें।

प्रश्न 5. नृजातीय आंदोलनों के अर्थ का वर्णन करें।

खंड–II

प्रश्न 6. स्वंतत्रतापूर्व भारत में कृषि संबंधी (Agrarian) आंदोलनों की प्रकृति का विश्लेषण करें।

प्रश्न 7. स्वतंत्रता पश्चात् भारत में दलित लामबंदी की प्रकृति का विश्लेषण करें।

प्रश्न 8. राज्य, विकास और लोकतंत्र के मध्य संबंधों का आलोचनात्मक मूल्यांकन करें।

प्रश्न 9. भारत में पर्यावरणीय आंदोलनों के मुख्य मुद्दों का वर्णन और मूल्यांकन करें।

प्रश्न 10. निम्न पर लगभग 200 शब्दों (प्रत्येक) में संक्षिप्त लेख लिखें–

(a) सांप्रदायिकवाद **(b) आरक्षण की राजनीति**

भारत में सामाजिक आन्दोलन और राजनीति : एम.पी.एस.ई.–007
जून, 2014

नोट : कुल पाँच प्रश्नों के उत्तर दीजिए। प्रत्येक खंड से कम-से-कम दो प्रश्नों को चुनिए। सभी प्रश्नों के अंक समान हैं। प्रत्येक प्रश्न का उत्तर लगभग 400 शब्दों में दीजिए।

खंड–I

प्रश्न 1. राजनीति को समझने के लिए सामाजिक आंदोलनों के अध्ययन के महत्त्व की चर्चा कीजिए।

प्रश्न 2. सामाजिक आंदोलनों के अध्ययन के लिए गाँधीवादी दृष्टिकोण का विश्लेषण कीजिए।

प्रश्न 3. "नए" सामाजिक आंदोलनों के मूल लक्षण क्या हैं? चर्चा कीजिए।

प्रश्न 4. जाति व्यवस्था के संदर्भ में भारतीय समाज में परिवर्तनों का आलोचनात्मक विश्लेषण कीजिए।

प्रश्न 5. निम्न पर लगभग 200 शब्दों (प्रत्येक) में लेख लिखिए–
(क) सापेक्ष वंचना (Relative Deprivation) का सिद्धांत
(ख) दलित

खंड–II

प्रश्न 6. भारत में राज्यों की बदलती हुई स्थिति की चर्चा कीजिए।

प्रश्न 7. भारत के स्वतंत्रता पश्चात् काल में पिछड़े वर्ग आंदोलनों का विश्लेषण कीजिए।

प्रश्न 8. नारी आंदोलनों पर एक आलोचनात्मक लेख लिखिए।

प्रश्न 9. भारत में सांप्रदायिकता की घटना (phenomenon) का आलोचनात्मक विश्लेषण कीजिए।

प्रश्न 10. निम्न पर लगभग 200 शब्दों (प्रत्येक) में लेख लिखिए–
(क) सिख धर्म   (ख) असम के बोडो

भारत में सामाजिक आन्दोलन और राजनीति : एम.पी.एस.ई.–007
दिसम्बर, 2014

नोट : कुल पाँच प्रश्नों के उत्तर दीजिए, प्रत्येक खंड में से कम-से-कम दो प्रश्न चुनते हुए। प्रत्येक प्रश्न का उत्तर लगभग 400 शब्दों में दें। सभी प्रश्नों के अंक समान हैं।

खंड–I

प्रश्न 1. सामाजिक आंदोलनों के विश्लेषण में सापेक्ष वंचना (Relative Deprivation) के सिद्धांत के महत्त्व की व्याख्या करें।

प्रश्न 2. स्वतंत्रता पश्चात् काल में नारियों के मुद्दों की चर्चा करें।

प्रश्न 3. "अल्पसंख्यक सांप्रदायवाद से बहुलसंख्यक सांप्रदायवाद अधिक खतरनाक है"। चर्चा करें।

प्रश्न 4. स्वतंत्रता पश्चात् काल में किसान आंदोलनों पर टिप्पणी करें।

प्रश्न 5. निम्न पर लगभग 200 शब्दों (प्रत्येक) में लेख लिखें—
(a) मेघालय की जनजातियाँ   (b) वी.एच.पी (VHP) का उद्भव

खंड–II

प्रश्न 6. भारत में लोकतांत्रिक व्यवस्था के कार्यकलाप का आलोचनात्मक विश्लेषण करें।

प्रश्न 7. विकासशील देशों में सामाजिक आंदोलनों पर वैश्वीकरण के प्रभाव की चर्चा करें।

प्रश्न 8. भारत में मछुआरों के आंदोलनों की चर्चा करें।

प्रश्न 9. पिछड़े वर्गों की लामबंदी की प्रवृत्ति की चर्चा करें।

प्रश्न 10. निम्न पर लगभग 200 शब्दों (प्रत्येक) में लेख लिखें—
(a) नर्मदा बचाओ आंदोलन (NBA)   (b) धार्मिक डेमोग्राफी (Demography)

भारत में सामाजिक आन्दोलन और राजनीति : एम.पी.एस.ई.–007
जून, 2015

नोट : कुल पाँच प्रश्नों के उत्तर दीजिए, प्रत्येक खंड में से कम-से-कम दो प्रश्न चुनते हुए प्रत्येक प्रश्न का उत्तर लगभग 400 शब्दों में दीजिए। सभी प्रश्नों के अंक समान हैं।

खंड–I

प्रश्न 1. सामाजिक आंदोलनों के अध्ययन का मार्क्सवादी दृष्टिकोण क्या है? चर्चा कीजिए।

प्रश्न 2. औपनिवेशिक अवधि के दौरान सामाजिक सुधारों और असमानताओं के बीच क्या सह-संबंध थे? स्पष्ट कीजिए।

प्रश्न 3. भूमंडलीकरण की प्रमुख विशेषताओं का वर्णन कीजिए।

प्रश्न 4. दक्षिण भारत में रहने वालों के साथ उत्तर भारत के पिछड़े वर्गों की विषम स्थितियों की तुलना कीजिए और विरोधाभास प्रकट कीजिए।

प्रश्न 5. निम्नलिखित पर लगभग 200 शब्दों (प्रत्येक) में टिप्पणियाँ लिखिए–
(क) सामाजिक आंदोलन
(ख) मानव विकास सूचकांक (HDI)

खंड–II

प्रश्न 6. समकालीन भारत में नृजातीय आंदोलनों की प्रकृति की चर्चा कीजिए।

प्रश्न 7. महिलाओं की लामबंदी करने में भारतीय वाम (Left) की भूमिका की समीक्षा कीजिए।

प्रश्न 8. स्वतंत्रता से पूर्व काल में कृषि संबंधी आंदोलनों की चर्चा कीजिए।

प्रश्न 9. भारत में पर्यावरणीय आंदोलनों के कौन-से प्रमुख मुद्दे और चिंताएँ हैं? समीक्षा कीजिए।

प्रश्न 10. निम्नलिखित पर लगभग 200 शब्दों (प्रत्येक) में टिप्पणियाँ लिखिए–
(क) लोकतंत्र के विरुद्ध सामाजिक आंदोलन
(ख) मछुआरों (fisherfolk) का नेतृत्व और उनके संगठन

भारत में सामाजिक आन्दोलन और राजनीति : एम.पी.एस.ई.–007
दिसम्बर, 2015

नोट : कुल पाँच प्रश्नों के उत्तर दीजिए, प्रत्येक खंड में से कम-से-कम दो प्रश्न चुनते हुए प्रत्येक प्रश्न का उत्तर लगभग 400 शब्दों में दीजिए। सभी प्रश्नों के अंक समान हैं।

खंड–I

प्रश्न 1. सामाजिक आंदोलनों का संसाधन लामबंदी सिद्धांत क्या है? स्पष्ट कीजिए।

प्रश्न 2. भारतीय समाज पर उदारीकरण के प्रभाव की आलोचनात्मक समीक्षा कीजिए।

प्रश्न 3. भारत में राज्य की बदलती प्रकृति की चर्चा कीजिए।

प्रश्न 4. निर्वाचकीय राजनीति में पिछड़े वर्गों के लामबंदी ढाँचे का विश्लेषण कीजिए।

प्रश्न 5. निम्नलिखित पर लगभग 200 शब्दों (प्रत्येक) में टिप्पणियाँ लिखिए–
(क) सामाजिक आंदोलनों के उभरते लक्षण
(ख) बी.एस.पी. की सीमाएँ

खंड–II

प्रश्न 6. उत्तर-पूर्व भारत में नृजातीय आंदोलनों की सामान्य विशेषताएँ स्पष्ट कीजिए।

प्रश्न 7. क्षेत्रीय आंदोलनों के अर्थ और महत्त्व की चर्चा कीजिए।

प्रश्न 8. स्वतंत्रता के बाद की अवधि में कृषि संबंधी आंदोलनों की विशेषताओं का विश्लेषण कीजिए।

प्रश्न 9. भारत में सामाजिक परिवर्तन की प्रक्रिया की आलोचनात्मक समीक्षा कीजिए।

प्रश्न 10. निम्नलिखित पर लगभग 200 शब्दों (प्रत्येक) में टिप्पणियाँ लिखिए–
(क) भारत में धार्मिक आंदोलन   (ख) श्रमिक-वर्ग आंदोलन

एम.पी.एस.ई.–007 : भारत में सामाजिक आंदोलन और राजनीति
जून, 2016

नोट : कुल पाँच प्रश्नों के उत्तर दें, प्रत्येक अनुभाग से कम-से-कम दो प्रश्न चुनते हुए। प्रत्येक प्रश्न का उत्तर लगभग 400 शब्दों में दें। सभी प्रश्नों के अंक समान हैं।

अनुभाग–I

प्रश्न 1. सामाजिक आंदोलनों को परिभाषित करें और उनके मुख्य अंशों की चर्चा करें।
उत्तर– देखें इकाई-1, प्र.सं.–1, 3

प्रश्न 2. सत्याग्रह के महत्त्वपूर्ण लक्षणों की व्याख्या करें।
उत्तर– देखें इकाई-2, प्र.सं.–2

प्रश्न 3. जन आंदोलनों और सामाजिक परिवर्तन के मध्य संबंध की चर्चा करें।
उत्तर– देखें इकाई-4, प्र.सं.–2

प्रश्न 4. स्वतंत्रता पूर्व काल में महिलाओं के मुद्दों का परीक्षण करें।
उत्तर– यह बात उल्लेखनीय है कि फुले को छोड़कर अधिकांश समाज सुधारक जन उच्च जातियों के बीच ही समाज सुधारों से जुड़े थे। विधवा पुनर्विवाह और सती जैसी समस्याएँ समाज के निम्न स्तरों के बीच व्याप्त नहीं थीं। और आमतौर पर निम्न जातियाँ लिंगभेद पर ध्यान देते हुए, शिक्षा से वंचित थीं। आरंभिक सुधारकों के सामने इस भाग ने स्वयं को बहुत तीव्रतापूर्वक प्रस्तुत नहीं किया क्योंकि राजा राममोहन राय जैसे लोगों ने नारी-सिद्धांत को अपने उस समग्र दृष्टिकोण के अंतिम भाग के रूप में व्यक्त किया जिसके लिए अब हम एक आधुनिक भारत का संदर्भ देते हैं। ऐसे लोग जिन्होंने उन्नीसवीं शताब्दी के उत्तरार्ध और बीसवीं शताब्दी के आरंभ में अर्थव्यवस्था और मुद्दों से संबंधित रायशुमारी शुरू कर दी थी, वे भी समाज में सुधारों एवं मनुष्यों की समानता तथा एक संभावित आधुनिक भारत में महिलाओं के लिए एक अधिक न्यायसंगत समाज से संबद्ध थे। उनके अनुसार अर्थव्यवस्था और राजनीति के मुद्दे विलग नहीं हैं। एम. जी. रानाडे, वीरेशलिंगम पोन्तुलु, गोपालकृष्ण गोखले, फिरोजशाह मेहता, दादाभाई नौरोजी, बदरुद्दीन तैयबजी, ज्योतिबा फुले व अन्य कई लोगों ने महिलाओं के लिए शिक्षा एवं अधिक सार्वजनिक स्थान हेतु सक्रिय रूप से अभियान चलाया। इस बोध ऐक्य का प्रतीक यह तथ्य था कि भारतीय

सामाजिक समागम का वार्षिक सम्मेलन वार्षिक कांग्रेस अधिवेशन के पंडाल में ही हुआ करता था। यह प्रश्न कि सामाजिक मुद्दा अधिक महत्त्वपूर्ण है अथवा राजनीतिक मुद्दा, इस समय तक उठ चुका था। कांग्रेस ने महसूस किया कि विभिन्न समुदायों के बीच सामाजिक मुद्दों को बोध अनैक्यों की राजनीति मुद्दों से अधिक प्राथमिकता दी जाती थी, यह जनसाधारण की एकता को भंग तो करता था लेकिन राष्ट्रीय आंदोलन हेतु अत्यावश्यक था।

सामाजिक व राजनीतिक समस्या के बीच अनुवर्ती बहस में प्राथमिकता की धारणा और समानता के सिद्धांत की अवस्थिति बहुत महत्त्वपूर्ण थे। वे लोग जो भारतीय राष्ट्रीय कांग्रेस के कहीं भी नजदीक काम करते हुए सामाजिक समागम का विरोध करते थे, वस्तुतः समानता के सिद्धांत का विरोध नहीं करते थे। परंतु सामाजिक समस्या को राजनीतिक समस्या से अलग करना नारी समस्याओं के प्रति किसी न किसी प्रकार अहितकर ही सिद्ध हुआ। विवाह-योग्य आयु विधेयक के मुद्दे पर बहस जिसने 1890 के दशक में हंगामा मचा दिया था, में देखा गया कि सुधार समर्थक विचारों का उन वर्गों द्वारा बड़ा ही सशक्त विरोध किया गया जो किसी ऐसे कानून के पक्ष में नहीं थे जो मुख्य रूप से महिलाओं के लिए विवाह-योग्य आयु को बढ़ाने वाला कानून हो। इन दोनों को पृथक् करने के प्रयास ने सामाजिक समानता हेतु आंदोलन में नारी मुद्दे को सम्मिलित करने के तरीकों व साधनों विषयक किसी भी गंभीर सैद्धांतिक बहस में अड़चन पैदा की।

देखें इकाई–10, प्र.सं.–1

प्रश्न 5. दक्षिण और उत्तर भारत के पिछड़ा वर्ग आंदोलनों की तुलना करें।
उत्तर— देखें इकाई–8, प्र.सं.–2

अनुभाग–II

प्रश्न 6. साम्प्रदायिकता से आप क्या समझते हैं? क्या आप सोचते हैं कि धर्मों ने भारत में इसकी वृद्धि में योगदान किया है?
उत्तर— देखें इकाई–12, प्र.सं.–1

प्रश्न 7. भारत में ट्रेड यूनियनों के क्रमतर विकास को रेखांकित करें।
उत्तर— देखें इकाई–14, प्र.सं.–2

प्रश्न 8. भारत में क्षेत्रिय आंदोलनों के उद्भव के मुख्य कारणों का वर्णन करें।
उत्तर— देखें इकाई–11, प्र.सं.–3

प्रश्न 9. केरल में मछुआरों के आंदोलन पर एक लेख लिखें।
उत्तर— देखें इकाई–15, प्र.सं.–3

प्रश्न 10. निम्न पर लगभग 200 शब्दों में संक्षिप्त लेख लिखें—
(a) नवीन सामाजिक आंदोलन
उत्तर— देखें इकाई–3, प्र.सं.–2

(b) चिपको आंदोलन
उत्तर— देखें इकाई–16, प्र.सं.–2

भारत में सामाजिक आंदोलन और राजनीति : एम.पी.एस.ई.–007
दिसम्बर, 2016

नोट : कुल पाँच प्रश्नों के उत्तर दें, प्रत्येक अनुभाग से कम-से-कम दो प्रश्न चुनते हुए। प्रत्येक प्रश्न का उत्तर लगभग 400 शब्दों में दें। सभी प्रश्नों के अंक समान हैं।

अनुभाग–I

प्रश्न 1. सामाजिक आंदोलनों के समान तत्त्वों की व्याख्या करें।

प्रश्न 2. सामाजिक आंदोलनों के मार्क्सवादी दृष्टिकोण का परीक्षण करें।

प्रश्न 3. नवीन सामाजिक आंदोलनों को परिभाषित करें और उनके मुख्य लक्षणों की चर्चा करें।

प्रश्न 4. भारत में सामाजिक आंदोलनों पर भूमंडलीकरण के प्रभाव पर एक लेख लिखें।

प्रश्न 5. स्वतंत्रता पश्चात् काल में दलितों की राजनीतिक लामबंदी (mobilisation) का परीक्षण करें।

अनुभाग–II

प्रश्न 6. उत्तर-पूर्व भारत में नृजातीय (ethnic) आंदोलनों के मुख्य लक्षणों की व्याख्या करें।

प्रश्न 7. क्षेत्रीय आंदोलनों के अर्थ और महत्त्व को विस्तार से बताएँ।

प्रश्न 8. भारत में स्वतंत्रता पश्चात् कृषि संबंधी आंदोलनों के संदर्भ में महत्त्वपूर्ण घटनाओं को रेखांकित करें।

प्रश्न 9. नर्मदा बचाओ आंदोलन पर एक लेख लिखें।

प्रश्न 10. निम्न पर लगभग 200 शब्दों (प्रत्येक) में संक्षिप्त लेख लिखें:
(a) धार्मिक और सांप्रदायिक आंदोलन
(b) स्वतंत्रता पश्चात् काल में महिलाओं के मुद्दे

भारत में सामाजिक आंदोलन और राजनीति : एम.पी.एस.ई.–007
जून, 2017

नोट : कुल पाँच प्रश्नों के उत्तर दें, प्रत्येक अनुभाग से कम-से-कम दो प्रश्न चुनते हुए। प्रत्येक प्रश्न का उत्तर लगभग 400 शब्दों में दें। सभी प्रश्नों के अंक समान हैं।

अनुभाग–I

प्रश्न 1. 'सामाजिक आंदोलनों' शब्द से आप क्या समझते हैं? सामाजिक आंदोलनों के प्रमुख तत्त्वों को इंगित करें।
उत्तर— देखें इकाई–1, प्र.सं.–1, 3

प्रश्न 2. भारतीय समाज के विभिन्न तबकों पर वैश्वीकरण के प्रभाव की चर्चा करें।
उत्तर— देखें इकाई–5, प्र.सं.–1, 2

प्रश्न 3. पिछड़ी जातियाँ कौन हैं? उनकी सामाजिक और आर्थिक स्थितियों का वर्णन करें।
उत्तर— देखें इकाई–8, प्र.सं.–1

प्रश्न 4. स्वतंत्रता पश्चात् भारत में महिलाओं के समक्ष प्रमुख चुनौतियों और संबंधित मुद्दों पर एक लेख लिखें।
उत्तर— देखें इकाई–10, प्र.सं.–1, 2

प्रश्न 5. मेघालय में जनजातियों का एक संक्षिप्त विवरण दें।
उत्तर— देखें इकाई–9, प्र.सं.–2

अनुभाग–II

प्रश्न 6. 'क्षेत्रीय' आंदोलनों के अर्थ और महत्त्व की व्याख्या करें।
उत्तर– देखें इकाई–11, प्र.सं.–1

प्रश्न 7. स्वतंत्रता पूर्व भारत में कृषि आंदोलनों की उत्पत्ति और क्रमतर विकास को रेखांकित करें।
उत्तर– देखें इकाई–13, प्र.सं.–2

प्रश्न 8. भारतीय मछुआरों के समुदायों का सामाजिक–आर्थिक विवरण दें और उनकी प्रमुख समस्याओं को इंगित करें।
उत्तर– देखें इकाई–15, प्र.सं.–1

प्रश्न 9. "चिपको" आंदोलन पर एक लेख लिखें।
उत्तर– देखें इकाई–16, प्र.सं.–2

प्रश्न 10. सामाजिक आंदोलनों की भूमिका का विश्लेषण करें और लोकतांत्रिक प्रक्रिया को मजबूत करने में उनके महत्त्व को उजागर करें।

उत्तर– सामाजिक आंदोलन विभिन्न तरीकों से लोकतंत्र में सरकारी भूमिका निभाते हैं। एक सामाजिक आंदोलन लोगों की राजनीतिक चेतना का ही परिणाम होते हैं। अपनी माँगों का दावा करने हेतु यह एक जन–चेतना की ही अभिव्यक्ति है। दूसरे, सामाजिक आंदोलन राजनीतिक मुद्दों पर लोगों की भागीदारी को बढ़ावा देते हैं। संघर्ष की कार्यसूची उसके नेतागण भागीदारों के साथ उन मुद्दों के विभिन्न पहलुओं पर चर्चा करते हैं या उन्हें स्पष्ट करते हैं। बातचीत की एक ऐसी प्रक्रिया लोगों की चेतना विकसित करने व तीव्र करने में भी योगदान देती है। राजनीतिक भागीदारी और जन–चेतना लोकतंत्र की रीढ़ हैं। तीसरे, सामाजिक आंदोलनों की सफलता और प्रभावकारिता संघटन की आयति पर निर्भर करती है। वृहत्तर संघटन राजनीतिक क्षितिज को विस्तार प्रदान करता है तथा समाज के और अधिक लोकतंत्रीकरण की ओर ले जाता है। चौथे, सामाजिक आंदोलन जनसाधारण की आकांक्षाओं, आवश्यकताओं व अपेक्षाओं को व्यक्त करते हैं जो कि सिर्फ सामूहिक कार्रवाई के माध्यम से ही अधिकार–माँग कर सकते हैं और प्रभावशाली बन सकते हैं। वे नीति–निर्माताओं को सतर्क और अपने निर्णयों के प्रति जवाबदेह बनाए रखते हैं। पाँचवें, अनेक सामाजिक आंदोलन नीति–निर्माताओं पर प्रभाव डालते हैं और उन्हें बाध्य करते हैं कि वे उनके हितों को प्रोत्साहन एवं संरक्षण प्रदान करने हेतु उनकी माँगों को पूरा करने के लिए कानून बनाएँ।

फिर देखें इकाई–17, प्र.सं.–3

भारत में सामाजिक आंदोलन और राजनीति : एम.पी.एस.ई.-007
दिसम्बर, 2017

नोट : कुल पाँच प्रश्नों के उत्तर दें, प्रत्येक अनुभाग से कम-से-कम दो प्रश्न चुनते हुए। प्रत्येक प्रश्न का उत्तर लगभग 400 शब्दों में दें। सभी प्रश्नों के अंक समान हैं।

अनुभाग - I

प्रश्न 1. सामाजिक आंदोलनों के अध्ययन के गाँधीवादी दृष्टिकोण के प्रमुख लक्षणों को रेखांकित करें।

प्रश्न 2. 'नए सामाजिक आंदोलनों' शब्द के अर्थ की व्याख्या करें।

प्रश्न 3. भारत में लोकतांत्रिक प्रक्रिया हाशिए पर गए व्यक्तिजनों को एक आवाज देने में सफल रही है। क्या आप सहमत हैं? कारण बताएँ।

प्रश्न 4. सामाजिक आंदोलनों पर विश्वीकरण के प्रभाव का विश्लेषण करें।

प्रश्न 5. भारत में आरक्षण राजनीति पर एक लेख लिखें।

अनुभाग-II

प्रश्न 6. आसाम के बोडों पर एक लेख लिखें।

प्रश्न 7. महिलाओं के मुद्दों से निपटने में आपके मत में राज्य के क्या योगदान रहे हैं? विस्तार से बताएँ।

प्रश्न 8. भारत में ट्रेड यूनियनों के उद्भव और क्रमतर विकास को संक्षेप में रेखांकित करें।

प्रश्न 9. भारत में पर्यावरणीय आंदोलनों के मुद्दों और चिंताओं पर एक आलोचनात्मक लेख लिखें।

प्रश्न 10. भारत में लोकतांत्रिक व्यवस्था के कार्य-कलाप का विश्लेषण करें।

भारत में सामाजिक आंदोलन और राजनीति : एम.पी.एस.ई.–007
जून, 2018

नोट : कुल पाँच प्रश्नों के उत्तर दें, प्रत्येक अनुभाग से कम-से-कम दो प्रश्न चुनते हुए। प्रत्येक प्रश्न का उत्तर लगभग 400 शब्दों में दें। सभी प्रश्नों के अंक समान हैं।

अनुभाग – I

प्रश्न 1. सामाजिक आंदोलनों से आप क्या समझते हैं? भारतीय लोकतंत्र में उनकी भूमिका की चर्चा करें।

उत्तर– देखें इकाई–1, प्र.सं.–1, फिर देखें जून 2017, प्र.सं.–10

प्रश्न 2. चर्चा करें कि किस प्रकार सामाजिक आंदोलन भारतीय समाज में योगदान कर रहे हैं?

उत्तर– भारतीय राष्ट्रीय आंदोलन के इतिहास में 19वीं सदी का विशिष्ट स्थान है। इस सदी के प्रारंभिक समय तक भारतीय सभ्यता एवं संस्कृति पाश्चात्य सभ्यता एवं संस्कृति से आक्रांत थी। उस काल में तथाकथित शिक्षित भारतीय अंग्रेजी भाषा, पोशाक, साहित्य व पाश्चात्य ज्ञान को श्रेष्ठ मानते थे। परिणामस्वरूप भारतीय सभ्यता एवं संस्कृति के अस्तित्व पर प्रश्नचिह्न लग गया था ऐसे संक्रमणकाल में विविध धार्मिक एवं सामाजिक आंदोलनों का प्रादुर्भाव हुआ। इन आंदोलनों ने एक ओर जहाँ धार्मिक एवं सामाजिक सुधारों का आह्वान किया, वहीं दूसरी तरफ भारत के गौरवशाली अतीत को प्रकाशित कर भारतीयों को निज सभ्यता एवं संस्कृति के प्रति आकृष्ट किया। "ये धर्म सुधार आंदोलन तथ्यतः राष्ट्रीय थे, लेकिन रूपतः धार्मिक"।

इन विविध धार्मिक एवं सामाजिक आंदोलनों ने भारतीय जनमानस को विशेष रूप से प्रभावित किया। भारत को पश्चिमी सभ्यता का अंग बनने से रोकना, भारतीयों में आत्म-गौरव एवं आत्म-विश्वास उत्पन्न करना, परंपरागत धर्म एवं समाज में विभिन्न परिवर्तन करना तथा

नवीन भारत का निर्माण करना इन आंदोलनों की आधुनिक भारत की देन है। यद्यपि इन आंदोलनों का सूत्रपात आधुनिक पश्चिमी संस्कृति के संपर्क से हुआ था, परंतु अंततः इसने पाश्चात्य विश्व की ही एक विरासत के विनाश का मार्ग प्रशस्त किया। भारत पाश्चात्य विश्व की विरासत थी। ब्रिटिश साम्राज्यवादी शोषण एवं उसके विनाश का मार्ग था—भारतीय स्वतंत्रता संग्राम।

भारत में धार्मिक एवं सामाजिक आंदोलनों के उद्‌भव के विविध कारण थे। मुगल साम्राज्य के पतन के बाद भारत की राजनीतिक एकता नष्ट सी हो गई थी। अंग्रेजों ने इसे और कमजोर किया और धीरे—धीरे नष्ट कर दिया। जैसे—जैसे भारत पर अंग्रेजी प्रभुत्व बढ़ा, शोषण की गति तेज होती गई। परिणामस्वरूप आर्थिक स्थिति कमजोर होती गई। इसका भारत के सामाजिक जीवन पर घातक प्रभाव पड़ा। आर्थिक विपन्नता के साथ सामाजिक कुरीतियों, भेदभाव एवं धार्मिक अंधविश्वास बढ़ते गए। बावजूद इसके कुछ ऐसी ऐतिहासिक शक्तियाँ सक्रिय थीं, जिनसे भविष्य में महत्त्वपूर्ण परिवर्तन हुए। इन प्रमुख दो शक्तियों में प्रथम पश्चिम की आधुनिक संस्कृति के भारत पर प्रभाव से अवतरित हुई एवं द्वितीय इस संपर्क के विरोधस्वरूप भारतीय जनता की प्रतिक्रिया से हुआ। इन दोनों शक्तियों के सम्मिलित प्रभाव से विभिन्न धार्मिक एवं सामाजिक आंदोलनों का सूत्रपात हुआ।

इन धार्मिक एवं सामाजिक आंदोलनों को भारतीय प्रेस ने भी काफी प्रोत्साहित किया। प्रेस (छापाखाना) की स्थापना हो जाने से विचारों के आदान—प्रदान में सुविधा हो गई। इससे ऐसे समाचार—पत्र, पत्रिकाएँ, पुस्तकें आदि प्रकाशित हुईं, जिनमें न केवल अंग्रेजों के दुर्व्यवहार की घटनाएँ छपती थीं, अपितु भारतीय राष्ट्रवादियों के विचार भी छपते थे। इन साहित्यिक क्रियाकलापों ने भारतीयों के प्रति अंग्रेजों के व्यवहार का ज्ञान कराया, जिससे भारतीयों में आत्म—सम्मान की सुरक्षा की भावना जागृत हुई। इस प्रकार के प्रयत्नों से भारतीयों ने अपने समाज एवं धर्म की रक्षा हेतु प्रयत्न प्रारंभ किए।

अंग्रेजी भाषा ने पश्चिमी संस्कृति एवं सभ्यता से परिचय कराया। पश्चिम के स्वतंत्रता, समानता, लोकतंत्र एवं राष्ट्रीयता के विचारों से भारतीय प्रभावित हुए। मैजिनी, गैरीबाल्डी की जीवनियाँ उनके लिए प्रेरणा स्रोत बनीं।

अंग्रेजी के अध्ययन ने आधुनिक भारत के निर्माण में योगदान किया और विविध धार्मिक—सामाजिक आंदोलनों का मार्ग प्रशस्त किया।

पश्चिम के वैज्ञानिक ज्ञान, बुद्धिवाद एवं मानवतावाद के सिद्धांतों का भारतीय जनमानस पर व्यापक प्रभाव पड़ा। वे नवीन ज्ञान के सिद्धांतों की सहायता से अपने समाज के उत्थान में लग गए। साथ ही साथ समाज के कतिपय वर्ग यथा—पूँजीपति वर्ग, श्रमजीवी वर्ग एवं आधुनिक बुद्धिजीवी वर्ग— पाश्चात्य विचारों को इस कारण भी अपनाना चाहते थे, ताकि देश का आधुनिकीकरण हो। इससे इन सामाजिक वर्गों को अपना हित साधने का भी अवसर मिलता। क्रमशः अन्य सामाजिक वर्गों पर भी पाश्चात्य ज्ञान, बुद्धिवाद व मानवतावाद का प्रभाव पड़ा।

भारतीयों के साथ-ही-साथ कतिपय यूरोपीय विद्वानों यथा-विलियम जोन्स, मैक्स मूलर आदि ने भी इन आंदोलनों को सहयोग प्रदान किया। इन विद्वानों ने भारतीय इतिहास, दर्शन, धर्म और साहित्य का गहन अध्ययन किया तथा भारत की प्राचीन विरासतों को प्रकाश में लाया। इन्होंने प्राचीन भारतीय ग्रंथों का सम्यक् अध्ययन किया एवं उससे प्रभावित होकर भारतीय सभ्यता एवं संस्कृति की श्रेष्ठता को हृदय से स्वीकार किया। भारतीयों को जब इनके विचारों का पता चला कि पश्चिम के विद्वान भारतीय धर्म, दर्शन, संस्कृति, साहित्य और कला को इतना श्रेष्ठ मानते हैं। तब इन्हें अपनी सांस्कृतिक पलायन का बोध हुआ। इन्हीं सब कारणों से भारत में विविध धार्मिक एवं सामाजिक आंदोलन हुए।

ब्रह्म समाज, प्रार्थना समाज, रामकृष्ण मिशन, आर्य समाज, अलीगढ़ आंदोलन, थियोसोफिकल सोसाइटी इत्यादि जैसे आंदोलनों ने भारत समाज में महत्त्वपूर्ण योगदान प्रदान किया है। इन आंदोलनों के कारण जहाँ भारत से अनेक कुप्रथाओं का विनाश हुआ, वहीं भारत को अपनी सभ्यता और संस्कृति का भी ज्ञान हुआ।

प्रश्न 3. भारतीय सामाजिक आंदोलनों को विश्वीकरण की प्रक्रिया ने कैसे प्रभावित किया है? स्पष्ट कीजिए।
उत्तर— देखें इकाई—5, प्र.सं.—1

प्रश्न 4. कुछ उदाहरणों के साथ चर्चा करें कि राजनीतिकरण ने किस प्रकार भारत में सामाजिक वातावरण को प्रभावित किया है?
उत्तर— देखें इकाई—1, प्र.सं.—2

प्रश्न 5. लगभग 200 शब्दों (प्रत्येक) में निम्न पर लेख लिखें—
(a) महिला आंदोलन
उत्तर— देखें इकाई—10, प्र.सं.—2

(b) श्रमिक आंदोलन का राजनीतिकरण
उत्तर— देखें इकाई—14, प्र.सं.—4

अनुभाग – II

प्रश्न 6. आदिवासी आंदोलन के क्रमतर विकास और भारतीय सरकार की प्रतिक्रिया को रेखांकित करें।
उत्तर— देखें इकाई—9, प्र.सं.—1 और प्र.सं.—2

प्रश्न 7. पर्यावरणीय और पारिस्थितिक (ecological) आंदोलनों के मध्य विभेद करें।

उत्तर– पर्यावरण (परि+आवरण) शब्द का शाब्दिक अर्थ है हमारे चारों ओर का घेरा अर्थात् हमारे चारों ओर का वातावरण जिसमें सभी जीवित प्राणी रहते हैं और अन्योन्य क्रिया करते हैं। पर्यावरण का अंग्रेजी शब्द एनवॉयरमेंट है जो फ्रेंच भाषा के शब्द एनवॉयरनर से बना है, जिसका अर्थ है 'घेरना'। अतः पर्यावरण के अंतर्गत किसी जीव के चारों ओर उपस्थित जैविक तथा अजैविक पदार्थों को सम्मिलित किया जाता है।

पारिस्थितिकी पर्यावरण अध्ययन का वह भाग है जिसमें हम जीवों, पौधों और जंतुओं और उनके संबंधों या अन्य जीवित या गैर जीवित पर्यावरण पर परस्पराधीनता के बारे में अध्ययन करते हैं।

फिर देखें इकाई–16, प्र.सं.–1

प्रश्न 8. पिछड़ा वर्ग आंदोलन के क्या उद्देश्य हैं? विस्तार से बताएँ।

उत्तर– देखें इकाई–8, प्र.सं.–2

प्रश्न 9. भारत में सांप्रदायिक आंदोलनों के क्रमतर विकास और इनका समाज पर प्रभाव को रेखांकित करें।

उत्तर– देखें इकाई–12, प्र.सं.–2

प्रश्न 10. लगभग 200 शब्दों (प्रत्येक) में निम्न पर लेख लिखें–

(a) धर्मनिरपेक्षता को चुनौतियाँ

उत्तर– वर्तमान समय में धर्मनिरपेक्ष राजनीति को उस संप्रदायवाद की बढ़ती ताकतों द्वारा भी गंभीर चुनौती दी जा रही है जिसकी जड़ें विभिन्न सामाजिक, राजनीतिक, ऐतिहासिक, आर्थिक व चुनावीय कारकों में हैं। बौद्धिक रूप से भी , शैक्षिक और पत्रकारिता साहित्य, दोनों में एक के बाद एक ऐसी रचनाएँ हुई हैं जो आज मुक्त रूप से भारत में धर्मनिरपेक्ष राज्य और इसकी संस्थाओं के विरुद्ध तर्क देती है। इन तर्कों के परे जो कि एक विशुद्ध सांप्रदायिक प्रकृति के हैं और इसक कारण वाग्मितापूर्ण हैं, बौद्धिक रूप से परिष्कृत ऐसे तर्क भी है जो भारत में एक धर्मनिरपेक्ष राज्य और राजनीति के अर्थ और उद्देश्य पर प्रतिवाद की फिराक में रहते हैं।

आज भारत में धर्मनिरपेक्षता के लिए जो समस्या मानी जाती है वह बहुसंख्य धार्मिक संस्थाओं व अन्य संस्थाओं में राजनीति तुष्टिकरण की नीति के कारण धार्मिक संस्थाओं में राजनीतिक हस्तक्षेप बढ़ा है जो धर्मनिरपेक्षता के लिए एक बहुत बड़ी चुनौती है। इसके अलावा कानूनी ढाँचे में धार्मिक नीति कानून का निर्माण कैसे हो तथा उन्हें कैसे लागू किया जाए, क्योंकि इसके अभाव में राष्ट्र की एकता को भी खतरा उत्पन्न हो सकता है।

(b) सापेक्ष वंचन सिद्धांत

उत्तर— अमेरिकी विद्वानों द्वारा विकसित सापेक्ष अभाव सिद्धांत (गर, 1970) ने भी उत्पात एवं जन–आंदोलनों पर कुछ अध्ययनों को प्रभावित किया है।

सापेक्ष अभाव को अभिकर्त्ताओं की मूल्य अपेक्षाओं एवं उनके पर्यावरण की प्रत्यक्ष मूल्य क्षमताओं के बीच उनके विसंगति बोध के रूप में परिभाषित किया जाता है। मूल्य अपेक्षाएँ जीवन के वे हित एवं शर्तें हैं जिनके लिए लोग यह मानते हैं कि वे न्यायसंगत रूप से पात्र हैं। मूल्य क्षमताओं का हवाला देने वाले आमतौर पर सामाजिक एवं भौतिक परिवेश में मिलेंगे; ये ही वो शर्तें हैं जो उन मूल्यों को प्राप्त करने अथवा बनाए रखने संबंधी लोगों के अनुभूत अवसरों को निर्धारित करती है जिन्हें वे वैध रूप से अर्जित करने की उम्मीद करते हैं। गर लिखते हैं— "हताशा–आक्रमण तथा संबद्ध धमकी–आक्रमण युक्तियाँ सापेक्ष अभाव तथा सामूहिक हिंसा हेतु संभावना के बीच आधारभूत प्रेरणाप्रद संबंध प्रदान करती है।" गर सापेक्ष अभाव से तीन अन्य संकल्पनाओं को भी जोड़ते हैं, नामतः कर्कशता, मूल्य–अभाव और विवाद। इनमें दूसरा, मूल्य–अभाव मूल्य अवसरों हेतु अपने प्रभाव में महत्त्वपूर्ण है। इस बात के तीन प्रतिमान है कि मूल्य–अपेक्षाओं एवं मूल्य–क्षमताओं के विभेदीकरण का प्रभाव सापेक्ष अभाव पर किस प्रकार पड़ता है। ह्रासमान अभाव प्रतिमान उस स्थिति का वर्णन करता है जहाँ अपेक्षाएँ तो स्थिर रहती हैं परंतु क्षमताएँ गिर जाती हैं। महत्त्वाकांक्षा प्रतिमान में क्षमताएँ वही रहती हैं परंतु आशाएँ बढ़ती हैं। अंतिम प्रतिमान, जे–वक्र (J-curve) अथवा उत्तरोत्तर अभाव प्रतिमान उन दशाओं में सटीक बैठता है जब पहले तो अपेक्षाएँ एवं क्षमताएँ साथ–साथ बढ़ती हैं परंतु फिर क्षमताएँ बढ़ना बंद हो जाता है अथवा वे गिरने लगती हैं जबकि अपेक्षाएँ फिर भी बढ़ती रहती हैं।

भारत में सामाजिक आंदोलन और राजनीति : एम.पी.एस.ई.–007
दिसम्बर, 2018

नोट : कुल पाँच प्रश्नों के उत्तर दें, प्रत्येक अनुभाग से कम-से-कम दो प्रश्न चुनते हुए। प्रत्येक प्रश्न का उत्तर लगभग 400 शब्दों में दें। सभी प्रश्नों के अंक समान हैं।

अनुभाग-I

प्रश्न 1. लोकतांत्रिक राष्ट्रों में सामाजिक आंदोलन कितने महत्वपूर्ण हैं? विस्तार से बताएँ।

प्रश्न 2. सामाजिक आंदोलनों के गाँधीवादी और मार्क्सवादी दृष्टिकोणों की तुलना करें और इनके विरोधाभास बताएँ।

प्रश्न 3. लोकतांत्रीकरण और निर्णय लेने में राज्य कैसे सामाजिक आंदोलनों को समाहित कर सकता है, इसकी चर्चा करें।

प्रश्न 4. सामाजिक आंदोलनों के समक्ष चुनौतियों का बाजारी शक्तियाँ कैसे सामना कर सकती हैं? व्याख्या करें।

प्रश्न 5. निम्न में से प्रत्येक पर लगभग 200 शब्दों में लेख लिखें–
(a) क्षेत्रीय आंदोलन
(b) राज्य और कृषक आंदोलन

अनुभाग-II

प्रश्न 6. निर्णय लेने की प्रक्रिया में नागरिक समाज की क्या भूमिका है?

प्रश्न 7. चर्चा करें कि कैसे भक्ति आंदोलन ने भारतीय सामाजिक समरसता में योगदान किया है।

प्रश्न 8. चर्चा करें कि दलित आंदोलन किस सीमा तक अपने उद्देश्यों में सफल हुआ है।

प्रश्न 9. किस प्रकार भारत का एक बेहतर समाज में रूपांतरण हो सकता है?

प्रश्न 10. निम्न में से प्रत्येक पर लगभग 200 शब्दों में लेख लिखें–
(a) मछुआरों की माँगें
(b) नए सामाजिक आंदोलन

भारत में सामाजिक आंदोलन और राजनीति : एम.पी.एस.ई.–007
जून, 2019

नोट : कुल पाँच प्रश्नों के उत्तर दें, प्रत्येक अनुभाग से कम–से–कम दो प्रश्न चुनते हुए। प्रत्येक प्रश्न का उत्तर लगभग 400 शब्दों में दें। सभी प्रश्नों के अंक समान हैं।

अनुभाग – I

प्रश्न 1. सामाजिक आंदोलनों के अर्थ और महत्त्व की व्याख्या कीजिए।
उत्तर– देखें इकाई–1, प्र.सं.–1, 2

प्रश्न 2. सामाजिक आंदोलनों के घटक क्या हैं? विस्तृत वर्णन कीजिए।
उत्तर– देखें इकाई–1, प्र.सं.–3

प्रश्न 3. सामाजिक आंदोलनों का अध्ययन करने के लिए गाँधीवादी और उदारवादी दृष्टिकोण कितने अलग हैं?
उत्तर– देखें इकाई–2, प्र.सं.–2

विलियम कॉर्नौसर, रॉबर्ट निस्बेट, एडवर्ड शिल्स व अन्य जैसे अनेक उदारवादी विद्वानों का दावा है कि जन–आंदोलन उस जन–समाजों का परिणाम हैं जो अतिवादी और लोकतंत्र–विरोधी हैं। ये विद्वत्जन राजनीति में दिन–प्रतिदिन की भागीदारी से जनसाधारण को बाहर रखे जाने का समर्थन करते हैं, क्योंकि यह भागीदारी सरकार के कुशल कार्य–संचालन में बाधा पहुँचाती है। कुछ भारतीय जिन्होंने विदेशी शासन से मुक्त होने के लिए आंदोलन की अनुमति दी, स्वातंत्र्योत्तर काल में, जन–आंदोलन के पक्ष में नहीं रहे। उन्होंने उसे 'सभ्य समाज' के लिए 'खतरनाक' और 'निष्क्रियात्मक' बता कर साफ निंदा की। यद्यपि कुछ अन्य उदारवादी जन राजनीतिक व आर्थिक प्राधार में क्रांतिकारी परिवर्तन के पक्ष में नहीं हैं, वे ऐसे 'राजनीतिक परिवर्तन' के पक्षधर हैं जो कि सरकार व राजनीतिक संस्थाओं में परिवर्तन तक ही सीमित हो।

कुछ विद्वान 'क्रांतिकारी' परिवर्तन के पक्षधर हैं परंतु वे वर्ग–विश्लेषण में मार्क्सवादी विद्वानों से मतभेद रखते हैं। वे राजनीतिक संस्थाओं व संस्कृति पर जोर देते हैं। आंदोलनों–संबंधी अपने विश्लेषण में कुछ विद्वान विवाद एवं सामूहिक संघर्षों के सामाजिक व आर्थिक कारणों की गहराई में नहीं जाते। कुछ में आंदोलनों हेतु उत्तरदायी कारणों पर जोर दिए जाने में मतभेद है। कुछ विद्वान वैयक्तिक मनोवैज्ञानिक विशेषताओं पर जोर देते हैं, कुछ अभिजात्य सत्ता–संघर्षों व उनके इच्छानुकूलन पर ध्यान केंद्रित करते हैं; तो कुछ अन्य विद्वत्जन आर्थिक की बजाय सांस्कृतिक कारकों के महत्त्व पर जोर देते हैं।

कुछ विद्वान जो राजनीतिक विकास सिद्धांत का पालन करते हैं, यह मानते हैं कि लोगों की बढ़ती आशाएँ वर्तमान राजनीतिक संस्थाओं द्वारा यथेष्ट रूप से पूरी नहीं होतीं क्योंकि वे अनमय अथवा अक्षम होती हैं। जैसे–जैसे लोगों की आशाओं और व्यवस्था के कार्य प्रदर्शन के बीच दरार बढ़ती है, जन–लहर की ओर प्रवृत्त होती 'राजनीतिक अस्थिरता और अव्यवस्था' बढ़ती है (हंटिंग्टन, 1968)। रजनी कोठारी का तर्क है कि भारत के वर्तमान 'संसदीय लोकतंत्र' के संदर्भ में 'सीधी कार्यवाही' अपरिहार्य है। 'हताशा का आम वातावरण, संचार के ज्ञात साधनों की अक्षमता, व्यक्ति का वैमुख्य व वर्गीकरण, संगठन बनाने की प्रवृत्ति और शासकों व शासितों के बीच निरंतर विवाद की अवस्था (जो कि एक समय–विशेष तक प्रछन्न व दमित रही हो सकती है) – ये सभी मिलकर स्व–शासन के आदर्श को अधिकाधिक दूरस्थ बनाते हैं और संसदीय सरकार को एक अस्थायी राजनीतिक संगठन का रूप दे देते हैं' (1960)।

कुछ विद्वानों द्वारा यह भी तर्क दिया जाता है कि जन–विरोधों की सरकार के संसदीय स्वरूप तक में एक निश्चित 'प्रक्रियात्मक उपयोगिता' होती है। डेविड बेली (1962) का अवलोकन है कि स्वतंत्रता पूर्व और उसके पश्चात्, बड़ी संख्या में लोग यह महसूस करते हैं कि शिकायतों, कुंठाओं व अन्यायों – वास्तविक अथवा काल्पनिक – हेतु निवारण के संस्थागत साधन अपर्याप्त रहे।

प्रश्न 4. भारतीय समाज की बदलती प्रकृति पर चर्चा कीजिए।

उत्तर– देखें इकाई–4, प्र.सं.–1

प्रश्न 5. नए सामाजिक आंदोलनों की विशेषताओं का आलोचनात्मक विश्लेषण कीजिए।

उत्तर– देखें इकाई–3, प्र.सं.–2

अनुभाग – II

प्रश्न 6. दलित राजनीतिकरण के महत्त्व की चर्चा कीजिए।

उत्तर– देखें इकाई–7, प्र.सं.–1

प्रश्न 7. पिछड़े वर्गों में राज्य नीतियों के प्रभाव का उदाहरणों के साथ मूल्यांकन कीजिए।

उत्तर— देखें इकाई-8, प्र.सं.-1

प्रश्न 8. जातीय आंदोलनों का अध्ययन करने के विभिन्न दृष्टिकोण क्या हैं?

उत्तर— नृजातीय आंदोलनों के अध्ययनार्थ सर्वाधिक सामान्य रूप से प्रयुक्त दृष्टिकोण हैं—आदिकालीन (primordial) और करणवादी (instrumentalist) दृष्टिकोण। आदिम दृष्टिकोण का दावा है कि नृजातीय समूहों के रचना-आधार "प्रदत्त" होते हैं। किसी भी नृजातीय समूह की कुछ विशेषताएँ होती हैं जो कि उनके द्वारा उत्तराधिकार में प्राप्त की जाती हैं, यथा संस्कृति, भाषा, रीति-रिवाज, धर्म आदि। इसी प्रकार, अन्य नृजातीय समूह भी कुछ उत्तराधिकार में प्राप्त अभिलक्षण रखते हैं। चूँकि विभिन्न नृजातीय समूहों के पहचानचिह्नों में अंतर एक-दूसरे से भिन्न होते हैं, इन "प्रदत्त" विशेषताओं के कारण ही वे नृजातीय आंदोलनों में शामिल होते हैं। विभिन्न नृजातीय समूहों के बीच संघर्ष होना तय ही होता है। दूसरी ओर, करणवादी दृष्टिकोण के पक्षधर यह मानते हैं कि नृजातीय समूह इन समूहों के नेताओं अथवा इन समूहों से संबंध रखने वाले अभिजात वर्ग की ही उपज होते हैं। जनसाधारण की भाषा, संस्कृति, रीति-रिवाजों, आर्थिक दशाओं आदि में भेदों अथवा सामाजिक मतभेदों को नृजातीय समूहों के अभिजात वर्ग द्वारा इच्छानुकूलित किया जाता है ताकि नृजातीय चेतना पैदा कर सकें और नृजातीय आंदोलनों की शुरुआत कर सकें। नृजातीय आंदोलनों के गठन और नृजातीय आंदोलनों के जन्म हेतु वास्तविक एवं कल्पित दोनों ही कारण होते हैं। नृजातीय समुदाय जब कल्पित सहजगुणों के आधार पर बनाए जाते हैं, तद्नुसार "निर्मित" समुदाय होते हैं। तीसरे दृष्टिकोण के पक्षधरों का मानना है कि ये दोनों दृष्टिकोण "द्वि-ध्रुवत्व" (bipolar) में अभिव्यक्त होते हैं — नृजातीय का आधार या तो "प्रदत्त" होता है या फिर "कल्पित" या फिर "निर्मित"। परंतु इन दोनों ही दृष्टिकोणों के साथ कुछ समस्याएँ भी हैं। जबकि "आदिकालीन" दृष्टिकोण यह स्पष्ट नहीं करता कि क्यों और कैसे एक नृजातीय समूह सामूहिक कार्रवाई में संघटित हो जाता है, "करणवादी" यह स्पष्ट नहीं करता कि क्यों कोई नृजातीय समूह अभिजात्यों, नेताओं अथवा राजनीतिज्ञों के आह्वान का प्रत्युत्तर देता है। वे "द्वि-ध्रुवीय" दृष्टिकोण की बजाय आदिकालीन और करणवादी दोनों ही दृष्टिकोणों के सम्मिलन की वकालत करते हैं।

प्रश्न 9. सांप्रदायिकता क्या है? भारत में यह किस प्रकार कार्य करती है?

उत्तर— देखें इकाई-12, प्र.सं.-1

प्रश्न 10. निम्नलिखित पर लगभग 200 शब्दों में संक्षिप्त में टिप्पणियाँ लिखिए—

(क) महिला सशक्तिकरण

उत्तर— संपूर्ण विश्व में महिला सशक्तिकरण की लहर चल रही है। महिला अब गुलाम नहीं, वह स्वतंत्र है। वह अपने अनुसार संसार में जिएगी और संसार का संचालन करेगी। इसके लिए जो राष्ट्रीय और अंतर्राष्ट्रीय आंदोलन चल रहा है उसी को कहते हैं—'महिला सशक्तिकरण'।

महिला सशक्तिकरण के लिए ही महिला आरक्षण हेतु भारत की राज्यसभा में पिछले दिनों एक विधेयक पारित किया गया। इससे भारत की महिलाओं में खुशी की लहर दौड़ गई। भारत एक प्रजातांत्रिक देश है। यहाँ का प्रजातंत्र महिला सशक्तिकरण का पक्षधर है। यहाँ की जनता भी अपना मन बदलकर महिलाओं के सशक्तिकरण का समर्थन कर रही है। यह एक तरह से उन्नति और शांति के लिए उपाय है। 'चूँकि युद्ध की शुरुआत मनुष्य के मन से होती है, इसलिए शांति की सुरक्षा के उपायों की शुरुआत भी वहीं से होनी चाहिए।'

महिलाएँ हमारे देश की आबादी का लगभग आधा हिस्सा हैं। इसलिए राष्ट्र के विकास के इस महान् कार्य में महिलाओं की भूमिका और योगदान को पूरी तरह और सही परिप्रेक्ष्य में रखकर ही राष्ट्र निर्माण के कार्य को समझा जा सकता है।

समूची सभ्यता में व्यापक बदलाव के एक महत्त्वपूर्ण घटक के रूप में महिला सशक्तिकरण आंदोलन बीसवीं शताब्दी के आखिरी दशक का एक महत्त्वपूर्ण राजनीतिक और सामाजिक विकास कहा जा सकता है।

1970 के दशक में महिला कल्याण की अवधारणा अपनाई गई। 1980 में महिला विकास पर बल दिया गया। 1990 में महिला अधिकारिता अर्थात् महिला सशक्तिकरण पर ध्यान दिया गया। अब ऐसी संवैधानिक व्यवस्था की जा रही है कि महिलाएँ निर्णय लेने के लिए प्रक्रिया में शामिल हों और नीति निर्माण के स्तर पर भी उनकी सहभागिता हो।

महिला अधिकारिता को एक प्रक्रिया, एक आंदोलन, सामूहिक प्रयास आदि विभिन्न रूपों में समझा जाता रहा है।

महिला सशक्तिकरण एक ऐसी प्रक्रिया है, जिससे दुर्बल और उपेक्षित लोगों या समूहों की क्षमता बढ़े, जिससे वे अपने आपको निम्न आर्थिक, सामाजिक और राजनीतिक स्थिति में डालने वाले मौजूद शक्ति संबंधों को बदल कर अपने हाथ में कर सकें। महिला सशक्तिकरण व्यक्तिगत प्रतिरोध और सामूहिक आंदोलन के रूप में उभर कर सामने आ सकता है।

महिला सशक्तिकरण का अर्थ ऐसी प्रक्रिया से है जिसमें महिलाओं की अपने आप को संगठित करने की क्षमता बढ़ती तथा सुदृढ़ होती है। वे लिंग, सामाजिक-आर्थिक स्थिति और परिवार व समाज में भूमिका के आधार पर निर्धारित संबंधों को दरकिनार करते हुए आत्मनिर्भरता विकसित करती हैं। इसके अंतर्गत विकसित विकल्पों के चयन और संसाधनों के नियंत्रण की अपनी क्षमता के साथ-साथ परिवार और समुदाय के साथ सहभागितापूर्ण संबंधों का लाभ उठाने की उनकी क्षमता भी शामिल है। इन लक्ष्यों को प्राप्त करने के लिए महिला सशक्तिकरण का अर्थ यह भी है कि महिलाएँ सामाजिक आंदोलनों में भाग ले सकें और उनका नेतृत्व कर सकें तथा अपना लक्ष्य प्राप्त करने के लिए प्रगति के मार्ग में आने वाली तमाम बाधाओं को हटा सकें।

(ख) राज्यवाद के आंदोलन

उत्तर— राज्यवाद के आंदोलन के निम्नलिखित विशिष्ट प्रतिमान समझे जा सकते हैं—

(1) भारत में, क्षेत्र और समुदाय प्रतीकात्मक रूप से जुड़े हैं। क्षेत्र उस समुदाय से जाना जाता है जो उसमें रहता है और समुदाय का अभिकल्पन और लक्षण—वर्णन प्रदत्त क्षेत्र की भौगोलिक विशेषताओं से किया जाता है। पृथक् राज्य हेतु माँग इन दो के बीच संश्लेषण से उभरी है — समुदाय और भूगोल। क्षेत्रीय समुदाय कोई पृथक् राज्य का प्रयास इसलिए करता है कि वह अपने सांस्कृतिक परिवेश, राजनीतिक कार्यप्रणाली और जनता व उस क्षेत्र के आर्थिक कल्याण का अनन्य विवाचक बने जिसे वह अपनी 'गृहभूमि' होने का दावा करता है। उनके अनुसार राज्य निर्माण का मतलब है एक ऐसा संस्थागत—राजनीतिक स्थान बनाना जिसके माध्यम से समाज का 'स्वायत्त अहं' न सिर्फ सुव्यक्त हो बल्कि सुरक्षित, संरक्षित और प्रोत्साहित भी हो।

(2) विद्यमान राज्य—प्रणालियों के भीतर कुछ सटे हुए जिलों में संकेंद्रित भिन्न सामाजिक—सांस्कृतिक पहचान रखने वाले लोग एक पृथक् राज्य हेतु प्रयास करते हैं ताकि अपनी पहचान को सुरक्षित, सरंक्षित और प्रोत्साहित कर सकें। यह तर्क दिया जाता है कि पृथक् राज्य उन्हें एक राजनीतिक पहचान प्रदान करेगा और भारत राष्ट्र के भीतर हित अभिव्यक्ति और संरक्षण हेतु एक संवैधानिक रूप से प्रमाणित संस्थागत स्थल भी। इस बात पर विवाद छिड़ा है कि यह केंद्रीय सत्ता (संघ सरकार) के साथ ही राजनीतिक सत्ता व आर्थिक संसाधनों के समग्र वितरण में अन्य राज्यों के साथ भी, करार करने हेतु उनकी क्षमता को बढ़ाएगा। इसका, दूसरे शब्दों में, अर्थ है क्षमता बंदोबस्त, जो कि अन्यथा उस विद्यमान राज्य में संभव नहीं है जिसमें वे वर्तमान में हैं। उत्तराखंड और झारखंड आंदोलन इस संबंध में महत्त्वपूर्ण संकेतक हैं। कुछ अन्य क्षेत्रीय अथवा सांस्कृतिक समूहों का 'आंतरिक उपनिवेशवाद', विस्तारवाद और आधिपत्य होने के कारण उनकी पहचान पर एक अनुभूत खतरा है (था)। यह बात भारत के उत्तर—पूर्वी भागों में अधिकांश उप—क्षेत्रीय आंदोलनों के साथ भी विशेष रूप से सही बैठती है। वे आगे यह तर्क देते हैं कि एक पृथक् राज्य स्थानीय संसाधनों, प्रतिभाओं व कौशलों के बेहतर प्रयोजन एवं संदोहण के माध्यम से आर्थिक विकास का एक आश्वासनकारी तरीका सुनिश्चित करेगा।

(3) उपर्युक्त क्षेत्रीय आंदोलनों में से कुछ राज्य द्वारा अपने—अपने सामाजिक—सांस्कृतिक विविधता संबंधी संवैधानिक मान्यता, संरक्षण एवं वैधीकरण का प्रयास करते हैं। यही वह स्तर है जहाँ शिक्षा और प्रशासन के स्तर पर मातृभाषा के प्रकार्यात्मक उन्नयन हेतु माँग की जाती है। इसमें भारतीय संविधान की आठवीं अनुसूची में दी गई कुछ भाषाओं को शामिल किया जाना भी शामिल है। भाषायी बहुवाद सामाजिक—सांस्कृतिक क्षेत्रवाद का एक अन्य पहलू है। इसका, दूसरे शब्दों में, अर्थ है सांस्कृतिक पहचान की रक्षा। पहचान—कारक किसी विशेष क्षेत्रीय समुदाय के सांस्कृतिक स्थल पर राज्य के अतिक्रमण को सीमांकित करने तक फैला

होता है। एक अपरिवर्ती राष्ट्रीय सांस्कृतिक पहचान रखने के बहाने राज्य द्वारा सांस्कृतिक समांगीकरण का विरोध किया जाता है। इसी कारण, अधिकतर क्षेत्रीय आंदोलन स्वायत्तता पर जोर देते हैं, विशेषतः सामाजिक–सांस्कृतिक क्षेत्र में और पहचान की स्वायत्तता को प्रयोग करने के लिए, एक पृथक् राज्य की वैधपूर्ण तरीके से माँग की जाती है। एक पृथक् राज्य, इस संदर्भ में, जन्मजात राजनीतिक स्थल माना जाता है जिसके माध्यम से पहचान के 'स्वयं' को प्रतिरक्षण, संरक्षण और प्रोत्साहन प्रदान किया जाता है। इसका आगे मतलब है कि समाज के अनन्य 'स्वयं' में राज्य (केंद्रीय व क्षेत्रीय राज्य) द्वारा प्रभाव व हस्तक्षेप के क्षेत्रों को सीमांकित करना। इसमें राज्य–समाज संबंधों को आवधिक रूप से फिर से बनाए जाने की आवश्यकता पड़ती है, विशेष रूप से लोगों के सांस्कृतिक अधिकारों और एक अधिक व्यापक क्षेत्रीय राज्य के प्रति उनके परिणामित दायित्वों के लिहाज से। तार्किक रूप से, राज्य की भूमिका प्रोत्साहनकारी के संबंध में समझी जाती है, न कि हस्तक्षेप के संबंध में और इस प्रकार के राज्य–समाज संबंध को एक वैधानिक आधार प्रदान करने का प्रयास किया जाता है ताकि शासन के किसी भी अन्य प्राधार द्वारा अधिक्रमण किए जाने से बचा जा सके।

(4) पहचान और विकास संबंधी क्षेत्रों में पाया जाने वाला, उप–क्षेत्रीय समूहों हेतु क्षेत्रवाद एक विचारधारा के रूप में काम करता है जिसके माध्यम से वे अपनी निजी प्रशासनिक एवं राजनीतिक पहचान को परिभाषित करने का प्रयास करते हैं; और अधिक विस्तृत प्रादेशिक राज्य, क्षेत्रीय राज्य के साथ अपने संबंधों और अंतर्सामुदायिक संबंधों को भी। क्षेत्रवाद उन्हें राष्ट्रवाद व संघवाद की समग्र प्रक्रिया में एक सौदाकारी स्थान प्रदान करता है। यह क्षेत्रीकरण के ही बराबर बल के रूप में काम करता है और राज्य व समाज को संघबद्ध होना स्वीकार करता है। यह राष्ट्रीय एकता, राष्ट्र व राज्य–निर्माण एवं शासन संबंधी एक विकेंद्रवादी प्राधार पर जोर देता है। एक स्वायत्तवादी विचारधारा के रूप में इसके दो–तही उद्देश्य हैं–(क) (उप–क्षेत्रीय) पहचान कायम रखना; और (ख) आर्थिक विकास का स्वयं–नियोजित एवं कायम तरीका। ये दो उद्देश्य सबसे अच्छी तरह तब पूरे होते हैं, जैसा कि क्षेत्रवादियों का दावा है, जब उन्हें अलग राज्य का दर्जा दे दिया जाता है या फिर स्वयं–शासन की कोई अन्य प्राधारिक–सांस्थानिक कार्यविधि। भारत में, अख्तर मजीद लिखते हैं, संभावित पार्थक्य के आवसरिक एवं अल्प संकेतों के बावजूद, क्षेत्रीय आंदोलन आमतौर पर व्यापक राष्ट्रीय प्रसंग में संसाधन बँटवारे का दावा करने से परे नहीं जाते हैं। क्षेत्रवाद को, इस अर्थ में, राजनीतिक रूप से "राष्ट्रीय रणक्षेत्र में प्रतिस्पर्धा लाभ हेतु केंद्र व परिधि के बीच एक मध्यवर्ती नियंत्रण प्रणाली हेतु खोज" के रूप में समझा जा सकता है।

भारत में सामाजिक आंदोलन और राजनीति : एम.पी.एस.ई.–007
दिसम्बर, 2019

नोट : किन्हीं पाँच प्रश्नों के उत्तर दीजिए, प्रत्येक भाग में से कम–से–कम दो प्रश्न चुनिये। प्रत्येक प्रश्न का उत्तर लगभग 400 शब्दों में दीजिए। सभी प्रश्नों के अंक समान हैं।

भाग – I

प्रश्न 1. सामाजिक और राजनीतिक आंदोलनों के बीच अंतर बताइये।

उत्तर– देखें इकाई–1, प्र.सं.–1

प्रश्न 2. संसाधन संग्रहण सिद्धांत की व्याख्या कीजिये।

उत्तर– देखें इकाई–2, प्र.सं.–3

प्रश्न 3. किसी एक सामाजिक आंदोलन के मुद्दों के महत्त्व की उदाहरणों के साथ चर्चा कीजिए।

उत्तर– उनमें से कुछ लोग जो प्राधार–प्रकार्य दृष्टिकोण का अनुसरण करते हैं, सामाजिक आंदोलनों का वर्गीकरण उन मुद्दों के आधार पर करते हैं जिनको लेकर लोगों को संघटित किया जाता है। लोग अनेकों स्थानीय व तत्काल से लेकर दैहिक एवं दीर्घावधि मुद्दों के अस्तित्व में संघटित अवश्य होते हैं। वे समय–समय व समाज–समाज में भिन्न–भिन्न होते हैं। कभी–कभी मुद्दा–आधारित वर्गीकरण भिन्न मुद्दों को अलग ही मानकर चलता है। कभी–कभी मुद्दों को सैद्धांतिक दृष्टिकोण में प्रत्ययीकृत कर दिया जाता है, जैसे कि विकासात्मक, जीवनयापन, मानवाधिकार मुद्दे अथवा राजनीतिक, आर्थिक, सांस्कृतिक एसं सामाजिक मुद्दे; या फिर स्थानीय क्षेत्रीय एवं राष्ट्रीय मुद्दे। मुद्दों का वर्गीकरण विद्वानों के नजरिए पर ही निर्भर करता है। उदाहरण के लिए, बाँध–प्रभावित लोगों का आंदोलन उन लोगों का पुनर्वास आंदोलन कहा जा सकता है और उसे विकास–विरोधी आंदोलन अथवा मानवधिकार आंदोलन भी कहा जा सकता है।

इसी प्रकार, वनवासियों के संघर्षों को भी ऐसे वर्गीकृत किया जा सकता है– वन आंदोलन, नागरिक अधिकार अथवा जीवनयापन आंदोलन या फिर जन–संसाधन हेतु आंदोलन।

फिर देखें अध्याय–3, प्र.सं.–1, 2

प्रश्न 4. स्वतंत्रता के पश्चात बाहरी कारकों ने किस प्रकार भारतीय समाज के प्रभावित किया है? चर्चा कीजिए।

उत्तर– भारत में सामाजिक आंदोलनों ने स्वतंत्रताप्राप्ति के पूर्व भी और पश्चात् भी एक महत्त्वपूर्ण भूमिका निभाई है। भूमंडलीकरण सामाजिक आंदोलनों के समक्ष नई–नई चुनौतियों को जन्म देता लगता है। भूमंडलीकरण के समय में दुनिया भर के सामाजिक आंदोलन, लोकतांत्रिक तथा गैर–लोकतांत्रिक दोनों ही, राज्यों के खिलाफ आंदोलनों छेड़कर लोगों की दशाएँ सुधारने में सक्रिय रहे हैं। कुछ आंदोलनों ने अंतरराष्ट्रीय संचार–तंत्र तैयार करने के लिए भूमंडलीकरण द्वारा प्रस्ताविक अवसरों का लाभ उठाया है। साथ ही, कुछ आंदोलनों भूमंडलीकरण के नकारी प्रभावों का मुकाबला करने में जुटे रहे हैं।

चार्ल्स ओमैन का कहना है कि भूमंडलीकरण के समक्ष चुनौती यह है कि वह सामाजिक संसक्ति को दृढ़ करे, न कि उसे कमजोर। यह तभी हो सकता है जब तमाम देशों के भीतर और अंतर्राष्ट्रीय रूप से समाज के सभी अंग लाभ को आपस मे बाँटकर प्रयोग करें और उत्पादन–स्तरों को वहाँ तक उठकार लाभ महसूस करें जहाँ तक कि भूमंडलीकरण योगदान दे सकता है। परंतु समस्या यह है कि विश्व की राजनीतिक अर्थव्यवस्था चंद बहुपक्षीय संस्थाओं द्वारा नियंत्रित की जाती है, खासकर विश्व बैंक, अंतर्राष्ट्रीय मुद्राकोष, तथा विश्व व्यापार संगठन की तिकड़ी द्वारा। इन संगठनों की नीतियाँ सबसे अमीर उद्योगीकृत देशों में निर्धारित की जाती हैं, जो कि ग्रुप–7 के सदस्य हैं। ये देश मिलकर 60 प्रतिशत से भी अधिक विश्व आर्थिक उत्पादन तथा 75 प्रतिशत से भी अधिक विश्व व्यापार को नियंत्रित करते हैं। 1992 में दक्षिण अयोग की रिपोर्ट में बताया गया कि जैसे–जैसे अर्थव्यवस्था विकसित और अधिक उद्योगीकृत हुई, असमानताएँ बढ़ने लगीं। आय, ज्ञान और शक्ति की दरार बढ़ रही थी और जनता के बड़े हिस्सों को अपने जीवन–स्तर में कोई महत्त्वपूर्ण सुधार महसूस नहीं हो रहा था। तीन संगठनों–विश्व बैंक, अंतरराष्ट्रीय मुद्राकोष (IMF) तथा विश्व व्यापार संगठन (WTO) द्वारा आर्थिक प्रबंधन किया जाना विकासशील देशों की अर्थव्यवस्था और समाज में व्यापक पुनर्गठन का कारण बना है। भूमंडलीकरण ने एक अर्थ में दक्षिण के देशों हेतु नीति–विकल्पों के परिसीमन का द्योतन किया है। यह उनकी संप्रभुता को भी गुप्त रूप से क्षति पहुँचाता प्रतीत होता है।

बड़ी संख्या में विकासशील देशों के अनुसार भूमंडलीकरण प्रेरित उच्च–विकास आर्थिक कार्यकलापों ने उनके पर्यावरण पर गंभीर खतरा उत्पन्न किया है और ये कार्यकलाप उनके संसाधनों के तेजी से चुक जाने की ओर प्रवृत्त भी कर सकते हैं। भूमंडलीकरण ने बेहतर निवेश वातावरण बनाने के लिए विकासशील देशों की सरकारों के बीच एक होड़ पैदा कर दी है। कई

बार इसके अर्थ निवेश को आकर्षित करने हेतु पर्यावरण सुरक्षा दिशा–निर्देशों में ढील देना भी होता है। यह स्पष्ट है कि पर्यावरण सुरक्षा प्रतिमानों मे समझौता उच्च आर्थिक विकास के नाम पर किया जाता है। इस प्रकार के विकास ने चिली के जन्मजात चिरविकसित वन के दोहन की ओर प्रवृत किया है, जहाँ मैंग्रोव (एक औषधीय/औद्योगिक महत्त्व का वृक्ष) के पारिस्थितिक तंत्र को बर्बाद कर ऑन्द्यूरा में झींगा मछली उत्पादन का व्यापक विस्तार किया गया। उसने ब्राजीज की कजरा योजना के पैमाने पर खनिजों के निष्कर्षण की ओर भी प्रवृत किया। पुनर्नव्य संसाधनों के इस संपूर्ण दोहन का एक आम उद्देश्य निर्यात आय अर्जित करना ही रहा है।

भारत के अनेक भागों में पर्यावरण प्रदूषण अनर्थकारी आयाम तक पहुँच गया है। दोनों ही प्रमुख नदियाँ–गंगा और यमुना प्रदूषित हो चुकी हैं और प्रदूषण का मुख्य कारण है– इन नदियों में अनौपचारित औद्योगिक कचरे का निपटान। गुजरात में वापी, अंकलेश्वर, नांन्देसरी तथा बड़ौदा जैसे स्थानों में कारखानों व उद्योगों से होने वाले प्रदूषण के शिकार लोगों का कहना है कि उनके कपड़ों में छेद हो जाते हैं; नदियों, तालाबों या खुले स्थानों में छोड़े गए प्रदूषित जल को पीकर उनकी भैंसे अथवा हाथी मर जाते हैं; या फिर किसानों की शिकायत है कि प्रदूषण के कारण उनकी फसल बर्बाद हो जाती है। प्रदूषणकारी उद्योगों ने कोई भी जिम्मेदारी लेने से इंकार कर दिया।

लैटिन अमेरिका तो उन निगमों और उत्पादन इकाइयों हेतु प्रदूषण आश्रय ही बन गया है जिनको कठोर पर्यावरण प्रतिमानों की वजह से अमेरिका, कनाडा और पश्चिमी यूरोप से बाहर जाने को बाध्य कर दिया गया था। लैटिन अमेरिका का पर्यावरण संकट साफ दर्शाता है कि भूमंडलीकरण की तर्कसंगति धनी उद्योगीकृत देशों में ही अंततः उगाहे जाने वाले लाभों के साथ पारदेशीय पूँजी के प्रभावधीन ही है। सामाजिक आंदोलनों को इस बात की अधिक आवश्यकता है कि वे अपनी कार्य–शक्ति विश्वव्यापी असमानता, दक्षिणी देशों में पर्यावरण एवं जीवनयापन की बढ़ती दोषपूर्णता का सामना करने की दिशा से लगाएँ। विश्व–व्यापी स्तर पर प्रतिरोध ही आकृति और प्रकृति की कल्पना करना कठिन है। अधिकतर अंतरराष्ट्रीय गैर–सरकारी संगठन मुख्य तौर पर राष्ट्रीय एवं उप–राष्ट्रीय स्तर पर गरीबी और मानवाधिकार आदि मुद्दों से ही जुड़े हैं।

प्रश्न 5. पिछले कुछ दशकों में भारतीय राज्य किस प्रकार बदल रहा है? विस्तृत वर्णन कीजिए।

उत्तर– देखें इकाई–6, प्र.सं.–1, 2

भाग – II

प्रश्न 6. बहुजन समाज पार्टी पर एक टिप्पणी लिखिए।

उत्तर– देखें इकाई–7, प्र.सं.–2

प्रश्न 7. उत्तर भारत में अन्य पिछड़े वर्गों की वृद्धि पर चर्चा कीजिए।
उत्तर— देखें इकाई—8, प्र.सं.—1, 2

प्रश्न 8. नागा आंदोलन पर टिप्पणी कीजिए।
उत्तर— देखें इकाई—9, प्र.सं.—2

प्रश्न 9. बहुसंख्य सांप्रदायिकता, अल्पसंख्यक सांप्रदायिकता से अधिक खतरनाक है। टिप्पणी कीजिए।
उत्तर— देखें इकाई—12, प्र.सं.—2, 3

प्रश्न 10. निम्नलिखित पर लगभग 200 शब्दों में संक्षिप्त में टिप्पणी लिखिए।
(a) विश्व हिंदु परिषद की वृद्धि
उत्तर— देखें इकाई—12, प्र.सं.—2

(b) धार्मिक जनसांख्यिकी
उत्तर— देखें इकाई—12, प्र.सं.—1

भारत में सामाजिक आंदोलन और राजनीति : एम.पी.एस.ई.–007
जून, 2020

नोट: प्रत्येक उपभाग में से कम-से-कम दो प्रश्न चुनते हुए, कुल पाँच प्रश्नों के उत्तर दीजिए। प्रत्येक प्रश्न का उत्तर लगभग 400 शब्दों में दीजिए। सभी प्रश्नों के अंक समान हैं।

अनुभाग–I

प्रश्न 1. सामाजिक आंदोलनों के अर्थ और उनकी महत्ता को समझाइए।
उत्तर– देखें इकाई–1, प्र.सं.–1, 2

प्रश्न 2. सामाजिक आंदोलनों के अध्ययन के उदारवादी और मार्क्सवादी दृष्टिकोणों की व्याख्या कीजिए।
उत्तर– देखें जून–2019, प्र.सं.–3, फिर देखें इकाई–2, प्र.सं.–1

प्रश्न 3. सामाजिक आंदोलनों पर सूचना तकनीकी और वैश्वीकरण के प्रभाव का मूल्यांकन कीजिए।
उत्तर– देखें इकाई–5, प्र.सं.–1

प्रश्न 4. भारतीय राजनीति में दलितों की भूमिका का आलोचनात्मक परीक्षण कीजिए।
उत्तर– देखें इकाई–7, प्र.सं.–1

प्रश्न 5. उचित उदाहरणों के साथ भारत के क्षेत्रीय आंदोलनों को समझाइए।
उत्तर– देखें इकाई–11, प्र.सं.–1, 3

अनुभाग—II

प्रश्न 6. किसान आंदोलन पर एक लेख लिखिए।
उत्तर— देखें इकाई—13, प्र.सं.—5

प्रश्न 7. भारत के अन्य पिछड़ा वर्ग (OBC) आंदोलन के मुख्य लक्षणों की व्याख्या कीजिए।
उत्तर— देखें इकाई—8, प्र.सं.—2

प्रश्न 8. पारिस्थितिक आंदोलन के राजनीतिक आयामों का वर्णन कीजिए।
उत्तर— देखें इकाई—16, प्र.सं.—4

प्रश्न 9. भारत में धार्मिक आंदोलनों पर एक लेख लिखिए।
उत्तर— देखें इकाई—12, प्र.सं.—2

प्रश्न 10. भारतीय लोकतंत्र में सामाजिक आंदोलनों की महत्ता की व्याख्या कीजिए।
उत्तर— देखें जून—2017, प्र.सं.—10

Feedback is the breakfast of Champions.
Ken Blanchard

You can Help other students.
"Inform any error or mistake in this book."

We and Universe
will reward you for Your Kind act.

Email at : feedback@gullybaba.com
or
WhatsApp on 9350849407

भारत में सामाजिक आंदोलन और राजनीति : एम.पी.एस.ई.–007
फरवरी, 2021

नोट: प्रत्येक खंड में से कम-से-कम दो प्रश्न चुनते हुए, कुल पाँच प्रश्नों के उत्तर दीजिए। प्रत्येक प्रश्न का उत्तर लगभग 400 शब्दों में दीजिए। सभी प्रश्नों के अंक समान हैं।

खंड–I

प्रश्न 1. सामाजिक आंदोलनों के तत्त्व (components) क्या हैं?
उत्तर— देखें इकाई–1, प्र.सं.–3

प्रश्न 2. भारतीय श्रमिक संघ आंदोलन पर एक टिप्पणी लिखिए।
उत्तर— देखें इकाई–14, प्र.सं.–1, 3

प्रश्न 3. सामाजिक और शैक्षिक रूप से पिछड़े वर्गों को सशक्त बनाने में राज्य की क्या भूमिका है?
उत्तर— देखें इकाई–8, प्र.सं.–1, 2

प्रश्न 4. महिला आंदोलन की पहुँच (outreach) और समस्याओं का आकलन कीजिए।
उत्तर— देखें इकाई–10, प्र.सं.–1, 2

प्रश्न 5. पर्यावरण की सुरक्षा के लिए जन आंदोलन को संक्षेप में समझाइए।
उत्तर— देखें इकाई–16, प्र.सं.–2, 3

खण्ड—II

प्रश्न 6. मछुआरों के आंदोलन को समझाइए।

उत्तर— देखें इकाई—15, प्र.सं.—3

प्रश्न 7. भारत में सामाजिक आंदोलनों पर वैश्वीकरण के प्रभाव का परीक्षण कीजिए।

उत्तर— देखें इकाई—5, प्र.सं.—1

प्रश्न 8. भारत में छात्र आंदोलन की राजनीतिक भूमिका क्या है?

उत्तर— मनुष्य और समाज दोनों परस्पर पूरक हैं और छात्र इसका एक अभिन्न अंग है। एक के बिना दूसरे का स्थायित्व संभव नहीं है। छात्र शक्ति, समाज को सुधारने और उसे मजबूत करने वाली घटकों में से एक हैं। इसलिए कहा जाता है कि युवा देश के रीढ़ है, जिसके कंधे पर देश का भविष्य टिका होता है। स्वतंत्रता के पूर्व और स्वतंत्रता के बाद भारत में जितने भी परिवर्तनकारी सामाजिक आंदोलन हुए, उनमें छात्रों की भूमिका बहुत अहम रही है।

स्वतंत्रता के पूर्व की अवधि

(1) 1848 में दादाभाई नौरोजी ने स्टूडेंट्स सांइटिफिक एंड हिस्टोरिक सोसाइटी (Student's scientific and historic society) की स्थापना छात्र मंच के रूप में की थी। इस मंच को भारत में छात्र आंदोलन का सूत्रधार माना जाता है।

(2) 1913 में भारतीय इतिहास में पहली बार छात्रों ने किंग एडवर्ड मेडिकल कॉलेज, लाहौर (King Edward Medical College, Lahore) में अंग्रेजी छात्रों और भारतीयों के बीच अकादमिक भेदभाव के विरोध में हड़ताल किया था।

(3) छात्र आंदोलन का दायरा 1906 और 1918 के बीच और भी बढ़ गया, जब 184 लोगों में 68 छात्र क्रांतिकारी गतिविधियों में संलग्न पाए गए थे।

(4) स्वदेशी आंदोलन (1905)—इस आंदोलन ने भारतीय छात्रों को एकरूपता प्रदान की थी और छात्र शक्ति को एक क्रांतिकारी दृष्टिकोण दिया था। भारतीय छात्रों में एकरूपता दिखाने के लिए कॉलेजों के साथ ही ब्रिटिश सामान, छात्र क्लब का सामूहिक बहिष्कार कर दिया था।

(5) 1912 में, अहमदाबाद के अखिल भारतीय कॉलेज छात्र सम्मेलन ने भारत की स्वतंत्रता के लिए काम करने की छात्र प्रतिबद्धता का शपथ लिया और 'पहले चरखा स्वराज और फिर शिक्षा' का नारा दिया।

(6) भारतीय ईसाई आंदोलन (एस.सी.एम.) को 1912 में पश्चिमी औपनिवेशवाद के खिलाफ सामाजिक वास्तविकताओं के माध्यम से ईसाई धर्म के छात्रों को उन्मुख करने के उद्देश्य से शुरू किया गया था।

(7) 1919 में, असहयोग आंदोलन के दौरान स्कूलों और कॉलेजों का बहिष्कार कर भारतीय छात्रों ने इस आंदोलन में तीव्रता प्रदान की थी।

(8) हिंदू छात्र संघ (एच.एस.एफ.) 1936 में आर. एस. एस. के विचारधारा के साथ शुरू हुआ था। छात्र की यह शाखा सीधे अपनी स्थापना से हिंदू युवाओं की भावनाओं की वकालत करता था। इस छात्र संगठन ने स्वतंत्रता संग्राम में भाग नहीं लिया था।

(9) 1936 में, पहला अखिल भारतीय छात्र सम्मेलन लखनऊ में आयोजित किया गया था जिसमें पंजाब, यू.पी., सीपी, बंगाल, असम, बिहार और उड़ीसा के 210 स्थानीय और 11 प्रांतीय संगठनों के 986 छात्र प्रतिनिधि शामिल थे।

स्वतंत्रता के बाद

स्वतंत्रता के बाद, छात्र आंदोलनों के परिप्रेक्ष्य में बदलाव आया है क्योंकि यह तर्कसंगत या व्यापक विचारधारात्मक प्रश्नों के बजाय विश्वविद्यालय के मुद्दों या स्थानीय राजनीतिक संघर्षों पर स्थानीय स्तर पर राजनेताओं के राजनीति का एक हथियार बन कर रह गया। लेकिन कुछ मामलों में छात्रों की उपस्थिति ने क्रांति ला दी थी जैसे कि चिपको आंदोलन, आपातकाल के दौरान हुए आंदोलन, मंडल विरोधी आंदोलन इत्यादि।

(1) अखिल भारतीय युवा संघ (All India Youth Federation) की स्थापना 1959 में कम्युनिस्ट पार्टी ऑफ इंडिया ने युवा पीढ़ी के प्रगतिशील और लोकतांत्रिक खंड के लिए एकजुट मंच के रूप में की थी।

(2) **नक्सलवादी आंदोलन**—यह 1967 में चरु मजूमदार, कानू सान्याल और जंगल संथाल द्वारा सामंती शोषण के विरोध में शुरू किया गया था। इसके बाद छात्रों की एकरूपता ने इसे और भी क्रांतिकारी बना दिया था जिसका आज भी बिगड़ा रूप देखने को मिलता है।

(3) चंडी प्रसाद भट्ट के नेतृत्व में दशौली ग्राम स्वराज संघ ने 1960 में वन आधारित छोटे पैमाने पर उद्योग स्थापित करके अपने गृहनगर के पास स्थानीय लोगों को रोजगार के लिए गोपेश्वर में एक अभियान शुरू हुआ था।

(4) 1961 में गणराज्य युवक संगति ने आजादी के बाद पहला जातिवाद के खिलाफ और अनुसूचित जातियों को सुरक्षा प्रदान करने के लिए दलित आंदोलन शुरू किया था।

(5) **भारतीय छात्र संघ** (Student Federation of India)—1970 में सी.पी. आई. (एम) ने छात्रों को एक लोकतांत्रिक और प्रगतिशील शिक्षा प्रणाली से लड़ने के लिए, छात्र समुदाय के उन्नति और सुधार के लिए स्थापना की।

प्रश्न 9. नए सामाजिक आंदोलन क्या हैं?
उत्तर— देखें इकाई—3, प्र.सं.—2

प्रश्न 10. भारत में सामाजिक आंदोलनों के अध्ययन के गाँधीवादी और मार्क्सवादी दृष्टिकोणों (ढाँचों) की तुलना कीजिए।
उत्तर— देखें इकाई—2, प्र.सं.—1, 2

www.ingramcontent.com/pod-product-compliance
Lightning Source LLC
LaVergne TN
LVHW021809060526
838201LV00058B/3302
9789381066829